天皇制は日本の伝統ではない

――墓より都　君が代――

草野善彦 著

本の泉社

天皇制は日本の伝統ではない

——墓より都　君が代——

草野善彦　著

目次——天皇制は日本の伝統ではない

Introduction

はじめに

一

天皇家の出産問題をめぐって一家族の新生児の性別・出産を、「国家の重大事」でもあるかのようにテレビ等が大騒動の報道である。直接的には皇位継承権上での性差問題と「皇室典範」改正問題である。戦後六〇年を過ぎてこの有様の背景には、「天皇制は日本民族の伝統」という、戦後の日本社会が乗り越えられなかった観念が横たわると考える。こうした観念を「基盤」に「戦後体制の脱却」を掲げ、戦後憲法九条の「戦争放棄」条項の改変が、アメリカ政府の後援によって現実政治の日程にのぼり、これと歩調をあわせるように「国旗・国歌」の掲揚・斉唱が、東京都教育委員会によって強制されるという、天皇制と安保条約は、日本国家と外交の基調論が一体とされたような姿が、あたかも当然の日本の姿であるかの昨今である。

これと表裏一体の問題が内閣総理大臣の靖国参拝問題である。靖国神社とは戦没者や戦争犠牲者を祭る神社ではなく、天皇のために命を捧げたと認められるものを、特別に祭る宗教施設であることは周知のことである。問題は、天皇を国家・国民の頂点とする宗教施設が、天皇を頂点とする日本軍国主義の朝鮮・中国侵略と、真珠湾攻撃による第二次世界大戦への参戦という戦争犯罪を正当化していることと、それに戦後の日本の総理大臣が参拝していることである。

これは日本軍国主義・帝国主義の、アジアへの侵略という白昼・公然たる事実を否認して、侵略を逆に正義・当然の国家的行為と反転させ、人間の知性・理性をおおっぴらに否定し嘲笑するに等しいものである。この天皇を頂点とする日本軍国主義は、一九三六年のドイツ・イタリアの政治同盟についで、一一月には「日独防共協定」を結び、一九四〇年九月には「日独伊三国軍事同盟」を締結して、日独伊のあいだで米英仏等の植民地の奪取と新たな再分割をかかげ、同時に旧植民地諸国民の民族自決権と「自由と民主主義」への新たな敵対者となったのである。そうして第二次世界大戦の放火国の一つとなり当然ながら惨敗した。これを〝アメリカに負けた〟というのは、〝一〟を述べて二を言わない〟態度である。

第二次世界大戦以降の世界は、「日・独・伊」の侵略とその戦争犯罪の断罪の上に築かれた、いわば人類史の理性的発展の新たな頁なのである。現在、これらヒットラーや日本軍国主義と似たブッシュ政権の「一国覇権主義・先制攻撃路線」が、まるで新たな世界の価値観ででもあるかにふるまっている。これに追従して「戦後体制の克服」という、戦後日本の民主主義体制を否定する危険な方向性をかかげ、その一環に靖国神社参拝問題が惹起されているのである。しかし、この道は第二次大戦の敗北、すなわち人類史の発展方向への暴力的居直りの惨めな結果の二の舞への道であると思う。

二

しかし重視すべきは、朝鮮・中国への暴虐を極めた侵略戦争と、第二次世界大戦への道を強行的に進めた日本軍国主義は、近代天皇制と理念的にも戦前の憲法規定からも不可分のものであり、これは終戦直後の日本人ならば、多くの人が指摘し認めた事実である。しかし、戦後の大きな問題は、天皇制護持・存続の都合上この事実を歪めて、日本軍国主義と侵略戦争の天皇＝天皇制の責任を、軍部の指導者におしつけ、天皇制の責任を隠蔽しその追及を回避したことである。

これとあいまって学校教育で、朝鮮・中国侵略の無法とその残忍非道な戦争の姿を歴史の事実として子供に伝え、近代天皇制とそのもとでの日本軍国主義・帝国主義の、他国と日本国民への責任を明らかにして、再びこの惨禍を許さないという当り前の方向・考え方も踏みにじられた。これを行った者の行きつく先は、歴史の偽造と改竄以外にはないであろう。

日本が、戦後ドイツ国民のように自らナチス・ドイツの侵略戦争の犯罪性を明らかにして、戦争責任者＝戦争犯罪者を徹底的に追及し自ら裁かなかった、ないしは裁き得なかった理由に、天皇制の護持・存続問題があると考える。したがってここに立てば近代天皇制は、現代史において「歴史の偽造」を不可避とするものといえるであろう。これ自身が日本国民と世界にとって重大な問題である。現在は「戦後体制の克服」の名で第二次世界大戦にいたる、日本軍国主義・帝国主義を美化・合理化する動きが加速している。

三

しかし、本書の問題意識は、近代〜現代日本において歴史の偽造を不可避とする天皇制は、では、はたして日本国民に「唯一正統の王家」として君臨する歴史的な資格を、日本史上に真にもっているのか、という大きな問題である。これを追及すると「歴史の偽造」が姿をあらわす。「天皇制」とその正当化の根底には、現代と古代を問わず、日本民族の「歴史の偽造・改竄」が根本問題として横たわることが明らかとなるのである。

明治以降、自由民権運動等の政治体制・政治思想としての天皇制への批判は存在した。これは近代日本の知性を内外に示す日本の誇るべき姿である。しかし、不思議なことに天皇制の歴史的根拠の正否を問ういわば歴史的批判は、明治以降、日本古代史学には存在したが、それを天皇制権力のもとで成立した、近代の日本古代史学界の中心が無視した結果であろうが、近代天皇制への政治的批判をされた方々も、ついに天皇制の日本史的根拠にかんする歴史学的批判には留意されることはなかった。これは近代天皇制批判にあたって大きな損失であったと考えるものである。

たとえば現在、「君が代」斉唱の強制問題がある。これに反対するのは当然である。しかし、その理由に「内心の自由」など、アメリカ国民の国旗・国歌への態度云々を真似た論理があげられているのは、これにべつに反対はしないが、まったくピッタリしないと考える。理由は、アメリカは国家の最初から王制はない社会であり、その他の日本以外の世界のすべての国でも、「万世一系の天皇制」すなわち、その国の〝はじめ〟からの唯一の王家しかない国などはないのである。

「万世一系の天皇制」を「民族の伝統＝日本史の姿」と教え、それの国家的表現として「日の丸」「君が代」があるとされている日本において、「日の丸」掲揚、「君が代」斉唱の強制を批判するに、その歴史論はまったく問題にしないで、「万世一系の天皇制」などその歴史にカケラも存在しない他国の国家・社会の、国旗・国家論を繰り返すというのは、いささか片手おちであり、論理的には首尾一貫しないものではないか、という考え方である。

分かりやすくいえば「日本史」においては、「万世一系の天皇制＝天皇国家一元史とその史観」を肯定し、「京都・奈良を日本の古代文化発祥の地」と述べ、他方で、その「万邦無比の国体の姿」(皇国史観――万世一系の天皇制という世界に類例のない歴史の姿を輝かしいものとした)を誇り言祝ぐ「日の丸」「君が代」の掲揚・斉唱には異議を唱えることは、歴史論からいえばいささか矛盾がある、という視点である。しかし、天皇制の「一元史観」への歴史学的批判が、一学説としてさえもいっさい社会的に公認されたものとして存在しない現実にたてば、この現実をあながちに批判するのも世の認識とずれる……というのが今日の日本の姿である。

本書は、この「天皇制の伝統」が、はたして日本史の事実であるかを、松下見林やとくに「皇国史観」形成の祖であって、しかも戦後の日本古代史学にも巨大な影響を与えている、本居宣長の説をもふり返りながら考えようとするものである。

四

明治憲法の第一条の「大日本帝国ハ万世一系ノ天皇之ヲ統治ス」の「万世一系の天皇」制は、戦後憲法の第一条の象徴天皇制に全面的に継承された。この「万世一系の天皇制」とは、本書では「日本の国が生まれて以来、日本には大和朝廷以外の王家＝国家は存在したことはない」という、「天皇国家唯一史観＝大和朝廷一元史観」と把握する。しかし、国家が生まれて以来、今日までたった一つの王朝・王家＝国家しか存在しない国民・国家・民族は、世界に日本以外には存在しない。すなわち本来、「万世一系の天皇制＝天皇国家唯一史とその史観」などは、日本人を人類としての普遍性という視点からみるとすれば、あり得ない、ないしは根本的に疑うべき「歴史」と思われるのであるが、現実には、明治以降の「自由民権運動」以来、近代天皇制を批判してきた学者にも、「天皇国家唯一史観」を疑う説は、一学説として公認されたものは存在していない。

本書では、近代的な「万世一系論」が如何に形成されたかという点をもふり返り、明治維新以降の「近代天皇制」をささえる「万世一系の天皇制＝天皇国家唯一史観」の真偽を考えようとするものである。

五

また本書は、国家成立の前提を世界史同様に都城の成立におくという視点にたつ。『古事記』『日本書紀』によれば「神武天皇」からほぼ七世紀いっぱい、天皇の代替わり毎に〝都（宮）が浮動〟している。これは世界の初期国家以来のどの国家にも例をみない、まさに完全に「万邦無比」の姿である。これまでこの問題を日本国家形成史研究上の重大問題とした人はおられないと考える。

また「邪馬台国」という表現は古田武彦氏が指摘（『「邪馬台国」はなかって』、朝日新聞社、一九七一年）されたとおり、『三国志』では、すべて「邪馬一国」であるという事実を尊重すべきと思うので「邪馬一国」とした。この問題をめぐって古田氏の方法に賛意を表された家永三郎氏の「評」と、その指摘にみごとに噛み合った、直木孝次郎氏の「古田説批判」をここに概略的に記しておきたい。家永氏は古田説を、「――従来の研究の根本的な再検討の必要のあることに同意（「邪馬一国」が正しいという見解に同意）するが、『魏志』の文字を意改したうえで自分の学説を展開してきた多くの古代史の専門家は、自分の学説が根底から崩れることになるので、古田説に対する反応は大勢として冷たいように見受けられる」（「日本古代史研究に投じた一石」――古田武彦『「邪馬台国」はなかった』、「朝日ジャーナル」Vol15、№50。傍線は引用者）と評されているが卓見である。

例えば直木孝次郎氏は、『三国志』の「邪馬一国」の表記を認めれば、「邪馬台国をヤマトとして位置をもとめること自体が無意味となる。――中略――まことに重大な問題提起で、この説がみとめられるならば、卑弥呼の都した国を畿内大和にもとめる説も、九州の山門とする説も、ともに根拠に大きな打撃をうけることになる」（『日本の歴史』「1　倭国の誕生」、二八七頁、小学館、一九八七年、第一一刷）と、まことに率直な心情を表明されている。しかも永年の「宿敵」である従来型北九州説にも、エールをおくる周到さである。ここに「邪馬一国」表記の意味がきわめて明快に示されていると考える。古田説は通説的日本古代史学の諸派によって、ギリシャ神話の「メドゥーサの首」(この首を直接見た者は皆、石になるという)あつかいである。

　なお本書では『日本書紀』は、岩波書店の「日本古典文学体系」の『日本書紀』により、その「上・下」は、『日本書紀・上』『同下』と表記した。『古事記』は倉野憲司氏校注の岩波文庫本によった。

　また本書は拙著『二世紀の卑弥呼　「前方後円墳」真の構築者』と基本は同じであるが、ここに掲載した日本史年表が誤っており、また誤字等があった点を訂正し、かつ若干、加筆と簡略化を同時に行ったものである。

Chapter 1

第1章

古代中国史料等の「倭」は「大和朝廷」と異なる

――「邪馬一国論争」の淵源

一　古代中国・朝鮮文献との「不一致」問題

「はじめに」で述べたとおり、約二〇〇〇年にわたって「大和朝廷」以外に王朝・国家が存在しない、という日本史は、世界の社会・国家発展の「複数的」王朝・国家の姿にたいして例外である。「皇国史観」自身が強調してきたとおり「万邦無比」、すなわち〝日本だけ〟なのである。日本以外の諸国家・諸民族の国家発展史は、氏族社会の崩壊期から王朝・国家が複数的・多元的なのである。しかも、じつは古代中国文献および一〇世紀以前をあつかう朝鮮史料である『三国史記』の「倭」と、『日本書記』等の記載が一致しないという重大な問題が古来あるのである。家永三郎氏は、「はじめに」で引用した文の一節で、「中国の一連の正史に日本の古典（古事記、日本書紀を指す、引用者）と異なる日本についての記事があることは、昔から知られていた――」とは言われている。氏は古代中国文献と「日本の古典」の根本的な違いという問題の解明について、それが戦前すすまなかったのは、戦前の政府の圧力によるとされるに止まって、戦後においても古代中国史料と『古事記』、『日本書紀』の記載の根本的な違いの解明は、本質的にはなされていないという点にかんしては沈黙されている。

古代中国の正史類の日本交流記と『日本書紀』等の記載とを全面的に対照・比較した最初は、松下見林（一六三七〜一七〇三年）著の『異称日本伝』であろう。見林が古代中国文献の「日本」記載を「異称日本伝」と呼ぶところに、これら古代中国文献の記載の特徴が実によく示されているのである。すなわち「異称」とは、〝古事記、日本書紀とは異なる日本にかんする記録〟の意なのである。

いったいどこがどう異なるのか、これを考えるうえで坂本太郎氏の指摘は大変に参考になる。「宋書における倭王通交の事実は、片鱗も書紀にあらわれてないし、隋書に見える倭国関係の記事も書紀にとられていない。隋書はとくに文章の潤色としては、ほかの巻に用いられているのに、事実の方について無縁であることは注目しなければならぬ。神功紀の例外（日本書紀・神功紀の三カ所の「魏志」倭人伝の引用をさす。引用者）はあるが、一般的にいえば中国の史書は史実の史料には用いられなかったという方が、真相を得ているかもしれない」（坂本太郎氏著、『六国史』、編集者、日本歴史学会、七七頁、吉川弘文館、一九九四年、新装版第一刷。傍線は引用者）

というものである。

すなわち卑弥呼も「倭の五王」も、かの有名な「日出ずる処の天子、書を日没する処の天子に致す、恙なきや、云々」という国書も、『古事紀』『日本書紀』に一言もないという事実を指摘されているのである。つまり古代中国史料と「記・紀」の記載が、全く一致しないのである。坂本氏は「天皇国家唯一史観」の主張者である。したがってその指摘の文面はきわめて地味である。

しかし、この指摘は『古事記』『日本書紀』には、戦後の日本古代史学の「邪馬一国・近畿説」、「東遷説」が一致して言うような、卑弥呼を「大和朝廷」の祖先とした記述も、また『宋書』倭国伝に登場する「倭の五王」の姿もない、という事実を指摘されたのである。また隋に、「日出ずる処の天子、書を日没する処の天子に致す。恙なきや、云々」という国書を送った、「タリシホコ」という王もその国書も記載がない。

ただ『日本書紀』には、隋の使者裴清が来日した記事があることから、「皇国史観」時代からこの国書は聖徳太子が起草したものである云々と、それが確実な日本史の事実のように言われてきた。しかし、肝心の「タリシホコ」も、その国書にかんしても一字の記載もないということは、これはこれでまた『日本書紀』の記載の事実なのである。まさに坂本氏が指摘されたように、「中国の史書は史実の史料には用いられなかったという方が、真相を得ているかもしれない」、つまり中国史料が記す〝日本史〟と『古事記』・『日本書紀』が書いた〝日本史〟とは合致せず、異なる日本史という意味合いが含意されているのである。

ここで重要なことは、卑弥呼や「倭の五王」等を、今日の通説の学者諸氏が〝どういっているか〟が問題ではなく、「近畿説」と「東遷説」がともに卑弥呼等を「大和朝廷の始祖」というのに、その始祖にかかわる記載が、『古事記』『日本書紀』になぜ一語もないのか、という点なのである。それはまた同時に、卑弥呼も「倭の五王」も「日出ずる処の天子……云々」の国書も、それを隋に送った「タリシホコ」という王も、中国史料にしかでてこないということでもある。そればかりではない。通説が古代日中交流の最盛期とする唐の正史『旧唐書』東夷伝は、日本列島二国併記をおこなっているのである。これこそ日本古代史探求の最も重要な文献である。すなわち『古事記』『日本書紀』は、日本民族の歴史は世界に類例のない、国の初めから「万世一系の天皇制」であると述べ、古代中国文献をとれば日本民族も、世界の国家同様に「多元的王朝制」の国家ということになるのである。

そうしてこの対立は、すでに約三〇〇年もまえの松下見林いらい専門家には知られていることなのである。この中国史料の記載にたいして、『日本書紀』を正しいという立場から「批判」を展開したのが、『異称日本伝』である。

その後、国学の代表的な学者で「皇国史観」の基礎を築いた本居宣長（一七三〇～一八〇一年）によって、古代中国史料への「批判」はいわばより一層、〝徹底的に発展〟させられているのである。それを端的に示すものが有名な『馭戎概言』である。ここでは古代中国史料とそれを生みだした古代中国文化は、「戎」すなわち〝獣〟と呼ばれ、日本人はこの「戎」が生んだ文化と記録を、〝日本の文化〟すなわち『古事記』『日本書紀』の精神で〝馭す〟べきだというのである。〝馭す〟とは馬車等の馬などを制御する、いま風にいえばコントロールすることである。

『馭戎概言序』（白子昌平書）には、「天地の中に、八百国千国と、国はおほけど、吾皇御国ぞ、よろづの国のおや国、本つ御国にして、あだし国々は皆、末つ国のいやし国になもありける。……ひさかたの、天津神代のいにしへより、玉だすき、掛けまくもあやにかしこき、天照大御神の、御孫命《ミマノミコト》（＝天皇）の食国《オスクニ》と、事依《コトヨサ》し定め給へる。……あやに尊き御国にして、もろもろの戎夷《カラエミシ》の国々

（外国）の、ひとしたぐいにあらず」（『本居宣長全集、第九巻』、大久保正氏編、筑摩書房、一九七二年）という「序」がそえられている。実に『馭戎慨言』の内容にピッタリの「序」である。

〝天地のなかに八百国千国と国は多いが、わが天皇が君臨する日本こそが世界の国の親国であって根本の国である。その他の国はいやしい末の国に過ぎない。それはこの日本は久しい神代の時代から、とうとくもかしこくも天照大御神とその子孫である、天皇が治めたまわる国とさだまっているからだ——世界に誇るべき尊い国柄なのであって、「万世一系の王家」という国の姿をもたない日本以外のもろもろの国と、比較してよいような同じたぐいの国家ではない〟、というものである。

こうした「序」が『馭戎慨言』という書に付されるのは、断じて偶然ではないのである。宣長自身が「そもそも此道、天照大御神（大御神と御をつける読みは日本神話本来の姿ではなく「皇国史観」読み）の道にして、天皇の天下をしろしめす（治める）道、四海万国ゆきわたりたる、まことの道なるが、ひとり皇国に伝はれるを、其の道はいかなるさまの道ぞといふに、此道は、古事記書紀（日本書紀）の二典に記されたる、神代上代の、もろもろの事績のうへに備わりたる」（うい山ぶみ）というのである。その上にたって中国の姿を、「皇国のこころより見れば、いともいとも穢《ケガ》らはしき国俗なり」（同前）なども述べている。このように日本以外の国を「末つ国のいやし国」とか、「戎夷の国々」というように述べているところに、国学の本質があるのである。

では、一体、古代中国文献のどこに見林や宣長からみて不都合があったのであろうか。実に、ここに「異称日本伝」とか「馭戎」などという言葉が生まれる由縁があるのである。近世以降の日本古代史学の特徴は、これらの古代中国文献を大いに問題にする点にあるが、その最大の特質は、古代中国文献に見る〝日本史〟と、『古事記』、『日本書紀』のいう〝日本史〟の根本的な食い違いを、あくまで「記・紀」の「天皇国家唯一史観」が正しいという観点にたって処理するところにあるのである。たしかに『古事記』、『日本書紀』こそは今日の日本史観の源流をなすものではある。この「日本の正史」の史観の正当性を中国（朝鮮）文献から、擁護することを前面に掲げるようになるのが、近世以降～今日までの通説的日本古代史学の根本的な課題なのである。

この点を実に的確に指摘しその特徴を明らかにした人がいる。武家の知識人である新井白石（一六五七～一七二五年）である。「後漢書以来、異朝の書に本朝の事しるし候事共、いかにもいかにも事実多く候。それをば、こなた（日本側）不吟味にて、かく異朝の書の懸聞《けんぶん》の訛《あやまり》と申しやぶり……本朝国史々々とのみ申すことに候。まずは本朝の始末、大かた夢中に夢を説き候ようの事に候」（『魏志倭人伝を読む・下』、佐伯有清氏著、十四頁、吉川弘文館、二〇〇〇年十一月、初版。括弧と傍線は引用者）である。白石は晩年に、自ら邪馬一国・近畿大和説を放棄・変更して北九州・筑後山門説へと態度を変えながら、仙台藩の佐久間洞巌に宛てて「魏志は実録に候。此の如きの所が古学の益ある事にて要に候。日本紀（日本書紀）などは、はるかに後にこしらえて候事故に、大かたは一事も尤もらしき事は、なき事に候」という書状をしたため、さらに後日、洞巌にさきの引用文をのべたのである。

「後漢書以来、その正史等に日本のことが書れているが、内容はいかにも事実の記載が多く、これを日本側で十分な吟味・検討もせずに中国史料の見聞の誤りだと言い張り、ただ『古事記』『日本書紀』が正しいかにいう姿は、夢の中で夢を語るようなものである」というのが、引用・傍線部分の意味と考える。ただこの言葉は白石の最晩年のもので、これがどんな意味であったかは必ずしも明らかではないという。しかし白石の『日本書紀』認識もまた注目されるべきである。古代中国文献と『日本書紀』の成立過程の差を念頭に、「日本紀などは、はるかに後に、こしらえて候事故に、大かたは一事も尤もらしき事は、なき事に候」と、その「こしらえもの」、すなわち記録ではなく造作物という点をも看破した眼力は、優れた知性をしめしたものではなかろうか。が、この時、「国史々々」と主張していた人物で最も著名な人は、『異称日本伝』を編集した先述の松下見林であろう。たとえば『異称日本伝』の「魏志」倭人伝の解釈をみると、卑弥呼を神功皇后に当てながら、『日本書紀』を絶対の史料という見地にたって、「国名官名人名多くあきらかにすること可ならず。女王男王はあわず……」とか、「宗女壱与の事、無稽の言也。神功皇后に皇女無し、崩御の後、太子即位す。応神天皇是なり……大抵の伝聞誤り多し」（『異称日本伝』、一七頁、近藤瓶城氏編輯、近藤活版所、一九〇一（明治三四）年）とし、まさに「異朝の書の懸聞の訛と申しやぶり……本朝国史々々とのみ申すことに候」という姿そのままである。白石のこの優れた指摘は、しかし、その後、本居宣長などの国学の台頭によって、正当に発展させられることがなく放置された。

以上に述べた通り、古代中国・朝鮮文献に登場する「倭・倭人・倭国」と、『日本書紀』、『古事記』の記載が根本的に一致しない、という問題こそは、近世以降の

「日本古代史学」のもっとも根本的な主題なのであり、戦後も不可避的に引きずる日本古代史学のもっとも本質的な問題なのである。ではなぜそれが鮮明に指摘されないのかを問えば『古事記』、『日本書紀』を源流とする日本史は、「天皇国家唯一史と史観」であるが、古代中国・朝鮮史料の「倭」と大和朝廷の違いを認めれば、たちまち戦前・戦後の「日本古代史」の「大和朝廷一元史と史観」という、「万邦無比の国体」論は虚構となり、古代中国・朝鮮史料が記す複数国家論の容認、すなわち日本民族の国家発展史もまた、世界の諸国家同様に「多元的・普遍的な姿」であったことになるのである。

このあまりビックリする必要もない古代中国・朝鮮史料の記録を、しかし、認めれば近世以降の見林や宣長等の国学の「日本史」ひいては、明治憲法第一条の「大日本帝国ハ万世一系ノ天皇之ヲ統治ス」の根拠が根本的に否定され、戦後の象徴天皇制と戦後古代史学もまた、同様の運命になるのである。こうして日本の国家の発生・発展史で、世界や古代琉球同様の「多元的・複数的」王朝・国家の存在を承認すること、すなわち日本も世界の国々と同じ複数王朝であったということは、日本では途方もない大事《おおごと》になり、「非常識」「論外」「素人の妄言」部類に、いわば分類されるのである。

二　日本古代史学の未解決問題

約三五〇年も前の松下見林以来、古代中国文献の「日本記載」と『古事記』『日本書紀』の記載が〝一致しない〟、という問題が「日本古代史」探求の正面におかれるようになるのである。例えば宣長は、古代中国文献と『古事記』等を比較して、「すべてかれとこれと、あえる（合致する）こと一つも非ず」とのべている。そうしてこの〝不一致〟の原因は、白石が指摘したとおり「異朝の書の見聞の誤り」、すなわち〝古代中国人の誤認、誤記、誤聞、誤刻〟で処理されてきたわけである。表現をかえれば今日の通説・日本古代史は、〝古代中国人の見聞の誤り〟論という、この一点に成立していることになるのである。考えてみれば危うい限りである。また、通説の世界では間違いをおかすのは中国側と決まっているのである。

しかし、この中国人誤謬通例説とでも命名すべき「中国人の誤記・誤聞・誤刻」説は、他方からみれば「大化の改新」のあと、大和朝廷が学び取り入れた律令制度を創設したのは中国・秦～唐ではないか、という点でたちまち行き止まりに突き当たるのではなかろうか。人の名一つ正しく覚えられず、男と女の区別もできない古代中国人が、古代日本文化の土台となった律令制度を創設したというのは、矛盾ではないかと。現に「律令は、中国古代の高次の文明の所産――」（『律令』、「解説」七四五頁、日本思想体系新装版、二〇〇一年、第二版、岩波書店）と述べている。

つまり、通説的な一元史観が否定されるような中国文献の記載には、必ず中国側が誤ったのだという主張が行われ、同時に他方では、日本の古代文化・政治体制の発展・整備は、中国文明を受容し学んだ結果であるともいうのである。すなわち日本にかんする記録では誤りばかりおかす中国人、文化では日本人に教える中国人と、同じ中国人への評価が真っ正面から矛盾・分裂するのである。この分裂的評価の責任は中国側ではなく、もっぱら日本古代史側の都合によるものではあるまいか。如何であろうか。この古代中国人誤謬説こそが、今日の日本古代史学の諸説を検討するうえでの急所ではなかろうか。したがって今日の「日本古代史学」の源流・骨格をなす、本居宣長の『馭戎慨言』をも一瞥しておこう。

（1）「皇国史観」形成の祖、本居宣長

①　宣長は「大和朝廷」の中国交流の最初を、以下のとおり隋とするのである。「そもそもかの国王（中国）より、いまだ使をも　まださざるに（派遣もしてこないのに）、皇朝よりかくふりはへて（このようにへりくだり）大御使（小野妹子のこと）をつかはししは……」として、中国側が使者派遣もしてこないのに、「大御国」（日本）が先に派遣したことに不満をもらす点に、本居宣長の世界観が端的にしめされていると思うのである。

そうして「聞西海菩薩天子重興仏法故（ママ）、遣使朝拝（聞く、西海の菩薩天子、重ねて仏法を興すと、故に使を遣わして拝朝）としるせる如く、聖徳皇太子の大御政《オホミマツリゴト》きこしめす御代なりければ、おほくは仏の道のためにつかわしし御使なり。さて此《カク》もろこしのから（戎）国へ、皇国の大御使《オホミツカヒ》つかはして、むつび（親しみ）たまいしは、此時ぞかし」（傍線は引用者）。これは戦前、われわれが学校でならった「日本古代史」である。つまり大和朝廷の中国外交の最初（六〇七年を指す。六〇〇年は『日本書紀』には派遣記事はない）は隋である、という理解である。これに関する限り『古事記』、『日本書紀』の記事を金科玉条とした本居宣長の見地は、結果的に正しいのである。

すなわち卑弥呼も「倭の五王」も古代中国文献が指摘するとおり、「倭国」の王で大和朝廷ではないからである。

宣長は古代中国文化と文献を最大限に罵ったが、「倭国」と大和朝廷を区別する中国文献に対するに、「倭国」記事がすべて欠ける『日本書紀』・『古事記』の記載を「絶対的に正しい」という立場にたった結果、「倭国」たる卑弥呼・「倭の五王」を「大和朝廷に非ず」と切り捨てたのである。この道をとおって皮肉にも中国史料の記載を結果的に正しいとするのである。

現に、『日本書紀』の中国交流の最初の記事は遣隋使の派遣であり、推古天皇が煬帝にあてた国書には、「東の天皇、敬《つつし》みて西の皇帝に白《まう》す。使人鴻臚寺の掌客裴世清等至りて、久しき憶《おもひ》、方《みざかり》に解けぬ」(『日本書紀・下』、一九二頁、傍線は引用者)とある。しかもこれは、煬帝から推古に宛てられたとされる「国書」への答礼という国際的性格の文章である。したがって本来、その信憑性はきわめて高いものである、といわねばならないものである。

この「久しき憶、方に解けぬ」とは、例えば宇治谷孟氏の『全現代語訳・日本書紀・下』(講談社学術文庫、一九八八年、第一刷)によれば、「……使人鴻臚寺の掌客裴世清らがわが国に来り、久しく国交を求めていたわが方の思いが解けました」(一〇二頁。傍線は引用者)とされている。そもそも「みさく」とは「会って心中のおもいをはらす」という意(『全訳古語辞典』、旺文社)とされている。これをみても大和朝廷の対中国外交の最初は隋であることは明白であろう。

さらに同様のことを記した史料が中国側にもあるのである。それは唐の正史の一つである『唐書』日本伝である。ここには遣唐使が唐朝で公式に述べた「日本史」が詳細に記されている。そこには遣唐使の言葉としては、卑弥呼も「倭の五王」ものべられてはおらず、中国交流の最初にかんして、「次に用明(天皇)亦目多利思比孤と曰う、開皇の末に直《あた》る。始めて中国と通ず」(傍線は引用者)と明記されている。

この引用文の「次に用明(天皇)亦目多利思比孤と曰う、開皇の末に直る」部分は、『隋書』俀国伝の「開皇二〇年(六〇〇)、俀王あり。姓は阿毎《あめ》、字は多利思北孤《たりしほこ》、阿輩鶏弥と号す」を念頭にしたものである。しかし、『日本書紀』には六〇〇年には使者派遣記事はない。これは六〇〇年に隋に使者を送った国は、大和朝廷ではないことことを示すものである。ここにみる遣唐使の言は、書紀にない六〇〇年に使者派遣をした「俀国」(大倭国への隋側の卑字表現=「日出づる処の天子……」云々の国書に、煬帝が激怒したことを反映した故意の命名)を取りこもうという意図を端的に示している。

また通説は『隋書』が俀国と明記する国号の意味を国

民に明らかにせず、「倭国」に変更するのであるが、これは学問の姿として史料の姿・内容を公正・公明に国民に明らかにするという点で如何であろうか。

この「取りこみ」や通説の〝俀国＝倭国＝大和朝廷〟説がなりたたないことを、示しているのが傍線部分の「始めて中国と交流した」と明言しているところである。大和朝廷の中国交流の最初が隋であれば、卑弥呼も「倭の五王」も大和朝廷とは無関係となろう。すなわち「2－1＝1」である。実にここに中国史料の神髄があるのである。宣長は、一方では大和朝廷の対中国交流の最初を隋と明言し、他方ではこれから引用するとおり卑弥呼も「倭の五王」も、〝大和朝廷には非ず〟と切って捨てるのである。当然である。「2－1＝1」である。この限りにおいて宣長は正しいのである。

しかし「皇国史観」の祖である宣長は、卑弥呼や「倭の五王」を大和朝廷とは無関係といっても、いささかも困らないのである。それは「御国（日本）の皇統は……天照大御神の天津日嗣にましまして、天地とともに、とこしえに伝はらせ給ふ」（玉勝間）からであり、「大和朝廷」は、神代の昔から唯一の王家であるというのであるから、卑弥呼だろうが「倭の五王」であろうが、それが天皇国家の王でなくとも、「大和朝廷の万世一系の歴史」はビクともしなかったのである。しかし、「皇国史観」が破綻した戦後、神代の時代から大和朝廷は唯一・永遠の王家とはいえなくなり、この新たな情況のなかで「卑弥呼や倭の五王は　大和朝廷に非ず」といえば、その瞬間に、大和朝廷一元史観は終わりをむかえ、逆に中国史料の正しさが確認されるのである。

だがしかし、これは近世以来の「日本古代史学」の終焉になる。これは大学的日本古代史とその「研究者」にとって、断じて承服できないことと考える。理由は家永三郎氏がいみじくも指摘されたとおり、それは江戸時代からの日本古代史学にたずさわった学者の研究がその本筋においては価値失い、それによって戦後憲法第一条の象徴天皇制の史的根拠も失われるためである。

この危機のなかで戦後、「邪馬一国論争」や「倭の五王・大和朝廷」論がまきおこり、今日まで何一つ解明・解決はされず、またされるはずもなく、しかし、国民的規模で「邪馬一国論争」が関心の的になる事態を生かしながら、たくみに戦後の大和朝廷一元史観が再構築されたのである。この再構築で決定的な役割をになったのが、後述する津田左右吉氏である。戦後の日本古代史学の諸権威が、たとえ津田氏に部分的に批判的見解をもってはいても、津田氏を讃えるのは故あることなのである。

さて『馭戎概言』にもどろう。右に述べたとおりであるが卑弥呼、「倭の五王」への評価は次のとおりである。

①　卑弥呼については、「魏志」倭人伝を引用して「姫《ひめ》尊《みこ》（＝神功皇后）の御世にあたれり。然れども此時にかの国へ使つかわしたるよししるせるは、皆まことの皇国の御使にはあらず、筑紫の南のかなたにていきほいある、熊襲などのたぐひなりしものの、女王（神功皇后）の御名のもろもろのから（戎）国まで高くかがやきませるをもって、その御使といつはりて、私（私的）につかはしたりし使也」とのべている。

②「倭の五王」について次のとおりである。

「天皇に、讃珍濟興武などと申す御名あることなし。――中略――松下氏（松下見林）、此の天皇たちの御名々を、おのおのかの讃などいへる名共にあてたれども、さらにかなわず……然あれども、遠飛鳥宮より穴穂宮までの御代御代に、もろこしへ御使つかはして、むつび給ひしといふこと、さらに皇国にはしろしめさざりし（知らない）事共にて、かの国のつかさ（爵号）などうけ給ひしよししるせるは、ましてかたじけなく、かけてもあるまじきわざなり。すべてこれらは、そのかみ韓のから（戎）国にまかりゐて、其国々の政とりける、日本府の卿《まえつきみ》（＝役人）などの、わたくしのしわざになん有りし」とされている。

③　それ以前の時代をあつかった文献にたいする態度は以下のようである。

まずは『漢書』地理志の「楽浪海中、倭人有り。分かれて百余国を為す。歳時を以て来たり献見すと云う」を上げ、次に『後漢書』の「倭は――凡《おほよ》そ百余国。武帝、朝鮮を滅ぼしてより、使訳漢に通じる者、三〇許国なり。国、皆王を称し、世々統を伝う。その大倭王、邪馬台国に居る――建武中元二年、倭奴国、奉献朝賀す。使人自ら大夫と称す。倭国の極南界なり。光武、賜に印綬を以てす」を引用し、さらに『三国志』魏志・倭人伝の「倭人――旧百余国、漢の時、朝見する者あり。今、使訳を通ずる所、三十国」も引いて、これらを次のように切り捨てるのである。

「其後のよゝ（世々）の書どもにもみな、漢の時より通ひ始めたりとのみいひ、また皇国（日本）にてもみな、誠にしか（そのように）有りけんとのみ心得ゐて、いささかうたがふ人もなし。今つらつら考えるに、そのかみ（昔）御おもむけ（支配）のいまだ天の下にあまねかざりし（十分に及ばない）程、いといとかたほとり（はるかに片隅）の国造別（や）稲城などようの、一しま（しま＝縄張）一郷をうしはきゐたりけん（支配する）人共などが、わたくし（私的）にかの国へことかよわしし（交流した）事などは、おのずからありもやしけん（あるかもしれない）。それだに猶うたがわしきを、まして皇朝より、大御使などつかわすべきよしさらになし」というのである。引用が長いがここにあることは、後述のとおり今日の通説の根本を形成したものである。

『漢書』から「魏志」倭人伝等の「王」を、大和朝廷の支配がまだおよんでいない「いといとかたほとりの国造別稲城などようの、一しま一郷をうしはきゐたりけん人共などが、わたくしにかの国へことかよわしし事……」というのである。古代中国人がこうした「かとほとり」の「一シマ一郷の」支配者に、国王待遇をし金印を送る人間であるというのである。これは後述の志賀島の金印問題等で、今日の通説の権威の言葉にも通じるのである。

思えば大変な考え方で、古代中国人等は「かたほとり」の「一シマ一郷」の支配者と、国王やその使者との区別がでず、朝鮮半島の日本府の役人と国王やその使者の違いも、区別できない人間ということになるのである。いまから約三〇〇〇年〜二〇〇〇年前の「一シマ一郷」の支配者と、国王やその使者との区別がつかない古代中国人という考え方と、「彼を知りて己れを知れば、百戦して殆《あや》うからず」で、世界的に有名な『孫子』を生んだ古代中国人と、一体どう整合性があるのだろうか。

しかも『馭戎慨言』では、古代中国や朝鮮諸国を「戎国」とよび自国を、「御皇国」とか「皇国」と敬語をつかい、さらには『日本書紀』の隋との交流記事を問題にして、「みずからを皇帝となのり、かえりて天皇を、かしこくも（もったいなくも）倭王などとおとし（いやしめ）申奉れるは、いわんかたなきゐやなさ（言いようもない無礼な態度）なれば、其書さらさらに受入れ給ふべきにあらず。ほどしらぬ申ざま（身のほどをわきまえない無礼な文章）と、きびしくとがめて、使をすみやかにおひかえし、かたく御むつびをたち給ふべきわざなるに、その書をもうけいれ給ひて、使をもあへしらひ（接待し）給ひて……」とまで述べている。ここには『馭戎慨言序』で述べられていた「日本は世界のおや国、本つ国」という、異常な考え方が端的に示されている。が、この宣長の思想こそ、天皇主義的日本軍国主義が掲げた、「大東亜共栄圏」の思想的基礎であろう。

およそ本来は国際的に通用もせず、人間の文化がそもそも国際的な交流をつうじて育つという、基本的な認識さえ欠けた考え方である。宣長より約一〇〇年前の新井白石には、『南島志』（沖縄記）等があるが、これを読むと当時の中国文献に通じているというほかに、「琉球王国」の使者等と面接し、将来、この地方が、北海道方面とともに日本の国際的諸関係で、重要な位置をしめるという、広い国際的視野にたっていることがわかる。今日の沖縄問題や千島列島問題を見れば、その先見性が推しはかられる。こうした白石の広い視野と、世界の諸国を「いやし国」（いやしい国）などという視点と比べるべきであろう。

こういうと、宣長は「皇国史観」であって、これは戦後克服されたという方もおられるが、しかし、戦後といえども通説の世界では、古代中国人は男性と女性の区別もつかず女王と太子の違いも分からないとか、天皇の名を勝手に切りちじめ、あまつさえその名をも根本的に間違えた云々という説を、先述の『隋書』俀国伝や『宋書』倭国伝の「倭の五王」問題に見ることができるのである。結局、現在の日本古代史成立の最大の柱は、古代日中文献の比較では「中国人が間違えた」という一点におかれるのである。

(2) その他の権威について

ただ今日の通説の日本古代史は松下見林以来、約三〇〇年という長い年月をかけて形成され国是とされている。これへの批判的検討は、その性格上、この間に累積された近代日本古代史学形成に足跡をのこされた諸権威の業績を、その史観において否定するという、大それたものにならざるを得ないのである。これは二者択一という課題のまえに立たざるを得ない者の、避けられないいわば宿命である。したがってその課題の達成の展望にかんして言えば、重い鎖の足かせをつけて遠路を行くようなものと思える。またわが日本では、本居宣長等の国学思想は真の意味では今日にいたるまで、「進歩」派からもいっさい本格的には批判をされていない。その意味では、ヨーロッパの宗教改革に該当する課題、その達成は、はるかな道を残していると思われる。ここに日本の「民主主義」の後進性の一つの歴史的由来がある。

なお、批判すべき諸権威にかんして私見をいえば、われわれと史観を根本において違えるとはいえ、およそ近世以降の日本古史学の形成・発展に貢献ありと評される程の人のなかには、その研究にはなお宝石のように輝くものはあり、それらを粗略にあつかう態度は正しい批判とは、次元のことなるものと思われる。さて重要な問題なので次に、明治と戦後の権威の古代中国史料への態度をも見ておこう。

その一は那珂通世氏の「倭の五王」考である。が、そのまえに氏の卑弥呼にたいする考え方をも述べておこう。卑弥呼にかんしては「彼ノ女王ト云ヘル者ハ、筑紫ノ南方ニ拠レル女酋ニシテ、神功皇后ニハ固《もと》ヨリ関係ナキ者ナリ」と、本居宣長の説を基本的には継承されている。氏は「倭の五王」にかんしても、宣長を踏襲されて「倭の五王」・天皇論を真っ向から否定している。がしかし、同時に「倭の五王」を天皇に比定する松下見林の『異称日本伝』の見解をも採用するという、つまり「天皇でない」という説と「天皇である」という説を、同時に採用するという文字通りの矛盾した態度をとっている点が注目されるのである。ここにこの高名な学者の動揺、すなわち古代中国史料をどう理解すればいいか、迷う姿がうかびあがっているようにみえる。ただし、氏のこの矛盾した態度は、戦後「皇国史観」の崩壊をうけて、「倭の五王」・大和朝廷論確立の必要性がうまれた時、恰好の説として「渡りに舟」の役割をはたしたと思われる。まずは、「倭の五王」大和朝廷論否定の論考である。

①「(『宋書』倭国伝の)コレラノ貢献除授ノ事ハ、国史ニ聊《いささ》カモ見エザルノミナラズ、畏《かしこく》モ我ガ天皇タチノ、支那付近ノ諸小蕃ト等シナミニ、都督将軍ナド云ヘル官爵ヲ受ケ給フベクモアラザレバ、倭王ノ使ト云ヘルモ、皇朝ノ御使ニ非ザリシコト、論ナシ」(『外交繹史』、五四五頁、岩波書店、一九五八年)というのである。那珂氏は、そのうえにたって『日本書紀』の応神、仁徳、雄略紀にある「呉国、貢奉る」式の記事を事実の記載とされて、

②「……コノ頃、皇国ト支那トノ間ニ交通アリシコトハ、疑フベカラズ。彼ノ倭使貢献(『宋書』倭国伝をさす)ノ事ノ如キハ、倭漢ノ交通既ニ開ケタルニヨリ、任那ノ鎮将等ノ、大国ノ寵命ヲ假リテ、諸韓ヲ鎮撫セントノ卑怯ナル心ヨリ、畏クモ天皇ノ御名義ヲ假リテ、私ニ使ヲ遣シシナルベシ」と、宣長の「倭の五王論」の立場に一応はたつのである。

しかし、氏は応神紀から雄略紀にわたる「呉国入朝」記事を史実とされるのである。この記事が史実ではないことは、まず『古事記』には、「呉国入朝」記事はいっさいないという点に示されるというべきであろう。これは大切なことである。

もし本当に「呉国」なる中国南朝の国家が五世紀に、日本に使者派遣をしたのならば日本史的大事件である。であれば『古事記』がこれをいっさい記録していないと

いうのは不可解である。さらには、雄略紀に次のように「呉国」の使者が来日したとあるが、そこには「呉国」の国名、王名、使者名も、その官位また「呉国」王の挨拶状も、要するに外交上の常識的な内容・形式はいっさい備わっていないのである。この「国交」記事は一国の外交の記録としては、いわば目も鼻もないノッペラボウであろう。奇怪至極の文である。岩波の日本古典文学大系本『日本書紀』の註は、この条の説明を隋使来日の「推古紀」で行っている。いわば五世紀の事件を七世紀で説明するわけである。岩波の日本古典文学体系本の『日本書紀』の校注者は通説の権威が名を連ねている。

念のために同書にしたがって、「呉国」来朝記事を全部引用しておこう。

①「(応神三七年) 阿知使主《あちのおみ》、都加使主《つかのおみ》を呉に遣して、縫工女《きぬぬひめ》を求めしむ。——中略——則《すなは》ち高麗に至れども、更に道路を知らず。——高麗の王、乃《すなは》ち久礼波《くれは》、久礼志《くれし》、二人を副へて、導者《しるべ》とす。——呉の王、是に、工女兄媛《ぬひめえひめ》、弟媛《おとひめ》、呉織《くれはとり》、穴織《あなはとり》、四の女婦《おみな》を与ふ」(『日本書紀・上』、三七八頁)

②「仁徳五八年冬十月、呉国・高麗国、並に朝献《みつぎたてまつ》る」(同書、四一二頁)

③「雄略六年の夏四月、呉国、使を遣して貢献《みつぎたてまつ》る」(同書、四七二頁)

④「雄略八年春二月、身狭村主青《むさのすぐりあを》・檜隈民使博徳《ひのくまのたみのつかいはかとこ》を して呉国に使しむ」(四七六頁)

⑤「雄略十年の秋九月、身狭村主青等、呉の献《たてまつ》れる二つの鵞《がも》を将て、筑紫にいたる」(四八六頁)

⑥「雄略一二年の夏四月、身狭村主青と檜隈民使博徳とを、呉に出使《つかは》す」(四八七頁)

⑦「雄略一四年、春正月、身狭村主青等、呉国の使と共に、呉の献れる手末《たなすゑ》の才伎《てひと》、漢織・呉織及び衣縫の兄媛・弟媛等を将《い》て、住吉津《すみのえのつ》に泊る。是の月に、呉の客の道を為《つく》りて、磯歯津路《しはつのみち》に通《かよは》す。呉坂と名く」(同書、四九〇頁、傍線は引用者)

以上であるが、まず『古事記』には、先述のとおり「呉国貢奉る」式の記事はないのである。あるのは応神記に「また百済の国主照古王、牡馬一疋、牝馬一疋を阿知吉師に付けて献上《たてまつ》りき。また横刀また大鏡を貢上りき。——中略——また手人韓鍛《てひとからかぬち》、名は卓素《たくそ》、また呉服《くれはとり》(呉の国の機織女工)の西素《さいそ》二人を貢上き……」となっている。すなわち相手は百済となっているのである。さすがの宣長も『書紀』のこれらの記事を「史実」とは言いかね、古事記の先の記事を指摘するに止まっている。

にもかかわらず那珂氏はこの記事を事実と解され、「コノ頃、皇国ト支那トノ間ニ交通アリシコトハ、疑フベカラズ」とし、一方では宣長にならって、「任那の鎮将」等の日本府の役人が、天皇の名をかたったものだとされ、他方では「呉国」交流を根拠に、驚くなかれ、讃珍濟興武という「倭の五王」をどの天皇に当たるか、検討されるのである。「倭王ノ使ト云ヘルモ、皇朝ノ御使ニ非ザリシコト、論ナシ」と断言した後で、最後に讃珍濟興武という「倭の五王」が、どの天皇に該当するか、を色々言われるのは、やはり前と後の態度に一貫性がないのではなかろうか。

さて、氏の最終的結論を引用しよう。「右ノ五王ヲ雄略以上ノ五帝ト仮定シテ其ノ時代ヲ古事記ノ年紀ニ対照スレバ、大抵ハ善ク合ヘリ。唯宋書ニ倭讃ト見エタルハ、履中天皇ニ非ズシテ、仁徳天皇ニ当レリ。仁徳天皇ノ御名ハ大さざきナレバ、さざノ音ニ由リテ、讃ト申シタルナリ。――中略――履中天皇ハ在位（六年、引用者）モ短ケレバ、宋書ニハ、此ノ一代ヲ脱シ、其ノ御弟ナル反正天皇（在位五年、引用者）即珍ヲ以テ、直ニ讃ニ接シ、且誤リテ讃ノ弟トナセルナリ。珍濟ノ時代ハ、反正允恭二帝ノ御代ニ善ク合ヘリ」（傍線は引用者）とされている。

一読して明らかなように、正当性の唯一の根拠とされている点は、すべからく『古事記』、『日本書紀』の記載に「合うか合わないか」の一点である。つまり日本史の真偽を支える一点は、「古代中国人の誤り」論に尽きるのである。すなわち古代中国史料の価値の判定者が、『古事記』、『日本書紀』とされるのである。しかも、古代中国人が誤りをおかすにあたって、名も在位年数も続柄もすべて間違えた、というのである。この論法でいけば「可ならざるはなし」、「なんでもあり」ではなかろうか。

三　古代中国文献の性格

（1）

では古代中国史料の正否の判断に、いったいどんな一般的な基準をもうけるべきだろうか。もちろん個々の記載には個々の検討が求められることは当然ではあるが、しかし、史料の記録性の一般的な性格という問題はやはり重要な問題である。

答えはまず、古代中国文献の自国や日本以外の諸国との交流記事の正否であろう。すなわち古代中国文献の記録の一般的性格という問題である。まず古代中国文献の自国の歴史にかかわる記録の真偽という問題は、拙著『二世紀の卑弥呼――「前方後円墳」真の構築者』（本の泉社、二〇〇六年）で詳細にふれたので、ここではくり返さないが二〇世紀初頭ぐらいまで、事実の記載と認められなかった殷ならびに夏の実在性が確認されたことは、大きな意味をもつであろう。これは古代中国文献の記録性の高さを示すものであろう。この記録性とその正確さという問題は、その背後にそれを生みだした文化が横たわることは論をまたないであろう。

古代中国の〝科学的精神〟は、歴史の記述においては以下のように指摘されている。「いったい中国の歴史の本は、孔子を教祖とする儒教の流れをくむ学者によって書かれたものである。『怪力と乱神』とを語ることを好まなかったといわれる孔子は、人間以上の力をもった神のようなものがこの世に実在することを信じなかった。孔子が生きていた前六世紀ごろは、周王朝やそのまえの夏、殷などの古代王朝について、いくらか歴史の記載がのこっていたから、それに信頼をおいていた。だがそれ以前の、たしかな歴史の材料のない時代のことについては、『疑わしきはこれを欠く』といって、しばらく真偽をおいて論じぬことにするという大変慎重な態度をとった。夏、殷王朝以前の黄帝とか堯、舜とかいう五帝の時代のことなどは、孔子のころの儒教の経典の一つで『歴史の書』である『尚書』のなかには、なにも記事がのこっていなかったとおもわれる。

だから孔子は、中国民族の祖先と信じられていた黄帝や、徳行ならぶものがない聖人であった、堯、舜二帝のことについて、一言半句も言及したことがないのである。人間の過去の歴史をどこから書きはじめるべきであるか。人間の過去についての記憶のなかで、どこがたしかに事実としてみとめられるか。そして、たしかに事実であるとみとめられないことはすてて、たしかなところから歴史をかきだすべきであると断言し、またそのとおりに実行した孔子は、近代の実証的な歴史学者と寸分ちがわぬ立場にたっていたのである」（貝塚茂樹氏著、『世界の歴史・1』、五九頁、中央公論社、一九八六年、一七版、傍線は引用者）とされる。

古代中国は世界の古代国家のなかで、「王は神」という神権思想を生まず、僧侶が権力の知的代表になった古代オリエント、インドやヨーロッパ中世とも根本的に違う。その結果、「陰陽五行説」等を生んだ。これを今日、嘲笑する人は多い。日本古代史家にもいる。しかし、世界を神などから説明せず、世界そのものから説明しようという思想は、ヨーロッパでは古代の民主主義の国ギリシャを除けば、中世イスラム文化を通じて学んだ古代ヨーロッパ文明の「再生」をめざした、イタリア・ルネッサンスからであろう。

中国ではこの「唯物論」的思考が約二五〇〇年以上も前に生まれたのである。人類の哲学の二大党派といわれる、世界を神や精神から説明する観念論・宗教的思想と、物質（宇宙を形成する物理や化学が研究の対象にする物で、銭・金・物の物質ではない）から説明する唯物論・科学的思考に分ければ、中国の古代を代表する思想の傾向は明らかに科学的思考である。ただあまりにも古い時代にこうした思想に到達した結果、自然科学の発展が低かったに過ぎない。津田氏は、これを「シナ式合理主義」と嘲笑している。

しかしそれは、「そもそも此道、天照大御神の道にして、天皇の天下をしろしめす道、四海万国ゆきわたりたる、まことの道なるが、ひとり皇国に伝はれるを、其の道はいかなるさまの道ぞといふに、此道は、古事記書紀の二典に記されたる、神代上代の、もろもろの事績のうへに備わりたる」という、ガリレオ・ガリレイの地動説を有罪にした中世的キリスト教なみの、宗教的・観念論的世界観と同質の本居宣長とは正反対である。

これに続いて『史記』である。司馬遷は孔子の仕事を継承することを自己の使命としたことはよく知られる。田中謙二氏は『史記』（田中謙二、一海知義氏訳注、『史記（一）』、朝日新聞社、一九七八年）の「解説」で、司馬遷の歴史記述への基本的態度にかんして次のように言われている。「史官は天文・律歴などを兼掌するために、一方では単なる技術屋とみられがちでもあったろう。だが彼（司馬遷の父である司馬談）の意識では、もはや客観的事実の忠実な記録者――真実を伝えるためには時としては命をも賭ける――としての光栄がおおきな座を占めていたに相違ない」（同書、一四頁）。司馬遷はこうした父の姿勢と血筋を継承したとされている。

遷の父である談は、「天文・祭祀を職掌の中心とする太史令として（漢の武帝が敢行した）『封禅』の大儀の現代化、神仙化・通俗化に反対する態度を示したため、空前の盛儀に参加することを許されなかった」結果、談は「憤りを発し」これがもとで、「死にいたる」と太史公自序から察せられる（同書一二頁）。この父の権力の誤りや逸脱を正そうという姿勢は、司馬遷に継承されていたことは、匈奴との不利な情況で少数の軍を率いて戦い、降伏を余儀なくされた将軍の李陵を弁護して、結局は武帝の逆鱗にふれて死刑を言い渡されたところに示されている。死刑を贖う金も、助けてくれる友もない司馬遷は、「宮刑」を選択せざるを得なかったといわれている。これは周知のことである。この間の司馬遷の心境は「死刑因任安に答えた書簡」等に詳しい。陰々たるものである。なぜ死刑を逃れ「宮刑」を選んだか。それは父談の遺言である孔子以降の歴史を書きとめるという仕事をするためであった。ここに親子にわたって権力に屈伏・盲従せず事物を客観的な事実にそくして記録して歪めないという姿勢を、いわば命にかえても守るという史官の誇りが示されている。これを後述の『古事記』『日本書紀』の編者の姿勢と比較すべきである。

同時に、これは『史記』の次のような編集方針にも示されている。田中氏は先の「解説」で、「歴史の書である『史記』は、当然のこととして、人間の歩んだ足跡を正しく歪めずにあとづけようとする。そのためには、まず超自然的・非理性的な事件は極力排撃する」（同書、二一頁）とされ、司馬遷の「五帝本紀」の「論賛」を引用されている。「学者、多く五帝を称すること尚《ひさ》し。然れども『尚書』は独り尭以来を載す。而《しか》るに百家（諸氏百家とその著書）は黄帝を言い、その文、雅馴《がじゅん》（＝理性的）ならず薦紳《せんしん》先生（真の知識人）、これを言うを難《はばか》る」。

これは先の孔子の歴史観の正面からの継承であって、要するに五帝のうち尭以前は歴史的な確かさを欠くので、真の知識人はこんなことを書くことは拒否する、というものであろう。孔子といい、また『史記』という中国が世界に誇る歴史の記録を残した司馬遷といい、その歴史書編纂にあたって事実を記録し、そのために、必要な場合には、命をかけて立ち向かうという心構えは、単に個人の個性のみではなく彼らが春秋戦国時代の空気を呼吸した人で、後述するように「事実求是」という巨大な時代の思想を背景として、はじめて生まれた側面が重視される必要があると思う。

さらには「邪馬一国」論争で有名な『三国志』であるが、編者の「陳寿の記事は――尾ひれをとり去った、間違いのない事実を連ねることによってなりたっている――――」（世界古典文学全集・『三国志Ⅲ』、小南一郎氏訳、「解説」、今鷹真氏、三九三頁、筑摩書房、一九八九年）と指摘されている。ではこの「事実求是」は単に、孔子の伝統から生まれたのかといえば、そうした認識だけでは不十分であると考える。この「事実求是」思想は、じつに古代中国文化に有名な「百家争鳴」とか「諸氏百家」といわれる、春秋戦国時代、とくに戦国時代に中国社会をおおった「言論の自由」の結果である。

古来、人間社会には基本的に二つの政治体制がある。民主主義体制と王制等の専制体制・個人独裁体制である。この社会体制は、その社会の人間の思考に強力な作用をし決定的な特徴を与えるものと考える。日本では、それぞれの人のものの見方・考え方は、個人の特質の差の占める比重が大きいといわれるように見える。しかし、それはある特定の社会体制内部でのことであって、例えばヨーロッパの古代ギリシャ・共和制ローマと中世ヨーロッパの対比は、あたかもヨーロッパとアジアの対比と似た側面をもち、ヨーロッパの近世の絶対主義は、そこに独自の個性があるにせよ、アジア的神権思想の顔をももっている。そして発展期の民主主義体制の社会こそが「客観的な事実の重視」、さらには共和制的自由都市を発展させつつあったルネッサンス時代以降に、事実の内的関連の探究・解明にあたって「仮説をたててその是非を、事実・実験で確かめる」という、いわゆる近代的「科学的思考」を必然的に生み出すのにたいして、王制は中国を除けば、ほとんど例外なく「神権思想」を生み出しているのは、古代オリエント、インド、中世ヨーロッパのみならず、「天皇は神」式の尊皇思想に見るとおりではなかろうか。

これにかんして興味深い考察がある。「民主政治（古代ギリシャの市民的民主政治を指す）には討議と弁証法の原理が内属している。――中略――議論を通じての可知性や納得は、君主と聖職者の権威に代わって、真理が絶対的基準にまで高められた。――中略――やがて神々をさえも含めてすべては論議と理解可能性の試練を受けねばならなかった……」（『科学の誕生』、「古代ギリシャ編」、アンドレ・ピショ著、中村清氏訳、三五一頁、せりか書房、一九九五年　第一刷）。「……政治には、人間が世界について抱いている考え方が、はるかに顕著にでるものである。……民主制では自然の法則という考え方に傾くが、君主制や独裁制では、自然は神々の恣意に従っているとする考え方に傾く……」（同書、三四八頁、傍線は引用者）。

そもそも古代ギリシャ時代のいくつもあったささやかな都市国家は、その民主制によってあやまった政策や方針を採択し、例えば戦争を選択して敗北すれば、たちまち男は皆殺しか奴隷、女子供の運命も同様の場合もあり、古代的民主的市民にとって「正しい選択」、すなわち「正しい」とは何か、如何にそれを知るかは、最大の関心事であったと思われる。つまりは「哲学」の誕生であろう。これにたいして古代オリエントや古代インドでは、アジア的専制体制とよばれる政治体制が君臨したが、ここでは僧侶階級が王を神の化身等と称しつつ、まさにピショの指摘のとおり神の名による「真理」を独占した。この点ヨーロッパ中世を思想的に支えた中世キリスト教にも、同様の特徴がみられることは周知のことである。こうした社会では国民は政治の外におかれ、暗愚や愚鈍のなかに放置される。国民は社会や歴史の事実という問題が、自分自身の人生を左右することに気がつかないか、巨大な犠牲のあとに多少気がつく水準におとしめられるのである。

春秋戦国時代の中国は、断じて民主主義国家ではなかった。しかし、相対立した中規模国家同士が覇権をもとめ人材を求めたことを背景に、中国以外、日本やアジアではみられない「言論の自由」があったことは知られている。これが「百家争鳴」とか「諸氏百家」とかいわれる姿である。「言論の自由」とはまた論争を必然とする。相対立する見解のどれが正しいか、これを何を基準に判断するか、これが「言論の自由」のある社会の苦悩であろう。

こうして「言論の是非」の判断基準として「事実・現実」がいわば選ばれたのである。これも貝塚茂樹氏の指摘でみよう。「論理は事実による実証が必要だ、主観的な論理よりも現実の社会にはたらきかけて、実効があがる客観的な論理であらねばならぬと悟った」（『中国の歴史・上』、一三二頁）、さらには法家の韓非子にかんして、かれが強調した法による統治にさいして重視すべきこととして、「君主は臣下の上表のなかにのべている概念つまり名と、それの事実に現れた結果、つまり形を互いに参照しなければならぬ。もしこれが一致すれば正しい認識になる。この現実に現れた結果、つまり例が多いほど真理に近づくとしている」（同書、一三三頁）と主張した、と貝塚氏はいわれる。

すなわち「理論（認識）の是非を現実（事実）で検証する」という高度の思想である。ここにこそ紀元前六世紀～五世紀に生きた孔子以来の「事実の尊重」という態度が生まれる、歴史的社会的な根拠があると考える。これはまさに人間の認識を現実で検証するという科学的思考そのものである。ヨーロッパがこの思考に到達するのは、一五世紀以降ではなかろうか。ただしヨーロッパの場合、ルネッサンス以降の自然科学の発展と反封建民主主義革命を経過しているという点では、その内容・到達点は中国に勝ることはいうまでもない。

それにしても中国では紀元前である。人間の認識の是非を事実で問うというのは、高度の思想であろう。この高度の思考が中国ではあまりに古い時代に出現した結果、人間の自然への認識を実験で検証するという近代的な姿をとりえなかったのであろう。

（2）

さらには儒教の「天命論」思想についてである。天は時・暦を意味し、人間はこの時・暦にしたがって農耕をする。人の世はこの農耕・産業が基礎であり、為政者・王の勤めは、この人民の付託にこたえ民の生産・生活の平和と発展をはかることである。これが王の徳である。この付託に応え得ない為政者はその地位を去るべきである、とされる。にもかかわらず為政者が居直り人民を苦しめるなら、天たる民は武器を手にこの為政者を追放し、新たに期待にこたる為政者を創設するのが天の意志であるという、いわゆる民本思想である。天とは時であり食である、という思想はインカの「暦文明」でも指摘されている。

この「天命論」と日本の関係についていえば、古代天皇制と尊皇思想に対決して、日本封建制への変革をなし遂げた北条氏から足利尊氏にいたる歴史がある。その意味では古代中国儒教は単なる外来思想・文化ではなく、日本民族の進歩的思想として、いわば骨肉化した日本の思想でもあろう。この「承久の変革」（承久の乱）から室町幕府の成立までの期間は、日本の封建制確立の長期の歩みのなかで画期的な時期であろう。この初期武家階級の奮闘があったればこそ、日本はアジアで唯一つ、資本主義的生産様式を確立させる社会を形成しえたことは、云々する必要もないことであろう。

ヨーロッパ人が今日も世界に誇る古代ギリシャ・ローマ文明はたしかに偉大ではある。しかし、その社会の土台となった奴隷制が大いに発展したお蔭で市民は労働を軽視した結果、ついに自力でヨーロッパ封建制を切り開く力がなく、ゲルマン人の大移動のなかで滅亡した。またアジアは人類文明創設の大地ではあったが、ついに長期の社会の停滞を余儀なくされ、自力では資本主義を構築することはできなかった。こうみると世界で最初の社会の体制変革を実現した民族は、日本人であり初期の武家・東国武士団である。そうしてそれを思想的理論的に導いたものが、「儒教」の天命論だったことになる。

いま、東国武士階級が掲げた天命論思想がいかに革新的であったかの一例を『東鑑』（吾妻鏡）から引用しよう。ここには日本史が「承久の乱」と尊皇思想によって歪曲して呼ぶ、古代天皇制と尊皇思想への初期の東国武士階級の闘いが記録されている。北条義時追討の宣旨に対して東国武士階級が総決起し、「いざ鎌倉」と全関東の大地を震わせて「鎌倉道」を馬蹄を轟かせた進撃が開始されて、ただ一戦で「これ官軍を破るの初めなり」（『東鑑』）となるのである。

ところが総指揮官の義時はすでに「東士」（『東鑑』）の怒濤の進撃が開始されたあとにも、自宅に落雷があったことに関連して、これは「朝敵」とされた自分の運命の行く末をしめす予兆ではないかと、いたく恐怖心を抱き「朝廷を傾けたてまつる」（『東鑑』）攻撃の続行に動揺するのである。この義時の心配を「承久の変革」の理論的指導者である大江広元が、次のように一蹴しているのである。「君臣の運命、皆天地の掌《つかさど》るところなり。……その是非よろしく天道の決断を仰ぐべき。（朝廷を傾けることは）全く畏怖の限りにあらず」と、「天皇は神であり、武家は臣下である」式の古代尊皇思想を真っ向から否定しているのである。

この後、「天命論」思想が当時の日本社会の支配的思想へと発展するのであるが、この事実を、『東鑑』（吾妻鏡）等からの直接の引用をはぶいて、また、広元の「君臣の運命……」の意味をふくめて、武家勢力の台頭に古代天皇制擁護の立場から闘った、公家武将の北畠親房の『神皇正統記』から若干の引用をしよう。それは宣長同様の「万世一系論」者の、しかも足利方と直接対決した人物が「天命論」思想にたって社会の動きを考察しているところに、鎌倉から室町初期にかけて、武家階級が掲げた天命論思想が支配的な影響力をもっていたことが示されているばかるではなく、古代天皇制とその尊皇思想擁護のために剣をとった親房に比べても、あまりにも非合理主義的な宣長の思想の暗黒性を見ることができるからである。

まずは親房の「承久の変革」（承久の乱）への評価である。

「……白河・鳥羽ノ御代ノ此《ころ》ヨリ、政道ノフルキスガタヤウヤウオトロヘ、後白河ノ御時兵革（戦争）オコリテ奸臣（平家）世ヲミダル。天下ノ民ホトンド塗炭ニオチニキ。頼朝一臂《いちび》（＝うで）ヲフルヰ《ひ》テ其乱ヲタイラゲタリ。王室ハフルキニカヘルマデナカリシカド、九重ノ塵モオサマリ、万民ノ肩モヤスマリヌ。上下堵《と》ヲヤスクシ、東ヨリ西ヨリ其徳ニ伏シカバ、実朝ナクナリテモソムク者アリトハキコエズ、是ニマサル程ノ徳政ナクシテイカデタヤスククツガヘサルベキ。縦《たとひ》又ウシナハレヌベクトモ、民ヤスカルマジクハ、上天ヨモクミシ給ハジ。

次ニ、王者ノ軍《いくさ》ト云ハ、トガアルヲ討ジテ、キズナキヲバホロボサズ。頼朝高官ニノボリ、守護ノ職ヲ給《たまわる》。コレミナ法皇ノ勅裁也。ワタクシニヌスメリトハサダメガタシ。後室ソノ跡ヲハカラヒ、義時久ク彼ガ権ヲトリテ、人望ニソムカザリシカバ、下ニハ、イマダキズ有トイフベカラズ。一往ノイハレ（義時が後鳥羽上皇の愛人のための土地要求に応じなかったこと）バカリニテ、追討セラレンハ、上ノ御トガ（罪、誤り）トヤ申ベキ。謀叛オコシタル朝敵ノ利ヲ得タルニハ比量《ひりょう》（＝くらべる）セラレガタシ。カヽレバ時ノイタラズ、天ノユルサヌコトハウタガイナシ。――中略――先《まず》マコトノ徳政ヲオコナハレ、朝威ヲタテ、彼ヲ剋スルバカリノ道アリテ、ソノ上ノコトトゾオボエハベル」としている（傍線は引用者。『神皇正統記・増鏡』、一五九頁、日本古典文学大系、岩波書店、一九六五年）。

これはもちろん、朝廷を日本の正統な支配者という立場で「承久の変革」を云々しているという、彼の階級的立場からの限界はあるが、「承久の乱」を引きおこした後鳥羽上皇を、「上の御トガ（罪）」とその責任を論じているのである。ここには本居宣長風の大和朝廷の支配を「天照大御神の道にして、天皇の天下をしろしめす道」云々とは、異なることは明らかであろう。

その決定的な違いは、天皇よりも上位の権威・価値観として、国民生活の安心・安全・生産の向上が公然と掲げられている点であろう。親房の言葉では「徳政」と表現されているが「下々の暮し」の状態こそが、政権・王朝の運命を決するものであるという考え方であろう。この点が一層明確にされているところは、北条泰時への評価を述べたところである。「大方泰時心タダシク、政《まつりごと》スナヲニシテ、人ヲハグクミ物ニオゴラズ、公家ノ御コトヲオモクシ、本所ノワズラヒ（地頭の力＝武家の力）ヲトドメシカバ、風ノ前ニ塵ナクシテ、天ノ下スナハチシズマリキ。――中略――天下ノ万民ハ皆神物ナリ。君ハ尊クマシマセド、一人《いちにん》ヲタノシマシメ万民ヲクルシムル事ハ、天モユルサズ神モサイハイセヌイワレナレバ、政ノ可否ニシタガヒテ御運（天皇・上皇）ノ通塞《とうそく》アルベシトゾオボエ侍ル」（同書、一六二頁、傍線は引用者）としている。

結局は、天皇一人（支配者だけ）が栄えようとしても、天下の万民が栄えないような政治では、天皇（支配者）の運にも閉ざされた者が生まれてもそれは道理である、ということであろう。すなわち天下＝人民の生活・安全・その発展こそが土台で、これをなおざりにする為政者は例え天皇であろうと、天下によって断罪されるのが道理という思想である。

この親房の思想は、北条氏から足利尊氏等の古代天皇制打破の機運に呼応した、武家階級の当時の思想であったが故に時代の思想となったもので、古代天皇制の側に立つものでさえ逆らえなかったのである。『梅松論』（足利尊氏を正義とし、後醍醐天皇らを否定的に記録した武家側に立ったものの書で、戦後といえども一般的には書店などで目につきにくいが、日本古代末期～中世研究では第一級の史料とされる）は、「『愚管抄』や『神皇正統記』のように歴史のつくりてと諸価値の根源を、超人的にして特殊な神格（天皇）に求めるのではなく、天下万民のための徳政を要求する天という普遍的な権威を設定し、天意の要求する道徳的価値に合致せんとする人間の努力こそが、公武に拘らず、自己の運命を切り開くものだと解することにおいて、武士勢力の伝統的勢力（古代尊皇思想と天皇制、引用者）に対抗する理論を形成したのである」（『梅松論』、解説、二五頁、矢代和夫氏・加美宏氏校注、現代思潮社、一九七五年、初版。傍線と括弧内は引用者）という指摘もある。

こうした日本における「民本主義」は、たしかに主権在民思想ではないが、一国のあり方の基本を決定するものは天皇、ましてや支配者などではなく、労働・生産をになう国民の生産と生活の安全・発展であるという考え方は、単なる紙の上の字ではなく日本において数百年、血を流して社会を現実に変革してきたものである。その意味では民族的な獲得物である。しかし、明治以降、政府はいうまでもなく民主主義をかかげた人々によっても、日本における進歩思想として評価されその継承と発展が重視された形跡は全くないのではなかろうか。この進歩派の姿は日本の保守派にとって最大の援軍ではなかったろうか。

宣長は、「北条・足利のごとき逆臣もいでき、さようの者にも天下の人のなびきしたがひ、朝廷大いに衰へさせたまひて、世中の乱れし時……」（直毘霊）と、いうのである。そして「漢国（中国）には、おほよそ人の禍福、国の治乱など、すべて世中のよろづの事は、みな天よりなすわざとして、天道天命天理などいひて、これをうえなく尊く畏るべき物とぞする。さるはすべて漢国には、まことの道伝はらずして、万《よろづ》の事は、神の御心御しわざなることえしらざる（よく知らない）が故に、みだれに造りまうけていへるものなり。そもそも天は、ただ天つ神たちのまします御国（日本）にこそあれ、心ある物にあらざれば、天命などいふことあるべくもあらず。

神を尊み畏れずして、天をたふとみ畏るるは、……其君を尊み畏るることをしらざるがごとし。……皇国には、まことの道の正しき伝へ（古事記、日本書紀をいう）の有りながら、それを尋ね思はずして、ただ外国のみだれなる説をのみ信じて、天といふこと、いみしき（立派な）事に心得居て、万の事に、その理をのみいふは、いかにぞや。又太極無極陰陽乾坤八卦五行など、ことごとしくこちたくいふなる事共も、ただ漢国人のわたくしの造語にて、まことには其理とてあることなし」（玉勝間）などと述べている。中世の尊皇思想家の北畠親房でさえ宣長にかかれば、「逆賊」に甘い顔をしたと言われかねない始末である。しかし、宣長がこうまで「天命論」攻撃に力を入れた由縁は、まさに当時、まだこの「天命論」の影響が、濃厚に残存していたためではなかろうか。これを顧みなかった「自由民権運動」以降の進歩派の姿は如何であったろうか。

さらに宣長は政治と国民の関係にかんしては、「今のおこなひ道にかなわざらむからに、下なる者の、改め行はむは、わたくし事にして、中々に道のこころにあらず。下なる者は、ただ、よくもあしくもあれ、上のおもむけにしたがひをるものにこそあれ」（玉かつま）と述べている。政治が悪いからと、「下なる者」が改革をもとめ志すのは「私事」、すなわち公の上に私をおく態度であって、日本の「道の心」に合致しない。政治がたとえ悪くても上の考えに従っておればいいのだという、文字通りの奴隷的服従主義を「道のこころ」というのである。

したがって孔子とともに中国儒教の双璧とされる「天命論」の首尾一貫した思想家の孟子に対しては、「孟可（孟子）が大悪さとるべし。……この書、人の臣たらん者の見るべき書に非ず。臣たる人に不忠不義を教えるものなり。……おそるべし。おそるべし」（玉かつま）、などともいうのも不思議はないのである。

なお一言をくわえれば国学は「漢意」などと儒教攻撃をしたが、それはいささかも儒教、とくに日本儒教とでもいうべき江戸時代の儒教を全面的に否定したのではないという点である。それは宣長の国学の直接的継承者である平田篤胤の次の言葉をみても明らかである。「抑々、我が皇神の道の趣きは、清浄を本として汚穢《ケガレ》を悪《キラ》ひ、君親に忠孝《マメ》に事《ツカ》へ、……神ながら御伝へ座《マセ》る真の道なる」（「玉だすき」）である。ここには「忠君・愛国・親に考」は「真の道」とされている。国学の強調したものは「親に孝・君に忠」、「お上の定めに従い、年貢をきちんと治める」式の「儒教」であって、本場中国の古代以来の「天命論」を一つの柱とする儒教とは全く異なるものであった。だからこそ宣長が渾身の力をこめて「戎の思想」と言っているのである。

また、宣長の古代中国文化と思想への攻撃に関連していえば、紙、火薬、羅針盤は中国人の発明である。これのどれを欠いても現在の「欧米崇拝」主義者がいう「近代的科学的文明」は存在の余地がないであろう。また、コロンブスの大航海にはるかに先駆けて、鄭和の数次におよぶ羅針盤を使っての、一回の航海の参加者が二万数千人をともなう大航海がある。くわえて火薬で物が飛び出す武器の発明等、今日の「近代文明」の基礎をも提供したものであろう。日本古代史家が今日も宣長を師と仰いで、古代中国文献の「倭国」記載を誤りの集積のようにいうのであるが、その記録を生んだ文化と通説の評価との間に、大きな隔たりがあることは以上のようである。

(3)

次は古代中国文献が日本以外の諸国との関係で、相互に使者派遣等を踏まえて記録された内容が、「すべてかれとこれと、あえること一つも非ず」という状態か否かという問題である。この問題ではシルクロードで有名な〝楼蘭王国〟と、「さまよえる湖」ロプ・ノール湖発見の探索の問題を例にとるのが適切とおもわれる。この地は砂漠であって地形は砂嵐でも変化する上に、楼蘭王国は一〇〇〇年以上も忘れられた存在であったからである。

そもそも楼蘭王国は、ヨーロッパ人のロプ・ノール湖探査をふくむこの地域の探検の、偶然の契機で発見されたことは知られている。この一〇〇〇年以上も前に滅び、いわば記憶から消えた王国の姿を、今日に蘇らせたものの一つは、出土した少なからぬ「漢文文章」と、これも少なくない「カロシュティー文書」といわれる。「ヘディンが発見した古文書の……漢文文章は、そのほとんどが紀元二七〇年前後――邪馬一国時代に該当（引用者）――のものである。中国の文章は、はっきりと年月日を記したものが多いので、その点、年代の決定は極めて容易である。文章の大部分は、この地方に進出した西晋朝の駐屯軍の行政、軍事、経済、産業、公私の記録・往復書簡で、いまから一七〇〇年余り昔のローラン王国の実体を、如実に示すものであった」（『楼蘭王国』、長澤和俊氏著、二四頁、第三文明社、一九八二年、第三刷）とある。

また、「カロシュティー文書」の解読と出土「漢文文章」、ならびに『史記』や『漢書』西域伝などの中国正史等によって、二・三世紀ぐらいまでの楼蘭王国の歴史と変遷、その年代決定から首都の所在地や、その国制・官僚組織や税制、庶民や奴隷の姿まで、後述する同時期の「大和朝廷」の日本とは、比較にならない精度で解明されている。

その探求のなかで「カロシュティー文書」と、古代の歴代中国王朝の正史等の記載の間に、基本的な相違、矛盾は報告されておらず、例えば「王都クロライナの位置」の探求では、「漢書西域伝に、鄯善《ぜんぜん》国の原名を楼蘭、その王治を扜泥城と伝えているが、この楼蘭はクロライナ、扜泥城はクヴァニの音訳と認められる」とされ、ここではその詳細ははぶくが、続けて「カロシュティー文書」

と比較検討されて、「『北魏書』の西域伝は、〝鄯善国は扜泥城に都している、古の楼蘭国である〟、としているのは、決して単なる前史の踏襲ではなかった……」（『楼蘭王国』一〇二頁）とされるなど、古代中国文献を基本に研究が行われている姿を伝えている。しかも、この研究には当然ながらヨーロッパの学者が参加しているのであって、そこに「すべてかれとこれと、あえること一つも非ず」という姿など、いっさい示されていない。

さらに興味深いのは長澤氏は「さまよえる湖」ロプ・ノールの探査をめぐって、「……ターリム川が、約一五〇〇年を周期として、南北から東西に流路を変え、まもなくロプ・ノールは、カラ・ブラン等の地方から、ローラン遺蹟地方に移動する……」（前掲書、五〇頁）ことを発見したとして、世界的な権威とされるスウェン・ヘディンの見解に、古代中国文献にたって正面からの批判的検討をされている点である。それは四世紀以降のロプ・ノールの位置を地理的調査と文献的渉猟によって詳述している、北魏の人酈道元《れきどうげん》の『水径注』等の古代中国文献の記載にたって、この西域の湖は「かつて一つであった大湖が、二つに分かれてしまったものが少なくない。恐らくロプ・ノールも、それと同じようにかつて一つであったものが、ターリム盆地の乾燥化とともに、二つに分かれてしまったのではあるまいか」（同書、五九頁）という大胆な仮説を提起されている。

長澤氏の仮説の是非を云々する資格などは全くないが、ヨーロッパの学者の研究・見解にたいして、『水径注』の他にも清代における河川志の名著斉召南著の『水道提綱』、楊守敬の『水径注図』、さらには敦煌の千仏洞でヨーロッパ人によって発見された古文書中、スタインによって見出された、『光啓元年書写沙州伊州地志残巻』や、一八～一九世紀の中国人による「水径」調査の資料を踏まえて、果敢に仮説を提出されている姿は、およそ古代中国文献の「倭国」記載を〝誤りの塊〟、信頼できない文書の典型のようにいう通説的日本古代史家の姿からは、想像もできないことに思えるのである。

これと関連して日本古代史学では、いい加減な記載だと大変人気がない『山海経』についても、「中国人は、ロプ・ノールについて、二千年以上も昔からその名を知っていた。『山海経』という春秋戦国時代（B.C.七七〇～二二一）に成立したといわれる古地理書には、〝東は泑沢を望む。河水の潜する所なり〟（西山経）とか、〝敦薨《とんごう》の水は、西流して泑沢に注ぐ〟（北山経）という記録がある。この泑沢というのは、ロプ・ノールを示したものであろうと考えられている」（同書、四二頁）とあり、これは結局、長澤氏が指摘された古代中国人の「水径」調査と矛盾がないとされているのである。

砂漠と水径の変化や乾燥化によって、一九世紀から二〇世紀にかけてヨーロッパ人が、地球上最後の秘境として探査をおこなった地域の、忘れられた王国と「さまよえる湖」の実体は、結局、古代中国各王朝の正史の「西域伝」や、古代中国人の記録によってその全容が明らかにされているのである。その姿は東夷伝においても基本的に同様であって、「すべてかれとこれと、あえること一つも非ず」という宣長の見地が基本的に存続するのは、日本古代史学以外にはないのではなかろうか。

（4）

この他には古代中国文献の正確さが日本との関係でも確認できる決定的な諸発見が、内外の考古学的発見・研究によって明らかになった例が、最近増えているという事実があるのである。これについたは詳細にあとで述べるつもりである。これらの問題は結局は、「大和朝廷一元史とその史観」という「万邦無比」の姿が真実か、それとも古代中国文献が記す「多元的複数的国家発展史」という、世界の諸民族と共通の姿が日本民族でも真実か、という問題へ流れこむのである。

次に、松下見林の「倭の五王」論も見ておきたい。「今按ずるに、永初、元嘉（中国年号、引用者）は本朝の允恭天皇の時に当たる。大明、昇明は雄略天皇の時に当たる。讃は履中天皇の諱、去来穂別《イサホワケ》の訓を略す。珍、反正天皇の諱、瑞歯別。端・珍と字形似る。故に訛《ナマ》りて珍と曰う。済、允恭天皇の諱、雄朝津間稚子、津・済と字形似る。故に訛りて之を称す。――安康天皇の諱、穴穂を訛りて興と書く。武、雄略天皇の諱、大泊瀬幼武、之を略す也」（『異称日本伝』、一二一頁、一九〇一年、近藤活版所）というのである。

ここでも、すべてが中国側の誤りですまされている。これにかんして古田武彦氏が『失われた九州王朝』（「なぜ中国風の王名か」、一四一頁、角川文庫本、一九七九年、初版）で、『宋書』、『南斉書』、『梁書』の外国の王名記述の実例に当たられて、外国人の名が長いから、中国側が勝手にその中の一字をとりだした、という主張が成立するか検証されて、長いままに原音表記がされている事実を示されている。あまりにも当然であって、こうでなければ歴史の記録の意味はなくなるであろう。しかるをいわんや、見林がいうように「端と珍、津と濟、穂と興」というように、系統的に字も間違えたというのであれば、それが中国南朝の文献の一般的性格であることを実証されるべきであろう。この見林の方法を那珂氏は継承されているが、これを通路として戦後の「倭の五王」比定の基本的な方法論に、この見林式の「中国人が間違えた」論がすえられるのである。

以上述べたとおり、松下見林以来の近世日本古代史学は、『古事記』、『日本書紀』と古代中国史料を比較対照するという、その限りでは一歩前進というべき研究方法ではあるが、その際に、日中史料の食い違い問題は、あげて中国側の「誤り」で切りすてられ、まさにこの一点に、今日の「大和朝廷唯一史と史観」の日本古代史が構築されているのである。その意味で「異朝の書の懸聞の訛と申しやぶり……本朝国史々とのみ申すことに候。まずは本朝の始末、大かた夢中に夢を説き候ようの事に候」という白石の指摘は、いささかも古臭いものではない。したがって古代中国史料への否定をこそ、正当性の唯一の決定的根拠とする近世以降の、「大和朝廷一元史と史観」をあらためて問うのは、あまりにも当然のことと思うのである。

四　津田左右吉氏の日本史観

最後に、戦後の日本古代史学の祖とされる津田左右吉氏の特質を一瞥しておこう。津田氏は、『神代史の新しい研究』（一九一三・大正二年）と、『古事記及び日本書紀の新研究』（一九一九・大正八年）を発表されて、戦後には「皇国史観」批判を先駆的に展開した優れた思想家・歴史家であるといわれ、戦後の日本古代史学の祖と評価が定まった。その要因の一つとして、そこには「民主的」とよばれる人の、大きな思い違いが次のように横たわっていたと考える。

それは戦前の古代史学で誰一人として、専門家から「皇国史観」への批判がおきなかったという事情のもとで、「ただ一人、日本の古典の『神代』の物語以下がそのまま客観的な史実の記録ではなくて、宮廷の官人の政治的目的による造作であると断言した早稲田大学教授津田左右吉博士の業績のみが、赫奕《かくえき》（＝光り輝く）たる光を放って今日までゆるぎない科学的日本古代史観の基礎を築いたのである」（家永三郎氏著、「日本古代史研究に投じた一石——古田武彦『邪馬台国』はなかった」とされているところにも示されている。

ここには津田氏の業績への根本的に間違った評価が、「赫奕」という言葉で示されている。「皇国史観」の中心問題は天皇の神格化を後光とした、「万世一系の天皇制・大和朝廷一元史観」の神聖化なのである。津田氏の所謂「記・紀批判」はいささかも「万世一系の天皇制」という、「天皇国家唯一史観」を批判したものではなく、逆にこれを断固として擁護したものである。現に、「二〇〇〇年の歴史を国民と共にせられた皇室を、現代の国家、現代の国民生活に適応する地位に置き、それを美しくし、それを安泰にし、そうしてその永久性を確実にするのは、国民みづからの愛の力である。国民は皇室を愛する。愛するところにこそ民主主義の徹底した姿がある」(「建国の事情と万世一系の思想」、津田左右吉、雑誌「世界」一九四六年四月号)などと、敗戦の翌年に公言されているのである。

これにかんして津田氏を進歩的思想家と擁護する人々のなかに、戦後の津田氏の心変わりなどと評するむきもある。しかし、それは次の事実をみればなりたたないのである。津田氏が大正五(一九一六)年に発表した氏の膨大な著書、『文学に現はれたる我が国民思想の研究』のいくつかの例をあげれば十分である。「我が国民が万世一系の皇室を奉戴してゐるという美しい事実は、別に微妙な歴史的由来がある……」(『文学に現はれたる我が国民思想の研究・六』、「平民文学の時代・上」、三三二頁、岩波書店、一九七八年、第二刷。この書物は一九一六(大正五)年、東京洛陽堂から初版として出版、傍線は引用者)とか、「……幕末のような場合に逢着すれば、皇室を中心として新しい国民的統一を成就しようとするのは、我が国民に於いて自然のことである。……長い間の歴史が涵養した目前の事実が生み出す、生きた国民感情に基づくものだからである」(同書、三一五頁、傍線は引用者)などに、それが強く示されている。

津田氏の「記・紀批判」の最大の問題点も、ここにある。津田氏は「皇国史観」史学の誤りを、あげて「記・紀神話」やそれと同等と氏によって見なされた「神武の東征」等に押しつけ、その罪名を「偽造の説話」とされたのである。そうして批判的に検討すべき「万世一系の天皇制・大和朝廷一元史観」は、これを擁護されたのである。

そうして津田史学が戦後古代史学の土台となった理由も、実にここにあると考えるものである。「博士(津田)の研究は、——中略——記紀の成立事情や資料について考究したうえ、本文について徹底的な批判を加え、記紀の記事は従来信じられていたような歴史の記録ではなく、六世紀頃朝廷の官人が皇室の日本統治を正当化する政治目的をもって造作したものであるという結論に達したのである。これまでも若干の部分に作為や潤色のあることは認められていたが、このように全面的な作為を主張したのは、ここに始まる。発表の当時は時代の通念とあまりにかけはなれていたために、学界のうけいれる所とはならなかった。戦後に天皇制に対する批判の自由となった勢いに乗じて、この説は俄に学界を風靡し、いまは細部に異論はあっても、大局においては定説となった感がある。そして戦後の書紀研究は、この津田博士の説を踏まえて出発することが常識となっている」（坂本太郎氏著、『六国史』、一五五頁、傍線は引用者）と、坂本氏は指摘されている。

さらにこれを補足する意味で井上光貞氏の、戦前・戦後の日本古代史学観を引用しよう。「……国家や宗教の支配層に属する公の機関が歴史をまとめるばあい、――中略――自分たちに都合のわるい事実を明らかにするものが出ると、世を惑わす者として処罰するといったことも起こってくる。そして、これらの支配体制が変革をうけると、たちまち歴史がかきかえられるのである」（『日本の歴史』、「１神話から歴史へ」、三頁、傍線は引用者）。

ここには「たちまち歴史が書きかえられる」というのであるが、「書きかえる」のは、「国家や宗教の支配層に属する公の機関」、この意味では以前の「文部省」なのか、それとも国立大学等の教授等であるのか、この重要な点は全く触れられていないのはやはり大きな問題点であろう。ここでいう「公の機関」とは実態的には、学者であろうと私は思う。

さて、井上氏は、戦後の日本古代史学の特徴にかんして以下のように言われている。「第二次大戦の終結とともに、天皇はみずからその神権を否定され、新憲法は、主権は国民にあり、天皇はその統合の象徴であると規定した。ここには、連合軍による指示もあったが、多くの自由主義者の声にこたえたものであり、同時にまた、日本の古来の天皇の伝統を発展的にうけついだものといってよかった」（前掲書、六頁。傍線は引用者）とされ、このもとで戦後の日本古代史学が成立・発展したとされている。

つまり戦後日本古代史学は、「日本の古来の天皇の伝統を発展的にうけついだ」日本史観に立ったものというのである。ここが戦後の日本古代史学の性格を考えるうえで、決定的に重要なところと考えるのである。この意味を理解するうえでも坂本氏や井上氏の指摘の次の部分が重視されなければならないと考える。

坂本氏も井上氏も、戦前の「皇国史観」が戦後の日本古代史学に変わったキッカケを、「戦後に天皇制に対する批判の自由となった勢いに乗じて……」とか、「これらの支配体制が変革をうけると、たちまち歴史がかきかえられるのである」と、敗戦による絶対主義的天皇制政府の崩壊にあるとしているところである。その特徴は、政治が先にあってヨーロッパの古代や近代のように、政治とは無関係に例えば素人の考古探究者であるシュリーマンのトロイ・ミケーネ発掘等を契機に、権威ある「定説」に非専門家が挑戦して、おおくの学者とシュリーマンを含めた、ヨーロッパ的規模での虚心坦懐な科学的探究を積み上げた結果、以前の権威の説が事実と違う点が明らかにされて学問を発展させるという、民主主義社会での学説の発展の姿とは、著しく対照的なところである。

わが国の「皇国史観」への〝批判と克服〟の特徴は、ヨーロッパに反して「皇国史観」擁護の政府が、第二次大戦で敗北した結果おきたものなのである。ここに「戦後に天皇制に対する批判の自由となった勢いに乗じて」(坂本太郎氏)とか、「これらの支配体制が変革をうけると、たちまち歴史がかきかえられるのである」(井上光貞氏)とかいわれる根拠があると思うものである。歴史の姿の探究で〝政治体制とその都合〟が、学者の個々の研究より上におかれて、それが〝自然な社会の姿〟という点が、ヨーロッパや他の世界と近代日本社会の深刻な差異なのである。

さて、この津田史学に戦後、新たに日本古代史学の基礎としての地位が与えられたのは、次のような背景があったと考えるものである。第二次大戦に勝利したアメリカ国民や中国をはじめ世界の声は、まことに当然ながら日本の民主化の関門として天皇制の廃止を要求した。ところがこの世界的世論のまえに一人は腰をおり、他は仁王立ちとなって立ちふさがった者がいる。腰をおってへりくだりながらも天皇制の護持・存続を求めたのは日本の支配層である。ところがこれの強力な後援者として、仁王立で頑張り通した一人が戦前のアメリカの駐日大使のジョセフ・グルーといわれる。

グルーに天皇制護持存続の必要性を認識させるうえで、大きな役割を果たしたのが吉田茂元首相や三井・三菱等の財閥系ならびに日本帝国海軍の幹部とされる。こうして形成されたグルーの日本観は、「天皇制にかんしていえば――現在の天皇個人と明白に区別されるべきものだが――それは保持されるべきであると、私の心中ははっきりしている。なぜなら象徴として、天皇制はかつて軍国主義崇拝に役立ったと同様に、健全かつ平和的な内部的成長にとっての礎石として役立つからである」（中村正則氏著、『象徴天皇制への道』、三四頁、岩波書店、一九八九年、初版）とか、「将来、天皇になにが起ころうとも、天皇制は残すべきだというのが私の堅い信念です。日本に民主主義を接ぎ木しようとしても、混乱に終わるだけでしょう。天皇制が日本人の生活の礎石であり、最後の頼みであるかぎり、それは、われわれが日本から軍国主義を追放した暁には、健全な（政治）構造を打ち樹てるときの土台として利用できるものです」（同書、四六頁。傍線は引用者、以下同様）といい、さらには「……日本の天皇は神であるという神話を維持せよと主張しているわけでは決してない。日本における軍人階級の権力と影響力を永久に除去したならば、日本人の再教育を通じて、そのような偶像崇拝は破壊されなければならない」（同書、五三頁）等とも主張している。

こう見てくればグルーは、「天皇の神格化」、そのための「記・紀」の神話の神聖化には反対であるが、天皇制はアメリカの対日政策上でも必要という考え方に立っていることがわかる。

したがって戦前の大日本帝国憲法、第一条の「大日本帝国ハ万世一系ノ天皇之ヲ統治ス」が、戦後の日本国憲法の第一条で「天皇は、日本国の象徴であり、日本国民統合の象徴……」と変化したのは、井上氏が指摘されていたように「アメリカ占領軍」と、「多くの自由主義者の声に答えた」ものである、ということになろう。ここでは戦前の憲法の天皇条項は、「象徴」と姿を変えて戦後憲法に継承されている。すなわち「日本の古来の天皇の伝統を発展的にうけついだもの」になっているのである。

こうして強烈な「日本神話造作論」者の津田氏の、「日本神話否定・天皇制擁護論」と、グルー等米国占領者および日本の「穏健派」の戦後天皇制論とが、見事に一致していることが鮮やかに示されているといえよう。つまりここに戦前から戦後への、天皇制の変化にピッタリ寄り添うものとして、津田氏の「記・紀批判」への為政者の評価があり、その結果、この津田氏の「記・紀批判」が、戦後の「日本古代史学」の礎石とされたのである。つまり「皇国史観」の否定も津田氏の評価も政治の都合であって、学者がヨーロッパのように自主的研究で到達した、というようなものではないのである。ここにこそ近代以降の日本の姿があろう。

五　津田氏の古代中国文化観

　こうして「大和朝廷一元史観」を金科玉条とする津田氏であれば、日本古代史学の根幹を左右する古代中国文献とそれを生み出した文化への評価が、本居宣長と同水準の否定的性格を特徴とするのはいささかも不思議はない。「……シナ思想そのものが深い思索から出たものでなく、シナ語シナ文が思索には適しないものであるといふことが、注意せられねばならぬ。シナ語シナ文によって表現せられてゐるシナ思想そのものが、人の思索を導きその力を養ひ得ない性質のものなのである」（『シナ思想と日本』、三九頁、岩波書店、一九三八年、第一刷）など、あげればきりがないほどである。

　しかも氏は「記・紀」編纂をおこなった当時の日本人の文化水準と、その時代までの古代中国文化の比較については、「……シナ思想は当時の日本人よりは遥（はるか）に程度の高い文化の所産である……」（同書、三二頁）とされるのである。ここに奇妙な分裂的な評価があらわれているると考えるのである。『古事記』『日本書紀』の批判的な検討に必要な中国文献は、基本的には唐以前の古代中国史料である。これを記した文化は「当時の日本人よりは遥《はるか》に程度の高い文化の所産……」であれば、当然、「記・紀」の検討、つまり日本古代史の検討では、古代中国文献を第一とすべきということにならないだろうか。

　ここで強調しておきたいことは、本書はあくまで古代中国文化の重要性をいうのであって、それ以降の中国文明一般をいささかも念頭にはおいていない。その理由は、日本古代史の解明に必要なものは古代中国文明がうみだした記録だからである。後述するとおり古代中国文明の到達点の水準は、おおくの関係の学者が指摘されるように、その質は高いものである。ただし、その後の中国文化にはヨーロッパにおけるルネッサンスに相当するものはなかった。その結果は日本では中国文明の停滞性として認識されている。形のうえではそうである。したがって中国文明を問題にするときに、古代とその後とを区分することが重要とおもわれる。

　ところが近代日本では、とくに日本古代史学では、その区分を故意に無視する点に特徴があるのである。現に津田氏は一方では『古事記』『日本書紀』編纂時の日本の文化水準にたいして、中国のそれが「遥に程度の高い文化の所産」と認めていながらも、氏の「記・紀批判」は実際上も、日本古代史論でもそんな結論はでてこないのである。

中国人を以下のとおり「糞・小便」に例える始末である。「或る人が来て、『君は支那が嫌ひだといふのに支那のことをやってゐる、可笑しいじゃないか』といふ。そこで僕が説明してやった。糞や小便をうまそうだともよい香だとも思ってゐるものは無いが、それでも毎日それを試験管のなかに入れたり、顕微鏡でのぞいてゐる学者がある……」（『津田左右吉の思想史的研究』、家永三郎氏著、二一六頁、岩波書店、一九七二年、第一刷）、さらに「支那の赤化とか共産主義とかをまじめに受け取るのは、仁義の政治をまじめに考へるのと同じである。労働党や社会主義者の支那観は、かびの生えた漢学者の支那観と同程度のものである」（同書、二一五頁）とまでいわれる始末である。

津田氏にかんする項の最後につけくわえるべきは、戦前の津田氏への言論裁判で、戦後、津田氏の業績として高く評価されている「神話造作論」は無罪の判決（東京刑事地方裁判所で一九四二（昭和一七）年五月二一日）であって、有罪部分は「……畏クモ神武天皇ヨリ仲哀天皇ニ至ル御歴代天皇ノ御存在ニ付疑惑ヲ抱カシムルノ虞《おそれ》アル講説ヲ敢テシ奉リ、以テ皇室ノ尊厳ヲ冒涜スル文章を著作」（『津田左右吉の思想的研究』、四〇〇頁）したためとされたのである。

すなわち戦前の政府等は「神話造作説」は問題にしておらず、強圧すべき部分を「万世一系の天皇制」擁護においていたのである。その意味では、戦後、津田氏の「神話・神武造作説」を、「皇国史観批判」と力説した人々の津田説理解は、はたして如何であったであろうか。このように通説的な日本古代史学の近世以降の特徴をみてくれば、古代中国史料はいわば激しい否定の対象にされていることが分かるのである。

六　「自由民権運動」等の「天皇制批判」と「一元史観」

しかし、興味深いのは明治維新以降に「絶対主義的天皇制批判」をかかげた「自由民権運動」等の学者も、日本国家発展史では林見や宣長同然の「大和朝廷一元史観」にたつという点で、差異はない所である。

一方では、ヨーロッパの封建制とその思想的な支えであった中世キリスト教にたいして、イタリヤ・ルネッサンス以来、宗教改革をへてフランス大革命にいたる数百年間、発展する商品生産を土台に資本主義的生産様式への道を、民主主義思想と科学的思考とを対置して流血をもともないながらも、社会の民主主義的変革を切り開いた姿を、社会発展の「普遍性」の名のもとに、日本でも実現されるべき進歩の姿と叫ばれ、他方では日本社会と国家の発展では、「大和朝廷一元史とその史観」を擁護され て、国家発展の姿の「普遍性」の承認には反対されるわけである。つまり「万邦無比」派は保守派だけではないわけである。この場合、進歩派は歴史の普遍性という問題で「二重基準」にたち、保守派より〝論理的一貫性〟を犠牲にしていることになる。

それにしてもまだ江戸時代の遺風もあって、漢籍は当時の知識人ならばおおむね読解できたと思われるのに、古代中国史料にたって「万世一系の天皇制」という日本史への疑問が、進歩派の人々におこらなかったのは不思議である。すでに明治二五年には京都で刊行された広池千九郎編『日本史学新説』に、「大和朝廷一元史観」批判が次のように行われていたのである。「今泉定介著、『昔九州は独立国にして年号あり』、次に飯田武郷著、『倭と日本は二国たり、卑弥呼は神功皇后に非ず』」（国立国会図書館所蔵、同ホームページ内・近代デジタルライブラリー。『古田史学会報』・№六五、「九州年号・九州王朝説」、冨川ケイ子氏著、）という、今日の「多元史観」の基本見地が提出されていたのである。

しかし、これは今日同様、近代天皇制批判を行った人々には無視されたのである。自由民権運動以来の近代天皇制を批判した人々は、その批判を近代天皇制の政治体制に的をしぼって、明治憲法が第一条で「大日本帝国ハ万世一系ノ天皇之ヲ統治ス」と、明記しているにもかかわらず、その「大和朝廷一元史観」の是非には、全く目をむけなかったのは何故であろうか。しかも、戦後においてもこれらの人々は、この「一元史観」にたつ「日本古代史学」を「科学」と称していることは、自分を「史的唯物論」にたって歴史を探究すると公言されている石母田正氏らをあげれば十分であろう。問題は、なぜこれらの人々は、古代中国史料の意義を重視されなかったのであろうか、という点にある。私は近世史は暗いので断定をする資料を知らないが、やはり根拠があることなのであろう。推測するに四つぐらいの理由が考えられる。

それは第一に、古代中国文明とその記録の権威が否定的にしか理解されなかったという、時代の背景も考えられる。明治維新の時代的課題は、歴史的には日本封建制の資本主義的克服であったが、日本、中国、朝鮮諸国の鎖国等の結果もあって、ヨーロッパ近世に比較して商品生産の発展が著しく遅れ、ヨーロッパでは町人・ブルジョアジーがルネッサンス以降、反封建制の陣頭にたち数百年の歴史をかけて、資本主義革命を「民主主義と科学的思考の発展」を軸に遂行したが、日本の町人にはほとんどそうした役割が、歴史によって与えられなかったことと関連しているのかも知れない。その結果、日本の町人は反封建民主主義思想を独自に発展させる条件がなく、武家の「天命論」を「民主主義」的に継承・発展させる余地も生まれなかったのであろう。すなわち日本における儒教思想の進歩的側面を、継承・発展させる条件が極めてせまかったということである。

第二に、幕府打倒の主力を形成したものは、周知のとおり下級武士が中心であった。かれらは足軽出身など武家社会では最下級の者たちが多かったが階級的には武家である。その社会的立場からは、明治維新は「下克上」の一種であって、その大義名分は自身のはるか上に聳えた武家身分の政権の、正統性を否定する論拠があればよかったわけである。それは古代において、武家より上位とされた王朝貴族の復権を正当化することであり、そこに自身の正当化のイデオロギーを発見したのである。ここからは民主主義ではなく「王政復古」が必然的に生まれ、本居宣長の天皇神聖化にたつ国学・「皇国史観」史学は絶好のものであったのである。

第三は、ヨーロッパでは民主主義と科学的思考という、近代的精神で完遂された資本主義化は、日本では民主主義の道を通らずに、いわば上から強行的に遂行されたわけである。ここには封建制の一掃等の課題は達成されず、それどころか封建的土地制度は大きく残存し、徳川政権時代の日本的儒教は天皇制の支えとしていわば国学的に残存し、また漢学者の多くは「天命論」の日本的意義云々の立場にはなく、結局は、古代中国文化は当時の日本的な反封建的見地からは、醜怪きわまる纏足がいの汚物程度にしか〝見えなかった〟のであろう。まさにここに進歩派の胸中にも宣長的中国文化否定と、「否定」という点で同じ観念が宿ったのである。

また「文明開化」以降の特徴は、政治体制は古代「大和朝廷」的王朝制の美化であり、そこには国学的な日本封建制の思想も公然と維持されるという、その深刻な後進性が日本資本主義の発展の梃子とされながら、同時に、資本主義的生産技術の受容の重視とともに「鹿鳴館」文化的な表面的西洋化、「近代化」がもて囃されるなどの今日にもつづく特質が形成された。

第四は、また近世以来、日本に欧米文化が伝えられるようになると、永年、日本がその影響下にあった中国文化の停滞的姿が、いやでも目にはいるようになり、中国が阿片戦争で敗北するなどの現実にせっして、この文明を見限り欧米文化の摂取に全力を上げるという事態も、また必然的な姿であった。こうした時代背景のなかで、欧米文化の正しい摂取という点を越えて、欧米文化への心酔、一辺倒的心情が生まれるのも後進国の姿としては、致し方ないものなのかも知れない。

これらを今日に伝える一例が福沢諭吉氏の自伝に次のように見える。ここには「漢家を敵視す」という回想がある。「大阪の医師の塾なので開国・鎖国論等の政治論はあまり流行せず、ただ当の敵は漢方医で、医者が憎ければ儒学者までも憎くなって、なんでもかでも支那（中国）流はいっさい打ち払いということは、どことなくきまっていたようだ。——中略——二千年来あかじみた傷寒論（古代中国の医学書、後漢の張仲景著）をみやげに、国に帰って人を殺すとは恐ろしいじゃないか。いまに見ろ。あいつらを根絶やしにして息の音を止めてやる……」（『福翁自伝』、八一頁、富田正文氏校注、慶応通信刊、一九八四年、第一二版）というものである。これは安政四（一八五七）年ごろのことと思うが、すでに約一五〇年も前の時代の「解明的」日本人に、「中国流はいっさい打ち払う」という考え方が芽生えていたことを示している例であろう。

同時にその対極として「文明開化期の明治日本では、外国人（欧米人・引用者）の言説は、そのことの真偽を確かめる前に、すでに、正しいとする傾向が強かった。明治ばかりでなく、この傾向はいまなおわたしたちの中に尾を引いている」（『日本人はどこから来たか』、斎藤忠氏著、四三頁、講談社学術文庫、一九七九年、初版）という姿である。こうした時代の背景ともかかわるのであろうが、「自由民権運動」以降の戦前の天皇制批判をかかげた人々も、ついに古代中国文明の産物と、それが日本史の進歩に果たした役割の意義を、あらためて重視するという見地はついに生まれなかったといっても、間違いではないであろう。

これにたいして近代中国は、日本とは根本的に異なって自国の歴史と文化中心という考え方に立ったのは、注目されるのではなかろうか。一九四一年に延安で開かれた中国共産党の幹部学校での講演の冒頭で、毛沢東は自国の歴史認識と中国社会の変革とのかかわりにかんして、以下のように中国の独自性を強調している。

「つぎに、歴史の研究について言おう。——中略——近代百年間（昨日）の中国史にせよ、古代（一昨日）の中国史にせよ、多くの党員の心中では、まだ、まったく、暗闇につつまれている。多くのマルクス＝レーニン主義の学者たちも、口をひらけばギリシャを語り、マルクス、エンゲルス、レーニン、スターリンの言葉を暗唱しうるだけで、自分の祖先のことについては、罰当たりにも、全く忘れている。――中略――彼らは欧米や日本からかえってきたが、ただ、外国をうのみにもちこむことしか知らなかった。彼等は蓄音機の役割ははたしたが、新しい物をつくりだすという自分たちの責任はわすれてしまったのであり、こうした病気が共産党にも伝染したのである」（毛沢東・劉少奇著、『整風文献』、九頁、毛沢東撰集刊行会訳、九頁、大月書店、一九六四年、改定第七刷）。

すなわち「口をひらけばギリシャを語り、ルネッサンス、ドイツ哲学、イギリス経済学を讃え、フランス大革命を讃美し、アメリカ詣でを誇り、マルクス、エンゲルスをいう……」式に欧米に傾斜して、「自分の祖先の……アジアの文化」は無価値なもの、おくれた非科学的なものと決めつけてきたと思えるのである。これらこそが戦後の日本古代史学の津田氏的な中国史料への道理のない攻撃に、絶好の温床を提供したと考えるものである。こうして「文明開化」以降のいわゆる進歩派もまた、古代中国文化否定論では本居宣長式と同じではないにしろ、否定の一点で共通の立場にたったのではなかったか。

七　石母田正氏の「史的唯物論」

右の近代日本の進歩的意識の問題点を反映する、石母田正氏の例をあげておきたい。氏は、「唯物史観」に立って日本史を探求すると自称されているからである。それは「……初期ヤマト王権の形成過程は、記紀の説話的記事以外に史料がなく、朝鮮出兵の最小限の前提である吉備・北九州にたいする支配権を獲得するにいたった経過、またその段階の国家の性格等は、不分明の霧に覆われている。しかし、ヤマト王権と不可分の関係にある前方後円墳が、三世紀後半に畿内を中心として近江・讃岐・吉備をふくむ地方につくられたこと、その副葬品の一つである三角縁神獣鏡の各種同范鏡の分布は、これらの鏡が畿内有力者の首長によって一括して輸入された後、各地の族長にわかちあたえられたのではないかという考古学上の一仮説がたてられていることは、初期ヤマト王権を中心として畿内・瀬戸内沿岸等の族長を結ぶ一個の服属または連合――中略――が成立していたことを暗示する」（岩波講座・『日本歴史・1』、「古代史概説」、一八頁、一九六七年、傍線は引用者）とされているところである。

ここには戦後の「大和朝廷一元史観」史学の観点・方

法の基本が端的に示されてもいるが、その一つの注目点は、「倭国・非大和朝廷」記載が特徴の古代中国文献は、全く無視されていることである。これと氏の「記・紀」不信の記載を併せれば、日本国家の起源にかんする氏の仮説は、何を根拠に形成されているのか注目される。氏は三角縁神獣鏡や「前方後円墳」を強調されて、氏の観点・方法が実証主義という科学的方法にたっているかにいわれるのである。

しかし、「前方後円墳」を「大和朝廷が構築した」といったい、何によって決定するのか、という最終的実証はなにも語られていない。「そんなことは言うも愚かだ。大和朝廷に決まっている」といわれるとすれば、科学の発展とはいつでも「世の通念」への疑問、その解明を通じて行われるのではないか、と。「前方後円墳」の構築者の探求と古代中国文献の「多元史」的記載は、相関関係にあるのである。

こうした古代中国文献の意義抜きの「日本国家の起源」論の行きつく先は、「われわれは日本国家の起源を、西暦三世紀の邪馬台国にみることができる。それ以前の西日本の諸国、たとえば『前漢書』の前期の倭の『百余国』、西紀五七年……一〇七年にそれぞれ漢室に朝貢している北九州の奴国や伊都国等の諸国は、すでに支配者の王をいただいていたにせよ、前記の国家の諸特徴（前方後円墳に示される水準の支配階級の成立を指す）のいずれをもほとんどそなえておらず、したがってそれらの『国』は、まだ国家でなかった……」（一一頁）という、本居宣長の「近畿中心・北九州『一シマ一郷』的勢力」論との見事な合致である。これをマルクス主義的唯物史観と自称されるのは相当なものである、と考えるのである。理由は以下のとおりである。

まず古代中国史料のあるがままの記載に照らせば、日本における国家の形成・発展は他国同様に「多元的」であって、「倭国・非大和朝廷」という記録を残しているばかりではなく、卑弥呼の国家は七世紀まで存在していると記録している。また『日本書紀』推古紀の、「大和朝廷の対中国交流の最初は隋」という記載も、古代中国史料の「倭国・非大和朝廷」と一致している点は述べた。

しかし、石母田氏は日中文献の「倭国・非大和朝廷」記載を無視されるのである。古代中国文献を無視・否定する点では松下見林、本居宣長同然であり、「推古紀」の対中国外交記事の無視では、本居宣長をさえ乗り越えられるのである。そしてこれこそが「皇国史観」批判を強調してきた、戦後日本古代史学の根幹的特徴なのである。それは本居宣長の主観主義的観念論に、いっそうの無原則を積み上げ、これを飾るために小林行雄氏の「三角縁神獣鏡」論や「前方後円墳」論を、科学的な実証主義と称してきたのであるが、この破綻は第六章で明らかにする。石母田正氏は、こうした通説に身をおかれながらマルクスの史的唯物論を口にして、驚くなかれ、マルクスの観点・方法とは両立の余地のない通説を、飾りたてるのである。これは許されるものではない。

戦後の古代史学は「皇国史観」批判として「神話造作論を言ってきた。しかし、近世尊皇史学の眼目が、古代中国史料の「倭国・非大和朝廷」の記載の否定、すなわち「多元的日本史」の否定にあり、この否定の理屈づけ・合理化が「記・紀」の絶対化であって、ここに「記・紀」神話の歪曲的神聖化が生れる必然性がる、という点には、一致して沈黙するばかりではなく、これらの古代中国文献の「多元的日本史」の記載を否定する点では、近世尊皇史学の「伝統」の真正面からの継承者に過ぎないのである。したがって神話造作論で「皇国史観」批判が終わったかに装うのであるが、これは一種の学問的「手品」である。

これにマルクスとか史的唯物論をもちだす仕方は、真に学問的史学に不可欠の、文献・記録への科学的検討の必要性・重要性を無視・否認する点に存立の基礎をおく通説に、史的唯物論・弁証法的唯物論の〝名〟を張りつけ、それによってこれを飾るものであって、文字通り「羊頭を掲げて狗肉を売る」ものといわれても仕方がないものである。

マルクス等の「科学的社会主義」は、イタリア・ルネッサンス以降のヨーロッパが血の犠牲のうえに発展させてきた、「自由と民主主義・科学的思考」の伝統を継承し、さらに発展させた「弁証法的唯物論」を基礎にした世界観と考えている。これを文献的事実を、したがって客観的事実を意図的に無視・否認する点に、存立の基礎をもつ「学問」の粉飾の道具とすることは、本来は、科学的学問の否定として厳しく批判されるべきものと考える。三角縁神獣鏡や「前方後円墳」にかんしては第六章で述べるが、これらは古代中国史料と「推古紀」を踏まえるならば、「近畿における大和朝廷発展の物証」などではなく、それの否認者なのである。

こうして石母田正氏の〝史的唯物史観〟の日本国家の起源論は、その真の姿が明らかになると、まるで日本映画の「雨月物語」の美女が亡霊であったように、「大和朝廷・近畿発祥」説のみならず北九州「一シマ一郷」勢力論という点でも、本居宣長と瓜二つの姿が浮かび上がってくるのである。この比較を、宣長の「邪馬一国」九州説をもちだして「近畿説」との差異を云々しても、宣長の場合は「大和朝廷・近畿論」であるから問題はないのである。こうして「邪馬一国・近畿説」が「皇国史観」の「大和朝廷一元史観」の、純粋の戦後的継承者であることが判明するのである。

問題は、こうした「皇国史観」と本質的に共通の〝日本古代史学〟が、なぜ日本の「史的唯物論史学」と錯誤されたのか、であろう。これは近代日本の思想史の問題とおもわれるが、前節で述べたことと関連していると考えるものである。

Chapter 2

第2章

日本書紀の年紀

まず、『日本書紀』の年紀について述べるまえに、拙著『二世紀の卑弥呼「前方後円墳」真の構築者』で、日本書紀の「年表化」を行ったが、これは正しくないものであったことを述べ、ここに訂正をしたい。

天皇名	即位年 西暦	即位年 干支	在位年数	没年 西暦	没年 干支	年齢	中国・朝鮮(一部)史書の日中交流記事
神武	前六六〇	辛酉	七六	前五八五	丙子	一二七	*紀元前約一〇〇〇年(『漢書』地理志)「楽浪海中、倭人有り分かれて百余国——」
(空位)	前五八四	丁丑	三	前五八二	己卯		
綏靖	前五八一	庚辰	三三	前五四九	壬子	八四	
安寧	前五四八	癸丑	三八	前五一一	庚寅	五七	
懿徳	前五一〇	辛卯	三四	前四七七	甲子	七七	
(空位)	前四七六	乙丑	一				
孝昭	前四七五	丙寅	八三	前三九三	戊子	一一四	
孝安	前三九二	己丑	一〇二	前二九一	庚午	一三七	
孝霊	前二九〇	辛未	七六	前二一五	丙戌	一二八	
孝元	前二一四	丁亥	五七	前一五八	癸未	一一六	
開化	前一五七	甲申	六〇	前九八	癸未	一一五	
崇神	前九七	甲申	六八	前三〇	辛卯	一二〇	*西暦五七年「倭奴国」に金印を授与(『後漢書』)
垂仁	前二九	壬辰	九九	後七〇	庚午	一四〇	*西暦一〇七年　倭の国王師升ら後漢に生口一六〇人をおくる(『後漢書』)
景行	後七一	辛未	六〇	一三〇	庚午	一〇六	
成務	一三一	辛未	六〇	一九〇	庚午	一〇七	*一四七年〜一八八年「倭国大乱」(『後漢書』)
(空位)	一九一	辛未	一				◎一七三年に卑弥呼使者を派遣、『三国史記』
仲哀	一九二	壬申	九	二〇〇	庚辰	五二	
神功	二〇一	辛巳	六九	二六九	己丑	一〇〇	*二三八年(景初二)卑弥呼、升米等を魏都に派遣(「魏志」)
応神	二七〇	庚寅	四一	三一〇	庚午	一一〇	
(空位)	三一一	辛未	二	三一二	壬申		*二四〇年(正始元年)魏使弓遵らを「倭国」に派遣
仁徳	三一三	癸酉	八七	三九九	己亥		

履中	四〇〇	庚子	六	四〇五	乙巳	七〇
反正	四〇六	丙午	五	四一〇	庚戌	
（空位）	四一一	辛亥	一			
允恭	四一二	壬子	四二	四五三	癸巳	
安康	四五四	甲午	三	四五六	丙申	
雄略	四五七	丁酉	二三	四七九	己未	六二
清寧	四八〇	庚申	五	四八四	甲子	
顕宗	四八五	乙丑	三	四八七	丁卯	
仁賢	四八八	戊辰	一一	四九八	戊寅	
武烈	四九九	己卯	八	五〇六	丙戌	
継体	五〇七	丁亥	二五	五三一	辛亥	八二
（空位）	五三二	壬子	二	五三三	癸丑	
安閑	五三四	甲寅	二	五三五	乙卯	七〇
宣化	五三六	丙辰	四	五三九	己未	七三
欽明	五四〇	庚申	三二	五七一	辛卯	
敏達	五七二	壬辰	一四	五八五	乙巳	
用明	五八六	丙午	二	五八七	丁未	
崇峻	五八八	戊申	五	五九二	壬子	
推古	五九三	癸丑	（九）	六〇一	辛酉	

らを「倭国」に派遣
＊二四三年（正始四）卑弥呼、使者派遣
＊二六五年（西晋の泰始初年）壱与使者派遣
＊四一三年（晋安帝の義熙九）倭王讃、晋に使者派遣
＊四二一年（宋武帝　永初二）倭王讃に除授
＊四二五年（宋帝の元嘉二）、讃、司馬曹達を遣わす
＊四三〇年（元嘉七）倭王、使を遣わす
＊四三八年（元嘉一五）讃死して弟珍立つ。使者派遣
＊四四三年（元嘉二〇）倭国王済、使を遣わす
＊四五一年（元嘉二八）倭王済に進号
＊四六〇年（宋孝武帝の大明二）倭国使を遣わす
＊四六二年（大明六）倭済死して、世子興使を遣わす
＊四七七年（宋順帝の昇明元年）倭国使を遣わす
＊四七八年（昇明二）興死して武たつ、使者派遣
＊四七九年（斉高帝の建元元年）武を進めて鎮東将軍
＊五〇二年（梁武帝の天監元年）武を征東大将軍
＊六〇〇年（隋・文帝の開皇二〇年）＝国王タリシホコ使者派遣

神武の「即位」年代の推定

『日本書紀』の年紀を事実とする人はいない。これは当然である。すでに平安時代の学者・三善清行（八七四〜九一七年）の『革命勘文』によって、「讖緯説《しんいせつ》」の導入が指摘されている。「讖緯説」（辛酉＝しんゆう革命ともいう）とは、一定の周期に大革命がおこるという古代中国の、迷信的な社会変化の予測説である。その周期は干支の「辛酉」年から数えて六〇年目が一元、二一元（一二六〇年）目の辛酉年が一蔀（ぼう・ほう）で、この年に大革命が勃発するという思想である。後述するとおりに一世紀の中国の傑出した思想家、王充がその著『論衡』で迷信と批判したものである。

八世紀の日本書紀の編者等は、この「讖緯説」をとりいれて推古天皇九年、西暦六〇一年にあたる干支の「辛酉」年を起点に「一蔀」を計算して紀元前六六〇年の「辛酉」を設定した、というのが今日の通説である。『日本書紀』の「讖緯説」にかんして那珂通世氏が、その著『日本上古年代考』（一八八八年）、『上世年紀考』（一八九七年）等でとりあげられ、その見解が現在の通説とされている。それにしても「神代からの万世一系の天皇制」

の「人代」の始源が、『日本書紀』の編者等によって、革命説によって根拠づけられている事実は矛盾という点で興味深い。『日本書紀』等の記載を盲目的に「事実」という松下見林や本居宣長と、「讖緯説」を迷信としりぞけた一世紀の王充の見識と、いったいどちらが「近代的」であろうか。一方は一世紀の人、他方は一七〜一八世紀の人である。

この年表では仁徳〜神武天皇までが年齢もさることながら、在位期間もとくに引きのばされていることは一目瞭然である。ここで問題となるのが年齢と在位期間がどんな暦的方法で計算されているのか、すなわち引き延ばされているのかということである。年齢については「二倍年暦」であろう。すなわち倭人の年紀にかんして、裴松之の『魏志』の註に「『魏略』にいわく、その俗正歳四時を知らず、ただ春耕秋収を記して年紀となすのみ」とあるところである。これは後で『三国史記』新羅本紀の、「二世紀の卑弥呼」記載を検討するが、その際、大きな意味をもってくる問題でもある。

この「二倍年暦」は、古から知られてはいたらしいが、津田左右吉氏などは自前の天文学さえ確立しえなかった情けない我々日本人の祖先というような理解で、まるで近代はヨーロッパにおくれ、昔は中国におくれたニッポン人式に、劣等感をまじえた受け止めで、その結果、何事も一流を愛好・追従する日本人の性癖のためか、日陰者扱いされてきたように思うのである。これを日本史探究の正面に据えるべきとされたのは、古田武彦氏であろう。

この「二倍年暦」と呼ばれるものは、今日の一年を春と秋にわけて記すとある。つまり「春秋」年である。古代中国に「春秋」という言葉があるが、この「春秋」は何から出た言葉だろうか。なお古田史学の研究者である古賀達也氏が、天文暦が確立している古代文明圏にも広く、「二倍年歴」としなければ理解し難い年齢があることを指摘されている。問題は、「二倍年暦」は「春耕秋収を記して年紀となす」という一点である。つまりこの年紀の基礎は農業なのである。

とかく暦を論じる方々は太陽や月を言われるのは当然としても、人間は、狩猟時代を過ぎて農耕の時代にはいるわけである。狩猟時代の人々が天文暦を確立していたか否か私は知らない。多分、知らなかったのではなかろうか。天文への関心が高まるのは、一つは農業の開始、すなわちその社会が基本的に農業生産に依存して生活する段階と、もう一つは移動する民族たとえば航海をする古代人等ではあるまいか。とはいえ農業の開始から天文暦の確立まで、いったいどれだけの年月がかかるものだろうか。百年や二百年ではなく長大な時間が流れたのではあるまいか。したがってどの民族であれ古くは「春耕秋収を記して年紀となす」のが、ごく自然な姿とも考えられると思う。

とくに日本人は移動という点では、古代の大陸や太平洋へと拡散した人々に比較して、より固定的と思われる。歴史的に移動をくりかえした民族には、いつしか星空の変化などにも関心をより多くもつ理由があったのかも知れない。日本人は古くから「春耕秋収」の年紀があったのであろう。したがって『日本書紀』や『古事記』が記す年齢は二分の一にすれば、それがその人物の正確な年齢であるか否かは別であるが、一般的な人間の年齢の範囲に納まるのである。ただ、この「二倍年暦」を具体的にはどの天皇から採用するかは、なかなか難しいのである。

以上からは『古事記』にある天皇の「崩年干支」は信じられない。理由は、そもそも『古事記』には年紀が記されていない。歴史の記載に年紀がないということは、少なくとも「干支」的な暦もなかったと考えるのが自然であろう。「崩年干支」が記されている一五人の天皇も、仁徳、応神、仲哀、成務等は全く信頼できない。通説には仲哀天皇・神功皇后ならびに成務天皇の不存在説さえある。親が不存在でどうして仁徳が存在しうるのか。「崩年干支」以前の問題であろう。ましてや雄略天皇は『古事記』では年齢が一二四歳であり、さらに継体天皇の死亡年についても通説で華やかに論議があることは周知のことである。

『日本書紀』『古事記』の天皇の年齢は「二倍年暦」である。『日本書紀』では、一〇〇歳以上の天皇は一二人、その年齢の合計は一四二〇年、半分では七一〇年になる。これは年齢であるから在位期間のように単純に合計すればいいというものではないが、大幅な食い違いである。在位期間はどういう方法で引き延ばしたのかはわからない。

① 崇峻天皇の退位年から神武の即位年までは、合計一二五二年、天皇は三二人（ただし神功皇后をいれて三三人）

② 崇峻から履中天皇まで一六名。在位年数の合計（空位を含む）は一九三年。一人当たり平均の在位期間は約一二年である。

③ 仁徳から神武天皇までは神功皇后をいれて一七人。その在位年数の合計（空位を含む）は一〇五九年。一人当たりの平均は約六二年である。崇峻から履中

間の平均在位年数の約五倍である。

以上から推測して、『日本書紀』の編者等は「讖緯説」をいわば造作するにあたって、仁徳天皇以前を大幅に拡大・延長する必要を感じていたと思われる。その理由の推測はあとに行うとして、この大幅な延伸を是正する試みとして、推古天皇の即位年（五九二年一二月八日）の翌年の五九三年から、昭和天皇の死亡年（一九八九年一月）の前年までの年数一三九五年間と、その間の天皇九七人（『日本史年表』、日本歴史大辞典編集委員会、一九八五年）から一人当たりの平均在位年数を求めれば、約一四・四年である。

これにたって神武の「即位」年代を推測すれば、仁徳以前が大幅に引き延ばされていると考えて、その退位年の三九九年を基点に神功皇后をいれれば、平均在位年数一四・四年で一七人であるから、その間、約二四五年であり、これから計算すれば「神武の即位年」は西暦一五四年ごろになる。これを崇峻の退位年から神功皇后を加えて試算すれば、西暦一一七年程度となる。これは「当らずといえども遠からず」であると考える。この結果から神武は二世紀の人物であると推測しうる。

なお、岩波書店の日本古典文学大系本の『日本書紀・上』には、「朝鮮との関連記事のない崇神以前の年代は推算のかぎりではないけれど、試みに一世代三十年の率をもって推すに、神武は崇神の九世に当たるから崇神までの一〇世の年数は三〇〇年ばかりとなり、神武の創業は漢の元帝の頃（西暦一世紀前半）に当たるであろう」（『日本書紀・上』、「補注三～一八」、五八〇頁）とある。本書は七世紀以前の「大和朝廷」は、後述の理由によって朝鮮・中国とは関係がないと考えるから、「平均在位年数」という考え方に道理があるという立場である。ただその「平均」は実証的根拠が必要と考えるので、「一代三〇年」は推古～昭和天皇の実際からは二倍で過大と考える。さて、以上から以下の諸点が指摘できる。

① 一世紀の「倭奴国」および西暦一〇七年の「倭国王・師升等」、その王朝と神武は無関係ということである。

② もちろん二三八年に魏王朝に通じた卑弥呼の王朝でもない。

神武が「倭奴国」王や、「倭国王・師升等」と無関係ということは、年代からみて云々するまでもない。さらには卑弥呼の王朝ではあり得ないのは、一五四年の「即位」ではわずかその約八〇年後に、魏から金印を授与される勢力になるのは不可能であると考えられるからである。そのためにはすでに九州で大きな国家的勢力でなければならないが、中国史料の記載からも、またこれから述べる日本の国家成立の諸条件にかんする自然科学的研究からも、さらには『日本書紀』と『古事記』の記載の矛盾からも、「東進」は正しいが「東遷説」には根拠がないと考える。

『日本書紀』は「東遷」記事である。しかし、古事記では様子が全く異なって、「神倭伊波礼毘古命《かむやまといわれびこのみこと》（神武）、その同母兄《いろね》五瀬命《いつせのみこと》と二柱、高千穂宮に座《ま》して議《はか》りて云《の》りたまひけらく、『何処《いづち》に座さば、平らけく天《あめ》の下の政《まつりごと》を聞《き》こしめさむ。なお東に行かむ』とのりたまひて、すなわち日向より発たして……」となっている。これは古田武彦氏がすでに指摘されているところであるが、「平らけく天の下の政を聞こしめさむ」というのは修飾であって、「何処にいけば〝平らけく＝安心して〟いられるだろうか」という感じである。『日本書紀』のように九州において、すでに国家・王朝を確立していたというのであれば、古事記がそれを全く書かず、それどころか一種の「都落ち」的な湿りを帯びた調子というのも不思議である。

神武でさえもが二世紀の半ばの存在である。したがって通説のいうように「闕史八代」などを採用すれば、「邪馬一国・近畿説」どころではなくなるであろう。通説は一般的に、日本書紀の年紀に不審・不信を表明はするが、古事記の天皇の「崩年干支」や古代朝鮮・中国文献の記載と関連させて、年暦を復原・推定しているのは周知のことである。しかし、通説は、古代中国史料等の記載と通説の日本史観との食い違いを、ことごとく「古代中国人の誤り」というのであるから、年紀の場合だけはこれら中国史料に助けを求めるというのも、学問の方法論としても一貫性が問われるのではなかろうか。年紀の正確さは歴史史料の命であろう。

Chapter 3

第3章

水田稲作の始源と展開

一 『漢書』地理志の倭人記載は正しかった

『漢書』地理志（燕地）の「楽浪海中、倭人あり。分かれて百余国を為す。歳時を以て来たり献見すと云う」は有名である。これを第一章で述べたように、本居宣長は大和朝廷の支配がまだ及ばない、などといい、「一シマ一郷」の支配者がしたことかもしれない、などといい、戦前の「皇国史観」史学時代はこの記録はまったく無視された。そうして神話を天皇家の歴史と称した結果、「石器時代の存在を公言する自由がない」（家永三郎氏、前掲書）状態で、日本民族の歴史も世界の国々同様に氏族社会からはじまり、国の最初はそれらの氏族社会からはじまった多くの小さい「クニ」ということも、学者はだれも口にしなかったのである。

この問題と関連して強調されるべきは、通説の日本古代史学の場合、「学者の見解は一致している」といわれても、真の意味で学問的な権威はないということである。それは戦前、古代史学の学者が「皇国史観」に全員一致して賛成し、批判した人はだれもいないという、実績に由来するのである。この姿は「学者の名折れ」「日本古代史学の不名誉」なのである。戦後においても「大和朝廷

「一元史観」という点で、これは継承されており、このもとでの「学者の一致」は、あたかも中世的キリスト教の神学者が、ガリレオ・ガリレイの「有罪で一致している」という例になぞらえうるのである。

さて戦後になって「皇国史観」史学が破綻するや、この『漢書』地理志の倭人記事は急に脚光をあび、ついに日本民族の「クニ」のはじめは、世界同様に〃多元的な初期の「クニ」群〃から始まったと、〃日本古代史学〃として認めたのである。つまり約二〇〇〇年前に記された『漢書』の記載を、約二〇〇〇年後の日本の学者が、やっと〃これは正しい〃と公認したわけである。あたかも二〇〇〇年前の王充の讖緯説迷信論を、日本の学者がこれも二〇〇〇年後にやっと、公式に認めたのと似ている。本居宣長等が「戎」と呼んだ古代中国文献の方が正しかったのである。

しかし通説は、この「楽浪海中、倭人あり……」をやっと認めはしたが、「原文は漢字にしてわずか一九字、これが倭にかんするもっとも早い、確実な記録である。およそ紀元前一世紀ごろのことである」（岡村秀典氏著、『三角縁神獣鏡』、八頁、吉川弘文館一九九九年、第一刷）という、津田氏的な『漢書』理解が定説となった。しかし、これは『漢書』地理志の倭人記載とは、二つの点でまったく異なっているのである。

①　〃倭人の中国交流は周初期の時代〃つまり約三〇〇〇年前と記されていること

②　この記事は日本列島における水田稲作の始源問題とかかわっていること

したがって「わずか一九字」でもなければ、「およそ紀元前一世紀ごろのこと」でもないのである。なぜ、戦後の大学的な日本古代史学は原文を読めば、だれでも気づくこうした単純な事実を国民には語らないのだろうか。この姿には依然として本居宣長や松下見林以来の、〃古代中国人の記録は間違いだらけ〃という考え方の継承が見られるのである。今日では国民の多くは漢文を読む習慣がなくなり、また、これらの漢文が容易に手にはいらない社会の情況が生まれている。こうした事情のもとでは、日本古代史学専攻の大学の諸先生が、正確に漢文を国民に紹介していただかなければ、国民は自国の歴史認識を誤ってしまうことになる。考えれば恐ろしいことである。

さて、右の二点を『漢書』地理志の原文にそくしてあきらかにされたのが、古田武彦氏（『古代は輝いていた・I』、朝日新聞社、一九八四年、第一刷）である。同時に王充の名著とされる『論衡』の、「倭人記事」の重要性をも合わせて指摘された。

古田氏は「楽浪海中……」の一節の最後が、「……と云う」とされている点を取りあげられて、「……もし、漢代の記事に『と云う』を付するとすれば、『漢書』の大部分は、漢代の記事だから、全文『と云う』だらけになってしまう。むろん、『漢書』をめくってみれば一目瞭然のように、そんな気配はない」（同書、一八頁）とされ、この「と云う」の意味は、「と言われている」ということである。〝では誰がいつの時代に「云った」ことか〟を探究されている。その過程で先の王充の著書も登場する。王充にかんしては後述する。

さて、では何時か、これにかんしては古田氏が指摘されるとおり、『漢書』地理志「倭人記事」に明記されているのである。「楽浪海中、倭人有り……」の直前に以下の文章があると言われる。「殷の道衰え、箕子、去りて朝鮮に之《ゆ》く。其の民を教うるに、礼義・田蚕・織作を以てす」（『古代は輝いていた・I』、一二三頁）。すなわち東夷がなぜ周に通じたかといえば、殷末という古代中国の混乱の時代に、中国人の一派が朝鮮に逃れて、これが礼義・田蚕・織作を東夷に教えた結果、その文化に刺激されて積極的に中国・周に通じたと云っているのである。続いて、

①「貴む可き哉、仁賢の化や。然して東夷の天性柔順、三方の外に異なる」

②「故に孔子、道の行われざるを悼《いた》み、設《も》し海に浮ばば、九夷に居らんと欲す。以《ゆえ》有る也夫《か》」

③「楽浪海中、倭人有り……」と続くとされている（『古代は輝いていた・I』、一八頁）。

そしてこれを解説され、班固が「東夷は三方（西戎・南蛮・北狄）とちがい、天性柔順であり、中国の天子に対して礼を守っている。だからこそ、あの孔子が、当時の中国本土内で中国（周）の天子に対する礼が失われているのを遺憾に思い、いっそ筏に乗って九夷（東夷）の世界に行こうか、と言ったのは、一体、根拠があることだろうか」と設問し、これに答えて「孔子がそういったのも、もっともだ、なぜなら、楽浪郡の海中に（昔から）倭人がいて、歳時（きまった周期）によって貢献してきている、といわれているからである」と述べ、では「その昔」とはいつか、ということにかんして、「孔子以前であり「周代の前半期」とされている（同書、一九頁）。当然である。孔子はここで周への礼儀を問題にして東夷を論じているのである。したがって、「紀元一世紀前後」のことではあり得ないことは明瞭であろう。

なお王充の『論衡』についてである。この『論衡』には、「倭人」が周の時代に中国と交流していたという記事がある。

① 「周の時、天下太平、越裳白雉《えつしょうはくち》を献じ、倭人鬯艸《わじんちょうそう》を貢す」（儒増篇）

② 「成王の時、越常《えつしょう》、雉を献じ、倭人暢《わじんちょう》を貢す」（恢国篇）

通説がこれを完全に無視していることはいう必要もないであろう。

そもそもこの『論衡』という書物は、漢時代に復権がめざされた漢儒（漢時代の儒教の意味）の、古代儒教への事大主義や迷信的権威主義的傾向への、真っ正面からの「唯物論」的批判の書として有名なのである。まさに王権を背景に〝国家的学問〟として時の儒学者が復権・復興をめざした、儒教の当時の弱点や問題点を正面から批判している書物なのである。この点を北京大学教授で日本古代史専攻の沈仁安氏は次のように指摘されている。

「……『論衡』という書物の挑戦的性質という点から見れば、王充が論拠として列挙した史料は確かな根拠のある歴史的事実であると筆者には思われる。――中略――これらの論駁の中において王充は繰り返し「倭人貢鬯」ということに言及しているから、それが仮託または杜撰《ずさん》であったとは想像し難い。……仮託または杜撰の論拠は弱く不十分であるから、容易に論敵から云い負かされるのである。『実証』を重んじる唯物主義的哲学者として、王充がそのような愚かな弁論の方法をとることは決してあり得なかった」（沈仁安氏著、『中国からみた日本の古代』、六一頁、藤田友治・藤田美代子氏共訳、ミネルヴァ書房、二〇〇三年、第一刷）と言われている。

がさて、この沈氏の王充論は正しいであろうか、この点を日本の中国史家や、日本の古代中国の自然科学の研究者等の王充観とも照合しておくことが重要である。理由は、通説の日本古代史学では王充は単に、「信頼できない」人物として片づけられる存在に過ぎないからである。まずは貝塚茂樹氏著の『中国の歴史・中』（岩波新書、二〇〇二年、第四五版）では、五世紀から六世紀初頭の思想家・范縝を評するなかで以下のように言われている。

「（范縝は）革命後の中国の思想家から、漢の王充のあとを継承する優れた唯物論者として推賞されている」（四一頁）とある。

次が藪内清氏の『中国文明の形成』（岩波書店、一九七四年、第一刷）である。この著書の特質は古代中国の自然科学の発展史からみた古代中国文明史である。この著書で藪内氏は王充にかんして、特別に「第八章　王充の科学思想」という一章をわざわざ設けておられるほどである。この点でも一般的に孔子や孟子、老子等が登場する古代中国思想史とは、一味も二味も違った特色があると思われる。藪内氏は、第一節で王充の出身階層と学問的生い立ち等を略記されている。ここには王充が貧しい階層の出身であり、『漢書』の編者・班固の父親の班彪に師事していたことが述べられている。これは古田氏も指摘されていることであるが、班固の『漢書』地理志の「倭人・百余国……」の倭人と、『論衡』の倭人が同一のものを指していることを示すものなのである。

王充が当時としては珍しいほどの徹底的な唯物論の立場にたつ学者であったことを、藪内氏は例証されている。その徹底ぶりをあげれば、「人物也。物亦物也。物死不為鬼、人死何故独為鬼」――人は物質であり物もまた物質である。物は死んでも鬼（死霊・霊魂）にならないのだが、なぜ人だけが死んで鬼になれるのか――（同書、二四八頁）等である。王充はこの他に物質の運動と変化から世界を説明しようとし、天文学の説明をも唯物論から試みているといわれるが、その最大の特徴は、沈氏が指摘したとおり、儒教の復権をはかる漢という国家的背景にたつ漢儒等の迷信、俗論への徹底的な批判にあるとされる。

藪内氏の王充論のしめくくりから若干を引用すれば次のようである。「以上、特異な思想家としての王充について述べてきた。彼は当時流行した災異説や讖緯説に反対したばかりでなく、迷信を排撃し、俗論と闘ってきた。儒教の伝統的思想に反対し、後世異端の学者として非難された。――中略――彼の説が一見幼稚にみえたとしても、それは当時の科学的水準が低かったからである。一方、彼の科学思想はよほど徹底していた。気によって一切の現象を説明するかれの立場は、（古代）ギリシャの自然哲学者たちに比較されるだろう。基本物質としての気を、これほど明確にした学者は古代中国において、王充に匹敵するものはいない」（二七一頁。傍線は引用者）と言われている。こうした王充の『論衡』への研究や評価と、その「周の時、天下太平、越裳白雉を献じ、倭人鬯艸を貢す」等を、検討らしい検討もなく頭から否定・無視する戦後日本古代史学の姿と、一体どちらが真の「学問」の姿であろうか。以上からは、『漢書』の「倭人記事」の中国交流を「紀元前一世紀ごろ」というのは、文献的には根拠がないということになろう。

二　水田稲作の始原年代と古気象

ところが単に〝文献的になりたたない〟というに止まらず、事実に照らしても『漢書』地理志の「倭人記載」

が正しいということが判明したのである。二〇〇三年五月に国立歴史民俗博物館（以後、歴博ともいう）は、板付遺跡の水田稲作の開始時期が紀元前約一千年である、という放射性炭素14C年代測定値を発表した。これは通説、とりわけ「邪馬一国・近畿説」（以後、近畿説という）的日本古代史学の崩壊が、ものごとをありのままに見る人ならば、誰の目にもはっきりと分かる一大画期をなす事件である。この測定は、福岡県板付遺跡の「土器編年」でいう「弥生早期・前期」の、「夜臼式」「板付式」土器に付着した炭化物や炭化米、木炭、水田に打ち込まれた木杭等が試料とされたが、自然科学的な年代測定法では紀元前約一〇〇〇年、いまから約三〇〇〇年前であることが判明し、従来の「土器編年」による「推定」値との大幅な差が明らかにされたのである。

この測定値の発表にさいして春成秀爾教授は、「弥生時代の始まり（水田稲作の開始、引用者）は、殷（商）が滅亡し西周が成立するころ（紀元前一一世紀）の時代背景を検討しなければならなくなった」（「朝日新聞」、二〇〇三年五月二〇日付、傍線は引用者）と語っている。すなわち『漢書』地理志の「倭人」記載が正しかったこと、ならびにこれを指摘された古田氏の見地の正当性が客観的に立証されたわけである。にもかかわらず春成氏等はそれらには沈黙されている。今日では史料が残っておらず推測の域をでないが、『日本書紀』が神武の「即位」年を紀元前六〇〇年代にのばした理由が、何かあったのかも知れない。

この測定値は、約二〇年以上も前の高知大学名誉教授・中村純氏（花粉分析学）の板付遺跡での、水田稲作の「開始と展開」にかかわる花粉分析学からの比較的に新しい年代値（14C年代測定法）と一致した。この事実は、花粉分析学とその年代の理化学的測定が、「土器編年」よりはるかに精度が高いことを明らかにしたといえると考える。同時に、このことはわが国の良識ある自然科学者が、早くから指摘していた「土器編年」の非科学性を白日のもとにさらす結果となった。

たとえば北村泰一・九州大学理学部名誉教授は、「研究者が学者生命をかけて作りあげた年代観（土器編年、引用者）を、かんたんに撤回するのは難しいことはわかる。しかし、いつまでも理化学的な年代測定に拒否反応を続けていては、世界に通用しない学問になってしまいます」（内倉武久氏著、『太宰府は日本の首都だった』、二四頁、ミネルヴァ書房、二〇〇一年　第二版）と述べておられる。きわめて興味深いのは、通説の強固な一角をなす歴博の元館長をされた佐原真氏が、考古学の国際会議で三内丸山遺跡の年代測定法にかんして、「土器編年」の正当性を主張したが、受け入れられなかったという経緯が指摘されていることである。その結果ではあれ14C年代測定法を採用し、その発表に際しては自分たちの測定は、「科学的で正確である」という立派なパンフレットを作成し、特に「歴博特別講演会」まで開催し、しかもその中で講演者が次のような発言をおこなっている事実は、「土器編年」と14C年代測定法の対立という世界の歴史学界には例がない、「万邦無比」が特徴の日本的光景に内在する矛盾を、自ら明らかにされたという点で意義のあるものであろう。

それは、「ヨーロッパや中国での、考古学的年代設定と理化学的年代測定結果の誤差は、最大でも数十年であって数百年もくい違うのは日本だけ」というものである。これは客観的には、「土器編年」の非科学性の公認、「土器編年」崩壊の自認ではなかろうか。現に一九九六年、大阪・高槻市でひらかれた、「埋蔵文化財研究会・全国集会」で配布された『考古学と実年代』（内倉武久氏著、『太宰府は日本の首都だった』）という分厚い資料集に収録されている、「土器編年」値と14C年代測定値の比較表を見れば、両者の値が比較的に近いのは近畿だけで、九州・関東・東北では一〇〇〇年～一〇〇年・二〇〇年・三〇〇年の誤差は当り前という姿である。しかも考古学関係者が作成したこの冊子の表題が、『考古学と実年代』とされているのも意味深長であろう。

そもそも歴史学とは過去の事件を時系列的に整理し、それにたって過去の世界のできるだけ正確な復元をおこなう学問である。したがってあれこれの出来事がいまから何年前のことであるか、これを正確に調べることは、この学問の、もっとも基本的な仕事である。

水田稲作の始原にかんして、歴博発表の放射性炭素14C年代測定値と、通説が今日も理化学的年代測定法より正確であると公言する「土器編年」値が、北九州で約五〇〇年もくい違うという事実は、単に「土器編年」への信頼性をゆるがすという程度に止まる問題ではなく、五〇〇年の狂いの上に展開・構築されていた「日本古代史像」を、根底から覆すという大問題である。これはたとえば恐竜など過去の生物の復元で、骨格を間違えて組み立てるのと同じような、根本的な誤りをおかすことであろう。しかもこの歴博の発表だけでも、北九州の水田稲作と近畿のそれの時差は、約六〇〇年におよぶのである。そのうえ『漢書』地理志の「倭人の水田稲作の展開の記載」と一致するのである。

（1）北九州、近畿より一千年以上早い

さらにはわが国の水田稲作の「はじめとひろがり」問題では、中村純氏等の花粉分析学とそれへの放射性炭素14C年代測定法によって、約二〇年も前に全国的調査が何回か行われており、北九州が日本における水田稲作発祥の地であり、それは歴博の数値よりはるかに古く、近畿地方との差は一千年以上に及ぶことが明らかにされていたのである。しかし、こうした自然科学的な研究の成果が、通説の日本古代史学ではまったく無視されてきたのである。これは今回の歴博の「特別記念講演会」でも、中村氏の研究と業績に一言もふれなかったところにも示されている。

中村純氏の研究によれば、わが国の水田稲作の始源は福岡・板付遺跡で紀元前約一四〇〇年、いまから約三四〇〇年前（「花粉から分かる稲作の苦闘」、『科学朝日』四一巻六号収録、一九八一年、以後「中村論文」という）とされている。

中村氏は一定地域の堆積物中の花粉の中で稲花粉比率が、「三〇パーセント以上の値を示す場合は、少なくともその付近で現在に近い集約度で稲作が行われていたとみなされよう」（中村純氏著、「花粉分析による稲作史の研究」、『考古学・美術史の自然科学的研究』収録、一八九頁、古文化財編集委員会編集、日本学術振興会、一九八〇年）といわれている。

この指標は国家の発生という問題を考える場合、きわめて大きな意味がある。稲花粉率が三〇パーセント未満の場合、幾つかの場合が考えられる。その一つが陸稲栽培であり、その他にはその遺跡には実は水田はなかったが、付近に水田があった場合にもある程度の稲花粉がみられるという。この他に、そこで脱穀した場合、もみ殻や藁をふくめ永年ゴミ捨て場であっても、高い頻度で稲花粉を検出できる場合もあるという。中村氏のここにあげた諸研究論文は、佐々木高明氏の『縄文文化と日本人』（講談社学術文庫、二〇〇一年、初版）でも、縄文農業とのかかわりで参照されており、意義のある研究であることはいうまでもないであろう。

（2）古気象問題

「われわれの調査した限りでは、大部分（日本列島の水田稲作）は先に述べた一時的植性破壊期以降である。次の二点に限り、破壊期より前に出現する。それは板付遺蹟のJ－一二三地点と福岡県遠賀川沿いの鞍手地区で、放射性炭素濃度によると三四〇〇年以上も前から水田が出

現し、一時的植性破壊期以前から現在なみの集約度で稲作が行われていたと考えられる」（前掲書、四五頁）。さらに「三〇〇〇年前は一時的植性破壊期に相当する。それ以前からイネ花粉の出現（三〇パーセントの比率で、引用者註）した二地点（板付と遠賀川鞍手地区）……を含む北九州地方を基点に、稲作は広がった（全国に、引用者）と考えてよいであろう。

北九州で稲作が始まってから一時的植性破壊期を含む数百年の間に稲作が始まった地点は発見されていないのである」（前掲書、四七頁）。添付

一時的植生破壊期とは、花粉分析学上から「ことにRⅢ（花粉による時代区分、引用者注）前半の約三〇〇〇年前を中心とした約三〇〇年間は、植物破壊が特に著しい。――中略――（この時期は）低温多湿な不安定気候下にあったらしい。同様の傾向は程度の差こそあれ、日本各地に認められている。この時代は世界各地の山岳氷河が一時的に下降した、いわゆるネオグラシェーション（寒さの戻り）の一時期に対比される。この時期を他と区別して、『一時的植生破壊期』と呼ぼう』（中村論文、四五頁、傍線は引用者）。しかし、「北九州から中国瀬戸内、奈良盆地を経て浜名湖に至る線の南側の地点では、一時的植生破壊期が終わるとほとんど時を同じくして稲作がはじまる」（同頁）と指摘されている。

この線をかりに「博多湾～浜名湖線」と呼ぶとすれば、【図1】のとおりにである。一見して明らかなとおり、この「線」の南側で、最大の耕作面積を有する地域は九州と四国である。本州の近畿以西は吉備地方などほとんど

【図1】　北九州～浜名湖線

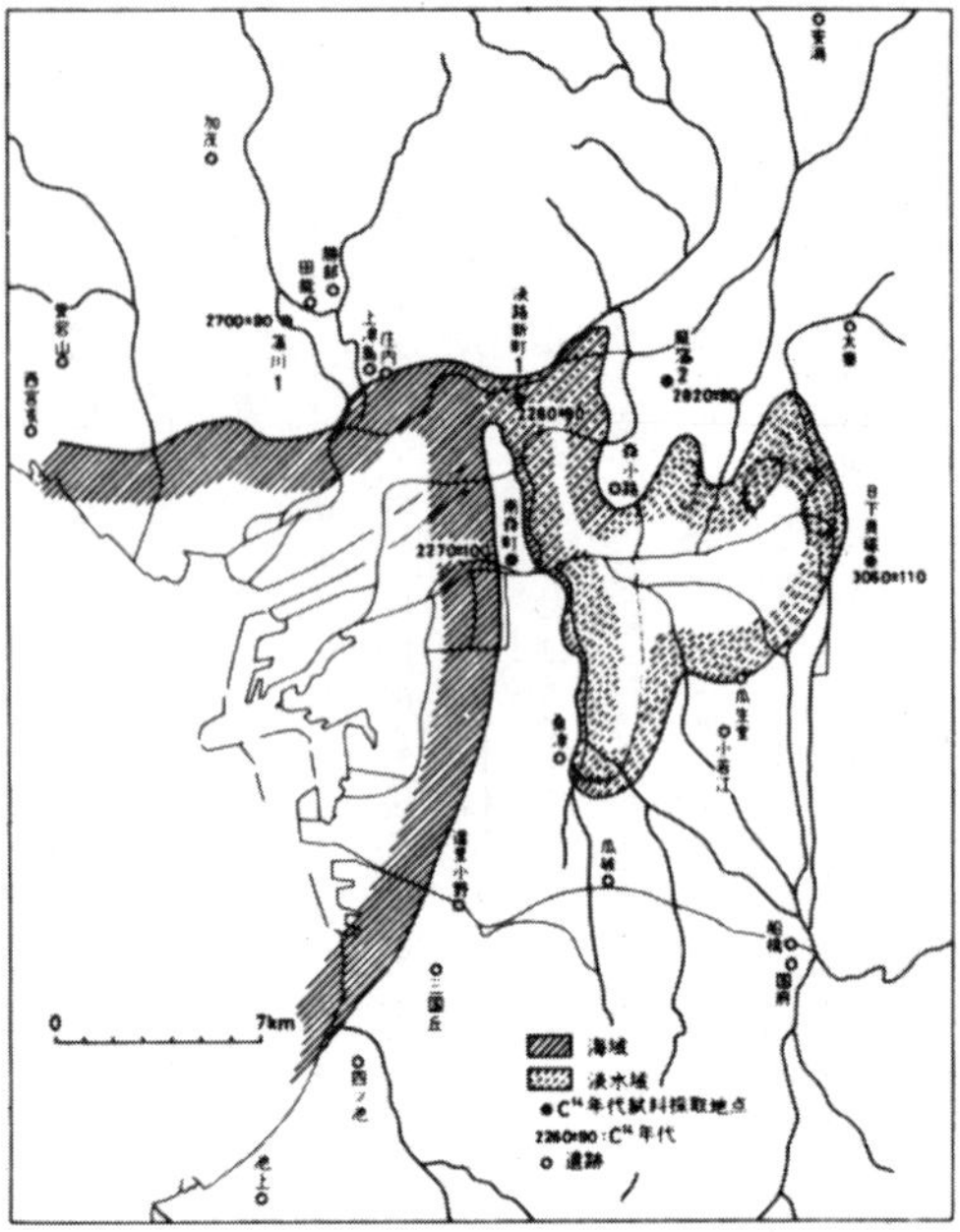

沿海部である。そうして興味深いのはこの「線」のほぼ下に奈良盆地がある事実である。紀伊半島は知られるとおり奈良盆地を除けば山岳地帯であって、その点は四国と似ているのである。

　したがってこの「線」から浮かび上がる第一の点は、「博多湾〜浜名湖線」以南では、最大の水田稲作開拓可能面積を有する地域は、南北九州であることが一目瞭然である。これにたいして現在の大阪地方の多くは、「河内湾」という広大な内湾（【図2】参照）によって占められていたことが、梶山彦太郎・市原実氏共著、『大阪平野のおいたち』（青木書店、一九八六年、第一刷）であきらかにされている。

【図2Ａ】大阪湾古地図　約3000年〜2000年前
【図2Ｂ】同上　約1800年〜1600年前

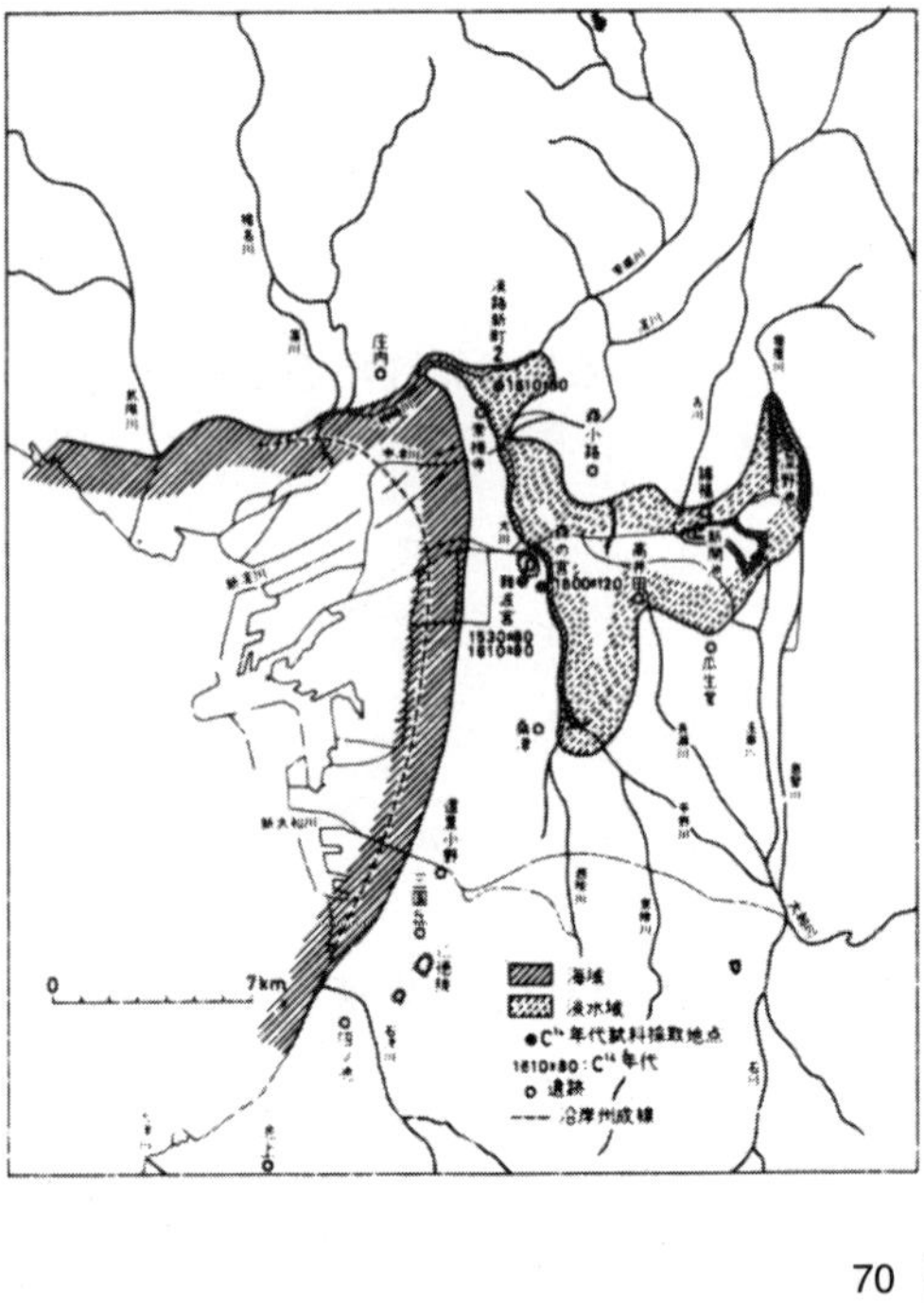

　この広大な内湾は約七〇〇〇年前から西暦四〇〇年ごろまでにかけて、淀川等が運ぶ土砂で埋め立てられて今日の姿になったとされている。しかも若干であるが、大阪地方は「博多湾〜浜名湖線」の北にあたる。『日本書紀』の五世紀ごろの記事に、大阪方面にかんする土木工事の記事が目立つのも、この内湾の消滅化と水田化等の試み

が、背後にあったのではないかと推測される。ここからみて大阪地方が日本における国家形成問題に登場するのは、「倭奴国」はもちろん卑弥呼時代よりははるかに後代であることがわかる。この浜名湖線の「北側に位置する地域では、明らかに弥生時代以降に稲作がはじまり、南側に比べて数百年の遅れがある」（同、四七頁）とされ、「……筑波大の吉野正敏教授、足利工大の漆原和子講師（一九七七年）によると、三〇〇〇～二〇〇〇年前は気候悪化期で、中国側瀬戸内沿岸部と浜名湖を結ぶ線より北側の山陰から中央日本、東北日本は……とくに低温で湿潤であったという。一時的植生破壊期という、とくに不安的な時期を過ぎた気候の回復期に入っても、なお低温多湿な気候がこれらの地域では続いたらしく、稲作の北方への普及の支障となったのだろう。二〇〇〇年前から稲作地帯は北方に拡大したといえよう」（同前）とされている。

（3）水田稲作展開——通説の姿

通説の水田稲作の始原と展開の年代決定はいうまでもなく「土器編年」である。その結果、世界史に類例を見ない、自身で「異常な現象」という農業伝播の姿を次のように述べている。

「日本でも縄文時代からイネの栽培がおこなわれていたにせよ、汎列島規模での地理的拡大が達成され始めるのが弥生時代早期以降であることに異論は無かろう。その拡大の波は紀元前一千年紀半ばの西北九州に発し、早くも弥生時代前期中頃には山形・秋田・青森といった、東北地方の奥地にまで遠賀川系土器をともなって波及していく。その年代を前三世紀から前二世紀にかかるころと考えると、わずか一五〇年ほどで一五〇〇キロ近い距離を移動したことになる。およそ毎年一〇キロという速度である。

中国の稲作拡大の速度が〇・一五～〇・二キロほどとされる……。それに比較すると五〇倍以上のスピードということになる。遊牧をともなっていたために加速されたであろうと考えた西アジアからヨーロッパへの農耕文化の移入にしても、その速度は毎年一キロ程度と推算されている。牛牧と雑穀栽培を生業とするアフリカのバンツー諸族が赤道直下のビクトリア湖周辺から大陸南端まで南下した際のスピードは毎年約四キロといわれるが、サバンナ地帯では可耕地が限られるため、一回の移動距離が長くなることに起因していよう。

弥生稲作民の移動スピードはそれよりも速い。異常な現象といわざるをえない。先史時代において、これに匹敵する速さで移住をなし遂げたのは、いくつかの騎馬遊牧民族の例を除けば、おそらくオーストロネシア人の太平洋への拡散以外にないであろう」（『古代を考える稲・金属・戦争』、九五頁、中村槇一氏著、「弥生文化と中国の初期稲作文化」、傍線は引用者）

速い理由にかんしては次のように説明される。オーストロネシア人は、ニューギニヤ等では非オーストロネシア人が先住していたので、彼等との争いをさけ、そこを素通りして東へと進んだ。「弥生時代前期の移住者たちもこれと似た境遇に置かれていたのではあるまいか。すぐにでも水田を開くことのできる適地は限られていた。たとえそれがあっても先住の縄文人と競合することはなるべく避けなければならない。彼らにとって、安住の地は飛び飛びの島状にしか存在しなかったのである。面を埋めつくすことなく点的に分散する。それゆえの驚異的スピード——。これが東北地方にまで進出した前期弥生人の移住パターンであった。

一方、西日本では面的な拡大が達成されたかのようにみえる。これは、縄文人の人口密度が低く、また、後続の渡来人の後押しもあり、さらに稲作の順調な定着にともなう高い人口増加に助けられた結果である。局地的にみれば東北地方への進出の場合と変わらない情況が出現していたはずである。ただそのスピードがきわめて速かったために、あたかも一気に席巻したかのような印象を与える。縄文人の人口が多く、彼らとの軋轢が生じやすかった東日本との違いである」（『稲・金属・戦争』、九七頁）。

この通説には次のような問題点もあるのではなかろうか。中村純氏は「花粉からわかる稲作の苦闘」で、初期の水田は「豊あしはら」に展開されたと指摘されている。この「豊あしはら」は、通説のいうように先住の縄文人（通説は水田稲作渡来人説である）にとって、無用の長物とはたしていえるかという点である。先住者が無用の地としていなければ、占有は船であれ徒歩であれ侵略であって戦争は避けられないはずである。これらの通説の考察には、古気象への配慮が皆無である点も注目される。

さて通説では「西北九州」で紀元前四〇〇年ごろ発生した稲作は、たった一五〇年で秋田・青森に達したというのである。文字どおり通説がいう通りに世界に類例のない「万邦無比」の早さである。通説がいう「西北九州」とは多分、佐賀県の菜畑遺蹟であろう。ここは花粉分析では約四〇〇〇年前すなわち前約二〇〇〇年には、水田稲作がおこなわれていたと中村氏は報告されている。であれば近畿地方を前二九五年ごろの開始としても、菜畑遺蹟は近畿の約一七〇〇年前の開始である。

通説の年紀の物差しは「土器編年」であることは、先の引用文中に「遠賀川系土器をともなって波及していく」とあることで明らかである。つまり九州と近畿地方とでは、放射性炭素14C年代測定法という自然科学的な年代測定法では、約一七〇〇年の差があることになるのである。その大幅な差も通説の「世界に冠たる土器編年」という方法では、北九州と近畿の時差はわずかに五〇年〜一〇〇年にされるのである。

ここに日本古代史学界が一致して、世界が共通に採用している自然科学的な年代測定法に、反対する真の理由があると考えられるのである。その意味は北九州と近畿との時差が五〇年〜一〇〇年程度であれば、近畿地方は北九州に遅れているわけではない、と言える、と考えるらしいのである。つまり大切な点は「九州に遅れないこと」となのである。

それほどに通説内部では「土器編年」は権威とされるのである。「14C年代測定値の信頼度は、現在の考古学年代の精度（土器や鏡の年代観）からすると、まだまだ不十分であり参考程度にしかならない」（奈良県立橿原考古学研究所編集、『ホケノ山古墳』、「ホケノ山古墳の理化学的調査」、今津節生氏著、四七頁、学生社、二〇〇一年初版、傍線は引用者）と、「二〇〇一年初版」の出版物でいうのである。ではなぜ14C年代測定をしたのかといえば、「……世界中の遺跡が同一の方法によって年代測定されている現状……」に照らしてのことなのである。驚く以外にはない。

この研究所はホケノ山古墳構築の年代を「土器編年」で、「墳丘や周濠にともなって出土した土器の年代と大きく齟齬することのない布留0式期新相からⅠ式にかけてのものと考える」（橋本輝彦氏著、同書三五頁）というのである。ところがこの布留0式土器等の年代にかんして、「この布留式の一番古い土器をいつの土器とするかというのは、研究者の間でも大変考え方の違いがあります。五〇年ぐらいの違いは、十分それぞれの研究者の中であるわけです。したがって、これを何年というと言われるのは非常に難しいわけで、テストにだしても正解はないというふうなことになります」（石野博信氏編、『前方後円墳の出現』、福永伸哉氏著、「近畿地方の出現期の古墳」、一五頁、雄山閣、一九九九年）という通説の考古学者もおられるのである。

こうした「土器編年」にたいして、九州大学理学部名誉教授の北村泰一氏の批判や、「歴博特別講演会」で、学説上の年代設定と自然科学的年代測定による測定値の誤差が、「数百年も食い違うのは世界で日本だけ」という指摘を引用したが、如何であろうか。結局は「土器編年」による水田稲作の、北九州と近畿地方の時差は成立の余地がなく、自然科学的測定値である約一〇〇〇年以上も北九州が古いというのが正しいのである。すなわち水田稲作の始原と展開からは、「邪馬一国・近畿説」は生まれる余地がないのである。

三　「日本神話」の故郷

ここから今日、「日本神話」とか「記・紀神話」と呼ばれる神話もまた、ここ博多湾周辺の地で発生・発展したものであることがご理解いただけよう。通説でさえ水田稲作の東進は、「遠賀川式（系）土器」を〝目印〟としている。この土器の故郷にかんして、「瀬戸内・近畿の遠賀川式土器集団は、九州のどこから移動してきたのだろうか。土器形式の連続性からいうと、玄界灘周辺の筑後の筑紫野市野黒坂、小郡市津古内畑、同横隈山遺跡、玄海灘東よりの津屋崎町今川遺跡、遠賀川流域の中間市垣生《はぶ》遺跡などの土器が、瀬戸内・近畿の最古の遠賀川式土器にもっともちかい」（春成秀爾氏著、『弥生時代の始まり』、七二頁、東京大学出版会、一九九四年、第二版）と、春成氏は指摘されている。まさに「倭国」の中心領域である。

さて戦前には、〝国の初め〟とされた『古事記』、日本書紀』の「神話」は、ともに「豊葦原《とよあしはら》の千秋長百秋《ちあきのながいほ》の水《みず》穂国《ほのくに》」の支配権をめぐる、天照大神系の「天族」（アメ族）と、大国主命系の「出雲族」との対立と、出雲族の「国ゆずり」による終結の説話となっている。つまり「クニのはじめ」の前提が、水田稲作の展開におかれているのである。津田左右吉氏やその説に賛同される人々が、その価値を否定された「日本神話」は、「クニ」の前提として水田にたわわに実る稲の姿をおいているのである。ここにたてば津田氏の所謂「造作神話批判」が正しいのか、それとも「日本神話」に道理があるのか、自ずから明らかであろう。

日本における王朝・国家の誕生は、まさに「日本神話」がいうとおり、「豊葦原の千秋長百秋の水穂国」とよぶにふさわしい、水田稲作の発展を前提としているである。今日、国家の誕生は、これを支えるにたる農業の発展にある、ということを正面から否定する学者は少ないであろう。さらには須佐之男命の罪として『古事記』、『日本書紀』とも基本的に共通性があるが、「天照大御神の営田《つくだ》の畔《あ》を離ち、その溝を埋め――」（『古事記』）とあり、日本書紀では「春は廃渠槽《ひはがち》（＝用水用の土中の木管をこわす）、及び埋溝《みぞうめ》（＝田への用水用の溝を埋める）、毀畔《あはなち》（＝畔を切る）、また重蒔種子《しきまき》（＝他人の田に種を蒔く）す。秋は挿籤《くしざし》（＝他人の田に自分の名の串をさして横領する）、馬伏（馬を追い入れる）す」とある（一書、第三）。

これらは延喜式大祓祝詞式に、「天津罪」とされている。この「神話」からみる限り天照大神や須佐之男命は、水田稲作時代の「神」であって、天国《アマクニ》もまた、この時代の天国系（アメ）氏族の聖地であろう。すなわち水田稲作を背景に「クニ」の初めを語っているのであって、その限りではいささかも、空想的でも不当でもないどころか「科学的」ですらある。

こうした日本での国家の誕生の不可欠の土台である水田稲作の最初が北九州ではじまって、国立歴史民俗博物館の測定値によれば近畿大和より約六〇〇年も先に、中村純教授の花粉分析学からの全国的な調査では、約一〇〇〇年以上も前に行われているというのである。これは自然科学的な年代測定法等にたったもので、信頼にたるものであることはいうまでもない。

しかも古田武彦氏のいわれる「豊葦原の千秋長百秋の水穂国」は博多湾を中心とした地域という、『盗まれた神話』（朝日新聞社、一九七五年）での主張を自然科学的に実証するものでもあった。

「日本神話・博多湾周辺発生説」を史上はじめて展開されたのも、古田武彦氏著『盗まれた神話』（第七章、「天孫降臨地の解明」、朝日新聞社、一九七五年）である。ここで氏は「日向」とは宮崎県の日向ではなく、筑前の日《ひ》向《なた》の「くしふる山」である、という点を追跡・解明されている。筑前の地に「日向峠」と「日向山」が実在し、同じ地域に「クジフル山」も存在したことを突きとめられて、『日本書紀』記載の「天孫降臨」にかかわる、「筑紫の日向の高千穂の槵觸峯《くじふる》――」（岩波・日本古典文学体系『日本書紀・上』、一四八頁）とはまさに此処であるとされた。この指摘の大きな意味は、この地域はまさに「三雲遺蹟」等をふくむ地域だという点に示されると考える。

氏の指摘は、空想的な天空の「アマ国」からピョンと高い山の峯に飛び下りた式の、「皇国史観」の神話理解ではなく、水田稲作の始原と展開や、三雲遺蹟という通説でさえも認めざるを得ない初期国家の形成にかかわる考古学的事実の一環に、この神話がみごとに矛盾なく組み込まれる点である。すなわち『日本神話』の本来の姿の解明である。がさて古田氏の神話問題の解明で一層大きなものは「降臨の地」の特定である。それは『古事記』

にあるニニギノミコトが「降臨」直後に、その「新たな土地」に感動して述べた讃歌の分析である。

『古事記』の記載は「此地者、向韓国眞来通、笠沙之御前而。朝日之直刺国、夕日之日照国也。故、此地甚吉地」——此地は韓国に向ひ眞来通《まきとお》りて、笠沙《かささ》の御前《みさき》にして、朝日の直刺《たださ》す国、夕日の日照る国なり。故《かれ》此地は甚吉《いとよ》き地——というものである。「此地」とはいうまでもなく「天下った先」である。ここの理解をめぐって古田氏の言葉を借りれば、「この文面は（江戸以来の）従来代々の学者たちを悩ませてきた難解至極の箇所だった。……従来の絶対多数説たる『日向＝宮崎県』説では、この一句は絶対に解けないのだ。……そこで各学者各様にこの箇所に『原文改訂』を加え、さしかえとっかえして読んできた」（『盗まれた神話』、二一一頁、角川文庫本、一九八〇年、第四版）とされている。古田氏はこの一節は実は、「中国の漢文からみれば、あまりうまいとはいえないものの、とにもかくにも整然たる〝日本式対句漢文〟」（同書、二一二頁）で、「漢字六字ずつ四行の対句形」の「『四至』文」（同書、二一八頁）、といわれ次のように整理された。

「此地（糸島郡、高祖山付近から望む）は、
①（北なる）韓国に向かって大道が通り抜け、
②（南なる）笠沙の地（御笠川流域）の前面に当っている。そして、
③（東から）朝日の直《じか》に照りつける国、
④（西から）夕日の照る国だ。

以上であるが、この解読、この特定の地は、まさに『後漢書』倭伝の「倭奴国王」や「倭国王・師升等」が活躍している地方であろう。しかもそもそも『古事記』、『日本書紀』の編纂者自身が「日本神話」の意味など知らず、また国学等の台頭のなかでこの神話が天皇の神格化の口実とされて、その本来の姿が根本的にゆがめられたのである。

これにたいして「皇国史観」批判派は、「造作説話」論をかかげて単純否定に走ったに過ぎなかった。この「批判派」の姿は、自分自身が「天皇国家唯一史観」を金科玉条としており、「皇国史観」の本質が「大和朝廷一元史観」であり、その極端な神聖化であるという科学的認識をもち得ず、したがってそれへの科学的批判を確立する前提を欠く結果、結局は、「神話は事実でも歴史でもない」という、フランス啓蒙主義の神話造作論と五十歩百歩の「批判」に終始せざるを得ないのである。しかもヨーロッパではシュリーマンのトロイ発掘以来、「神話の背景には歴史の事実が横たわる」と、根本的に神話観が変革されたのであるが、日本の「神話批判」者は、保守派ととも

に「天皇国家唯一史観」にたつ結果、「神話造作論」という今日では「万邦無比」の神話観に今も止まっている。

この津田氏式の「神話批判」にまかせれば、縄文時代の自然観をも内包しつつ、かつ日本人のルーツの解明に多くの手掛かりを残す、しかも水田稲作の始原と展開という、日本古代文明創設の史実の一端をも反映している「倭人神話」であるこの民族の宝は、世界の民族には見られない自国の神話への極端な軽視と否定という、不当なあつかいのなかに放置されるだけであろう。それに止まらず、正しくない「批判」はこの神話の歪曲的な見解にかえって口実を与え、また縄文以来の日本人の宗教観である「神道」への、正しくない認識や理解を蔓延させ、この面でも日本民族の重要な遺産を台無しにする危険があると考える。

古田武彦氏の出現によって、『古事記』、『日本書紀』編纂以来、その姿が歪められてきたわが日本民族・倭人の神話の姿を正しく復原するという、巨大な事業の礎石が初めておかれたのである。これはまさに真の意味で民族的意義ある快挙と思う。しかし、今日の日本は、古田武彦氏の業績を〝認めたがらない〟のである。この姿を後世の日本人はどう評価するか、実のところ生きて見たいものである。

Chapter 4

第4章

志賀島

——金印の意味

一　三宅説・通説の金印考

通説の「邪馬一国・近畿大和」論者はもちろん、またその他の学者も論調に差はあっても、現在も近畿大和を日本の文化発祥の地、中心のようにあつかっている。しかし、農業の発祥・発展こそが古代文化発祥の原動力であるという世界の国家発生論や、『漢書』地理志の「倭人記載」からみても、水田稲作の始原にかかわる14C年代測定値からみても、『古事記』と『日本書紀』の「神話」の「瑞穂の国」からみても、北九州ひいては九州・西日本こそが、古代日本文化の発祥・発展の中心地である、という以外にはないのである。だがわが日本史の世界ではこういうことを言っても、なかなか受け入れられないのである。高知大学名誉教授の中村純氏の研究が約二〇年以上も、通説の日本古代史学では無視されている事実は、その一端を示すものと思われる。

この大和朝廷唯一史観に立つ近畿中心主義は、松下見林や本居宣長以来、数百年の歴史と東京大学・京都大学等の第一級の学者の「研究」が積み上げられ、それが国是の姿となっている以上は、その変更はそう簡単なものではないらしい。しかし通説の日本古代史学の学者の見解の一致に必ずしも「権威」はないのは、「皇国史観」時代にそれを真に批判した人が誰もいなかった事実による。これはいい訳やいわば居直りでもなく、真実に立ち向かう勇気と事実への誠実によってのみ乗り越えられるのではなかろうか。

さて、筑紫こそが日本文明発祥の地である。そもそものことは『古事記』、『日本書紀』の〝神話の国譲りのところに語られていた〟のである。これの意味がわからなくされた由縁は、本来は九州出身の祖をもつ大和朝廷が近畿地方中心の『古事記』、『日本書紀』を編集し、本来の中心であった筑紫と九州の意味が曖昧に、ないしは否定的に描かれた結果である。アメリカ人がその祖国のイギリスを語らないどころか、世界の片隅と称したようなものである。

志賀島から金印が発見されたのは江戸時代の後期、一七八四年（天明四）、約二二〇年前である。しかし、日本古代史学において、この金印の歴史的な意義、その評価はきわめて低い、といってても過言ではないであろう。しかし、真の日本史ではこの金印は「弥生時代」における国家発展史の解明で大きな意義のあるものと思うのである。

この出土品とかかわる文献は『後漢書』倭伝の、「建武中元二年（西暦五七年）、倭奴国、奉貢朝賀す。使人自ら大夫と称す。倭国の極南なり。光武、賜うに印綬を以てす」であり、その金印には「漢委奴国王」とあることは周知のことである。

この金印の評価をめぐって偽印説や遺棄説があったほど江戸時代には、北九州の日本古代史上の意味が理解されない情況が形成されていた。この印の読みは最初、「委奴国」を「大和」と読む説もあったが、それでは何故金印が志賀島から出土したのか説明がつかず、落とした論もあった。

こうした事情もあって、「サテ此ノ漢委奴国王ノ五字ハ如何ニ読ムベキカ。――而シテ皆之ヲ後漢書ナル倭奴国ト同一ナリトセリ。蓋《けだ》シ後漢書ナル倭奴ハ唐書ニ、日本古倭奴国也（日本は古の倭奴国なり）ト云ヘルヨリ、以後人皆之ヲ只倭と云ヘルト同ジモノト為《な》セリ」（三宅米吉氏著、「漢委奴国王印考」、『史学会雑誌』「三　三七、一二月号」、一八九八年＝明治三一）と三宅氏が言われるように、「倭奴国」を連読して一国名と理解していた点である。

そもそも「倭奴国」は『後漢書』の他に唐の正史の『旧唐書』倭国伝に、「倭国は古の倭奴国なり」とあり、またこの正史のあとの唐の正史『唐書』日本国伝に、「日本は古の倭奴国なり」と、いわば継承されているのである。この『旧唐書』問題は後述（二〇三頁を参照）するのでここではふれないが、しかし、ここで重要な点は「倭奴国」の理解は、「只倭ト云ヘルト同ジモノト為《な》セリ」、すなわち「倭国」と同一と理解していたのである。つまり「倭奴」で一国名であって「倭国・日本国」と理解されていたというのである。

当り前であろう。「倭国は古の倭奴国」または、「日本は古の倭奴国」とあるのであるから、この国名を「日本は倭国の一〇〇分の一国家」などと読むはずがないのである。これは「倭国は古の倭奴国」という文からは当然の理解であって、この文こそが「倭奴国」の読みと内容の正しい理解へのいわば確実な案内者なのである。

「然ルニ本居宣長ノ倭奴ト倭トハ一ツニアラズト云ヒ、コノ金印ノ発見アリテヨリ人皆倭奴委奴ヲ相通トシ以テ怡土に附会スルニ至レリ」（『日本考古学撰集　第一集』、三六頁、傍線は引用者）という事態になり、「倭奴国」を怡土・伊都国にあてるようになったとされている。以上にたって三宅米吉氏は、「漢委奴国王ノ五字ハ宜シク漢ノ委ノ奴ノ国ノ王ト読ムベシ。委ハ倭ナリ、奴ノ国ハ古ノ儺縣今ノ那珂郡ナリ。後漢書ナル倭奴国モ倭ノ奴国ナリ」という見解を述べたのである。これは「委奴国」を「伊都国＝怡土」にあてる説への批判であって、その批判点は「伊都」の「伊」の音は「イ」であるのに、「委奴」の「委」は「ヰ」であり、「都」は「ト」であるのに「奴」は「ド」であるという、音韻上の問題である。しかし、この「三宅説」には学問的意味はないのは、「倭奴国」はそもそも「伊都国＝怡土」ではないにもかかわらず、宣長以降に間違って「怡土」にあて、これが以前の通説とされたに過ぎないからである。

さて三宅氏の「漢ノ委ノ奴ノ国ノ王」読みは一見、宣長以降の「怡土・伊都」読みの批判に見えるが、実は日本史観においては宣長の「倭奴ト倭トハ一ツニアラズ」を真正面から継承したものなのである。ここが重要なところである。宣長はその著『馭戎概言』において、「天皇の御末ならで、王といふ例は、さらになきことなるを、三〇許国々《ごとに》、皆王を称すといへるは、まことには王ではあらで次に大倭王といへるぞ、まさしく天皇をさして申せるには有ける。……かの魏志に、旧百餘国、漢の時、朝見せる者有りといへるも、百餘国の王どもの中に、朝見せしが有しといふ詞なるをおもへ。次に後漢が光武時に、倭奴国奉貢すといへるは、倭奴国は、いづれの国をいへるにか、さだかならねど、これも凡《おおよそ》百餘国といへる中の一つにて、倭国之極南界也とあれば、つくしなどの南のかたつかたなるべし」（傍線は引用者）と述べている。

この主張は、『漢書』地理志はいうに及ばず、『後漢書』倭伝、「魏志」倭人伝中の「三〇余国」等および「倭奴国」や「邪馬一国」を「一シマ一郷」の支配者とか、「南のかたつかた」、「一〇〇分の一国」に矮小化し、それに古代中国王朝が金印を授与したという極端な考え方であって、本来、学問的検討の対象になりえない性格のものに思える。

三宅氏は「怡土」読みの音韻上の批判をされてはいる。しかし同時に一層本質的には、宣長のこの「一シマ一郷」の説を継承されて「倭（委）奴国王」を「大和朝廷」の「倭」と、その支配下にある福岡県の「灘県＝那珂郡」「奴」とに分割されて、「倭の奴国」と読むのが正しいとされたわけである。氏はその根拠として「魏志」倭人伝に、「伊都国」に続いて記される「東南奴国……」と、その後の「次に奴国あり。此女王の境界の尽くる所なり。その南に狗奴国あり」の二つの奴国が記載されている点を指摘され、「コレ伊都ノ次ナル奴国ト最遠ノ奴国トヲ取リ違ヘタルナレド、尚（なお）、之ヲ以テ此ノ編者ガ倭奴国ヲ倭ノ奴国ナル意ニテ書キタル一證トスベシ」とされ、さらに「又後漢書ノ本紀ノ註ニ『倭ハ帯方東南ノ大海中ニアリ云々』トアリ、本文ニ倭奴国王ノコトヲ云ヘル其ノ註ニ唯倭ノ位置ヲ云ヘルハ、倭奴国ヲ倭ノ中ノ奴国ト見ルガ故ニコソアラメ。若シ倭奴ヲ連読シテ一国ノ名トスベキナラバ、本文ト註トハ只一ツの文字ト同ジキマデニテ注解ノ価値ナシ」と補足されるのである。しかし、この三宅説は、成立の根拠を文献的にも考古学的にも、全く欠くのである。それは次の点をみれば、いうまでもないことである。

①『後漢書』倭伝の「倭奴国」記載は、志賀島出土の「漢委奴国王」という金印によって実証されている。

② この金印は一世紀半ばに後漢王朝が造印したものであり、『後漢書』倭伝記載の「倭奴国」はこの事実を記したものである。

つまり「倭（委）奴国」の名は一世紀の半ばに後漢が造印した金印自身によって読むべきもので、断じて金印「委奴国王」造印時代から、約二〇〇年もあとの「魏志」倭人伝記載の「倭」の、内部的諸国の国名から解読すべきものではないであろう、ということである。一世紀半ばの金印「委奴国王」と、その時代から約二〇〇年も後の「魏志」倭人伝に、何回「奴国」が登場するかは無関係であろう。三宅氏の「コレ伊都ノ次ナル奴国ト最遠ノ奴国トヲ取リ違ヘタルナレド、尚《なお》、之ヲ以テ此ノ編者ガ倭奴国ヲ倭ノ奴国ナル意ニテ書キタル一證トスベシ」という理解は、無関係なものを無理に関係づけようとされたものであろう。いったい「此ノ編者ガ倭奴国ヲ倭ノ奴国ナル意ニテ書キタル一證……」という編者は、だれであるか。

金印と『三国志』の編者の陳寿は無関係である。まして五世紀の『御漢書』の編者の范曄も同様である。したがって「此ノ編者」は実際には、この地球上に存在したことがないであろう。金印は「此ノ編者」が造印したものではない。この印は西暦五七年に後漢によって「倭（委）奴国」に贈られたものである。これを否定できる方はおられまい。したがってこの金印はその時点で製造されたものである。

つまり「委（倭）奴国王」の読みは、志賀島から出土した一世紀に造印された金印の、「委奴国王」にしたがった読むべきものである。この「倭（委）奴国王」を「倭（委）の奴国の王」と分割して読むのが正しいという説の難点は、西暦五七年から約二〇〇年後の「魏志」倭人伝の文中に、「奴国」が何回出てくるかで理解すべきという因果関係が全くないという点にあるのである。こうした無理を三宅氏がおかされる要因は、結局は、金印「委奴国王」の上に「大和朝廷」をおこう、という「大和朝廷一元史観」にあるという他はないのである。

もう一つの問題は、こうした性格の「三宅説」が、通説の世界では「定説」になる、というその風土である。通説は一世紀半ばの「倭奴国」の存在を、宣長の「大倭王中心・その他は三〇分の一、一〇〇分の一国家」＝「一しま一郷の支配者」説にたって、「倭の奴の国」に矮小化するのである。通説がこの「倭の奴国」理論に固執する理由は、一世紀に中国王朝から金印を授与されるに相応しい大国が、筑紫に実在したことを三宅氏が生きた明治時代に認めれば、『古事記』『日本書紀』の〝神代からの万世一系〟の王朝論も、根底から否定されるからであろう。こうした正論を明治時代に口にすれば、政治問題になった可能性があろう。

戦後においても「大和朝廷一元史観」が崩壊する危険があることに変りはない。「邪馬台国・近畿説」はいうまでもなく、「九州説」もまた「大和朝廷一元史観」の一種だという点である。それは例えば巨大「前方後円墳」は東進した「大和朝廷」による造営説である。「倭（委）奴国王」をそのまま大国として認めれば、『古事記』『日本書紀』の記載は根本的に否定され、同時にそれは、古代中国史料の記載の正当性を実証することとなり、「大和朝廷一元史観」は根底から動揺するのである。当時の漢等は、楼蘭問題で若干述べたとおり西域に力をのばした世界の大国である。この国家が、自国と交流する諸国の「大王」と、その配下の「一シマ一郷」的勢力との区別もできない水準か否かを、西域問題を研究するヨーロッパの学者にきけば、多分、笑われるのではないだろうか。

こうした点をふまえれば「大国」と「一シマ一郷」の支配者とを区別できない式の日本古代史家の説は、やはり世界には通用しないものと思える次第である。しかし、通説では今日も宣長と大同小異である。例えば直木孝次郎氏は「委奴国」を、「北九州の博多湾に面した平野地帯にいくつかの村落を統合する首長があらわれ、自ら王と称して、遠く中国の都の洛陽まで使いをだすものがある……」（直木『日本の歴史・1』、一五五頁、小学館、一九七三年、第一版）とされている。しかも、これは先述のとおり石田田正氏が『古代史概論』ですでに述べていたところでもある。

さらには戦前の「邪馬一国・九州説」にたつ津田左右吉氏は、「委奴国」時代より約二〇〇年もあとの「邪馬一国」の姿を、「『倭』は本来、シナ人が我がツクシ地方の住人を呼ぶために用ゐた文字であって――中略――実をいうと、ツクシ地方の少なくとも北部がヤマトの朝廷を戴く国家組織に入ったのは、晋初、即ちツクシの邪馬台国が晋に交通していた時代と百済が我が国に交渉を生じた時代との、中間に行われたのだが、そういう事情は、百済人もシナ人もよく知らなかったであろうから……」（『日本古典の研究・上』、一一三頁、岩波書店）とのべている。百済でさえ「三世紀の倭国」が天皇国家に併呑されたことに気がつかなかった、「倭国」はその程度の勢力だった、というのである。これに魏が金印をおくっていることはいうまでもないことである。

結局、通説の金印の国名の解読の裏側には、宣長以来の「大倭国・大和朝廷、北九州・一シマ一郷説」が、確固不動のものとして横たわるという他はないのである。

二　三宅説・通説の破綻――考古学から

この三宅米吉氏を定説とする通説の決定的な難点は、西暦五七年につまり一世紀の半ばに「大和朝廷」なる「倭国」が近畿に存在していたか、という一点なのである。

まずは先の日本書紀の年紀の合理的解明からは、神武の「即位」は一五〇年程度であって、五七年はもちろん一〇七年、すなわち後漢の安帝の永初元年に「倭国王・師升等が生口一六〇人を献じた」時代にも、神武は存在していないであろう。ましてや通説は津田左右吉氏の「神武説話造作論」に立って、「闕史八代」説を真実という立場であるから、三宅説にしたがって「漢の倭の奴国王」印とした場合、この「倭」とは何か、あらためて説明がいるのではなかろうか。それは素人の独断的な〝日本書紀年紀云々〟に過ぎない、と一蹴されるかもしれない。しかし、これを実証主義の考え方におきかえれば、国家の存在を証明する考古学的な事実、「階級分化」の遺跡が、西暦一世紀に近畿地方に北九州をしのぐ規模で存在したか、という問題である。

人間の社会は、国家の出現以前には、血縁関係でむすばれた氏族とよばれる集団によって、社会の基礎単位が形づくられていたということは、世界的に承認された考え方で、通説でも戦後は一応は承認している。この血縁的な氏族社会の内部では、その社会を構成する人々は平等にあつかわれた。もちろんそこには、はるか後に貴族を生み出す特定の層は古くから存在したらしい。それは世襲されたと考えられる「世襲酋長」を出した血筋であるが、しかしこの「世襲酋長」は戦争の宣言や終結、宗教にだけにたずさわり、氏族社会の日常の諸問題、すなわち今日の政治には、たとえばアメリカ・インディアンの場合、手をだすことは禁じられていたなど、その社会の権力を一手におさめることは不可能な仕組みがあり、この結果、将来の貴族になる可能性のある地位の人々も、血縁的な他の人々より特権的地位を要求する力はなく、むしろモーガンの報告では、国家が発生した後のどんな国王や大統領よりも、一般の氏族員からは心からの尊敬をかち得ていたという。これがやがて国家の形成のなかで特別な地位を獲得したらしい。

いずれにせよ氏族社会では、その構成員の内部においては、生産と分配、権利の問題ではだれも特権をもたないのである。この限りで平等なのである。しかし、そこからさらに進んで氏族社会では、血縁関係にない人間全員が「平等」とか、「平和な社会」とかいうのは正しくないとおもわれる。氏族社会のいわば裏面には、血縁関係にない人間同士、すなわち異なる氏族同士は、お互いに相手を人間とは考えない側面があったことも考慮すべきである。氏族社会に戦争がないというのも一面的で、アメリカ・インディアンは戦争をしており、アメリカ・インディアン以外もはるかに古い時代には、戦争で負けた方を食うという習慣さえ指摘されている。したがってその氏族社会の生産の力が向上すれば、国家を形成する以前においても、捕虜の一部が奴隷とされる場合もあり得たことである。

しかし、いわゆる氏族社会とよばれる段階では、一定の人間集団が恒常的に生産労働から解放されて宗教や政治・軍事に専門的にたずさわり、農村からは明らかに区別される古代的都市が形成されるほどに、農業をはじめ社会の生産力が発展していない段階をいうのである。したがってある氏族社会が国家を形成し始めたか否かの指標は、特定の氏族集団内部に他の一般的な氏族構成員にはない、特権的支配的地位をしめす遺物をともなう少数の人間が、系統的に生み出されているという事実が、その遺跡から確認される必要があることになる。この点を直木孝次郎氏の指摘でたしかめておこう。

「弥生時代に階級の成立することをたびたび述べたが、その証拠の一つは、立派な副葬品をもった墳墓がこの時代にあらわれることである。弥生時代の墓がたくさん発見されているのは、北九州を中心とする西日本であるが、とくに九州には大形の甕に死者をいれて葬ったものが多い」（『日本の歴史』、「1・倭国の誕生」、一七四頁、小学館、傍線は引用者）といわれ、その特徴的な墳墓や棺の様式を説明されている。注意すべきは「邪馬一国・近畿大和説」の氏が、階級分化にかかわる遺跡を述べるにあたって、「弥生時代の墓がたくさん発見されているのは、北九州を中心とする西日本である……」と名指しされ、ここに近畿大和の遺跡の名が登場しない点が、非常に重要な意味をもつのである。

氏はこの北九州の支石墓にかんしてかなり詳細な記述をされ、「さてこれらの墳墓は、めぼしい副葬品をともなわないものが多いが、なかには入手の容易でない鏡、剣、矛、釧《くしろ》（＝腕輪）などの青銅器や、各種の鉄器、玉類、貝製その他の装身具などを豊富に副葬しているものがある。それが富裕な人々、したがって、特権をもつ人々の出現をしめすものであることは、いうまでもない。階級社会が成立したのである」（一六七頁、小学館）とされ、北九州で日本民族は最初の国家の発生・形成が行われたことを、「邪馬一国・近畿論者」の直木氏が指摘されているのである。

この問題を検討するうえで大切なことは、弥生・古墳時代をあつかう「日本の考古学者のほとんどは、邪馬台国が九州にあるなどと考えていない」（一九八九年の「吉野ヶ里遺跡のシンポジュウム」での、日本考古学協会会長の大塚初重氏（当時）の挨拶。奥野正男氏著、『大和王権は広域統一国家ではなかった』、八頁、ＪＩＣＣ（ジック）出版局、一九九二年）といわれている姿である。つまり「弥生〜古墳時代」を研究する通説的考古学者のほとんどは、「近畿説」にたつ人々であるということである。

これは小林行雄氏の「三角縁神獣鏡・卑弥呼被贈与説」等が絶対的な権威とされた等の影響とおもわれる。この考古学者の弥生時代（「土器編年」で紀元前三〇〇年から紀元後の三〇〇年までの期間）の、北九州と近畿大和の遺跡の階級分化の姿にかかわる研究・報告をみよう。

（1）「北九州の遺跡」

以下、重要な点なので少々ながくなるが北九州の遺蹟の姿を見ておこう。「弥生時代」に北九州には、「倭奴国」や「倭国王・師升等」がかの有名な福岡県春日市須玖岡本遺跡（D地点。通説は前一世紀頃という）や、福岡県前原市三雲南小路遺跡（前一世紀の中頃という）を背景に存在していた事は、通説も認めているところである。この遺跡群が有名な理由は、平等主義的な氏族社会を解体しながら初期国家が形成されている姿を、顕著な出土品で実証しているところにある。

①　須玖岡本遺跡

この遺跡は、一八九九年、家屋建築のために大石を動かしたところ、その下から合わせ口甕棺が出土し、大量の遺物が発見された（D地点）。その後で、祟りを恐れた村人によって一括して再び埋められた。しかし後に、すこしずつ掘り出されて多くは破損し散逸したと言われる。したがってその後、中山平次郎氏や京都大学が調査を開始して、散逸した遺物の追跡調査をし、かなりの遺物を蒐集したとされるが、今日、判明している遺物はあくまで全部ではないであろう。確認されている出土品は次のとおりである。「銅鏡三〇面以内、銅矛五（細形四、中細形一）、中細銅戈《どうか》一、銅剣二以上（多樋式一、中細形二）、ガラス壁片二、ガラス勾玉《まがたま》一、ガラス管玉《くだだま》一二」（岡村秀典氏著、『三角縁神獣鏡の時代』、九頁、吉川弘文館、一九九九年、第一刷）。

氏によれば「須玖岡本周辺の低地にひろがる弥生時代の集落跡では、青銅器や鉄器、ガラスの製作工房跡が発見され、一帯はあたかもテクノポリスのような様相が明らかになっている。また、D地点の所在する丘陵上には、弥生時代中期から後期の甕棺墓や土坑墓が分布し、近年の調査では、版築《はんちく》状の盛土をもった墳丘も確認されている。このような情況から、須玖岡本の一帯が『奴』（「倭奴国」の意味）の中心であり、傑出した副葬品をもつD地点はその首長墓と考えられている（春日市教育委員会編、『奴国の首都須玖岡本遺跡』、一九九四年」、同頁）」とある。岡村氏はこの遺跡の出土品にかんして二点の特徴を指摘されている。第一に、鏡が大量であって、当時の漢の王侯クラスの大型墓でもせいぜい二、三面であり、

「D地点甕棺墓はおそらく一人だけの埋葬者であるから、二六面以上という数は個人の化粧道具とは別の、特別の意味があったものと考えられる」（同書、一一頁）とされている。

第二は、特別な大型鏡三面（草葉文鏡、復元直径みな二三センチあまり）の出土をあげられ、「この時期の漢鏡のなかでは突出した大きさ」（同頁）とされている。そうして「前漢武帝期になると、鋳造業の発達によって下級官人クラスまで鏡が普及したらしく」とされ、しかし、「宮廷で用いる特別な文物はもっぱら官営工房で製作されるのが普通であった。……市場にながれることなく、王侯貴族を中心に分配されたものだろう」（同書、一四頁）と言われる。そうして「須玖岡本D地点」出土の大型鏡にかんして、「……おそらく王侯貴族に分配する目的で官営工房において特別に製作され、漢王朝から政治的ないしは儀礼的に贈与されたものと考えられる」（同書、一五頁）とされている。

② 三雲南小路遺跡

次が、通説が「伊都国」にあてる三雲南小路遺跡である。これも岡村秀典氏の先の著書から引用しよう。

この遺跡も一八二二年、農民の「土取り」によって偶然に出土し、この時の出土品は、銅剣一本、銅鏡一面が近くの聖福寺に現存するの他は、すべて散逸したと言われる。日本古代史学にとってこのうえないことに、「さいわい福岡藩の国学者、青柳種信《たねのぶ》がその直後に調査を行い、『三雲古器図考』（一八二二年、『柳園古器略考』所収）と『筑前国怡土郡三雲村古器図説』（一八二三年）を著してその詳細を記録している。

それによると地下三尺ほどで銅剣一、銅戈一、朱入りの小壺一個があり、その下から合わせ口の甕棺（一号甕棺）が出土した。棺内からは、銅鏡が大小あわせて三五面、銅矛二、勾玉一、管玉一のほか、重なった鏡の間ごとに壁がはさまれた状態で出土したという（傍線、引用者）。その後、一九七四〜七五年に福岡県教育委員会が再調査を行い、破壊された一号甕棺墓を確認したほかに、新たにその北に隣接する二号甕棺墓を発見し、多数の遺物を採集した。調査を担当した柳田康雄氏は、砕片になった出土品を丹念に整理し、青柳種信の記録とあわせてつぎのように復元した。

一号甕棺（棺外）有柄《ゆうへい》中細銅剣一、中細銅戈一、朱入小壺一

（棺内）細形銅矛一、中細銅矛一、前漢鏡三一以上、金銅四葉座金具八、ガラス壁八、ガラス勾玉三、ガ

ラス管玉六〇以上

二号甕棺（棺内）前漢鏡二三以上、硬玉勾玉一、ガラス勾玉一二、ガラス垂飾一」（同書、一五頁）。岡村氏は三雲南小路の漢鏡を検討し、「須玖岡本D地点甕棺墓・三雲南小路一号甕棺墓・三雲南小路二号甕棺墓の三基はすべて同時期に位置づけることができる」（同書、一九頁）とされている。

そして、三雲南小路遺跡のガラス壁にかんして、中国本土ではガラス壁は中・下級官人を埋葬した中小型墓から普遍的に出土すると、藤田等氏の説によって「『奴』と『伊都』の首長に対する漢王朝の政治的評価が必ずしも高くなかったことのあらわれとみている」（同書、二四頁）としている。この評価への若干の疑問は青柳種信の「詳細な記録」では、「重なった鏡の間ごとに壁がはさまれた状態で出土したという」とある点である。ここには「ガラス」とは書かれておらずただ「壁」である。これは青柳がガラス壁を「壁」と書いたということだろうか、いささかの疑問は残るのである。

岡村氏は興味深いことを言われている。「須玖岡本と三雲南小路の出土品のなかで、漢鏡とガラス壁、金銅四葉座金具が中国からの舶載文物である。楽浪郡域や朝鮮半島南部では同時期の文物を副葬した墓が発掘されているものの、大・中型鏡、ガラス壁、金銅四葉座金具のいずれもまだ出土していない」とし、これへの評価として、「これらは倭人が商業的に購入したものではなく、『歳時をもって来たり献見す』るなかで漢王朝から政治的・儀礼的に贈与されたものと考える。それは『王』としての処遇ではなかったけれど、海路はるばる朝貢してきた倭人にたいする破格の待遇をあらわすことは認めてもよいだろう」（同書、二五頁）。すなわちここには博多湾に面した「豆粒国家」としての「倭」という、「一シマ一郷」の村長さん的発想は継承され、これに漢が「破格の待遇」を与えたといい、この出土物の日本史上の意義はさほど大きくないかの印象がのこるのである。

③　吉野ヶ里遺跡と素環頭太刀

次に、「素環頭太刀」の出土問題である。佐賀県の「……神崎町吉野ヶ里遺跡は、弥生時代の拠点的な環濠集落とその墓地として有名である。――中略――しかし、弥生後期前半の一時期、この地域の首長墓は北三キロ足らずの三津永田遺跡に移動する。吉野ケ里丘陵の山麓近くにある東背振村三津永田遺跡は、弥生時代前期から後期まで一〇〇基以上の甕棺墓・箱式石棺墓・土坑墓からなる墓地である。――中略――三津永田一〇四号甕棺墓から出土した鉄刀は、全長五〇チセンあまりの素環頭太刀《そかんとう》である。井原鑓溝（遺跡、引用者）のいわゆる刀剣の類や桜馬場（遺跡）の鉄刀片もまた、これと同様の素環頭太刀であったと推定される。――中略――ところが、東夷王が大海を渡って朝貢する紀元前後になると、倭の地で漢鏡四期の鏡とともに漢の素環頭太刀が出現する。

これにたいして、韓の地ではこの新しい武器はまだ発見されていない。たとえば、朝鮮半島の最南端、慶尚南道の良洞里遺跡では、漢鏡四期の方格規矩四神鏡に鉄剣や鉄矛などの在地的な武器がともなっているが、鉄刀は出土していない。このことから北部九州から出土した漢の新しい武器の素環頭太刀は、漢王朝が倭人にたいして特別に贈ったものと推定される」（同書、五九頁、傍線は引用者）といわれ、特別贈与の理由にかんして、「漢王朝が領域内に配備し、安保協定にもとづいて隣接する外臣にも与えたであろう軍馬や弩などの実戦的な兵威とはちがって、素環頭太刀だけの贈与には儀礼的・象徴的な意味しかなかったかもしれない。しかし、孔子が賞賛するほどの道徳的な東夷、そのなかでも大海をこえた絶域にある倭の首長を臣属させることは、王莽の補政する漢王朝にとって大きな政治的な意義をもつものであった」（同書、六三頁、傍線は引用者）とされている。

岡村氏は、「大形漢鏡、ガラス壁、金銅四葉座金具」の三点セットが、同時期の朝鮮半島とりわけその南部の墳墓から全く出土していない理由とともに、素環頭太刀についても朝鮮半島からは出土していない事実をも、もっぱら「倭人の大海を越えた朝貢」にもとめられている。はたしてそうか、これは日本古代史解明のうえで、軽視できない問題である。

以上、これまで岡村氏の須玖岡本ならびに三雲南小路遺跡等への考察を見てきたが、これらの遺跡が、この項の本題である北九州における、国家の発生・発展をしめすものであることは、すでに直木氏の指摘でも明らかであろう。

(2)「近畿地方　階級分化の遺跡なし」

次は「弥生時代」の近畿大和地方の姿である。春成秀爾氏は佐原真氏編の『稲・金属・戦争』の「八、銅鐸と社会」を執筆されて以下のように言われるのである。「銅鐸はきわめて高価な品で、重要な交換品としても機能したと考えた。銅鐸を生産した集団もいくつかわかっている。大量に作り配った集団はそれに見合う富を集積し、交易を指揮し差配する人々はその権威を背景に有力な階層を着々と築いていった、と結論づけたいところである

（傍線、引用者、以下同様）。

Ⅱ－2式～Ⅲ－1式の銅鐸を作った大阪府茨木市の東奈良では、同時期の墳丘墓がいくつか見つかっている。そのなかでもっとも立派なものでも墳丘の規模は七・六メートル×六メートル、高さ（推定）一メートルに過ぎない。中央に木棺墓二基、周囲に土坑墓一三基がある。木棺の一つは長さは一・八メートル、もう一つは一・二メートルで、どちらも副葬品や着装品はなかった。

また、河内平野の中心にあり、銅戈などの鋳型が見つかっている東大阪市の瓜生堂でも、方形の墳丘をもつ大型のものは、一辺一五メートル×一〇メートル、高さ一メートル前後で木棺墓に副葬品などはともなっていない。大阪市加美の墳丘墓は二六メートル×一五メートル、高さ三メートルで、この時期最大の規模をもっている。木棺が二三基、そのうち成人用が一四基、子供用が九基、前者には木槨内に木棺を納めた墓（五号）が一基あった。副葬品はなく、装身具はガラスの勾玉一、小玉二つをもつ墓（一号）一基、ガラスの平玉一と銅釧一つをつけた女の墓（二号）一基、同じく銅釧一つをつけた女の墓（一四号）一基があっただけである。

これが河内平野で最有力の一つである八尾市亀井の拠点集落にともなう最大の墓であり、銅鐸の時代における近畿地方で最高ランクに位置する首長とその親近者たちの墓の実態である。要するに、銅鐸を鋳造し配布した集団においても、他を圧倒するような墓は知られておらず、特定の個人への富の集中もはっきりしない。おそらく首長を出した特定の親族の権威は、子供までおよび確かに存在する。そして、集団の権威も存在しただろう。しかし、ちょっと見た目には、卓越した個人を生み出しているようには見えない。銅鐸を生産し流通させて獲得した富は、首長一族のための威信財の生産と所有・使用などの私的な消費に向けるのは抑制されており、もっぱら全体の利益へとふり向けられたのであろうか」（同書、二二六頁。傍線は引用者）とされ、傍線部分に見るように階級分化の痕跡があまりにも微弱な状態であることを、指摘せざるを得ない実態である。

しかし、春成氏はこの事実から近畿地方では、階級分化が九州に比較して大幅に遅れているという結論をだしてはいない。この後で春成氏は、北九州の〝須玖岡本の甕棺墓地（D地点）の出土品〟等を紹介されて、近畿大和地方と比較されて「この時期の北九州は青銅器を私物化できたのであって、その点は近畿と鮮やかな対照をなしている」（同書、二二八頁）とされ、さらに北九州での国家成立にふれた後で、「この時代の大きな構築物の一つは、大阪府和泉市の池上・曽根や福岡市の吉武高木などで発掘された、独立棟持ち柱をもつ超巨大型の掘立柱の建築物であって、たとえば池上・曽根例では一九メートル×七メートルに達する。政殿・祭殿などの公的諸機能（?、近畿については氏族社会的機能というべきであろう）をもつ政治（?）と祭宴の中枢施設の運営・維持にも莫大な富を消費したことはまちがいないだろう。飛鳥・奈良時代（これがどうして弥生時代と関係するのか?）には、宮殿・寺院・軍事施設（山城）などの造営と維持に巨額の費用を使い、律令国家を経営した。しかし、その割には天皇・豪族の墓の規模は小さく、その造営に費やした費用は、古墳時代にくらべるとはるかに少ないものであった。

弥生時代の墓をのちの前方後円墳と比較すると墳丘の規模、内部の埋葬施設の構造、副葬品の種類と量など格段の差をみせる。富の消費にはさまざまな形態が存在する。この時代に、大人・下戸・奴婢の階層社会（階層社会?＝引用者）を形成し、首長はその頂点に立っていたけれども、竪穴住居に住み、組み合わせ式木棺または甕棺に葬られるなど一般の人々との間に、まだ共通する部分をのこしていたと考えるほかない」《同二二八頁。（　）内ならびに（?）、傍線は引用者》といわれるのである。

この引用部分の中心思想は、実際には階級分化の痕跡をさえ明確には指摘しえない近畿の弥生時代の遺跡に、北九州の「大人・下戸・奴婢の階層社会」を故意にあて、さらに「池上・曽根」の大きな建物をもちだして、これを「政殿・祭殿などの公的諸機能をもつ政治と祭宴の中枢施設」と解釈し、結論は「この宮殿等の運営・維持費」に、銅鐸生産で得た富が消費された結果、北九州の墳墓のような階級的差異が近畿の墳墓には現れないのだ、という主張をされるのである。

春成氏は北九州と近畿大和地方の墳墓に反映する「階級分化」の歴然たる差を、「富の消費にはさまざまな形態が存在する」と、あたかも北九州と近畿大和とでは「首長」たちに集められた、「富」の使い方が違ったのだ、というように表現することによって、近畿地方の国家発生での大幅な後進性を覆い隠そうとされるのである。しかし、これは今日では「世界史」でも共通する国家発展史の指標とは全く別種の、いわば「新国家発展史観」であろう。

「銅鐸は高価だったに違いない」と氏がいわれるが、問題は、銅鐸の高価さがこの時代の解明の決め手でも、「富」の源泉でもないのである。北九州の一部の「首長」が豪勢な墳墓を残すのは、銅鐸や青銅器から得た富ではなく、基本的には水田稲作の展開で「搾取階級」として成長し、被搾取階級を支配し抑圧する目的で武装した集団を特別に確立した結果として「富む」のである。したがって、こうした「階級分化」の顕著な姿を示す遺跡の欠如は、その社会が国家的勢力が育つ段階にまで発展していないということを否定しがたく示す客観的指標と私は思うのである。

まして階級分化さえ具体的にその墳墓群に確認できない社会、すなわち氏族社会に商品（銅鐸）の売買、すなわち貨幣経済制度があるかの理解、その貨幣制度で一群の人が富を蓄えるという認識は、これまでの「商品生産発展史」とも、ましてや春成氏が語る時代から約一〇〇〇年も後の、平城京造営で当時の政府が人足に払った少々の銅貨（和同開珍）が、都以外では交換価値を持ち得ず多くの餓死者を出したという、事実とも食い違う主張と言わねばならない。原始的な「物物交換」と商品交換による富（商品のなかから貨幣的役割をはたす一般的等価形態の商品＝羊、米そして金・銀の独立）の蓄積とは、歴史の発展段階がちがうのであって、あえてたとえれば春成氏の理解は、よちよち歩きの子供をオリンピックの選手になぞらえる仕方に似ているのである。春成氏の認識とは異なり国家形成にかかわり富む階級は、商品交換から生まれるものではなく、搾取と収奪から生まれるものであり、その本源は一定の生産力の水準に達した氏族社会での、戦争の役割が大きいと考えられる。したがってその遺跡に階級分化の痕跡があるかないかは決定的な意味をもち、また、その遺跡自身の姿が問題である。

なお春成氏の説への批判としてつけ加えたいのは、氏は、大阪府和泉市の池上・曽根の「大きな建物」の維持管理費に、銅鐸で稼いだ富を消費した結果、個人的な富の偏在がおきなかったといわれるのであるが、では福岡の吉武高木の「大きな建物」の維持・管理の費用はどこからでて、にもかかわらず北九州ではいったい、どうして特定の個人への富の偏在が著しいのであろうか。氏の理論ではこれに答えられないのではなかろうか。

さらなる例証として春成氏と共通性のある金関恕氏の説をみよう。「一世紀の終り頃にあたるその頃の大和の大集落の一つである唐古遺跡では、径五五〇《メートル》、二〇～二五《ヘクタール》の面積を囲んで、濠がめぐらされている。規模から推定して一〇〇〇人以上の人口が集中していたであろう。――中略――多数の人口の集中には、ある程度の統治組織が確立されていたに違いない。遺跡自体が証明するわけではないけれども、防衛施設、人口集中、工業、広域交易、推測される統治組織など、都市形成の前夜ともいうべき情況を示している」（金関恕・佐原真氏編集、『弥生文化の研究・9』、九頁、雄山閣、一九九六年、第二版。傍線は引用者)』である。

金関氏のいわれるところ唐古「遺跡自体が証明するわけではないけれども」、金関氏が「推測した」ところでは、〝一世紀末には近畿大和に国家形成の前提が一二分に成熟していた〟というのである。しかし、考古学の原則は「推測」や解釈ではなく、「遺跡自体の証明」という〝考古学的〟事実が、判断の根拠ではなかろうか。さらに氏は以下のようなことをいわれるのである。

「この世の社会の相が、墓の営みに反映している北九州では、血縁的共同体の共同墓地から、特定の集団に富が集中していることを示す特定墓地の出現、やがては、特定個人の登場に至る過程が、――解明されている。畿内では、副葬品を埋める習俗は見られず、社会の変遷について弥生時代の墓は多くを語らない」(傍線、引用者)

そもそも考古学が重視されるのは、〝遺跡〟が過去の「この世の社会の相を反映している」と考えられるからではないのだろうか。したがって「墓」群に特定の階層や個人の母集団からの分離の痕跡が発見できなければ、その「墓」群を形成した人々には、特定の集団や個人の分離の過程はみられない、というのが「考古学」的見解と思うのである。しかし、ここでも金関氏は春成氏同様に「考古学的事実」を、解釈という道をとおって否定・修正されるのである。それが「習俗」なのである。「近畿では副葬品を埋葬する習俗がなかったのだ」と。だとすれば弥生時代には、「墓に副葬品を埋める習俗が見られない」近畿大和地方は、古墳時代になるとあふれるほどに副葬品を埋めているが、この「習俗」の突然変異はなにによって説明されるのだろうか。

次に近畿大和論者でも金関氏らとは異なる主張をも拝見しよう。「弥生前期後半以降、方形周溝墓といわれる低い墓丘をもつ墓が、全国にさきがけて畿内とその周縁地方であらたな墓制として創始され、やがて東国へと広く波及した。この墓制がもっとも流行した弥生中期についてみると、周溝で区画された低墓丘には規模に大小の格差があり、社会に不均等が萌芽しはじめた様子がしのばれるが、堺市四ツ池・東大阪市瓜生堂・茨木市東奈良遺跡などでの多数の方形周溝墓の群在の様子からみると、これらは、弥生時社会(農業共同体)を構成する単位集団(世帯共同体)の有力家長層の墓であって、王=首長の墓とまではみなすわけにゆかないものばかりである」(傍線、引用者)。

これにつづいて春成氏が先に取り上げた大阪市の加美遺跡を論じて、「首長が一般共同体員から隔絶した地位をももちだしたことを教えてくれる発見であった。**これに類した墓は畿内のそのほかの遺跡ではまだ確認されていない**」と指摘されている。

そしてこの「発見」を北九州の「階級分化」の姿と比較して、以下のように述べているのである。「もちろん、佐賀県吉野ヶ里遺跡の墳丘墓は、加美遺跡例より大きいうえ、有柄付銅剣・青色ガラス管玉（額飾り）が検出されるなど、豊かな内容を備えており、弥生中期段階では、まだ畿内の経済的・政治的・国際的力量が、北九州に一歩を譲っていたことはたしかだ」（『古代を考える　難波』、直木孝次郎氏編、石部正志氏著、「三　難波と河内」、三八頁、吉川弘文館、一九九二年、第一刷。傍線は引用者）と、言われている。氏等は「邪馬一国、近畿論」である。「弥生中期」（直木氏の弥生時代中期論では「紀元前五〇年〜後二〇〇年」、直木孝次郎氏著、『日本の歴史』「倭国の誕生」、一五五頁、小学館、一九八七年）と断ってはいるが、言われるのである。

以上から、西暦五七年、すなわち「土器編年」の弥生中期の時代、「大倭王」が近畿大和にいたとか、「奴国」の上に「倭」がいたとかいう説は、「近畿大和説」の考古学者の報告の客観的評価からも全く浮かびあがってこないであろう。すなわち私が『日本書紀』の年紀から推定した神武の「即位年」から見て、「倭奴国」時代に近畿大和には「大和朝廷」はまだ、存在しないと述べた見地と、客観的な「考古学的実態」とは全く一致するといってもよいだろう。しかも近畿地方の「弥生遺跡」に「階級分化」の痕跡がほとんどないという事実は、水田稲作の北九州にたいする大幅なおくれに照らして、あまりにも当然なことであって、そこにいささかの不思議も不都合もないのである。したがって「委奴国王」の正しい読みは「倭奴国」以外にあり得ないのである。

またこの事実は、「前方後円墳」という「弥生時代」の「階級分化」の遺蹟より、いっそう国家が発展した段階を示す遺蹟は、近畿地方の社会の内部的発展の結果生まれたものではなく、近畿地方の〝外から近畿地方にもたらされたもの〟であることを物語るのである。

三　三宅説の破綻——漢の印制から

金印の国名解読問題の最後は〝漢の印制〟からみた解読法という、古田武彦氏があらためて提起（『失われた九州王朝』、朝日新聞社、一九七三年）された視点の重要性である。氏は〝漢の印制〟の実際を具体的に検証されて

〝漢の印制〟にてらして、「漢の委の奴国」と国名を三段にわけて読む仕方は、成立しないことを明らかにされた。これが金印解読の唯一の正当な視点である。

そもそもこの印制は、漢王朝が周辺の諸王・諸国家との関係を、相互に承認・確認する方式として創設したものである。この印は、与える漢ともらう相手国が相互に授受を通じてその関係を承認した徴であろう。

したがって古田氏も指摘されるとおり、この印は二国間の関係を表示・規制したもので、そこに第三者を介在させる必然性がないのは、国際関係の基本からみてもあまりにも当然のことと思われる。しかも、この点を指摘して三宅説を批判した見解は、明治時代以降、古田氏も例証されているとおり通説内部にもあるのである。しかし、このあまりにも当然の指摘は、いっさい考慮されなかったのである。ここに明治以降の通説内部からの三宅説批判の要点を記しておく。

その一つが、一九一一年（明治四四）に稲葉君山氏が『考古学雑誌』（1－一二・八月）で、「漢委奴国王印考」と題して指摘されたものである。「金印は奴国のような小国に与えるものではなく、金印はその宗主国（中心的な統率国）に与えるもので、宗主国に統率される一国家に、大国としての金印を与えるとするのは、漢の印制に反する」という、まことに正当なものであった。さらに一九三七年（昭和一二）には、市村瓚次郎氏が「支那（中国）の文献に見える日本及び日本人」（『東方文化』、七月）で、三宅説を評されて、「……支那の方から異民族の国王等に贈りました印は大抵漢の何々王印とありますが、漢の委の奴の国王という三段に書いた所の印は無いのでありますから、この説は実際に於いて如何かと思います」といわれたものであった。

しかし、通説はこれらを無視してきた。ここにあるのは『漢書』や『後漢書』の倭人記載を、近畿大和からははるかなる片田舎の「一シマ一郷」の支配者が、勝手にしたことだと言う宣長の精神の継承・反映であろう。

四　日本古代史の展開

(1)「金印」の日本史的な意味

さて、『古事記』や『日本書紀』には「倭奴国」の記載はない。『後漢書』倭伝は「記・紀」からは知り得ない、日本民族のはるかなる昔を記録してくれた貴重な文献である。これによって日本人ははじめて「倭奴国」等の存在を知り得るのである。これは「魏志」倭人伝と卑弥呼、

『宋書』倭国伝と「倭の五王」、『隋書』俀国伝と「日出ずる……云々」の国書とタリシホコも同様である。これらの非常に貴重な記録は『古事記』『日本書紀』には一語もないのである。ここに古代中国文献の大きな意味があることは明らかであろう。

『後漢書』によれば、「倭奴国」は「金印」を授与されているが、これは当然、それに価すると後漢が判断したからである。こう考えることは、本来はなんの不思議も問題もない当り前の考え方であろう。例え本居宣長が「倭と倭奴国は別物」といったとしても、一世紀半ばにかかわる金印が志賀島から出土している以上は、その金印の文字にしたがって〝読み理解する〟という視点・態度が、唯一の本来の近代的科学的な歴史学の当然の姿であろう。以上からは、金印問題の探究の急所は金印は大国に与えられたという漢の印制を、あらためて実証的に確認しうる史料があるか否か、つまり「委奴国」の力量が金印に価していたか否か、これをあらためて明らかにすることである。この場合、重要なのは「金印」といういわば証拠はあるのである。あとはそれが証拠であることを示すことである。

さて、まずは通説の考古学では、〝なぜ、朝鮮半島から全く出土しない豪華なものが北九州からは出るのか〟という問題に、もっぱら北九州から「大海をこえて入臣した倭への儀礼的対応」というだけで、これらの豪華な出土品と金印の関連については、直接の言及は極端に控えめに見える。ちょうど『漢書』地理志の「倭人——百余国」にふれても、孔子の東夷論や紀元前約一〇〇〇年代の倭人の中国交流と稲作問題の記述は無視する姿に似てである。

しかし、朝鮮史料である『三国史記』新羅本紀をみると通説がいうように、「大海を越えて入臣した倭」への「ご褒美」論は空虚となる。そこには今日と本質的に共通の冷厳な国際関係が、存在していたことが示されていると考えられるからである。またこの史料を通じて「倭奴国」は、「西の鄙」の「一シマ一郷」的存在と言えるか検証しうると考える。これによっていわば大国「倭奴国」の姿、金印を授与された正当性が明らかになるならば、日本民族の歴史の真の姿を知る道を開くものであろう。

(2)『三国史記』新羅本紀と『後漢書』倭伝

『三国史記』は高麗の仁宗二三年（一一四五）の成立であるから、日本書紀よりはるかにおそい成立である。しかし、その史料的価値は低いとはいえない。『三国史記』新羅本紀では、紀元前から連綿として倭人の侵攻が記されている。あまり日本古代史学ではまとまっては取りあげられない。しかし実に恐るべき記録である。こうした記録とその意味が日本はもちろん、今日の日本古代史学をそのまま〝受け取っている〟韓国でも、正しい理解が生まれ得ない結果、韓国の対日国民感情は明治以降の日本の朝鮮への植民地支配とあいまって、決して良好なものではないことが重視される必要があろう。まずここでは『後漢書』倭伝と比較対照できる「新羅本紀」の、通説が「伝説時代」という時代の記事を重点的に列挙することからはじめよう。なおここの引用で重要な意味があるのはその年代である。

①（紀元前五〇年）「倭人、兵を行《つら》ねて、辺を犯さんと欲す」（以下略、以下同様。傍線は引用者）

②（紀元後一四年）「倭人、兵船百余艘を遣わし、海辺の民戸を掠む。六部の勁兵を発して、以て之を禦ぐ」

③（後五九年）「倭国と好《よしみ》を結び、交聘す」

④（後一二二年）「大風、東より来る。木を折り、瓦を飛ばす。夕べに至りて止む。都の人、訛言《かげん》（＝流言蜚語）す。倭兵、大いに来ると、山野に争い遁る。伊飡翌宗《いさんのよくそう》等に之を諭止せしむ」

⑤（後一二三年）「倭国と和を講ず」

⑥（後一五八年）「竹嶺を開く。倭人、来聘す」

⑦（後一七三年）「倭の女王卑弥乎。使を遣わし来聘す」

⑧（二〇八年）「倭人、境を侵す……」

⑨（二三二年）「倭人、猝《にわ》かに至りて金城（新羅の首都）を囲む……」

⑩（二三三年）「倭兵、東辺に寇す」

⑪（二三三年）「伊飡于老《いさんのうろう》、倭人と沙道に戦う」

⑫（二四九年）「倭人、舒弗柑《じょふつかん》于老を殺す」

⑬（二八七年）「倭人、一礼部を襲い、火を縦《はな》ちて之を焼き、人一千を虜にして去る」

⑭（二八九年）「倭兵の至るを聞きて、舟楫《しゅうしゅう》を理《おさ》め、甲兵を繕《つくろ》う」

⑮（二九二年）「倭兵、沙道城を攻め落す」

⑯（二九四年）「倭兵、来たりて、長峯城を攻む。克てず」

⑰（二九五年）「王、臣下に謂いて曰く。倭人、屡々我が城邑を犯す。百姓、安居するを得ず。吾れ百済と謀りて、一時に海に浮かび、入りて其の国を撃たんと欲す。如何にと。

舒弗柑弘権、対《こた》えて曰く、吾人、水戦に習《な》れず。険を冒して遠征せば、恐らくは不測の危きこと有らん。況《いわ》んや百済は詐《いつわ》り多く、常に我が国を呑噬《どんぜい》（＝のみこむ）するの心有り。亦、恐らくは与《とも》に謀を同じうするに難からんと。王、曰く。善《よ》しと」
⑱（三〇〇年）「倭国と交聘す」。

『三国史記』新羅本紀は、敬順王（在位九二七〜九三五年）まで記され、大略「白村江の決戦」を境に「倭」と「日本」に分けて、その抗争の記事も続くのであるが、如何であろうか。これらの記事にたいする通説の理解・立場は次のようなものである。それを佐伯有清氏の『三国史記倭人伝』の「解説」（岩波文庫、一九八八年、第三版）を参照しながら見ていこう。

①「従来、『三国史記』新羅本紀の倭国関係記事の大半は、造作されたものであって信憑性に欠けるというもの、あるいは史料的に利用できるものは、四世紀後半の奈勿麻《なもつま》立干（三五六〜四〇二）のころからの記事とするもの、そこに記載されている倭は、のちの日本（大和朝廷・引用者）のこととみなすのが大勢であった」（同書、一六頁）。

② 右に対して「……始祖赫居世居西干《かっきょせいきょせいかん》八年（前五〇年）から、炤知麻立干《しょうちまりつかん》二二年（五〇〇）四月条までの記事にみえる倭人、倭国、倭兵や倭王などを、いずれも大和朝廷とは無関係であって、新羅と陸続きの加羅をさす」（井上秀雄氏）とか、それと同工異曲である「倭国は大和政権であるが、倭人・倭兵は洛東江下流域から慶尚南道の東南海岸地帯、それに対馬あたりまでを含む地域の住民」とするもの。

③ 氏は非常に興味深い点を指摘されている。それは、「……しかしながら倭人や倭国を、のちの日本人や日本の国としてしまうことは、なお問題が残っている。その問題とは、倭がのちの日本であるとしても、それが日本列島内の大和政権のことなのか、それとも九州北部にあった勢力のことなのかという問題である」（同書、二一頁。傍線は引用者）とされるところである。さて、以上であるが、①や②は検討に値しないものである。それは『後漢書』倭伝と比較すれば明白なことである。

ところで具体的な記事の検討にはいる前に、『三国史記』の四世紀以前の記述の信憑性にかんして、佐伯有清氏のいわば通説的な陰を宿した興味深い見解と、沈仁安氏の見解をあげておこう。

まず佐伯氏である。「……『三国史記』が中国史書を多く参照して編纂されたものであることは、つとに指摘されているが、その編年は、すでに『三国史記』より古い『旧三国史』において、はじめて編年に組み込まれたという推定もあって、伝説時代における倭関係記事も『三国史記』において、はじめて編年に組み込まれたとは、一概にいえないだろう。その史実性は問題外であるが、『三国史記』での伝説時代における倭関係記事の材料は、すでに朝鮮の古史料・古文書に存在していて、その成立は、かなり古い時期であったと想定することも可能である。

というのは、『三国遺事』の巻頭に収められ、もとは独立した書とみられる『王暦』の第八阿達羅尼叱今《あだつらにしきん》条に、『倭国と相い……嶺……」（一一二）とみえる断片的記事——これは倭国と通交したことと、竹嶺を開いたことを記したものであろう——が、『三国史記』阿達羅尼師今《あだつらにしきん》五年（一五八）三月条の、「竹嶺を開く。倭人、来聘す」という記事に対応するものと考えられる」（前掲書、二三頁、傍線は引用者）とされている点はやはり注目される。それは『三国史記』伝説時代と称される時代の記事の信憑性一般にかかわる問題であるとともに、一七三年の「卑弥乎」記事に直接かかわる関係をももっていると考えられるからである。

氏は、『三国史記』の伝説時代の記事は、「史実性は問題外」と切り捨てながら、『三国遺事』の断片的記事と、『三国史記』の一五八年の「倭国——来聘」記事の一致を、掲げられるのである。その心はなんであろうか。たしかに『三国史記』のこれらの記録を認めれば、瞬時に通説は崩壊の危機に見舞われることは明らかであろう。さらに氏は『三国史記』と日本書紀の「対応性」を云々されているが、『三国史記』が通説的にはいろいろ議論があるにせよ〝記録の書〟であるのにたいして、『日本書紀』は、「こしらえて候」ところの造作の書であるから、「問題外」の比較論であろう。

次に中国側の目である。「『三国史記』と『三国遺事』は著しく遅れて書となり、その史料価値は、同時代史の性質を持つ中国の史籍と同列に論じることはできない。しかし、日本の史籍の『記紀』と比較すると信頼性は高くなる。金富軾と僧一然がこの書を編纂したのは、当時残っていた朝鮮の古籍に依拠しただけではなく中国の史籍も参考にしたのである」（沈仁安著、『中国からみた日本の古代』、二三頁。傍線は引用者）という指摘がある。

これにかかわって興味深い例があるのである。それは、『三国史記』新羅本紀記載の「神話時代」の建国から、一〇世紀の敬順王までの王一代当たりの平均在位年数と、推古天皇の即位年（五九二年一二月八日）の翌年から昭和天皇の死亡年一九八九年一月の前年までを、その間の天皇の数から求めた平均在位年数と比較すると、日本が「一四・四年」にたいして新羅は「一七・八年」になるのである。この意味は、推古天皇以降の実際の治世年数が判明している、日本の「平均在位年数」はその精度が高いと考えるが、これと比較しても「神話時代」を一部に含む新羅の年表の精度が、日本に劣らないということを示すものであろう。逆にいえば先述のとおり、『古事記』『日本書紀』の神武以降の年歴と比較すれば、『三国史記』の精度ははるかに高いことになるという意味である。その意味で沈仁安氏の指摘は間違っていない。

さてここでは、さらにこれらの記載の信憑性を検証する意味で、『後漢書』倭伝記事と比較し、同時にその関連をも考えよう。

①『後漢書』（西暦五七年）「建武中元二年、倭奴国、奉献朝賀す。使人自ら大夫と称す。倭国の極南界なり。光武、賜うに印授を以てす」

②『三国史記』（西暦五九年）「倭国と好《よしみ》を結び、交聘す」

③『後漢書』（西暦一〇七年）「安帝の永初元年、倭国王・師升等、生口百六十人を献じ、請見を願う」

④『三国史記』（西暦一二三年）「倭国と和を講ず」

ご覧のとおり、西暦五七年に「委奴国」は後漢に通じている。この時代、近畿大和には「大和政権」どころか、「ムラはあれどクニはない」というのが、「弥生」遺蹟の方形周溝墓群が明確に語るところである点は述べた。その見地に立ってみれば、西暦五七年に後漢に通じる力のある「倭人」が、紀元前五〇年に「兵を行ねて、辺を犯さんと欲す」、または紀元後一四年に「倭人、兵船百余艘を遣わし、海辺の民戸を掠む。六部の勁兵を発して、以て之を禦ぐ」、さらには紀元後五七年に、「倭国と好を結び、交聘す」とある記事の、いったいどこが不都合なのであろうか。

これらの記事を「造作」というのが通説の大勢である。しかし、この記事のほとんどは新羅側が、「攻撃された」「攻められた」という記事である。いったいなんのために自国・自民族の不名誉にしかならない記事を、造作までしてその正史に書かねばならないのであろうか。どうして「倭」が侵攻する記事が多い構成のなかで、西暦五九年に「倭国と好を結び、交聘す」などと造作が必要であろうか。この記事を「造作」と決めつけても、『後漢書』倭伝の方では、「西暦五七年に使者が来たので金印を授与した」と明記し、志賀島から「大国」に授与される金印が現実に出土しているのである。すなわち「委奴国」は西暦五九年時点で新羅からみて「好を結び、交聘す」るにたる国家として存在していた、このことが金印と『三国史記』で確認されると考えられる。

さて次は、『後漢書』の「安帝の永初元年（西暦一〇七）、倭国王・師升等、生口一六〇人を献じ、請見を願う」と、

「新羅本紀」の後一二二年の「大風、東より来る。木を折り、瓦を飛ばす。夕べに至りて止む。都の人、訛言す。倭兵、大いに来ると、山野に争い遁る。伊飡翌宗等に之を諭止せしむ」という記事の対照問題である。

ここで注目されるのは、〝新羅の都の人が倭兵がくると聞いて、山野に争い遁れた〟と書いているところである。第一に、どこかの海岸の小さい漁村等ではなく、「都の人」が争い逃れるなどという現実がないとすれば、こんな記事をなぜ「造作」する必要があるのであろうか。断じて「造作」などの記事ではないであろう。いったいこの記事の意味はなんであろうか。少なくとも倭兵の侵攻の規模と性格が、「都の人」が「山野に争い逃れる」ようなものであることを、すでに何回も経験していることを示すものであろう。現に、年代は下がるがそれを推測させる記事は、「二三二年」や「二八七年」の記事にも見られると思う。

つまりその侵攻は、新羅という国家からみても大規模なものであったことを示すものであろう。いったい倭はなぜこういう侵攻をおこなったのであろうか。それは『三国志』東夷伝の「韓国伝」にもあるとおり、「韓は帯方の南に在り。東西は海を以て限りと為し、南、倭に接す」とあるように、古来、倭人は朝鮮半島に一定の領域を持っていて、これが永年のうちに、朝鮮人に侵食されるなどの軋轢もあって、「倭国」本土からもたびたび侵攻が行われたというのが正しいものであろう。こうして「委奴国・倭国」時代には、この「倭人勢力」は朝鮮半島諸国の動向に大きな影響を与える存在であり、また、その侵攻で捕虜になった新羅や韓諸国の人々は、「生口」すなわち奴隷にもされたであろう。

「生口」はもちろん朝鮮半島諸国の人々に限らず、「倭国」以外の日本列島の諸勢力との抗争からも提供されたであろうが、しかし、朝鮮半島からも少なからず提供されたのではあるまいか。ここに西暦一〇七年の『後漢書』記事の「生口」記事の由縁もあるのではあるまいか。いずれにせよ一世紀〜二世紀の北九州は「倭国」を形成し、朝鮮半島に深く介入する勢力として存在していたというのが、日本史の事実であることを『後漢書』『三国史記』、および志賀島の金印が示しているのである。

ここに日本民族の歴史の事実が厳然として存在しているのである。だからこそ、後漢等は朝鮮半島における漢の政策遂行の都合上、「倭国」を優遇し銅鏡や素環太刀等を授与するなどのことをしたのであって、断じて「大海を渡って入臣したご褒美」などではないのである。

なお、『三国史記』新羅本紀の「倭人」等を加羅方面の朝鮮人という主張は、通説内部からも批判があるが、引用の「⑰（二九五年）」の記事をみれば、「倭」をたたくのに船での遠征と、しかも百済との共闘さえ提起されている事実をみれば、成立しないであろう。以上に照らせば、『三国史記』新羅本紀の「倭人」記事の信憑性の否定の根底に、「倭は大和朝廷」という見地が介在し、しかもそれにはいささかも歴史的な客観的な事実・根拠はないというべきであろう。

(3) 古田武彦氏の『後漢書』金印説

なおここで古田武彦氏が『後漢書』倭伝の、建武中元二年の金印授与にかかわる例の一節の「倭奴国、奉貢朝賀す。使人自ら大夫と称す。倭国の極南界なり。光武、賜うに印綬を以てす」の「倭国の極南界なり」を、「倭国、南界を極める也《や》」と読まれ、金印の授与の理由をここに求める見解を提出された。そもそも氏は『「邪馬台国」はなかった』の「第六章　新しい課題」の「Ⅲアンデスの岸に至る大潮流」で、「魏志」倭人伝中の「又裸国、黒歯国有り、復《ま》た其の東南に在り。船行一年にして至る可し」にかんして、「東南」を「倭国」（足摺岬）からの直線方向の指示とされ、「船行一年」は倭人の言として「倭人・二倍年暦論」にたって実際的には半年とされて、倭人のアメリカ大陸への航行とされている。

この実証として一九七〇年一月一六日の『ライフ』の記事をあげられている。それによると「アメリカのスミソニアン研究所のクリフォード・エヴァンス、ペッティ・エヴァンスとエクワドルのエミリオ・エストラダの三人は、エクワドルのパルディビア遺蹟で、西暦前三二〇〇年頃の壺を発見した。その壺は、同じ時期の日本の壺と、〝おそろしいほど似て〟いる、という。『日本の一地点から、順風と潮流は〝魚をとる迷ったいかだ〟をエクワドルに送りつけえた』とその記事はのべている」（同書、三九二頁）とされ、このアメリカ・エクワドルの学者の研究を肯定的に評価されている。

このこと自身についていえば、古田氏自身が同書に書かれているとおり、堀江謙一、鹿島郁夫、牛島龍介の三氏の太平洋横断がいずれも片道約三ヶ月であるので、アメリカから南米北・中部まで「船行半年」の航路であって、その間、水の補給さえあれば可能な航海であり、「倭人」がここを往復した可能性を否定するべき根拠は乏しいと考える。それに「倭人」とはもともと海人なのである。これは今日の日本人はすでにピントこないのであるが、フンドシ、腰巻き、入れ墨、さらには「アヤトリ」、また日本語が母音中心で、世界でこうした言語は太平洋に展開している、ポルネシヤ系の人々だけという点に照らして、間違いはないと考える。この点では古田氏の主張に違和感はまったくない。

古田氏がいわれたいことの一つは、アメリカ大陸発見をコロンブスとする西洋史の通念に埋没する、近代日本人への覚醒の呼びかけで「倭人」のアメリカ大陸発見の事実が、「魏志」倭人伝に記されているということとおもわれる。これも氏の画期的な発見と考える。しかし、金印授与とは国家関係の問題であって、もちろん後漢王朝が「倭人の太平洋横断」の話におおいに関心をもったとしても、その場合でも、なお、それが金印授与の条件というのは、日本古代史学の新しい展開で真に日本史的な業績をあげられた古田氏のご研究ではあるが、この問題では、いささかロマンに傾かれた感じがするのである。

私は通説が「倭奴国」を「一シマ一郷の支配者」水準としているのを、正しく批判することが「多元史観」の立場から当然であって、言葉をかえれば「委の奴国」読みをあらためて批判された古田氏の見地と、本書とは本質においていささかも矛盾はないと考えるものである。

(4) 志我神と金印

いったい「倭奴国」と志賀島との関係はどんなものであったのだろうか。志賀島とはなんであろうか。本来は日本古代史学の一つの探究の課題であるはずであるが、近畿大和中心史観の通説には、そうした問題意識そのものがない。

『日本書紀』景行紀に「熊襲討伐記事」がある。この説話自身は造作で意味はない。それは、この説話が『古事記』には一言もない、という点からもいえることである。『古事記』、『日本書紀』を読めば、天皇親征は神武、景行、仲哀・神功皇后の例以外は存在せず、しかも景行紀では周防から九州一円におよぶ大遠征である。したがってこの天皇の遠征が史実であれば、『古事記』がそれを記さないなどは断じてありえない。

さらに『古事記』は、天武天皇自らが「勅語の旧辞を撰録」して稗田阿礼に「誦み習わ」しめ、太安万呂が完成させたと、安万呂自身が『古事記』の上表で述べている。まさか天武天皇が稗田阿礼に勅語して与えた、「帝皇日継及び先代旧辞」には記載もれがあったが、天武天皇自身がそれを見落としたなどということは考えられないであろう。つまり景行天皇の熊襲討伐などはあり得ないことなのである。

①　なぜあり得ないか

そもそも北九州を中心とした「倭国」成立の背景には、近畿地方より約一〇〇〇年以上も早い水田稲作の開始があり、その水田稲作が近畿地方に広がるはるか以前に全九州で展開されており、近畿地方における国家の始原に比較して、南九州がはるかに早いことは『後漢書』倭伝や『三国志』魏志・倭人伝中の、次の一節をみても争う余地はないことである。すでに述べた『後漢書』倭伝では「倭奴国」は「倭国の極南界なり」と、一世紀の倭奴国は倭国の南の端にあると言っているのである。これが『三国志』魏志・倭人伝では、「……これ女王の境界の尽くる所なり。その南に狗奴国あり、男子を王となし、その官に狗古智卑狗あり。女王に属せず……その八年、太守王頎《おうき》官に到る。倭の女王卑弥呼、狗奴国の男王卑弥弓呼と素より和せず……」とされている。

卑弥呼の「倭国」は魏から金印を授与されている。これは古田氏が指摘されたとおり、公孫淵の叛乱の最中に使者を魏に派遣したという面とともに、卑弥呼の「倭国」が「倭奴国」を継承した大国という側面もあったからである。その大国「倭国」が狗奴国との対決で、魏に支援や仲介を依頼している事実は、日本書紀等がいう「クマソ」が日本列島の西の鄙の野蛮な酋長などという存在とは全く異なり、当時、国家的勢力として存在していたとする以外にないであろう。そもそも「皇国史観」は、神武自身を南九州出身と力説していたであろう。

通説は戦前からクマソを西の鄙・田舎の野蛮人ででもあるかのようにいい、これがすっかり定着しているが、事実は当時まったくの田舎は近畿大和地方であること、あたかも徳川家康の江戸替え以前の江戸は、全くの田舎だったが如しである。「大和朝廷」は、九州よりも自分国の中心と宣伝する必要から、執拗に九州・クマソ説を繰り返してきたが、実際には、そう言っているご本人が、当時の近畿大和地方という鄙・田舎に行った当の本人であることは神武の東進で明らかである。すなわち所謂「クマソ」はすでに二〜三世紀には、卑弥呼・倭人と争う関係であって、当時「村はあれど国はない」近畿地方よりは、はるかに進んだ社会を形成していたのである。

さらに天皇の平均在位期間から推定した神武の近畿侵攻は、二世紀の半ばごろである。これでは景行時代に「九州討伐」などは「夢のまた夢」である。これを先の平均在位年数で景行天皇の在位暦年を考えると、景行は推古天皇の一代前の崇峻天皇から数えて二一代前である。ここに神功皇后を加えて二二代、したがってその間、推古天皇の即位年月（五九二年一二月八日）から逆算して西暦二七五年ごろとなる。当らずといえども遠からずと考える。

卑弥呼の死亡年が二四八年、その後、戦争がおこり一三歳（実際は六～七歳）の壱与を擁立し、壱与は二六五年に西晋に交通している。つまり卑弥呼の死の年から西晋への交流年まで一八年、壱与の擁立の年齢を七歳としても二五歳である。二七五年は壱与の壮年にあたり、中国史料はこの「倭国」は六六三～七〇〇年までの存続を記録している。すなわち「倭国」が健在な時代に「征伐した」といわれても、問題にならない話であろう。景行紀のクマソ討伐記事は、古田武彦氏が『盗まれた神話』で見事な分析で解明されたとおり、「倭国」の南九州討伐記事を利用した造作説話である。

②　志我神とは

皮肉なことに古田氏の指摘を「景行紀」が、いわば承認する記事を記載しているのである。それは景行に当てられている人物が「柏峡《かしはを》の大野」（大分県直入郡萩町柏原付近かという）で、土蜘蛛討伐の成功を祈願しているのであるが、そこに「是の時に、祷りまつる神は、志我神、直入物部神、直入中臣神、三の神ます」とあるところである。『日本書紀・上』の「上段注一一」（二九〇頁）では、「志我神」を「未詳。通証・集解・通釈は筑前国糟屋郡の志加海神社とするが地理的に不自然……」としている。

しかし、この討伐の主体が博多湾付近を「都」とする「倭国王」であれば問題はないどころか当然となる。この記事は「日本史的意義」がある。博多湾付近に「都」する「倭王」とすべき人物が遠征して、「志我神」＝志賀海神社に武運長久を祈願しているのである。すなわち「倭国王」と志賀海神社との結びつきである。現に金印「漢の委奴国王」は志賀島から出土している。

そうしてこの記事は、それが断じて偶然ではないことを明らかにしているといえる。

さらには「上段注一一」は、「直入物部神、直入中臣神」の説明で歴史の無視を行っている。すなわち「記・紀」ともに景行天皇と日本武尊の「熊襲討伐記事」は、天皇国家の最初の九州遠征・討伐記事となっている。『日本書紀・上』上段注の校注者等はここの物部や中臣を天皇国家の臣下と思い込み、これらの諸家の「部」の分布をもちだして、物部神、中臣神の説明とするのである。しかし天皇国家が支配する以前に天皇国家の臣下が、すでにここに所領しているはずもないであろう。

この「直入物部神、直入中臣神」は「大和朝廷」同様に、九州が本家筋なのである。水田稲作農民の東進にみるように大和朝廷のそもそもが、『古事記』、『日本書紀』がいうとおり九州出身なのであって、したがって「倭国」健在の時代の日本では、天皇家とその家臣団の本家が九州・「倭国」に存在していたこと、あたかも新大陸に移住したアメリカ人の本家が、イギリスにあるようなものである。この「志我神」と、その家臣的神名の記述こそは、「景行紀」の「クマソ討伐記事」の本籍地をあけすけに語るものである。

(5) 志我神と日本古代文化

さてこうして「委奴国」は金印に価する大国であり、「倭国」の前身であってその地の王が遠征で、武運長久を祈る神社が志賀島には存在していたことが浮かび上がってきた。この神社は現在も存在する志賀海神社であろう。この神社は、今日まである神社のなかで出雲大社とともに日本最古の神社の一つであって、近畿地方等の神社はこれから述べるとおり、実は志賀海神社の東進した分身なのであり、後述するとおりに「君が代」は、この神社の神楽歌の一節として生まれたもので、この歌が永久なる繁栄を祈ったのは、古田氏が指摘されたとおり（後述）「倭国王」である。

水田稲作の日本列島への普及・展開が、通説の考古学でも、福岡県の遠賀川式（系）土器の、全国的展開として行われたことは認めている。この土器の故郷にかんする春成秀爾氏の研究にはすでにふれた。博多湾を中心とした地域であった。古田氏が『「邪馬台国」はなかった』で、「邪馬一国」の首都の所在地とされた地域であり、また『盗まれた神話』で「日本神話の故郷」とされた地域でもある。ここでいまから約三四〇〇年以上も前から水田稲作が行われていたのである。非常に重視すべきはこの博多湾を中心とする地域の人々、すなわち志賀海神社を祭る安曇族と呼ばれる人々、日本で最初の水田稲作を行い、また日本神話創設を行った人々が「東進」によって、水田と水田文化ならびに縄文文化をも多分継承する神話や神道を、全国に拡大したという点である。すなわち北九州・九州・西国的文化が、日本文化へと発展・転化したのである。

それを示す一例として「お稲荷様」の例がある。西田長男氏はその著『古代文学の周辺』（南雲堂桜楓社、一九六四年）で、北九州の「丑さま祭」の農民の姿と、出雲大社の「御釜の神事」や各地に奉納されている「稲荷神様」の絵図を掲載・比較され、次のように指摘されている。「北九州一帯の農家に見られる『丑さま祭』の儀礼の如きは、この稲荷神の原型を今によく伝えたものとして甚《はなは》だ注目に価する。旧暦霜月（一一月）初丑の日の夕刻に、あらかじめ刈りのこしておいた稲一二株（閏年は一三株）を、戸主（又は男子）が刈り取って、棒（天秤）の両端に付けて肩にかつぎ、『おもたか、おもたか（重たいの博多弁）』といいながら、正面玄関から家に入り、『作神さま』に供えるものである。この『作神さま』こそ稲荷神なのである」（同書、八八頁）。

西田長男氏はもともと強固な「皇国史観」の立場の方であるが、天皇を「農民」といい、日本の神道の神は、ヨーロッパの神のように人間の外にいるものではなく、「神、農、人」は一体的といわれている。それはともかく神武とは、農地も求めて東進した九州の農民にかかわるものである。その意味で実在的な存在であって、これを造作として切り捨てることは日本史の真実を永遠に闇の中に投げ入れ、その真実の解明を不可能にする道を選択するものであって短見浅慮の見本に過ぎない。

ヨーロッパにおいてはフランス啓蒙主義の影響のもと、『聖書』神話の「造作論」が支配した。当時のヨーロッパのこの輝く知的最高峰の連山に、いわばクワ一本と泥長靴で対決したのが、素人考古学者のシュリーマンであった、とC・W・ツエラームは、その著『神・墓・学者』（村田数之亮氏訳、中公文庫、一九八四年）で述べている。そして彼は周知のとおり当時の考古学者の議論を一蹴して、学者が歴史学の対象とはしなかったホメイロスの『イリアス』、『オデッセー』の詩文のみを、指針としたことは知られている。

このシュリーマンの発掘は成功したが、シュリーマンの功績の真の意味は、彼の成功に刺激されてやがて『聖書』考古学と呼ばれる、一連の『聖書』神話の真偽を確かめようという試みに発展し、「バベルの塔」や、有名な「ノアの洪水」などの説話の背後に、歴史の事実が横たわるという画期的な発見をもたらし、遂には「古代人の神話等の背後には歴史の事実が横たわる」という、啓蒙主義的神話「造作論」への回答が引き出されたのである。

言いたいことはこの先にある。この『聖書』神話の背後に事実があるという発見に、ヨーロッパのキリスト教関係者は、当初小躍りして喜んだそうであるが、やがてその歴史の事実がヨーロッパからは遠い、イラク等のオリエントの歴史であることがわかるにしたがって、喜びはしぼんでいったといわれていることである。同様に神武の実在とその移動・東進の本当の動機と背景がわかればわかるほど、『古事記』、『日本書紀』が何を語らなかったか、すなわち真の日本古代史が自ずとその姿をあらわすという点である。したがって「日本神話造作論」はその表面的な「進歩・合理主義」とは反対に、その真の内容は事実を隠すこと、事実を解明しようという意欲に、あらかじめ「この道は無駄だよ」という看板・道標をたて、真実の探究を妨害する役割がある点である。津田左右吉氏の「皇国史観批判」の真骨頂は、ここにある。

先に進もう。西田氏はさきに述べたとおりに、徹底的な「皇国史観」主義的神道論に立たれているが、興味深いことにその神道の研究には、実証主義的と思える研究が多いと考える。多分、それは「皇国史観」的観念から日本神道を眺めるより、意外と事実（神社の故事来歴や広範な文献的調査等）を基礎に神道の姿を考察される面が多く、氏の日本史観が氏の方法に支配的に介入していない面があるからであろうか。氏は前掲書の「第二節、神楽歌の源流」で安曇族にかんして考察をされている。

「……この志賀の海人・海部は夙《はや》くよりその本郷を離れて、我が本土の津々浦々に蕃衍《はんえん》（＝拡大）した。——中略——今、試みに、平安中期以前の史料に従って志賀の海部の蕃衍した主もなるところを挙ぐるに、筑前並びに対馬・壱岐はもとより、豊後、隠岐、伯耆、播磨、讃岐、淡路、摂津、河内、山城、美濃、三河、信濃の国々を指摘し得られ、彼等はただ海岸沿いのみならず、更に内陸深くまでも移住して、その所々に確固たる地盤を築くに至った有様を察することができる。

また諸国の地名に散見するアツミ（渥美、厚見、温海、熱見）、アタミ（熱海、阿潭）、アクミ（飽海）なども、阿曇部の開拓地であろうといわれる」（同書、三〇六頁）とされている。この他にも「滋賀県」は「志賀」の文字変更ともされている。

しかも単に地名に名を止めているだけではない。「安曇磯良即ち志賀大明神は、『常陸国にては鹿嶋神社、大和国にては春日大明神、是みな一体分身、同体異名にましま す』」をあげて、これを肯定されている。

氏らは安曇磯良を神功皇后の三韓征伐の時の梶取りという理解である。これは後述するとおり、「倭国」の新羅侵攻という事実を『日本書紀』が、仲哀・神功皇后紀の神話的な「三韓征伐」記事に改変・造作したものを、史実と考える立場に立たれる結果である。この見地に立たれながら『八幡大菩薩愚童訓』等をも参照されて、その時の梶取りが「鹿島大明神」とあるのを、「『志賀嶋』と『鹿嶋』とは、その言葉の上からは同義」といわれ、また「鹿嶋大明神並びにその影祀春日大明神とも『一体分身』『同体異名』と考えるにいたったのであろう」（同書、三二五頁）といわれている。

たしかに志賀島という名の本来の姿は「鹿の島」である。したがって「鹿嶋」は文字どおり同音同義である。氏は古代日本においては「神とは氏族なる或る一の共同社会の、いわば表徴であったと考えられる……」といわれ、志賀大明神という神を斎く一団は、そうした氏族としての性格を共有すると考えてもよいのだろう。さらには「志賀海神社の祭神に、日本神話の豊玉彦があり、安曇族の開拓地とされる長野県南安曇郡安曇村穂高嶽（奥社）及び穂高町（里宮）に鎮座の旧国弊小社の穂高神社の祭神（豊玉彦の子の穂高見命）にましますことはいうまでもない」（同書、三一九頁）とされている。

これらはいままで日本古代史の中心問題とはされなかたものであるが、北九州から志賀海神社を氏族神とする人々、すなわち『後漢書』や『三国志』魏志・倭人伝に、「黥面文身」すなわち顔と全身に入れ墨をする習慣の人々とされている、この「倭人」こそ日本語と水田稲作、天照大神の神話を日本に根づかせた人々であろう。『日本書紀』はこの安曇族の習慣を刑罰の結果云々としているが、これは古い時代に東進していつしか海に潜る生活を離れた者が、はるかなる祖先の習慣を存続させている人々を見て、あたかも「クマソ」説話のように、大和中心の観念から造作したものであり、またあらためて刑罰として模したかもしれない。

この人々が水田稲水など先進的な北九州の文化を本州の各地に広げたのであって、この人々の活躍こそが九州と本州における、古代日本文化形成・発展の担い手というのが真実の日本史であろう。それがいわゆる出稼ぎ的進出ではない点を示すものが金印である。当時、王朝は北九州にあり、ここは今日の日本文化に直結した古代日本文化・発祥・発展の地である。「弥生時代」には、この金印を淩ぐ考古学的出土物はないのである。北九州における銅鏡等の出土物は、金印を頂点とした社会の構造を示すものであろう。村山七郎という日本語学者がおられたが、この方は〝日本語は北九州で形成された〟と言われていたと思うが、以上の考察をふまえれば全くの的外れともいえないのではなかろうか。

なお、安曇族の展開は日本本土に限らず、沖縄方面も考察されるべきではないかと考える。理由は、今日の「琉球」を形成した人々を古代琉球人は「アマミキヨ」とのべているからである。「アマミキヨ」とは、「古琉球」研究の祖である伊波普猷氏の指摘によれば、「アメの人」の意で「キヨ」は人の意、「ミ」は本土の「ノ」にあたり、確かに「アメの人」すなわち「アメ氏族」の意となるからである。

Chapter 5

第5章

二世紀の卑弥呼

先に引用した『三国史記』新羅本紀の引用番号の〝7〟には、「(後一七三年)倭の女王卑弥乎、使を遣わし来聘す」という一文がある。通説はこの一文を「邪馬一国」論争で、全く無視していることは云々の必要もない。これが認められれば、「近畿説」は否定されることはいうまでもない。東遷説もまた、これを無視する由縁は、先述のとおり、これを認めれば結局は、「大和朝廷一元史観」の否定になるからである。

したがって通説の「邪馬一国」論争は、天皇家の出自が近畿大和か九州か、の争いなのである。これの意味は国民に、学問は相対立する学説の探究と切磋琢磨によって発展するという外見を示し、しかも見解がどちらに転んでも「大和朝廷唯一史観」は微動だにもしない枠組みなのである。さらにこの枠組の意味は、これからはずれた研究はまるでそもそも学問的意義そのものがないかのようにあつかい、国民にそう信じ込ませる仕組みと考える。世界の歴史学でこうした枠組みがあるのは、「万邦無比」史観が前提の日本ぐらいなものであろう。「学問の自由」?、それは日本古代史学にかんしては公的にあるとは思えないのである。

さて、『三国史記』の二世紀の卑弥呼記事にかんして、通説はどんな口実で否認するのかといえば、例えば『三国史記・1』（東洋文庫、平凡社）訳註の井上秀雄氏は、『三国志』魏志・倭人伝の景初二年（二三八）六月の記事をあげ、「この記事はそれより六五年前のことになっており、『三国志』より造作したものであろう。その際、干支一運をさかのぼらせたのではなかろうか」（同書、六一頁、「註九」とされている。

一 『三国志』魏志・倭人伝との比較

『三国史記』の〝卑弥乎〟の記事の信憑性をさらに確かめる意味で、「魏志・倭人伝」と比較しよう。

① 「阿達羅尼師今の二〇（一七三）年、倭の女王卑弥乎、使を遣わし来聘す」（『三国史記』）

② 「景初二（二三八）年六月、倭の女王、大夫難升米等を遣わし郡に至り、天子に詣りて朝献せんことを求む」（「魏志」）

③ 「その四年（正始四＝二四三）、倭王、また使大夫伊声耆、掖邪狗等八人を遣わし……」（「魏志」）

④ 「その八年（正始八＝二四七）……倭の女王卑弥呼、狗奴国の男王卑弥弓呼と素より和せず。倭載烏越等を遣わして郡に詣り、相攻撃する状を説く」（「魏志」）

⑤ 「卑弥呼以て死す。大いに冢を作る」（「魏志」）

卑弥呼の死にかんして『北史』に「正始中（正始は二四〇～二四八年）、卑弥呼死す」とあることから、卑弥呼の最後を正始九（二四八）年と考える。なお通説では卑弥呼の死の年をめぐって「卑弥呼〝以て〟死す」の〝以て〟を理由に、「すでに死んでいた」と解釈する例もあるが、死の前年の正始八の記事を読めば、「倭載烏越等を遣わして郡に詣り、相攻撃する状を説」かせたのは卑弥呼に決まりきっているので、ここでは特に取り上げない。もし卑弥呼を「すでに死んでいた」と解するならば、「正始八年」の使者を、倭国側はだれが派遣したのか不明となろう。「魏志」倭人伝が「国家間の交流記」である以上、「正始八年」の使者派遣の責任者が不明ならば、魏が問題にしないなどはあり得ない。

以上にたって、卑弥呼の死亡年から阿達羅尼師今の二〇（一七三）年を差し引けば、その間七六年となる。問題は、卑弥呼が何歳で女王に「共立」されたかである。それはもちろん不明である。しかし卑弥呼の「共立」の事情として、「その国、本また男子を以て王となし、住まること七、八十年。倭国乱れ、相攻伐すること歴年、乃ち共に一女子を立てて王となす」とあり、また壱与の

「共立」にかんしても、「更に男王を立てしも、国中服さず、更々《こもごも》相誅殺し、当時千人を殺す。また卑弥呼の宗女壱与年一三なるを立てて王となし、国中遂に定まる」とあるので、卑弥呼もまた「一女子」の段階で「共立」されており、その年齢を壱与同様に一三歳と仮定すれば、卑弥呼はその生涯を八九歳で閉じたことになる。

したがって卑弥呼の年齢は「女王」に「共立」された年齢で動き、あり得ないと思われるが計算上は、生まれた年に「共立」されれば一三年短縮されることになる。したがって卑弥呼の実際の生涯の年齢は七五歳以上となり、八九歳での死亡はかなり現実性のあるものといえよう。ここから『三国史記』の卑弥呼の記事は、人間の自然な年齢の範疇におさまり、その意味で『三国史記』のこの記事を、否定する根拠はないことになろう。ただし先述のとおり倭人の年齢計算は、「一年を二年に数える二倍年暦」であって、壱与の一三歳は六歳～七歳と考えられるのである。したがって卑弥呼の生涯は実際には八一～四歳がその寿命の最大限とおもわれる。

また、いまから約二〇〇〇年前の八三～四歳という年齢は、長寿でありその死は戦乱や暗殺等ではなく皆に見守られた安らかな死、すなわち〝老衰〟であろう。「魏志」倭人伝は卑弥呼の死にかんして如何なる事件等の記載もなく、「以て死す」と簡単に伝えるだけである。若し政治的・軍事的な要因による死であれば「親魏倭王」の死である。なにも書かないはずはないと考える。

こう考えれば日本古代史にとって、重要な意味があるのはその誕生年となろう。なぜならば卑弥呼の生まれた年に「邪馬一国」はすでに存在していたはずだからである。その年は以上からの推定では西暦一六六年程度が考えられる。本書の「紀」の暦計算では先述のとおり、神武の「即位」が一五五年程度であるから、「邪馬一国・近畿」説は無理な説である。

二　「住まること七、八十年」＝「桓・霊の間」について

次に考えるべきことは『三国史記』の一七三年記事の意味についてである。それをここでは「卑弥呼共立」の年か、その直近の年に新羅にその旨を伝えたものと推定する。この仮説が成立するかを、再び『後漢書』倭伝・「魏志」倭人伝と関連させて年暦計算から考えよう。

これを考えるにあたって重要なのは、「魏志」倭人伝の「卑弥呼共立」に関する先の記事の、「住まること七、八

十年。倭国乱れ――」という記事と、『後漢書』倭伝の「倭国大乱」を「桓・霊の間」とする記載の関連である。『後漢書』には「住まること七、八十年」という表現はない。そしていきなり「桓・霊の間」と書いている。「桓・霊の間」とは、桓帝の治世が一四七年～一六七年、霊帝が一六八年～一八八年であるから、その「間」とは一四七年から一八八年の四二年間を指すことになる。ではこの『後漢書』の記載の「四二年間」と、「魏志」倭人伝の「住まること七、八十年」との関係はどうなるのか、という問題が起きてくる。さらにこれが『三国史記』の「一七三年」の卑弥呼記載と合致するだろうか、これが検討課題となる。

まず「魏志」倭人伝の「住まること七、八十年」という場合の一年は、「二倍年暦」でその半分となる。こう見てくると倭人伝の年齢が「人生五〇年」と比較して、ちょうど倍であることに気づく。ここの年齢は「その人寿考」とあるから、倭人に聞いたものだろう。当時の倭人は顔にも入れ墨をした「皆黥面文身」である。同じ蒙古系である中国人といえども、「黥面文身」からは倭人が平均何歳ぐらいか、なかなか判断しにくかったというのが実情ではなかろうか。したがってたずねたら「百年、あるいは八、九十年」と答えたというのが真実だろう。

となれば「住まること七、八十年」も倭人の説明だろう。今日の年暦に変えれば三五年～四〇年間ということになる。すなわち「桓・霊の間」の「四二年間」と符号する。この間、男の王がいて、その間に「倭国乱れ、相攻伐すること歴年」という状況に至ったということになる。いまもし一七三年を卑弥呼「共立」年と仮定すれば、それ以前の三五年～四〇年の間に男王がいて、「倭国大乱」があったことになろう。つまり一三三年または一三八年頃から一七三年までの間に男王が存在して、その間に「大乱」があったということになる。

『後漢書』の編者の范曄はこれを漢の王位で表現して「桓・霊の間」、すなわち桓帝の一四七年から霊帝の一八八年までの四二年間に該当するとしたと思われる。一七三年を卑弥呼擁立の年とすれば、『三国史記』のこの記載は『後漢書』倭伝に比較して、時代が若干前にずれるのであるが、これは『後漢書』よりも、『三国史記』がより正しいとも考えられる。例えば『梁書』倭伝は「倭国大乱」を、「漢の霊帝の和光中（一七八年～一八四年）」としているが、当時の「倭国」と中国、朝鮮半島諸国の交流の頻度を考えれば、中国よりも朝鮮半島の諸国の方が倭国との関係はより〝日常的〟である。これをうかがわせる記事が「魏志」倭人伝に次のように書かれている。

「王、使を遣わして京都（魏都・洛陽）・帯方郡・諸韓国に詣り、および郡の倭国に使するや、皆津に臨みて捜露し、文章、賜遺の物を伝送して女王に詣らしめ、差錯するを得ず」である。

これが当時の国際関係に関する記事であることは一目瞭然である。これからみて「倭国」にとって、「京都」に到ることは極めて非日常的なことであり、次が「郡」すなわち帯方郡である。比較的に交流が頻繁だったのは「諸韓国」であろう。ここから察して「倭国」にかかわる情報は、中国よりは韓国諸国の方が早くても不思議ではないのである。同時に、肝心な点は『梁書』倭伝のこの記事からも、『後漢書』の「桓・霊の間」からも、「倭国」はもちろん卑弥呼も二世紀の存在といえる点であろう。これから卑弥呼が二世紀に実在した事実は確認される点である。

なお、この条と「伊都国に到る。――中略――皆、女王国に属す。郡使の往来、常に駐《とど》まる所なり」とある記事は、通説的な「邪馬一国論争」では必ずしも適切に注意が払われていない。「郡からの使者」とは、魏からの使者であろう。となれば魏都からの直接的な使者というめったにはない使者交流に次いで、非常に重視されるべき国家的交流であろう。今日の言葉で「郡使」をいえば「大使」であろう。この「大使」が「常に駐まる所」が伊都国というのである。そうであれば卑弥呼の都は伊都国に接近した筑紫の地に決まったものであろう。現に、今日の外国大使館はことごとく東京にあるではないか。

「近畿説」にたって、「都は大和、郡使は北九州」というのはおかしいであろう。約二〇〇〇年前と比較して交通手段が飛躍的に発達している今日でさえ、外国大使館は東京に集中しているのである。交通機関らしいものさえみあたらない三世紀に、通説自身がいう「西の鄙」に、当時の国際交流の筆頭にあたる外国の使者を「常駐」させて、それに外交上、いったいどんな意味があるのであろうか。鎖国時代の徳川幕府でさえも最初のイギリス駐日公使を下田においたのではなかったか。

卑弥呼の都が近畿大和ならば、せめて難波ぐらいに「郡使の往来常に駐る所」がなければ奇怪しいであろう。すなわちこの一節からだけでさえ「近畿説」はあり得ないものなのである。

三　二世紀卑弥呼実在の日本史的意味

一七三年の卑弥呼の新羅交流記事は、卑弥呼が『後漢書』の博多湾に存在した「委奴国・倭国」はもちろん、『漢書』地理志以来、約一千年にわたって中国と交流をしてきた、「倭人・倭国」の王朝の女王であることを示すものである。『後漢書』倭伝は、「倭は韓の東南大海中にあり、山島に依りて居をなす。凡そ百余国あり。武帝、朝鮮を滅ぼしてより、使駅漢に通じる者、三〇許国なり。国、皆王を称し、世々統を伝う。その大倭王は、邪馬台国に居る」として、首都の国名が『三国志』魏志・倭人伝の「邪馬一国」と異なっている。通説、とくに「近畿説」はこの『後漢書』の、「その大倭王」を大和朝廷とし「邪馬台国」を近畿大和にあてているが、それは考古学的に成立しえない点はのべた。しかし、実際には文献的にも、断じて成立の余地はもともとないのである。それは次の二点からいえるのである。

①「倭は韓の東南大海中にあり、山島に依りて居をなす」

②「その大倭王は、邪馬台国に居る。楽浪郡徼《きょう》は、その国を去る万二千里」である。

四　「倭国」の都の地理的位置

①は、「倭国（俀国を含む）」の地理的位置を「韓（帯方郡）の東南大海中の島」と特定したものであるが、この表現は左記のように古代中国文献が、「卑弥呼の国家・王朝」と特定する「倭国・俀国伝」の場合に限られ、古代中国文献に初めて登場する大和朝廷の記録（『旧唐書』日本国伝）では、国の地理的位置の特定がなく、さらには日本に侵攻した元の『元史』日本伝では、「日本国は東海の東にあり……」と書かれている。これは当然であって近畿大和からは、朝鮮半島も中国も「海西の国」でなければならない。つまり中国からは「東海の東」でなければならないわけである。

「倭国・俀国」を「卑弥呼の王朝」と特定している古代中国文献は、「倭国」の地理的記載でも次のとおり例外なく一貫しており、また同時に、この「倭・俀国」を連綿とした同一王朝として、その中国交流を一々確認している点が重要である。

①『三国志』魏志・倭人伝「倭人は帯方の東南大海の中にあり。山島に依り国邑をなす」（傍線は引用者、以下同様）

②『宋書』倭国伝「倭国は高驪の東南大海の中にあり、世々貢献を修む」
③『南斉書』倭国伝「倭国は帯方の東南大海の島中に在り。漢末以来女王立つ。土俗已に前史に見ゆ」
④『梁書』倭伝「倭は自ら太白の後と云う。俗皆文身す。帯方を去る萬二千余里……
……漢の霊帝の光和中、倭国乱れて相攻伐す。歴年。乃《すなわ》ち共に一女子卑弥呼を立て王と為す。――中略――
――正始中、卑弥（呼、脱落）死す。更《あらた》めて男王立つも国中服さず更々《こもごも》に相誅殺す。復《また》卑弥呼の宗女、壱与を立て王と為す。其の後に復男王立ち並せて中国の爵命を受ける。晋の安帝の時、倭王賛有り、賛死して、弟、彌（『宋書』では珍）立つ。彌死して子、済立つ。済死して子、興立つ。興死して、弟、武立つ。斉の建元中、武を持節都・倭・新羅・任那・伽羅・秦韓・慕韓六国諸軍事・鎮東大将軍に除す。高祖、即位して（五〇二年）武を進めて征東将軍と号せしむ……」
⑤『隋書』倭国伝「倭国は百済・新羅の東南にあり。水陸三千里、大海の中において、山島に依って居る。……『魏志』のいわゆる邪馬台国なる者なり。――中略――魏より斉、梁に至り、代々中国と相通ず」
⑥『旧唐書』倭国伝「倭国は古の倭奴国なり。……新羅東南の大海の中に在り、山島に依って居る……世々中国と通ず。貞観五（六三一）年、使を遣わして方物を献ず。……また新州の刺使高表仁を遣わし、節を持して往いてこれを撫せしむ。表仁、綏遠（外交）の才なく、王子と礼を争い朝命を宣《の》べずして還る」

以上であるが、『宋書』倭国伝には「卑弥呼」の字はないが、「世々貢献を修む」とあり、その「世々」の内容は『南斉書』倭国伝、『梁書』倭伝に詳細にしめされている。また、『隋書』にも「卑弥呼」の記載はないが、「魏より斉、梁に至り、代々中国と相通ず」と明記され、『旧唐書』倭国伝でも「世々中国と通ず」と特記している。古代中国文献に照らせば、日本史に大和朝廷が登場するのは、『旧唐書』日本国伝記載の七〇三年、つまり八世紀初頭からである。

この記録からは、「大倭王」を「大和朝廷」としたり「邪馬台国」を近畿大和と解釈する根拠は、生まれ得ないものなのである。「倭国」と「大和朝廷」は別物なのである。このことが古代中国文献で示されているのである。ここに日本古代史をめぐって、通説とは根本的に食い違う記述がおこなわれていることが、示されているのである。実に、ここに松下見林以来の古代中国文献と、『古事記』、『日本書紀』のいう「日本史」との、根本的な違いという問題への、「異称日本伝」や「戎」呼ばわりの生じる由来があり、江戸時代以来の「日本古代史学」は、この日中文献の根本的差異をことごとく、中国側の誤り論で切り抜けてきたのである。

「万二千里」について

これは「魏志」倭人伝の「……郡より女王国に至る万二千余里」と、同じものであることは云々の必要もないことである。この里数記載の意味は、「東南大海の島」と一体的に「倭奴国」・卑弥呼の国家の都の地理的位置を特定したものである。この「万二千余里」の「里単位」を約七五メートル（後に七七メートルに改訂）の「短里」（周里）とされ、これによって方角的にも距離的にも博多湾説を、説明されたのが、古田武彦氏の『「邪馬台国」はなかった』である。

古田氏によれば、氏以前の「邪馬一国」探究では「里単位」はまったく検討の対象にされなかったことが、次のように指摘されている。「東京大学の白鳥庫吉氏と京都大学の内藤湖南氏の論争で、『魏志』倭人伝の里程を『五倍の誇張』（白鳥氏）といい、内藤氏は『不確実なる道里』とし、『倭人伝の里程は誇張であり、そのままでは信用できない』」（古田武彦氏著、『古代は輝いていた・1』、一八六頁）とされ、ついに取り上げられることがなかった、と指摘されている。

ここには江戸時代の国学等の「異称」とか「戎」とかいう中国文化観に加えて、「文明開化」以降の「停滞」中国という観念が重ねられて、津田氏も中国人を「糞・小便」とか、「シナ語・シナ文は人間の思索を導きえない」というなど、古代中国文明を正当に評価するという視点の著しい欠落振りが顕著にしめされていると考える。こうしたものは、しかし、結局は「天に向かって唾を吐く」例えにて、その結果はことごとく自分の顔にかかるのである。

古田氏は、『三国志』の里単位は「周時代の短里」（『古代は輝いていた・I』、「第五部、第二章　里程論」より）とされ、秦が創設し漢が継承した長里（一里、四三五メートル。同書、一八九頁）と区別され、魏は周の短里を復権・使用したことを論及されている。そしてこの「一里」は何メートルに当たるかを『三国志』の里程記事から算出されているが、代表的なものを二つ、補強例一つをここにあげておく。

①『三国志』韓伝の「韓は帯方の南に在り。東西は海

を以て限りと為《な》し、南、倭に接す。方、四千里なる可《べ》し」をもとに、この一辺が今日の地図では約三〇〇～三六〇キロとされて、一里を「七五～九〇メートル」（同書、一九六頁）とされた。

②『三国志』魏志・倭人伝中の「一大国（壱岐）方、三百里なる可し」にかんして同様の計算をされ、一辺を二〇キロと試算され、「七五メートル弱」とされながら、壱岐が強い対馬海流に面しており、約二〇〇〇年の年月には削られる可能性をあげ、その点では韓国の計算が年月にたいしてより安定しているとされている。こうして氏は『三国志』の一里を「九〇～七五メートルで、七五メートルに近い」（同書、一九七頁）といわれている。

③これらはしかしいずれも中国本土ではない。氏は大いに重視されるべきであるが、中国本土にかんしても『三国志』の里単位を探究されているが、ここには日本人に馴染みの深い赤壁の例を上げておく。『三国志演義』に有名な「赤壁の戦い」の『三国史』における描写と、赤壁（揚子江）の川幅である。これは曹操率いる魏軍（北軍）と呉軍が赤壁で対決して、呉の周瑜の武将、黄蓋の策に従い、強風下という条件のもと十艘の舟に枯れ木を山積にして、魚油等をふんだんに撒き、これを率いて魏軍に降伏と偽って接近し、魏軍の直近で放火して舟を魏軍の陣営（舟をつなぎ固定していた）に突入させ、曹操を大敗させたという有名な条である。問題はその川幅と発火地点である。これにかんして『三国志』では「北軍を去る二里余、同時に発火す」（『江表伝』）となっている。

さて私は、この場面で拙著『二世紀の卑弥呼――前方後円墳真の構築者』で、この川幅を「人民中国」が五〇〇メートルと報告してきたといわれる古田氏にしたがって五〇〇メートルとした。ところが最近古田史学会の人々が、現地調査を行ったところ川幅は通常は約一〇〇〇メートルであることが判明した。この問題は、古田氏に責任がある問題ではない。しかし、五〇〇メートルと一〇〇〇メートルでは川幅が異なっていることは事実である。そこであらためて『三国志』のこの場面を読み返してみた。結論からいえば、古田氏が指摘されたとおり川幅約一〇〇〇メートルでも、あえていえば二〇〇〇メートルでも、短里が正しいことが判明した。

理由は以下のとおりである。『三国志』では、「（『江表伝』にいう。――中略――十艘の軍船を先頭に立て、長江の中央まで進んだところで帆を上げると、黄蓋は、火のついたたいまつを手に持って、将校たちに下知し、兵士たちに声をそろえて大声で『降伏』と叫ばせた。曹操の軍の者たちは、みな軍営を出て立って見守った。北岸の軍から二里あまりの所で、いっせいに船に火を点けさせた。火の勢いは激しく風も吹きつのって、船は矢のように突っ込んでゆくと、火の子が飛び火焔が盛んに立ち上がり、北軍の船を焼く尽くし……」（『三国志・Ⅲ』、小南一郎氏訳、一八二頁、筑摩書房、一九八九年、初版）となっている。整理すると、

① まず「十艘の軍船を先頭に長江の中央まで進んだところで帆を上げ……」

② その後兵士に大声で「降伏」と叫ばせ

③「北岸の軍から二里あまりの所で、いっせいに船に火を点け」たのである。

ここからは川幅が約一〇〇〇メートルの場合、川の中央までまず進むのであるから、約五〇〇メートルまでは進むことになる。ここを過ぎて大声で「降伏」と叫び、固定されている敵舟の「二里余」の地点で放火するわけである。この一里は「約四三五メートルの長里」か、それとも「約七五メートルの短里」か、という問題である。短里に決まっているであろう。

川幅が約二〇〇〇メートルの場合はどうであろうか。川の中央まで一〇〇〇メートル、あと降伏を叫んでさらにすすみ「二里余」で放火といっても、「長里」では「二里余」は不可能である。すなわち『三国志』は短里制なのである。

つまり帯方郡から卑弥呼の都まで約九〇〇キロ余なのである。とてもとても近畿大和までは達しないのである。『三国志』の里単位は「短里である」という主張には、古代中国最古の天文学の書である『周髀算経』が保証人となることを承認している。この『周髀算経』は『九章算術』とともに古代中国数学を代表するものであり、今日の日本の「旧暦」の生みの親である。どちらも日本の数学や天文学の土台を提供してくれたものである。この『周髀算経』の計算の単位が「一里、七六～七メートル」であることを明らかにされたのは、自然科学者の谷本茂氏である（「魏志倭人伝と短里――『周髀算経』の里単位――」、古田武彦氏著、『邪馬一国の証明』に収録、角川文庫、一九七九年）。さらにこの谷本氏の計算にかんして、永年オランダのユトレヒト天文台で観測をされてきた難波収氏が、その正しさを追試されているという。

放射性炭素14年代測定法という如何なるイデオロギーや政治的観念とも無関係な自然の原理や、はるか古代の中国が宇宙を測るのにどんな数値を単位とし、距離を測るのにどんな単位を採用したか、揚子江の赤壁の川幅が何メートルで、それを『三国志』が何里と書いているか、この

探究は歴史学でも根本的に重視されるべきものであって、本来、こうした研究が通説の「邪馬一国」論争でも求められたのではなかろうか。しかし、こうした研究は古代中国文献を、事実の記録というように考えなければ行われ得ないものでもある。古代中国文明を、やれ「戎」だとか「糞、小便」とかいう人が、日本古代史学の大御所では生まれ得ないものである。

（1）基本道程

帯方郡から女王国の都「邪馬一国」――「一万二千余里

（2）基本的道順

①「郡より（これは「従＋至」の形式）倭に至るには、海岸に循《したが》いて水行し、韓国を歴《へ》るに、乍《たちまち》南し、乍東し、その（倭国の）北岸狗邪韓国に到る七千余里」

（傍線引用者、以下同様）

②「始めて一海を渡る千余里、対海国（対馬）に至る」

③「また南一海を渡る千余里、名づけて瀚海という。一大国（壱岐）に至る」

④「また一海を渡る千余里、末盧国に至る」……戸数四千余戸

⑤「東南陸行五百里にして、伊都国に到る」……戸数一千余戸

⑥「東行不弥国に至る百里」……戸数一千余戸

⑦「南、邪馬一国に至る。女王の都する所、水行十日陸行一月」……戸数七万余戸

（3）傍系路線

①「東南奴国に至る」……戸数二万余戸

②「南、投馬国に至る水行二十日」……戸数五万余戸

問題は「基本的道順」と「傍系路線」の区別はなにか、『三国志』の編者の陳寿は、帯方郡から「女王の都する所」に至る道順と関係のない路線を、何故、わざわざ書き込んだのか、という点であろう。まず古田氏が指摘される点は「基本的道順」の記載には例外なく、使節一行が目的地にむかって進行していることを示す「動詞＋至る」形式に、里数が記される形式になっている点である。

①は「従～至～七〇〇〇余里」。②から④まで「渡る～至る～一〇〇〇里」、⑤「東南陸行～五〇〇里～到る」、⑥「東行～至る～一〇〇里」が明記されている、という点である。これはいちいち説明するまでもなく、①から⑥を眺めていただけば、一目瞭然であろう。なお⑥から⑦の間には里数記事がない。これは邪馬一国が不弥国の南側ではあるが、距離的にはほとんど重なっていることを示すものであろう。同時に⑦には動詞水行一〇日、陸行一ヶ月という形で動詞とともに「至」がある。この⑦

は最初の「郡より倭に至るには……」以下全部をうけた文章である。

同時に文中に「傍線路線」が含まれているが、これは古田氏の言葉でいえば「道行き文」であって、「水行、陸行」とはかかわっていないのである。その「傍系路線」記事には、使節団が「行きました」という事実を示す、「動詞＋至る＋里数」の記載がないであろう。言われてみればこんなことがどうしてわからなかったのか」というような問題であるが、ここに古田武彦氏と「約一世紀におよぶ」近代の通説・日本古代史学者の、深淵が示されているのである。「傍線路線」の①②をみれば明らかであろう。とはいえ古田氏によれば、この傍系路線へも魏使は実際には自分で行っているとされている。使節団としての基本的任務に属する道程と、調査にかかわる道程を書きわけたということになろうか。なお伊都国にかんしては、「郡使の往来常に駐まる所なり」と注釈されているのであるから、当時の魏が倭国内部にかんして何も知らないかにいうのは、間違いであろう。

さて次に、では何故、陳寿は「傍線経路」を記入したのかと問えば、答はその戸数にあると思う。投馬国は五万余戸、奴国は二万余戸である。こうして魏の使節一行は、「われわれの通った道のどの方向で、およそどの程度のところに、こんな人口の国があります」といっているのである。立派な帰国報告である。したがって帯方郡から「女王の都する所」までの距離は、①から⑦までというのが基本であるが、⑥の不弥国から⑦「南、邪馬一国に至る。女王の都する所」までは里数がないのである。つまり不弥国は邪馬一国に直接、接続していることになろう。

したがって①から⑥までを合計すれば、一〇六〇〇里である。これでは陳寿がいう「一万二千余里」に対して、一四〇〇里程不測している。古田氏はこれを「倭人伝」中の対馬と壱岐の面積ならびに、行程記事から見事に引き出しておられる。つまりこの二島の記述は単に、対馬が「方四百里ばかりなり」、壱岐が「方三百ばかりなり」というように止まらず、対馬にかんしては「土地は山険しく、深林多く、道路は禽鹿の径の如し」云々とあり、壱岐にかんしても「竹木・叢林多く、……やや田地あり」云々とされているから、使節団一行は島に上陸して恐らくは沿海部の道をとおり、また乗船するという方法でここを通過したと考えられて、対馬の「方四百里」から二辺の八〇〇里、壱岐の「方三百里」から同様に六〇〇里を導かれて、計一四〇〇里を算定されている。問題は解決されたわけである。

一日当たりの進行里数

つまり全体の総里程は一万二千余里、約九〇〇キロであり、その旅程に要した日数は「水行が一〇日、陸行が一ヶ月」といっているのである。一日当たりの行程を右の総数から単純計算すれば次のようになる。

①「水行」は四五〇〇里で一〇日間である。それは朝鮮半島から北九州までの三〇〇〇里の渡海の他に、以下の部分が含まれる。「郡より倭に至るには海岸に循って水行し、韓国を歴《へ》るに乍《たちま》ち南し、乍ち東して（ジグザグ行進。ねりあるく威示行進をして）、その（倭国の）北岸狗邪韓国に至る七〇〇〇余里」のうち、「岸に循って水行」部分で、これは約一五〇〇里となる。したがって一日当たり四五〇〇里の航海距離であって、一里を暗算しやすく八〇メートルと仮定すれば、三六キロ、日本里換算では三六キロ割る四〇〇〇メートルであるから九里である。実際は九里弱である。

②「陸行」は「韓国」部分が約五五〇〇里、総距離が七五〇〇里で三〇日であるから、一日当たり約二五〇里。一里八〇メートルで計算すれば約二〇キロ、日本里換算は五里である。これも五里弱である。

私は旧制中学生時代、通学用の耶馬渓鉄道（現在は廃線）の山国川にかかった鉄橋が洪水で流され、わが家が終点の守実《モリザネ》にあった結果、中津市にやむをえず二回ぐらい一学期間ほど下宿したことがある。そのために夏休み等に学用品や下着等を抱えて、高下駄で約四〇キロある中津市から英彦山への急勾配を歩いたものである。若いので最初の四里（一六キロ）位までは一応は「元気」である。五里が「元気」の限界で、それ以上は休み休みで太陽が地獄の炎に見えるようになる。風光明媚な耶馬渓を楽しむどころではない。朝七時ごろ下宿を出てもこんな調子で帰宅は夜の八時を過ぎることになる。

この経験に照らして大人であっても、武具等を装備して一日の行程五里は快適な行軍の最大限に見える。いまを去る約一七〇〇年前の人々であるから、歩行力は昭和一桁時代よりはややあったかもしれないが、一日の行程・日本里の五里は、一ヶ月にわたる連日の行進の里程としては、いささか厳しいものではないだろうか、と感じる。

こうみるならば、陳寿の記述が帯方郡から卑弥呼の都までの総距離を一万二千余里、その総日数を「水行一〇日、陸行一月」と書いているのはきわめて正確な記録であって、今日の汽車の時間表と同じ考え方であることが判明すると思う。計算すればどこまでどれだけの距離で、何日・何時間かかるかピタッとでるであろう。一体、これのどこが「五倍の誇張」（白鳥氏）とか、「不確実なる道里」（内藤氏）とか、「倭人伝の里程は誇張であり、そのままでは信用できない」というのだろうか。

総距離と総日程の一致、ここに古田武彦氏の探究の正しさが示されている。その意味は、古代中国史料は正確な事実の記録であったことを明らかにされた点にある。しかも、これはビックリするようなことではなく、伊都国にかんして「郡使の往来、常に駐なる所なり」とわざわざ断っているのである。

五　古代中国の地理測量技術の水準

さて古田武彦氏の右の研究を通説な認めていない。三世紀の中国の地図作製の測量の水準を、京都大学名誉教授の薮内清氏の『中国の数学』（岩波書店、一九九一年、第二版）から引用しておこう。

薮内氏は、三世紀に『九章算術注』を著した劉徽にかんして、「三上義夫氏は劉徽を激賞して、『古今東西を通じて数学界の一代偉人であった』」（同書、四五頁）、といわれたとある。この劉徽の労作である『海島算径』では、「第一問によるとわずか千歩を基礎として、百里以上の距離にある地点を測量することができた」と指摘されている。この方法にたって劉徽と同時代の晋の裴秀の作成した当時の中国本土の地図について、「彼の地図は百里を一寸に縮尺し、百里ごとに縦横の線を引いて分割した方眼図であった。裴秀のつくった地図は残っていないが、その伝統を受け、一一三七年に石に刻まれた『禹蹟図』……が、現在も西安の碑林に保存されている」（同書、四四頁）と述べておられる。次頁上段の【図3】禹蹟図は、その写真である。三世紀の地図としては驚異的な正確さである。これをみれば陳寿の地理記載を、真面目に検討しようともしなかった、通説の学者が正しいのか、古田氏が正しいのか、自ずから答がでるのではなかろうか。

これにたいして直木孝次郎氏はその著書『日本の歴史・1』（二八三頁、小学館、一九八七年）に、「十五世紀の朝鮮でつくられた混一疆理歴代国都之図」を、古代中国人等の地理認識といわれる、「畿内説の立場にたつ地理学者室賀信夫氏の説」を掲げられて、「近畿説」を地理学的に補強されている。この地図では朝鮮半島が大幅に南にずれ、さらに日本列島は朝鮮半島から、北に九州、南に関東・東北が、南北にしかも小さなカタマリのように並んでいる。そうして直木氏は次のように室賀氏の説

【図3】禹蹟図

を要約的に紹介されて賛意を表されている。

直木氏によれば、室賀氏はまず「倭人伝の筆者が日本の地形を、北九州から畿内にかけて、北から南に長くのびているように誤解していた……」（二三八頁）とされている。

そうして室賀氏の説として、「中国の地図には、明代や清のはじめごろの図でも、日本を実際よりもはるかに南方に位置づけ、またときには南北の方向をもつ島形として描いたものが少なくない」といわれ、いかにも中国は、古代はおろか近代においても、地図ひとつ満足につくれない水準の国であるかにいわれ、しかも「……描いたものが少なくない」という、奇妙な表現をされている。これはまた後から検証しよう。これこそ通説の古代中国文献検討の常套手段であり、通説の「古代史学」の基本的方法論、すなわち「中国人の誤り」論の一つの姿である。

さて続けて、「この著しい例が混一疆理歴代国都之図である」とされ、さらにこの地図が日本列島を南北に描いている理由について、「倭国伝に倭国への道里をはかると、倭国は『当《まさ》に会稽（揚子江の南、浙江省から江蘇省にかけて存在した群名）東治（福建省にある県名）の東に在るべし』と記されているのに、ちょいうど適合する」と室賀氏は言っているとされている。しかし、これは古田氏が『「邪馬台国はなかった』で、克明に批判をされたところである。通説は「会稽東治」の「治」を「治」にかえて、これを”会稽郡と東治県”と解して、日本はその間の東にあると「魏志」倭人伝は述べていると解するのである。

たしかにそう理解すれば大幅に日本列島は南にずれるのである。しかし、ここの原文は「会稽東治」なのである。「東治」を「治」に変更される石原博道氏編訳の、『魏志倭人伝・後漢書・宋書・隋書』（岩波文庫本）に収録されている原文（写真版）をみると、「東治」であって「東治」ではない。問題は、これなのである。

「東治」は地名でない。通説はこの「東治」を探究もせずに、五世紀の『後漢書』の「東治」を理由にこれに変更して、「地名」と解釈して、本家の『三国志』魏志・倭人伝そのものの「東治」を、変更してしまうのである。

ここには『後漢書』を編集した五世紀の范曄の思い違いもある、と古田氏は指摘されている。古田氏の研究では一〜二世紀（漢時代）には、たしかに会稽郡東冶県（古代中国では郡・県）があり、三世紀にはこれが「建安郡東冶県」と変り、五世紀には再び「会稽郡東冶県」が復活するという行政区名の変遷があったことを指摘されている（同書、一〇八頁）。范曄は五世紀の人である。

では「東治」とは何か。「治」は政治をさしている。古田氏は、同「倭人伝」の「夏后少康の子、会稽に封ぜられ、断髪文身し以て蛟竜の害を避く。今倭の水人、好んで沈没し魚蛤を捕らえ……」を指しているとされている。すなわち、倭人の「文身」や潜って魚をとる習慣は夏王の治世の感化である、と言っているのだとされている。これを正当と断ぜざるを得ないのは、『三国志』は正史である。一国の正史が、その時代に存在しない行政区名を書くはずがないであろう。また厳然として「東治」と記されているのが事実である。

通説は古田氏の正当な研究を無視するのである。また、そうせざるを得ないのは、古田氏の研究の正当性を認めることは、自分たちの「研究」の粗雑さを認めることに通じ、引いては通説的「邪馬台国論争」と、その理論のかなりの〝お粗末さ〟をも認めることになるばかりではなく、古代中国文献の記録性を認めざるをえない結果になり、最終的には「大和朝廷一元史観」の瓦解につながるからである。が、それにしても、こうした姿を、はたして科学的学問といえるかといえば如何であろうか。こうして「会稽東治の東」とは、地理的には〝会稽の東という意味〟であって、したがってここからは、世界地図どうりに正確に日本列島・九州が浮かびあがるのである。

にもかかわらず古田氏の『「邪馬台国」はなかった』を否定される直木氏は、室賀氏の「会稽東治」とする見解を「魏志」倭人伝の方角認識の「事実」と断言されて、以下のように言われるのである。「（室賀氏は）この事実からさかのぼって、いまは図の失われている一二世紀南宋代の『石刻華夷図』および唐代の『海内華夷図』もまた、東国から奥州を南として、日本列島を北から南へのびているように描いていたと考えられることを論じ、『海内華夷図』の原拠となったものは、魏・晋につかえた地理学者裴秀のつくった『禹蹟地域図』ではないか、と推測している」（同書、二八四頁、傍線は引用者）とされている。

これは二つの点で正しいとは言えない。まず、室賀氏の「考察」の出発点の「魏志」倭人伝の方角記載への理解は、根本から間違っており、これにたった南宋や唐の「失われた」『石刻華夷図』や『海内華夷図』が、日本を南に偏在させていたという説も、客観的根拠が明示されておらず、ましてや「一五世紀の朝鮮でつくられた混一疆理歴代国都之図」の原拠が、『禹蹟図』でないかと推測する、根拠も示されていない点である。

二つは、「禹蹟図」には中国本土部分しか示されておらず、かつ三世紀の地図の作成法としては驚くほど正確であることは、今日の地図と照らし合わせれば、黄河や揚子江の姿をふくめて明らかである。だからこそ古代中国の数学・自然科学の研究で第一人者の藪内氏が取りあげておられるのである。直木氏の文章には、「禹蹟図」の正確さにたいする驚きは全く示されていない。逆にこれは驚きである。不思議である。

これに反して「一五世紀の朝鮮がつくった地図」は、あまりにも不正確である。したがって「混一疆理歴代国都之図」の「原拠」が「禹蹟図」というためには、この両者が同一の方法論、同じことであるが測量方法やその単位などが、同一である事実が明らかにされなければ、結局は、単なる主観的推量と言われても仕方がないであろう。こうして似て非なるものをあげて、あたかも両者に相互の規定関係があるかに云われる仕方は、客観的真実の探求が目的の学問として如何であろうか。

そのうえ述べたとおり、明代や清代でも中国の地理の認識・科学の水準は、非常に低いという室賀氏の説は、これも二点でなりたたない。第一に室賀説では、中国は日本を南に南北につながった島と理解していたことになるが、『元史』日本伝では、「日本国は東海の東にあり」とあり、南北という室賀氏の認識とは全く異なり、さらには一五世紀、朝鮮の申叔舟の『海東諸国紀』掲載の「日本列島」は東西に描かれている。

さらには人類最初の羅針盤による大規模な外洋航海を成功させたのは、一五世紀・一四〇五年を皮切りに一四三〇年まで七回にわたって行われた、明の鄭和の劉家港（上海の西北という）からインドのカルカッタへ、その後の航海ではペルシャのホルムズから東アフリカ（マリンディ等）に達した航海である。これをコロンブスの第一回の航海（一四九二年）と比較しても、約九〇年は早いのである。さらに鄭和の航海の驚くべきところは、その規模の大きさである。主艦「宝船」を、イギルスの学者J・Vミルズは積載重量を約二五〇〇トンとし、コロンブスの旗艦、サンタ・マリア号が二五〇トンであるから約一〇倍、艦隊は約二〇〇隻、乗員約二七〇〇〇〜二八〇〇〇人で、コロンブスの第一回が三隻、約一二〇人であるから、ケタ違いである（宮崎正勝氏著、『鄭和の南海大遠征』、中央公論社、一九九七年）。

この事実と清時代にも日本列島の正確な地理的認識さえ確立し得ないかに言われる室賀氏や、それを確証のように掲載される直木氏の「中国文明観」とは両立するものであろうか。中国人を「糞・小便」等と言われる津田氏等の通説の見方には、事実も道理もないであろう。

自説に都合のよさそうな例を、しかもその根拠も示さず、「……多い」とか「……考えられる」、「……少なくない」等と、丁度、ゴシップで特定の人間を陥れようというような場合と似た手法を採用し、しかもその反証となるものは無視して、古代中国文化を貶める手法は、特に「近畿説」に目につく手法であるが、これは本来の「学問」とは異質なものに見える。

六　「邪馬一国」近畿説は宣長的幻想

「邪馬一国」近畿説・「東遷説」は松下見林、本居宣長等以来の、「大和朝廷一元史観」を継承した日本史観の、戦後的表現である。それをここでふり返れば『後漢書』倭伝の西暦五七年の「倭奴国」、二世紀初頭の「倭国王・師升等」を、北九州と通説も認めたのであるが、この「倭奴国」の金印の授与とその意味を矮小化し、『三国史記』のこの時代にあたる「倭人・倭国」記事の史実性を否定して、「一シマ一郷」の的勢力を大国と間違えたという、「二世紀の卑弥呼」記載は無視してきた。水田稲作の始原と展開でも中村純氏の全国調査を無視してきたのである。

ここに通説の考古学者がまとめた北九州と近畿地方の、「土器編年」弥生時代の環濠集落の規模の比較表（佐原誠氏編、『古代を考える・稲・戦争・金属』、「第一表」、一五三頁、吉川弘文館、二〇〇二年）を引用しておく。ただし近畿地方はそのまま全部引用したが、北九州地方は小さいものははぶいておいた。それにしても北九州が近畿の約五・四倍の規模である。これらは実際よりは小さいという但し書きがある。

これで見ても、北九州地方が近畿地方の遺跡面積をはるかに上回っている。通説とその考古学者は須玖遺跡の五分の一か四分の一しかない唐古・鍵遺跡をまるで「弥生」時代の日本の中心的遺跡ででもあるかにあつかうのが通例である。しかし、遺跡の事実を当然ながら重視すれば、近畿大和を圧倒する三雲遺跡や須玖遺跡の「威容」であろう。

　須玖岡本遺跡は一平方キロを優に越え、階級分化を顕著に示す遺跡の内実からも、日本最初の都市国家の条件をそなえているという説（『古代を考える・稲・金属・戦争』、一〇二頁）もある。

　所謂弥生時代前半には、北九州は明確に国家形成期であったのである。しかも重要な点は近畿の池上遺跡や唐古・鍵遺跡には階級分化を示す、具体的な出土品がないという事実である。これに反して例えば吉野ヶ里等には、甕棺墓に首がない青年の遺骸があるとか、石鏃が射込まれているとか生々しい激戦の跡が偲ばれる遺骨がある。この意味は、吉野ヶ里はかつて占領されたことがある遺跡ではないか、と思われるのである。闘っている時に、石剣か銅剣かで首を落されるということが絶対ないとは言えないが、あまり考えられないことだろう。いわゆる「打ち首」とは戦後の処置であろう。国家発生・発展は文明の進歩ではあるが、反面、悲劇もつきまとうのである。

大阪	池上遺跡	十一万　平方メートル
	東山遺跡	五千　〃
	安満遺跡	八千　〃
奈良	唐古・鍵	二十～二十五万　〃
計		三十七万三千　〃
福岡県	板付遺跡	六千　平方メートル
	三雲遺跡	四十～六十万　〃
〃	須玖遺跡	百万　〃
	横隈山遺跡	四・五千〃
佐賀県	千塔山遺跡	四・一千〃
	中郭　遺跡	五千　〃
	吉野ケ里遺跡	三十～四十万　〃
計		一百一万九千六百　〃

Chapter 6

第6章

「前方後円墳」は大和朝廷の造営か

一　〝三角縁神獣鏡は中国鏡でない〟

戦後、「皇国史観」が崩壊して、「万世一系の天皇制」こそが日本の伝統という歴史観に危機がおとずれた時、「実証主義」の旗を高く掲げて登場したのが、「三角縁神獣鏡・卑弥呼受授」をいわれた小林行雄氏であろう。それはちょうど津田氏の「記・紀批判」が、戦後の天皇制護持・存続の日本史論にピッタリであったのと似た役割を、日本考古学の分野で果たされたものと思える次第である。

「戦後の日本は他力本願的に天皇制から解放されるわけですが、そのとき、記紀の物語とは違う歴史叙述をさがしもとめていたようです。まさにそうした情況のなかで、小林先生が同笵鏡と伝世鏡を手がかりにしまして、新しい古墳の姿を世に問われたわけです。小林先生の学説は、発表された当時から非常に大きな反響を呼びましたし、その後の研究を大きく規制してきた」（石野博信氏編・『前方後円墳の出現』、車崎正彦氏著、「副葬品の組み合わせ」、五四頁、雄山閣、一九九九年）という指摘は、その点を指したものであろう。つまり『古事記』、『日本書紀』から直接的にではなく、実証主義という方法を通じて

「大和朝廷一元史観」を論拠づけるところが、小林氏の考古学の特徴である。これは古代中国・朝鮮史料にある「多元的日本史」を実証主義の名によって否認する道である。

そうしてその虚構が痛打される日が当然ながら訪れたのである。中国社会科学院考古研究所前所長の王仲殊氏の、「三角縁神獣鏡は中国鏡ではない」という一九八一年以降のいくつかの研究発表である。王仲殊氏の「三角縁神獣鏡」にかんする研究は、西嶋定生氏監修、尾形勇・杉本憲司氏訳『三角縁神獣鏡』（学生社、一九九八年）にまとめられている。また「三角縁神獣鏡」は中国産ではないことは、森浩一・井上光貞・古田武彦氏等も強調されてきた。考古学的仮説は実証されなければ単なる仮説に止まる。王仲殊氏の指摘の急所は、まさにこの点をついたものである。以下、王仲殊氏の『三角縁神獣鏡』の内容を要約的にのべることにする。

①　三角縁神獣鏡は中国、朝鮮半島から一面の発見例もない（三四頁。傍線は引用者、以下同様）。

②　三角縁という形式、神象、獣象などの文様は、黄河流域の華北の銅鏡には例がない。したがって〝魏鏡〟ではありえず、魏朝が卑弥呼に贈った鏡ではありえない（二四〜二五頁）。

③「三角縁神獣鏡」の文様の要素は華南の三国時代の呉の銅鏡と共通点がある。しかし神獣鏡は例外なく縁は平で三角はない（二六頁）。

④　中国で発見されている各種の銅鏡の文様には、三角縁神獣鏡にいつもある「笠松形」がまったくない（二六頁）。

⑤　中国の銅鏡は直径が一〇《センチ》代であって、三角縁神獣鏡が多く二〇《センチ》以上というのとは異なる。

⑥「特鋳説」は成立しない。理由は「中国の職人は、三角縁神獣鏡をこれまで中国において鋳造したことがなかった」また、「平縁神獣鏡は呉鏡であって魏鏡ではない」のであるから、魏が三角縁神獣鏡を卑弥呼におくるために「特注」しようにも、魏の職人にはそれを行う見本も何もない（八五頁）。

⑦　日本列島出土の三角縁神獣鏡は呉の国の職人が日本列島に渡来して、当時の日本列島人の要望にこたえ華南の鏡の文様を基礎に図案化したものと考える。その際、日本列島人は「巨大化」を愛好したのであろう。またそこにある中国紀年は信頼できないものがある（二六頁）。

⑧　銅の原料は中国産（華北もはいる）という例は十分に考えられる。同時に原料が中国産であっても、

いささかもこの鏡が中国産ということを意味しない（七四頁）。

おまけに銅鐸に含有される鉛も日本産ではなく中国産の鉛鉱石である事実は、通説でさえ認知しているにもかかわらず、通説は銅鐸を「日本産」としているという、通説の一貫性のない態度が指摘されている。

⑨　そもそも魏朝が卑弥呼に与えた鏡を三角縁神獣鏡とする考え方は、銅鏡の数問題という視点からみても成立しない。理由は、魏朝が贈った枚数は「銅鏡百枚」である。実際に贈られたもののなかには、今日までには何らかの理由で破損、遺失したものもあろう。したがって本当に贈られた鏡は出土しても百枚に満たないというのが自然の姿である。にもかかわらず三角縁神獣鏡は、三〇〇枚（実際には約五〇〇）も出土しているといわれる、などである。

三角縁神獣鏡が中国・朝鮮半島から一枚も出土例がない、という事実は極めて重要な指摘である。にもかかわらず通説の考古学者は、結局は、王仲殊氏の研究を無視する動向にある。こうして古代中国・朝鮮文献の無視・否定に加えて、現代中国の考古学的到達点をも無視せざるを得ないところに、戦後の「邪馬一国」・近畿説の姿がある、という他はないであろう。

二　古田氏の王仲特説批判について

古田氏は『古代は輝いていた・I』で、「王仲殊論文をめぐって」（第五部、第四章　物証論）評価と批判をされている。評価をされる点は、王氏の説は「日本の考古学界（定説派）にとって、致命傷をなすべき根本問題」の提起であること、およびその批判者が現代中国の考古学の著名な専門家であって、「考古研究所前所長」という権威ある立場の学者である、という点である。

批判点は第一に、「三角縁神獣鏡日本産」を主張してきた日本の学者、古田氏が挙げられる方は森浩一、松本清張、奥野健男、古田武彦の各氏の研究への言及がない点である。しかし「これはあるいは外国の研究者として、やむをえざるところといえよう」ともいわれている。

第二の批判点は、王氏が『景□三年鏡』（島根県神原古墳出土）、『正□元年鏡』（群馬県高崎市出土、兵庫県豊岡市出土、また山口県高洲古墳出土鏡も）にたいして、日本側の定説派（この点、森氏も同じ）に従って、それぞれ『景初三年（二三九）鏡』、『正始元年（二四〇）鏡』と見なされた点についてである。これらの鏡（および同類の三角縁神獣鏡）をもって、〝三世紀前半における国産鏡〟と見なさざるをえないこととなったのである。そのために、『〝すでに卑弥呼の時代、呉の工人が日本列島（近畿）に来たり、そこに『魏』の威勢の強いのを見て、『魏年号』を自作の〝呉式鏡〟（三角縁神獣鏡）に銘刻した〟という、一種奇矯な説を樹立されるに至ったのである』」（同書、二五三頁）とされている。

　これら古田氏の指摘は正論である。王仲殊氏は「魏志」倭人伝の理解では、「景初二年」と原文にあるのを通説は「景初三年」に改変するのであるが、これの同調者である。それは王氏の『三角縁神獣鏡』の「第三章、三角縁神獣鏡をめぐる諸問題」の、「一　景初三年鏡と正始元年鏡の碑文の考察」で明らかである。

　私は北京大学教授・日本史科主任教授の沈仁安氏の『中国からみた日本の古代』に接して、〝なーるほど〟と感得するものがあった。沈氏はここで、卑弥呼の魏への最初の使者派遣が「景初二年」と「魏志」倭人伝にあるのを、「三年」に改変する視点に鋭い批判を浴びせ、また先述のとおり王充を評価されるなど、参考にすべき諸点を指摘されている。しかし、ではこの沈氏は『宋書』倭国伝や『隋書』俀国伝を、われわれと同様に「大和朝廷の記録ではない」としているかといえば、そうではなく大和朝廷に当てられている。沈氏の「古代日本史論」は一言でいえば「東遷論」にちかいものである。

　ここから本場中国のしかも北京大学の「日本史科・主任教授」が、「倭の五王」や「タリシホコ」を大和朝廷に当てているのであれば、「お前などの中国文献理解など、まったく当てにならない」という人もおられようが、当然そうではない。なぜ沈氏は「東遷説」風に、卑弥呼・北九州論に立たれながら、「倭の五王」等を「大和朝廷」に当てられるのか、を問えば、氏がいくら漢文の「本国」の人といえども、「日本史」にたいしては〝外国人〟である。したがって外国人たる氏等中国人が、「日本古代史」を探求するにあたって、通説の東大・京大等の日本の大学の著名な歴史家の労作を研究し、それを参照して自己の見解を形成されることは、当然のことである。

　たとえば沈氏は唯物論を重視されるのは当然として、「前方後円墳」を重視されるのであるが、この理解に当たっては一〇〇パーセント、日本の著名な通説的考古学者の「研究」を、そのまま「戴く」関係にある。氏のその態度は一般的には当然であろう。したがって著名な日本の学者同士の意見の対立が、中国の学者の見解に反映するのもまた、当然なのである。つまりどんなに「漢文、銅鏡の本場」でも、日本の「古代史学」の諸見解を無視しえないのは、日本人が外国の歴史を研究する場合も同じであろう。

すなわち日本の考古学者や歴史家の「前方後円墳」論の是非は、日本人が検討することであって、中国人、おなじことであるが、外国人が日本人にかわってできることではないであろう。以上のことが意味するものは、あまりにも当り前のことであるが、「日本古代史」に固有の責任を負うのは日本人である。日本史にかんする外国人の諸研究を評価する責任も当然、日本人の自主的判断に属する問題である。ただし、外国人の諸見解の是非にかんしても、当然であるがあくまで「事実と道理」にたって検討されるべきものである。

「三角縁神獣鏡」が中国・朝鮮半島から一面も出土しない、という事実、華北の銅鏡の文様に「神獣鏡」は存在しない、などの事実と、それに立った日本の通説的「三角縁神獣鏡・魏鏡」論への批判は、銅鏡の故郷・中国の考古学からの作為のない、当然の指摘であって、日本史の真実の探求への巨大な貢献である。古田氏が指摘されるとおり通説的考古学の死命を制する問題である。

三　「前方後円墳」・大和朝廷造営説の諸問題

戦後、「前方後円墳」が重視され、巨大「前方後円墳」は「大和朝廷が造営した」と強調され、応神・仁徳朝等を「大王の世紀」とか、日本統一の基本的土台を築いたとかいわれ、「大和朝廷一元史観」は不動の事実としてあつかわれている。しかし、近畿地方の「土器編年」弥生時代には、「階級分化の遺跡」がないに等しいというのが、通説の考古学者でさえ客観的には認めざるをえない点はくりかえし述べた。であるとすれば「近畿論」に立てば、いったいどうやって「弥生時代」より、国家が発展した段階の墓制である古墳時代を創設したのであろうか。

「弥生時代」に近畿地方には階級分化をしめす痕跡はほとんどないということは、この地方は「村はあれど国はない」発展段階に止まっていた事実を示すものである。先述のとおり「弥生時代」に階級分化の遺跡がないという意味は、そこでの国家発展で北九州を追い抜くことは、とくに他に明確な要因の加算が指摘されなければ不可能なことは、あたかも処女懐胎は不可能な如しである。社会の歴史的発展は、基本的には「段階をおう」のである。

一足飛びは論外のことである。このことは「前方後円墳」が、九州産の墓制であることを明示するものである。その点は通説の考古学者の研究によって後述する。

こうして実のところ通説（近畿説）は、国家の発生・発展における処女懐胎説という、キリスト教同様のあり得ない前提が絶対の根拠とされているのである。

それにしても不思議は史的唯物論にたって、日本史を研究すると言われる日本の歴史学者が、この問題を取りあげたことがない点である。どうやらこの人々を含めて通説の実証主義とは、三角縁神獣鏡が古墳から出土すること、その古墳が大きいこと、かつそれが近畿地方にあること自身であるらしく、このいわば三点セットは大和朝廷の力を実証したものである、それを疑う余地など全くない、ということらしいのである。

しかし、この三点セット主義は現象をその本質において把握する真に科学的・唯物論的思考ではなく、単に事物を羅列した、いわば「タダ論」的な認識と思えるのである。

四　数々の解けない謎

(1) 埋葬者が不明

したがって通説的な「前方後円墳」論には多くの謎があり、また指摘されている。ただ通説はそれを「大和朝廷一元史観」への疑問とむすびつけないだけである。たとえば井上光貞氏は、「古墳の研究でいちばん困るのは、その古墳に葬られている人がだれかわからないことである。もし、古墳のなかに、だれの墓であるかを書いた金石文でも発見されたら、それをもとにしていろいろのことが明らかになるだろう。古墳がいつ発生したかという問題でも、まわりくどい議論などしないで、もっと簡単にきまってくるかもしれない」（『日本の歴史・1』、三〇三頁、中公文庫）とされ、また上田正昭氏も、巨大「前方後円墳」に属する「崇神陵」「景行陵」等も、「崇神天皇、景行天皇を葬ったものかどうかはなお決定できない」（上田正昭氏著、『日本の歴史・2』、八四頁、小学館）とされているのもその一例である。

これは『古事記』『日本書紀』等にどの天皇をどの「陵」に葬ったかは、それが真実か否かはべつにいちおうは書いてあるが、巨大「前方後円墳」造営記事がないことと関連していよう。たとえば仁徳陵と称される大仙古墳の場合、通説では一日約一〇〇〇人が働いて、四年を要したという説（梅原末治氏）が強調されている。これでは一年のうち何日、働かされたかで数字は変わるが、三〇〇日は動員されたとすれば、年間、三〇万人程度として、四年間で一二〇万人である。

これを四〜五世紀の時代に、現実にできる王朝に大和朝廷は達していたか、その根拠は何か、本来は、この点も明らかにされなければ、著名な学者が机上の計算では、じき出し論文にかいた仮定計算が、あれこれの偉い先生が引用しているうちに、それが一人歩きして、大仙陵古墳はピラッミドに匹敵する云々等ともて囃され、遂には四〜五世紀は「大王の世紀」などと、膨らんだ可能性がある。これらはこの後で検討をする。

がしかし、ここでの問題は、平城京造営という八世紀の事業でさえ、かり出された国民の多くが逃亡や、仕事の帰路に飢えて溝に死体で転がるなど、実に多くの悲惨な犠牲の上に強行されたことは知られている。それよりも数百年もまえに、通説が想定する通りの規模ならばはるかに多数の犠牲者をだしたに違いない。こうした造営を実際に行ったのであれば、どの天皇がどの天皇のために造営したのか、若干でも伝承があるべきであろう。

字がなかったなどということは通用しないのである。読み書きはすでの三世紀の卑弥呼の時代に、十二分に行われていたのが日本史の事実である。それを示すものが「魏志」倭人伝の次の一節である。「王（倭国）、使を遣わして京都（洛陽）、帯方郡、諸韓国に詣り、および郡の倭国に使するや、皆津に臨みて捜露し、文章・賜遺の物を伝送して女王に詣らしめ、差錯するを得ず。……正始元年、太使弓遵、建中校尉丁儁《ていしゅん》等を遣わし、詔書・印綬を奉じて、倭国に詣り、倭王に拝仮し、ならびに詔を齎《もたら》し、金帛・錦罽・刀・鏡・采物を賜う。倭王、使に因って上表し、詔恩を答謝す」（傍線は引用者）である。ここには、はっきりと「文章」という字があり、「詔書・上表」とも書かれている。漢字は古代中国人の発明であり、中国文献に「倭人」が文章を読み書きできたとしている意義は大きい。この点、古田武彦氏に続いて上田正昭氏も指摘（『東アジアと海上の道』、一五頁、明石書店、一九九七年、初版）されている。

したがって卑弥呼が、通説のいうとおりに大和朝廷の始祖ならば、多くの犠牲のうえに巨大「前方後円墳」を造営した以上、どの天皇がどの天皇のために巨大古墳を造営したか、その天皇の名ぐらいの記録・伝承があるべきであろう。しかし、現実にはいっさい何も伝わっていないのである。

(2) 本来の墓の名が伝わっていない

右の考察をうらづけるものが、「前方後円墳」の〝本来の名〟が伝わっていない、という事実である。ここから浮かびあがるものは、通説がいう「大王の世紀」の証のはずのこれらの古墳群は、天皇国家にとっては記憶にとどめるべきもの、とされていなかったことを示すものであろう。「前方後円墳」という命名は古代からの伝承や記録ではなく、近世尊皇思想家・蒲生君平(一七六八〜一八一三年)の命名という周知の事実から、それはいえることである。本居宣長を中心に国学が台頭するという江戸時代の趨勢のなかで、蒲生君平等の近世尊皇家の「前方後円墳」研究も開始され、平安時代の牛車をもちだして「前方後円墳」なる名称が創作され、これが定着していまでは「皇国史観」への批判的学者でさえも、「皇国史観」の命名を括弧もつけずに使っているのである。

あの円形部分に方形の突出部をもつ変わった形の古墳の古代的名称、すなわちそれを創造した人々がこの墓を何と呼んでいたのか、これが全く残っていないのである。この点を指摘されて「前方後円墳」の真の由来を検討されているのは、藤田友治氏著の『前方後円墳』(ミネルヴァ書房、二〇〇〇年、第一刷)である。貴重な指摘であろう。この古墳を造営した人々がこれを何と命名していたか、それが全くわからない、伝えられていない、これが真実なのである。だからこそ近世尊皇史学の蒲生君平による命名が一般化したのである。これは通説の巨大「前方後円墳」天皇国家造営論からみれば、全くの理解不可能なことであろう。この墓の作り手とされる「大和朝廷」は現存しているのである。

ならばこの墓の真の名ぐらい残っているべきではなかろうか。造ったとされる本人は存在しているからである。しかし、その埋葬者はおろか、その画期的な古墳の形にかかわる呼び方一つ、後代に伝わっていないというのが現実である。これをみればこの古墳を天皇国家が造営したという説の成立に、深刻な疑義がもたれよう。この墓を造営した者たちによる、この墓の呼び名が伝わっていないという事実から浮かびだしてくるものは、実に「前方後円墳」は、国学的歴史観が台頭するまでは日本社会からは〝忘れられていた古墳〟であったということであろう。こんにち大和朝廷の造営と通説がいう「前方後円墳」は、その当初の呼び名さえも、だれの記憶にも残っていなかったのである。以上からは自然と浮かび上がってくるものは、この古墳と大和朝廷は本来。結びつくものか、という根本的疑念であろう。

（3）「大化の改新の詔」と「薄墓制」

そればかりではない。『日本書紀』孝徳紀の大化二年三月二二日の条に、通説が「薄葬制の詔」と称するまことに奇妙な「詔」が記されている。「朕聞く、西土《もろこし》（＝中国）の君、其の民を戒めて曰へらく。『古の葬《はぶり》（＝埋葬）は、高き（段丘）に因《よ》りて墓となす。封《つちつ》かず——墳岳を築かない——樹《きう》ゑず」からはじまって、墓は質素がよいという文句を長々と並べ、最後に墓に贅沢な経費を注ぐ行為を、「諸《もろもろ》の愚俗《おろかひと》のする所なり」、というところまで引用しているのである。

これにつづけて「廼者《このごろ》、我が民の貧しく絶《とも》しきこと、専《たくめ》（＝もっぱら）墓を営《つく》るに由れり」（『日本書紀・下』、二九二頁）といい、この後は身分ごとの規制が記されている。この「詔」の奇妙さは通説がいうとおりに、四〜五世紀以降の天皇が巨大「前方後円墳」を営んだとすれば、そのことに一言もふれずに巨大な墓の造営は「諸の愚者の行為」という、中国皇帝の言を大上段に振りかざしている点である。少なくとも「昔は大きなものを営んだが、それは立派な理由があったが、今は時勢にあわなくなった」とか何とか理屈がなければ、大きな墓を造った天皇は「諸の愚者」とされないだろうか。実は、この「詔」は、通説に有名な「大化の改新の詔」と連動して、これまで通説が考えもしなかった、日本史の重大な真実とかかわるものである。これはこの後で触れることとしたい。いずれにせよ通説の〝「前方後円墳」・大和朝廷造営論〟は、大きな矛盾と謎を解きえないものなのである。

（4）通説の「古墳」年代設定の姿

通説の「前方後円墳」の年代設定の問題点である。それを『シンポジュウム・日本の考古学4』（網野善彦・大塚初重・森浩一氏監修、学生社、二〇〇〇年）から引用しておこう。

司会者・白石太一郎氏「……箸墓古墳のような定式化した前方後円墳の出現の暦年代がいつごろかということは大きな問題ですね」

車崎正彦氏「古墳の出現段階の暦年代の問題を考えるばあい、日本でつくられたものを基準にするのはむずかしいわけです。現状では中国製品とくに中国鏡を利用するしかないだろうとおもいます。——中略——また紀年鏡以外でも、三角縁神獣鏡の古い形式は二四〇年頃につくられたと考えられますし、最近では倣古鏡とよんでいる三角縁神獣鏡の関連鏡群もわかってきました。これらの二三〇年代から二四〇年代頃に作られたと考えられる鏡が、最古段階の古墳に副葬されています。

問題は、中国でつくられてから日本の古墳にはいるまでの年数をどの程度に見積もるかということです。ごく短く見積もれば、二五〇年代あるいは二四〇年代に定式化した前方後円墳の出現を考えることもできるかもしれませんし、やや長く見積もれば、三〇〇年に近い時期とみることもできるわけです。ただ、最近では三角縁神獣鏡の編年的研究も進んでいて――中略――三角縁神獣鏡の製作期間について大阪大学の福永伸哉さんは、最終製作年代を三〇〇年前後と考えておられるようです。

福永さんの理解では、古墳の出現年代は三世紀後半でもあまり古いところまであげることはできないことになると思います。しかし、三角縁神獣鏡が中国王朝の外交ルートでもたらされたとすれば、文献の解釈によっては二六〇年代までにすべての三角縁神獣鏡がつくられたと考えてもよいわけですから、この点についてまだ議論が必要だろうと思います」(二九頁、傍線は引用者)というのである。

つまり古墳の年代判定は中国鏡で行うしかないという考え方で、しかも二〇〇〇年の出版物で平然と中国鏡の中心に「三角縁神獣鏡」がおかれていることは引用で明瞭であろう。こうした姿は如何であろうか。

Chapter 7

第7章

「墓より都」

——国家と都城

一　天皇の代替りごとに浮動する「都」

通説の巨大「前方後円墳・大和朝廷大王」論には、通説が何故か語らない『日本書紀』の次の記事があるのである。それはピラミッドに匹敵する「前方後円墳」を造営したと通説がいう仁徳天皇紀である。この天皇は「即位」の後に、「都」を難波に営造しているのであるが、「……宮垣室屋、堊色《うわぬり》せず、桷梁柱楹《はへきうつはりはしらうだち》（＝たるき、はり、はしら、大きな円柱）、藻飾《ゑかきかざ》らず、茅茨蓋《かやふく》ときに、割斉《かやしりきりととの》へず。此、私《わたくし》曲の故を以て、耕《なりはひ》し績《をう》む時を留めじとなればなり」（『日本書紀・上』、三八八頁。傍線は引用者）といったとある。

すなわち「都」なる宮殿をつくっても装飾・上塗りなどはせず、屋根を葺いた茅は軒で切り揃えることはしなかった。宮殿造営は天皇家の「私事」であって、それに百姓を使い耕作や紡ぐ等の、生産労働を奪うのはよくないことだからである、というのである。これではこの「都」は、現在でも国民が大工さん、いやいや今では工務店に頼んでつくった「家」水準と、本質的には変わらないものということになる。

ピラミッドに匹敵する「前方後円」墳を造営したと

通説がいう天皇が、「都」の造営では「人民を使役して人民の農耕、機織りの時間を奪うのは悪だ」といっているのであるから、通説の「大王の世紀」論と、この天皇の政治観が白と黒ほどに対立しているばかりではなく、その国家の水準を通説はピラッミドに匹敵する古墳を造営する規模というのであるが、『日本書紀』は大工さん頼んで「都」という「家」をつくる水準というのである。はたしてどちらが真実なのであろうか。

その判断を左右するものは「仁徳紀」には、巨大前方後円墳造営の具体的な記事がないという一点であろう。たしかに仁徳の六七年条に「百舌鳥耳原」説話はあるが、これは陵地を選定して作業にかかったら鹿が飛び出してきて、役民の中で死んだので調べたら鹿の耳に百舌鳥が巣をかけていたという地名説話に過ぎない。これを大古墳造営の苦労話（上田正昭氏）という理解もあるが根拠が薄弱である。

つまり、この天皇の「都」は、「大工さんに依頼して造った家」水準と、日本書紀からは解する他はない。もちろん通説は笑うであろうが、すでに指摘した巨大「前方後円墳」造営・大和朝廷論には、のどに刺さった棘のような幾つかの抜き差しならない謎と疑問がつきまとうのである。こうした背景のもとで「仁徳紀」に、なぜ「都」造営での「人民動員」の禁止、その結果としてその「都」が、大工さんへの注文住宅水準以外であり得ないような記事を書いたのか、やはり問題がのこるであろう。

この天皇には有名な「民の竈」説話がある。「仁徳四年春二月に、仁徳天皇が高台に登って遠望したら、竈からのぼる煙気《けむり》が国の内にみえない。考えるに百姓はもはや貧しく家に炊く五穀がないようだ。畿内でさえもこの姿では畿外の国々ではなお一層の有様だろう。そして三月に『今後三年間は、一切の賦役を中止し、百姓を安んぜよ』といった」、というものである。戦前は、この説話は天皇が国民を「いつくしむ」姿のあらわれと称して、教室でうやうやしく聞かされたものである。

この記事もまた矛盾に満ちたもので、即位以来、「都」の造営への人民の動員を「悪」という「善政」を行ってきたと、『日本書紀』は書いている。だとすれば善政を「即位」以来三年続けて、「民の竈」の火が消えたとか、畿内でさえこうであれば畿外はどうなっているか、などということにはならないはずである。

ここではこれ以上はふれないが、この「仁徳紀」の記事はすべて造作とは思えない。つまり何らかの理由で当時の「大和朝廷」は、人民の貧窮に同情の念をもって眺める環境に、その意に反して置かれていた。わかりやすく言えば、自分も甚だしく圧迫され、困窮した情況におかれていたが、「記・紀編纂」時にはそれを改変し、その困窮の実情を国民仁愛説話に組み換えたが、その作為性が残されたのであろう。「階級分化」の根拠を墓に求めるのは世界的に一つの方法である。しかし、国家発展・確立を墓だけで計るのは極めて恣意的なもので邪道であろう。その国家の力はその国家の都城の水準で計るという、世界史の観点・方法が正道である。世界史では国家の確立をその都城の成立・存在で、いわば確認するという方法がとられているのではなかろうか。この視点に立つと神武天皇からほぼ七世紀いっぱい、「大和朝廷」には都城がなく、天皇一代の代替りごとに浮動する『古事記』『日本書紀』がいう「都」、仁徳天皇の「住宅」的都しかないのである。

逆に言えばピラミッドに匹敵する巨大「前方後円墳」を造営できると、通説がいう「大王の大和朝廷」には世界がアット驚く、古代エジプト王朝の一〇〇〇年の都メンフィスに負けない都城が何故ないのか、どうして天皇の一代限りで浮動する「都」しかないのか、という問題である。以下は、『日本書紀』にもとづいて七世紀までの天皇一代ごとの「都」の一覧表である。

天皇名	「都」名	所在地（現在地名）
神武	橿原宮	奈良県橿原市畝傍町付近という
綏靖	高丘宮	奈良県御所市森脇という
安寧	片塩の浮孔宮	奈良県大和高田市三倉堂、地名辞典では河内国大県郡(堅上・堅下郡)は旧「片塩」という
懿徳	軽の曲峡宮	奈良県橿原市大軽町付近という　「記」　軽の境崗宮という
孝昭	腋上の池心宮	奈良県御所市池之内付近という　「記」　葛城の掖上宮
孝安	室の秋津嶋宮	奈良県御所市室という　「記」　同上
孝霊	黒田の廬戸宮	奈良県磯城郡田原本町黒田という　「記」　同上
孝元	軽の境原宮	奈良県橿原市大軽町付近という　「記」　同上
開化	春日の率川宮	奈良県奈良市付近という　「記」　春日の伊邪河(いざかわ)宮
崇神	磯城の瑞籬宮	奈良県桜井市金屋付近という　「記」　師木の水垣宮
垂仁	纒向の珠城宮	奈良県磯城郡、ただしその中心は桜井市付近かという　「記」　師木の玉垣宮
景行	纒向の日代宮	奈良県桜井市穴師という　「記」　同上
成務	記載ナシ・紀	「記」　近淡海の志賀の高穴穂宮　滋賀県大津市坂本穴太町という
仲哀		穴門の豊浦宮・記。但し(紀)は角鹿の笥飯宮、紀伊の徳勒津宮、穴門の豊浦宮、筑紫の橿日宮
神功	磐余の若桜宮	奈良県桜井市池之内付近、ただし不明　(紀)筑紫の橿日、穴門の豊浦宮を経過地と記入
応神	軽島の明宮	奈良県橿原市大軽町付近という。ただし「紀」では死亡した宮
仁徳	難波の高津宮	今の大坂城址付近というが不明　「記」　同上
履中	磐余の稚桜宮	奈良県桜井市池之内付近〜磐余池付近かという　「記」　伊波礼の若桜宮
反正	柴籬宮	「河内の丹比」　大阪府羽曳野市丹比付近という「記」　同上
允恭	遠つ飛鳥宮	(記)。奈良県高市郡明日香村?。が不明という
安康	石上の穴穂宮	奈良県天理市田(記)奈良県天理市田町という

雄略	泊瀬朝倉宮	奈良県桜井市大字泊瀬——諸説あって不明という
清寧	磐余の甕栗宮	「みかくりのみや」奈良県桜井市から橿原市にかけての地という。不明
顕宗	近飛鳥八釣宮	奈良県高市郡明日香村大字八釣と、河内安宿郡飛鳥?という説もあり不明
仁賢	石上の広高宮	奈良県天理市石ノ上付近という「記」 同上
武列	泊瀬列城宮	「はつせのなみきみや」 奈良県桜井市初瀬の付近かという。「記」 列木宮
継体	磐余の玉穂宮	奈良県桜井市池之内あたりという。「記」 同上。その他、移動—山背の筒城、弟国
安閑	勾の金橋宮	奈良県橿原市曲川町という。 「記」 同上
宣化	檜隈廬入野宮	奈良県高市郡明日香村檜前(ひのくま)という。「記」坰檜 (ひのくま)廬入野宮
欽明	磯城嶋金刺宮	奈良県桜井市金屋付近かという。「記」 「師木島の大宮」桜井市金屋付近という
敏達	百済大井宮	大阪府河内長野市太井説と奈良県北葛城郡百済説があるという。「記」=他田宮(をさだ)
用明	池辺雙槻宮	奈良県桜井市阿倍という 「記」 池辺宮
崇峻	倉梯宮	奈良県桜井市倉橋という (記)「倉椅の柴垣宮」
推古	豊浦宮	「とゆらのみや」 奈良県高市郡明日香村豊浦という「記」=小治田宮という
舒明	岡本宮	奈良県高市郡明日香村の「岡」と、「明日香村雷・奥山」説あり
皇極	飛鳥の板蓋宮	「いたふきみや」 奈良県高市郡明日香村大字岡という
孝徳	難波長柄豊崎	大阪市東区法円坂町か 斉明元年(六五五)火災
斉明	岡本宮	欽明朝に同じ。「飛鳥岡本宮」という
天智	近江大津宮	場所・実態不明
天武	飛鳥浄御原宮	

二　通説の天皇の代替りごとの「遷宮」論

「万邦無比」の姿こそは『古事記』、『日本書紀』的日本史の本質的な姿である。「万世一系」の王朝など世界に存在しないだけではなく、別表に示したとおり神武から七世紀まで約六〇〇年間、天皇の代替りごとに「都」が動き浮動する姿は、世界史に登場する如何なる国家にも例がないものである。

もちろん通説にも天皇の代替り事の「宮」の浮動にかんして、理由説明がないわけではない。しかし、それを国際的な初期国家の「都城」と比較した議論はないのではないだろうか。国家・王朝には国ごとに個性があり、差異があることは事実であるが、同時に国家は国家であってそれに普遍的な性格もある。「万世一系」とか「王の代替りごとの〝都〟移り」などはないであろう。

その検証にはいる前に通説の一代ごとの「都」移りの説明を聞いておこう。

「一般的に前近代の諸国家における支配階級は、機構や制度を媒介とする結合および人格的・身分的従属関係を媒介とする結集という二重の形態において、階級として結集されるが、律令制以前の権力構造は大王と臣下との人格的従属関係を基礎とし、官僚的な秩序は未熟であった。血脈より人格・資質を重視して推戴された大王派、その人格的支配が強烈であったために、当代の大王が死亡した直後には必然的に権力の空白期間が生じ、『代替り』に伴う『職位の確認』といった支配機構の再編が必須の事業となった。『歴代遷宮』の理由も、死の穢を避けるためとするのが通説であるが、原理的には新大王が支配機構を再編するために行ったこうした事業の一環と考えられる。

さらに律令制下とは異なり、大王宮のみに政務遂行の拠点が集中していたわけではなく、皇子宮・妃宮および豪族居館などに分散し、寺・市・広場などでもしばしば行事が行われた。こうした段階における『京』においても、大王宮以外に宮・宅・寺・広場などが必要な要素であったが、大王宮の超越性が弱く、『代替り』に伴う支配機構の再編が不可避である以上、まだ整然とそれらが配置されておらず、その必要もなかったと考える。

律令制下の都城と比較すれば、諸機能の集中度は弱く、核としての大王宮が他の宮や宅と質的に異ならないために、広大な領域性・分散性・個別性を特徴として有していた。推古朝以降において飛鳥地域に大王宮が集中し、このような支配機構が『代替わり』を越えて条里制地割や条坊制地割という統一的な秩序なしに集積された状態が『倭京』的景観であったと考えられる。潜在的にはいうならば時々の支配層にとって必要な機能全体が『京』であり、その有機的な複合体が散在する範囲が『京城』であった」（仁藤敦史氏著、『古代王権と都城』、二三一頁、吉川弘文館、一九九八年。傍線は引用者）という説もある。しかし、こうした「代替わり」ごとの「都」の浮動が、世界にはない、という事実をさきに確認しよう。

国家の成立の姿は都城・京師の確立で示される、というのが世界史の事実である。一方では「大王」といいながら、他方では、「代替わりの遷宮は死の穢の回避」とか、「……大王宮の超越性が弱く……核としての大王宮が他の宮や宅と質的に異ならない」というのは極端な矛盾である。というよりは国家組織の未整備の姿そのものであろう。そもそも「代替わりの遷宮は死の穢の回避」というのが通説とされている姿は、国家を考察するに〝縄文時代をもってする〟感じがする。他民族は代替りごとに「遷都・遷宮」などしていないが、では他民族には「死の穢れ」思想はなかったのであろうか。日本の本土よりはるかに遅れて国家を形成し、また縄文・弥生的遺制も、本土に比較してはるかに後代まで残存した、古代琉球国家でさえも「代替りごとの遷宮」などはない。この古代琉球国家の歴史と言語、風俗習慣は、「こしらえて候」ところの『古事記』『日本書紀』的日本史から、真実の日本史を復原するうえで古代中国史料とともにきわめて大きな力をもつ。この実例をあとで「君が代」の探求で示したい。

なお、ここで古代中国の「首都」論を一瞥しておくことも「代替りごとの遷宮」を考えるうえで意味があると思われる。それは『日本書紀』が「大化の改新の詔」で、「初めて京師をおく」という重大なことを述べているからである。もちろん後述する。

王仲殊氏は三角縁神獣鏡の銘文の理解をめぐって、日本の学者の古代中国における「首都」概念の理解に、不正確さがあるとされて「京師」を論じておられる。「まず『京師』の二字から述べていきたい。『春秋』公羊伝恒公九年の条に、『京師』とは、天子の居るところなり。京とは何ぞや。大きいなり。師とはなんぞや。衆《おおき》なり』とある。中国古代には、複都の制度はあるけれども、しかし、京師の称は、だいたいは首都だけに限られ、陪都、あるいはその他の有名無実の都城は含まれない」(『三角縁神獣鏡』、一二〇頁)というものである。そうして「首都」とは天子の代替りごとに動くなど問題外のことである。

通説の「大王」概念と、「死の穢れを避ける」云々で理由づけられる「代替りごとの遷宮」の矛盾は、そもそも「都城・京師」がない時代の「大和朝廷」を王朝・国家と称するところから生じるのである。

「日本古代史学」の「都城」研究は、江戸時代にはじまるとされる。それは平安京や平城京等の図面・図書をもとにした研究といわれている。これから若干進むのは「宮や京の平面配置の変遷を律令制的官司機構の成立過程に対応させて、制度史的に考察しようとする方法があり、大きな成果をあげて、これが現在の都城制度研究の主流を占めている。――中略――律令制下の都城が、縄文・弥生時代以来どのような経過をたどって形成されたかを歴史的に再構成するという課題が存在する」(仁道敦史氏著、『古代王権と都城』、二頁、)という情況である。ここに今日の都城研究の到達点は、〃律令制下の官司機構の成立過程に対応した――都城制度研究が主流〃、すなわち八世紀以後が「主流」と指摘されている。

次に今後の課題として「縄文・弥生時代の都城」(?、引用者)から、律令下の都城への発展過程の解明があげられている。ただしあまり意味が分からないのは、「縄文・弥生時代の都城」とは何かである。縄文時代に国家はなく、したがって統治の中心としての都城はない、さらに「弥生時代」の国家の発生は都市国家的なもので、地域国家ではないという見地に本書はたつ。

以上であるがしかし、日本の「都城」研究の現状は、律令制下の時代が中心ということは判明する。つまり八世紀以降が中心であって、神武いらい七世紀いっぱい、天皇の代替りごとに「都」が浮動する姿を、世界史で〝国家の確立〟の指標とされている都城との関連から、かつ古代中国史料と『古事記』『日本書紀』の史観の対立を踏まえて探究するという視点は、通説には存在しないものである。

三　世界の初期国家と「都城」

ここでの問題は、王一代ごとに「都」が浮動する姿は、それが真の国家・王朝の段階と言えるか否か、という問題である。これは通説の通念からいえば、〝あまりにも馬鹿々しい〟、それこそ〝たわごと〟と見なされるのである。だがしかし、世界史の初期国家や古代琉球の三つの「中規模国家」と比較して、天皇の代替りごとに「都」が浮動する姿は、あまりにも特異な、まさに「万邦無比」の姿であることも事実である。これを不問にして「大王の世紀」、「都城の研究」といっても、それは歴史学としては課題を満たしていないであろう。

さて、世界史に登場する初期国家群は基本的には都市国家である。例えば殷王朝後期にかんして、「神廟を中心に西アジアの都市国家に似たものを形成……」（『世界の歴史・1』、貝塚茂樹氏著、八三頁）とある。したがって王の代替りや、古代民主制による議会の交代ごとに「都」を浮動させせようにも動き得ないであろう。まず『古事記』『日本書紀』の「日本史」では、神代の時代から大和朝廷が本土を支配している、すなわち地域国家とされているのである。ここが世界史の初期国家の姿と全く対立するのである。日本史には『古事記』『日本書紀』から戦後の通説にいたるまで、世界の諸民族と異なって初期国家としての都市国家群がないのである。ここに「記・紀」の「日本史」の「ウソ」が示されていると考える。その「ウソ」の表れが例えば後述する全国統治の軍事組織、徴税使やその体制の記載もない、すなわち国家組織の確立の明確な記述がないという、国家形成問題での不可解が生まれる由縁をなすのである。

まず、古代ヨーロッパから見よう。これは簡明だからである。古代ギリシャの有名な国家はアテネやスパルタである。この国家の名はその都市に由来していて、王であれ、議会であれ、その交代ごとに動こうにも動けないのである。これはローマについても同様である。この古代ヨーロッパ的都市国家のそもそもは、古代オリエントに端を発しているのは、あたかもヨーロッパ文明がそうであるようなものであろう。

(1) 古代メソポタミア地域

人類の国家・文化発生で一番古いのは、現在のところイラクのチグリス・ユーフラテス河を中心とする地方といわれている。ここではその南部メソポタミヤ地方でまず紀元前六〇〇〇年、いまから八〇〇〇年ぐらい前から開始された原始的農業時代の長大な時間のあと、シュメール人の都市国家群が紀元前約三〇〇〇年(いまから約五〇〇〇年前)に形成されたという。

初期王朝時代(前二八〇〇~一四〇〇年)は、ウルク期からジェムデト・ナスル期にかけて現れたという。これらの初期王朝時代の特徴は、都市国家であってエリドゥ、ウル、ウルク、ラルサ、イシン、ラガシュ、ウンマ、ニープル、キシュ、マリなどが有名とされる。「大和朝廷をおいては他に国家なし」という日本古代史学とは全くべつである。

古代オリエント史の「人類史的意義」が、ヨーロッパで指摘されている。それによれば、「お手本なしで、独力で人類最初の文明を築き上げた点」にあるとされ、その基礎は農耕・牧畜の開始と定住生活の確立、安定した食料の供給と文化(文字・数字)の創設であり、それが都市国家に結実したと指摘され、今日、人類文明とよばれるほとんどすべての基礎が現れたといわれる。いわば東洋と西洋の源流のような位置づけらしい。

こうして生まれた都市国家はその間の戦争が絶えず、それぞれの国家では「戦争などの重要な国事は、都市の長老たちや市民の代表からなる会議にはかって決定していたようである。このような政治形態にたいして、最近『原始的民主制』という言葉をあたえる学者もいる」(貝塚茂樹氏責任編集、『世界の歴史・1』、三三四頁、中央公論社、一九八五年)。

この「メソポタミアにおけるシュメール型(「原始的民主制」)の国家間の絶えざる戦争は、それらの国々を疲弊させ一時的企てがなされたものの、彼等が永続的な覇権を維持できないことを示した。前二三四〇頃、キシュから出たセム人征服者サルゴン一世は、古い都市の自治権を縮小し、新しい基礎の上に中央集権の最初の帝国を創始した。——セム人の行政官吏は地方の独自主義を覆した」(ピエール・アミエ著、『古代オリエント文明』、鵜飼温子氏訳、七七頁、白水社、一九九二年）。これが砂漠地帯を背景とする灌漑施設を不可欠とする農業を基盤とする社会の特徴とされる、「アジア的専制体制」の必然性をしめす歴史の経過らしい。

さて、重要な点は人類最初の都市国家を形成したメソポタミヤ文明は、古代ヨーロッパ文明がそうであるように、原始的農村集落以来、神殿（本来は祖先神を祭る神廟か？＝草野）をともなうのであって都市国家時代には、それはますます大がかりになるのである。たとえばシュメール人の都市国家の一つウルクでは、「偉大な女神イナンナにささげられた神殿（エアンナ神殿）が、地層の第五層から発掘されているが、それは縦・横八〇メートル×三〇メートルといわれる」。問題はその「層」が新しくなるほど巨大化し、「『第四層a』では二つの神殿に拡大されていた」（『古代オリエント文明』、四八頁）とあり、ここからみて王の代替わりごとに「都」を浮動させるなどは、シュメールの初期国家でさえ論外ということであろう。いわんやサルゴン王以降においておや、であろう。ここに参考までに紀元前約三〇〇〇前半（いまから約五〇〇〇年前）の、シュメールの初期王制都市国家ハファジェ遺跡の復元図（【図4】）をあげておく。とても王一代ごとに浮動するようなものではないのである。

（2）エジプト

次に古代エジプトである。古代エジプト史は、前三世紀エジプト人神官マネトが、当時のギリシャ系のエジプト王朝のプトレマイオス二世のために、ギリシャ語で著して献上した「エジプト史」が基礎（屋形禎亮氏編、『古代オリエント』、二五頁、有斐閣新書、一九九二年、第一〇刷）とされる。有名なギザのピラミッド（フク、カフラー、メンカフラーの王墓）は、初期王朝時代（第一～第二王朝、前三〇〇〇～二六五〇年）に続く、古王国時代（第三～第六王朝、前二六五〇～二一六〇年）期の第四期王朝の王達という。

「初期王朝時代の第一王朝」も伝承によれば、ティニス（中規模国家）出身の上エジプト国王メネスが、下エジプトを征服して王国を統一したとされ、これが統一王朝のもっとも古いものである。メネスは統一王朝を実現すると、上下エジプトの境界線付近に新都メンフィスを建設したと伝えられている（屋形禎亮氏編、『古代オリエント』、二六頁、有斐閣新書）。この新都は古王国時代の継続した首都とされている。メンフィスは別名〝白い壁〟（前掲書、一二一頁）とも呼ばれたという。すなわち「都城」という名が示すとおり、旧大陸においては初期国家以来、国

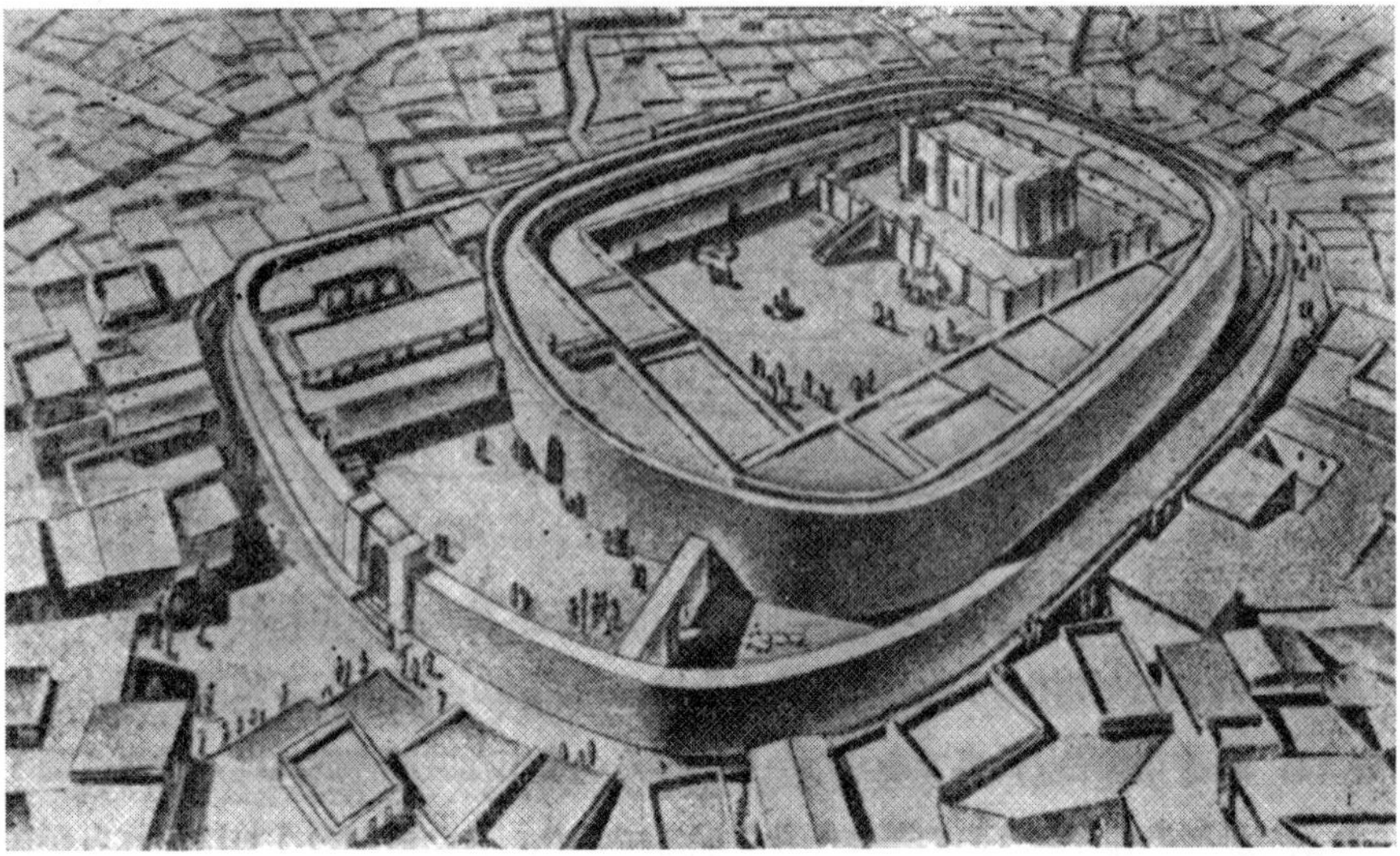
【図４】「シュメールの円形神殿」アファジェ遺跡の復元図

家は城壁を構えており、このメンフィスの「白い壁」は白い城壁を意味したのであろう。

このメンフィスは王の交代ごとに浮動するようなものでもなく、初期王朝時代の第一王朝の紀元前約三一〇〇年から、中王国時代の第一一王朝の紀元前二〇五五年まで約一〇五〇年間、首都として存在し、このあとテーベに首都は移った（『古代エジプトを発掘する』、高宮いずみ氏著、岩波新書、一九九九年、第一刷）といわれている。

またギザのピラミッドに埋葬されている王の名も、先述のとおりクフ、カフラー、メンカフラーと明快である。同時に、この時代のエジプトの国家の姿も、応神朝の姿よりはるかに明らかである。「第四王朝時代、貴族の大部分は国王と親族関係にあった。

国家におけるもっとも重要な職務——最高役人、軍司令官、宝庫長官、事業長官、著名な神殿の最高神官——は、しばしば王族の一員によってしめられていた」（ソビエト科学アカデミー版、『世界史』・古代1、二三四頁、監修者・江口朴郎氏、東京図書株式会社、一九六四年）という、アジア的絶対主義王朝の生き生きとした構造である。こうして古代エジプト国家の姿、その性格も、ピラミッドの埋葬者も明らかで、通説が基本的に日本列島統一の土台を形成したという応神・仁徳朝と比較すると、基本部分がすべて克明にといってよいほど明らかである。所在地も明快な都城は約一千年間の都であった。

この「エジプト史」は本当の意味での、中規模国家群、すなわちメソポタミヤのように統一王朝以前の多くの大小の国家群であるが、この姿は伝えられていないという。今日では「初期王朝時代の第一王朝」の前には、「ナカダII文化——ナカダ文化は前四〇〇〇年ごろ、バダリ文化に続いて上エジプトに出現し、この時期に灌漑農耕がはじまり貧富の差、階級分化がすでにあった——にはじまる地域統合の進行は、各地に首長を頂く部族国家（百余国的初期国家・引用者）をうみだし、それらが淘汰されていく過程のなかで、ナカダ、ヒエラコンポリス、ティニス、ブトなどの有力な『原国家』（本書がいう『中規模国家群』）が出現したと考えられる」（大貫良夫、前川和也、渡辺和子、屋形禎亮氏著、『世界の歴史』、「人類の起原とオリエント・エジプト文明の成立」、三八七頁、中央公論新社、二〇〇四年、三版。傍線は引用者）という。

同書（三八八頁）に上エジプト王を象徴する動物が、呪物や鋤で敵の城壁を破壊している大型化粧板の写真が掲載されている。この意味は、「原国家」でさえも頑丈な城壁を備えていたことをしめし、王一代毎に「都」が浮動するなどは論外であったことが示されていよう。以上の注からもエジプトも前約四〇〇〇年～前三〇〇〇年の約一〇〇〇年間、中規模国家群時代があり、そこには都城があったことがこの大型化粧版にしめされていよう。

(3) 古代中国

次が中国最古の王朝・夏である。夏王朝の実在性にかんしては一九五〇年代以降、文献記録が夏の中心領域の一つとした偃師県二里頭遺跡の発掘調査を契機として、その後、約三〇年間にわたる調査・研究の結果、夏王朝の支配領域が河南省西部から山西省南部までで、偃師県二里頭遺跡はその中心であることが明らかにされた。「二里頭文化は出土品と文化層の層位関係によって四期に分けられている。第一期は河南省西部の龍山時代（中国最古の階級分化遺跡）末期文化と類似するところが多く、最も新しい第四期の土器などは、殷時代の二里崗期初期の文化様相に似ているところがみられる。第一期から第四期に至る14C測定年代は紀元前二〇〇〇年から一五〇〇年までである。——14C年代測定では、文献に記録されている夏時代とほぼ一致し、分布範囲も夏王朝の範囲にぴったり合う。この二里頭文化は夏時代の夏族の文化である可能性が非常に強いということが、中国の学界では、ほぼ定説化している」（王巍氏著、『中国からみた邪馬台国と倭政権』、一〇頁、雄山閣、一九九三年）とされている。王氏によると「二里頭文化の最も重要な発見は二つの宮殿遺跡の発見である」。いささか長いが、日本ではつい最近まで単なる説話とされてきた、中国最古の王朝の「都」の姿である。『日本書紀』が記す数百年間にわたる、天皇一代ごとに浮動する「都」問題の意味を考えるうえでは、大変重要な意義をもつものと考えるので引用をしておこう。

　この宮殿遺跡は、「いずれも二里頭遺跡の中心部の宮殿区に位置する三期の遺構で、大型版築（土を人力で固く打ち固める工法）の基壇を有している。一号宮殿の基壇（長さ一〇八、幅一〇〇、高さ〇・八メートル）は、土が非常に堅くしまっている。基壇の中部北寄りに、さらに高い長方形の宮殿の基壇が検出され、柱穴が整然と配列されている。それによって、この殿堂は（東西三〇・四メートル、南北一一・四メートルで桁行き八間、梁行き三間《ママ》）、周囲に軒の差し出た大型木造建築であった。基壇の辺縁の近くに、スサ〔繊維質の材料〕入りの土壁とその内外両側に柱穴が発見され、回廊式の建築の基壇であることがわかる。基壇の南壁の真中に、門の跡と思われる桁行き八間の鳥居形の建造物の跡が発見されている。

　二号宮殿は一号宮殿址の東北一五〇メートルのところにあり、基壇（南北の長さ七三、東西幅五八メートル）の上は土塀で囲まれ、塀の内側に、回廊が、南に門があり、その中は庭苑となり、その中央北寄りに殿堂（東西長さ二六・五、南北幅七・一メートル）が発見されている。また東の回廊の下には、土製の排水管が検出されている。なお、宮殿基壇の近くで、石敷きの通路の一部が発見されている。二里頭文化三期に建てられたこの二つの宮殿址は最も古い大型宮殿であり、その形、宮殿の構成、建築方法など、初期の宮殿の特徴を表している。これが中国古代宮殿の造営の源流となり、後代の宮殿にさまざまな面で踏襲されている。

　ところで面積が一万平方メートルに達する版建の宮殿を築くためには、それを建てるに足る権力、大勢の人を調達する組織力を必要とする。また、それなりの生産や建築技術の発展もいる。二里頭文化の発見によって、少なくとも、二里頭文化三期の社会には、そのような強力な権力と厳密な組織力をもつ権力機構がすでに現れていたことを示しているのであろう。

　宮殿の規模は現在まで発見されている龍山時代の建物をはるかに凌駕し、建物の構成が中央部北側の殿堂を中心にしたことなどあきらかに、龍山文化時代の首長と性格が違う強力な王権が形成されたことを示唆している。最も大きな一号宮殿は政治活動を行う場だと思われよう。また二里頭遺跡の宮殿区域はほぼ七五〇〇平方メートルで、いままで数十基の版築の建物の跡が調査されている。

　これらはすべては王宮とは考えられず、王族、貴族の屋敷も含まれていただろう――中略――要するに、二里頭文化の三期はすでに階級社会にはいっており、そして階級社会の権力機構＝国家が成立されていたに違いなかろう――中略――ところで、二里頭文化三期が階級社会および国家の成立の始まりであろうか。必ずしもそうではない。二里頭三期の要素は三期に突如、現れたのではなく、二期にその端緒が見られる。例えば、二号宮殿の下で、二期の版築の基壇が発見されており、それとともに道路の一部も発見された。二里頭二期にすでに、版築の宮殿が築かれていたことは間違いない」（同書、一三頁、傍線は引用者）とある。

　さらに官僚機構についても「六卿」ならびに「正」「三正」「御正」「太史」などがおかれ、『史記』の「夏本紀」に「夏の虞の時より、貢賦を備う」とある（同書、九頁）と指摘されている。以上であるが重要とおもわれるのは次の諸点である。

①　こうした宮殿は王の代替わりごとに、移動できる性格のものでは断じてない、という点である。

②　引用傍線部分のように、王宮＝都城というものは王が独りでいるところではなく、王族はもちろん重臣等が屋敷を構え、いかなる事態でも朝廷の呼び出しに応じられるように整備されているはずであり、王の代替わりごとに重臣ともども屋敷もろとも浮動するなどは考えられないことである。

(4) 古代朝鮮三国

　さて、次が古代日本と関係の深い古代朝鮮三国の「都城」問題である。

新羅は、『三国史記』にしたがえば、その建国の神話時代（前五七年）以来、約一千年間にわたって、その「王都」と「宮殿」は「金城」である。『三国史記』新羅本紀によれば、神話的始祖の赫居世《かっきょせい》の「二一年（前三七）年王都を築き、金城といった」、「二六年（前三二）春正月、宮殿を金城に造営した」とある。つまり神話時代はおくとしても、この国が「建国」以来、金城を「王都」としたのは事実であろう。

百済は、神話的建国が前一八年。「国都」が「慰礼城」で以後一二代の王まではここを「王都」とし、一三代の「近肖古王」（三四六年即位）は「漢城」に遷都（ただし南北漢山の異説あり）、二二代の「文周王」は（四七五年）に「熊津」に遷都、二六代の「聖王」（五二三年）に泗沘城に遷都。六六〇年滅亡。

高句麗は、神話的建国が前三七年。「国都」は「卒本城」。一〇代の山上王（一九七即位年）「丸都城」に遷都。二〇代の「長寿王」（四一三年）は「平壌」遷都。六六八年滅亡。

以上であるが、これら三国とも王の代替わりごとに「都」を浮動させるようなことはない。

古代朝鮮三国の「都城」問題は『古事記』、とくに『日本書紀』の「新羅、百済、高句麗、貢奉る」式の記載が、「大和朝廷」にとっては完全に虚構であるという〝新事実〟を、浮かび上がらせる決定的要因と考える。後述する。

これらの考察は『古事記』、『日本書紀』に「前方後円墳」造営の記事がない事実、埋葬者が不明という事実、「前方後円墳」の古代以来の名が残っていない事実、「薄墓制の詔」で巨大「前方後円墳」造営者を「諸の愚俗」と罵倒している事実を、もっとも適切に説明するのではなかろうか。その意味は、巨大「前方後円墳」は都城一つない勢力に、築き得ないものであるということである。これは日本古代史学のいわゆる「コペルニクス的回転」を意味する。

（5）古代沖縄の三つの中規模国家の「都」

本土に比較すれば余りにも狭小な沖縄本島の三つの中規模な国家、すなわち北から「北山」「中山」「南山」という国家群の「都」の姿はどうであったか、この点を見ることは、一代限りの「都」の意味を考えるうえで重要な参考となるであろう。また、日本古代史は「日本」と銘打つのであるが、ほとんどの場合、琉球・沖縄の古代国家発展史を含まない。これは異常な姿であろう。沖縄が「日本」であるならば「日本史」に、琉球・沖縄の社会・国家発展史を必須のものとして加えるのが当然である。

琉球・沖縄の社会・国家発展史は、「日本古代史」とは全く異なって国家の発展の姿では、初期国家群から中規模国家群をへて統一王朝に発展するという点でも、また国家の水準・内容の探究では「墓」が中心ではなく、「都」の姿・内容が中心であるという点でも、「世界史」に登場する諸民族の国家発展史の姿と違和感はない。

琉球・沖縄史（以後・沖縄史という）では、本土の縄文時代にあたる時代を「貝塚時代」とよび、その後に「グスク（城）時代」が設定されている。つまり無階級社会（この評価は単純ではないが）たる「貝塚時代」から、グスクの出現を階級社会の成立とするのである。このグスク時代が本土の古代史にあたると考えられる。とはいえ本土の姿をモデルにして、「沖縄史」を眺めるのは今のところ逆で、古代史においては「沖縄」をモデルにした方が、はるかに日本民族の原始から古代社会成立の過程の解明では科学的と考える。

「日本古代史」は『古事記』『日本書紀』によって、本土の歴史が徹底的にゆがめられ、『世界史』の国家発展史とは全く共通性のない「一元史観」が絶対とされ、日本民族の歴史をそれに無理に当てはめようとしている。これにたいして「沖縄古代史」と『おもろさうし』等の記録は、そこに日本民族の一枝である古代沖縄人の赤裸々な姿が、歪められることなく示されているので、本土の歪められた古代史の真実を復元するにあたって、もっとも信頼に足る参考資料と考えるものである。

グスクの姿

沖縄の国家発展史の象徴であるグスクをみると、天皇によって正規の太子とされている者が、臣下などの策動によって追われて家臣の家に逃げこむ等の『日本書紀』の記事（安康紀・木梨軽皇子）は、その「都城」の姿からみてあり得ないことと思われる。沖縄のグスクは一一世紀ごろから現れるといわれるが、三つの中規模国家に収斂した一三世紀ごろの時代を「大型グスクの時代」という。そもそもグスクというのは、珊瑚石灰石を中心に石を組んでつくる城塞であるから、多少とも大きなものは人間の一代限りで、あっちこっちに気ままに作れるようなものではない。

「城塞的グスクがいつから発生したのかはっきりしないが、貝塚時代後期のグスク的遺跡から徐々に発展してきたと考えられている。そして一三世紀にはいると、大型化・複郭化・定式化を達成した大型グスクという大きな画期を迎える。大型グスクの出現は、その城主を中心とした政治的社会が成立したことを意味する。――中略――さて、大型化・複郭化・定式化をとげた大型グスクとは、具体的には面積が二〇〇〇平方メートル以上で複数の郭から構成され、その中核的施設として正殿と御庭《うなー》という大型建物とこれに対応する広場があり、その他に聖域や倉庫などを備えた、内部構造的に定式化した城塞的グスクである」（豊見山和行編、『日本の時代史・18』、「琉球・沖縄史の世界」、一〇五頁、吉川弘文館、二〇〇三年。傍線は引用者）。

ここで初期中山王国の「浦添グスク」の調査報告の一部を同書から引用しておこう。この「初期中山国」は後の一五世紀に、他の二つの中規模国家である「北山」「南山」国を併合して「琉球王国」を創設するのであるが、ここで述べるのは三山時代（三つの中規模国家群が併存）とよばれる「初期」の中山国家のグスクである。したがってこの中山国を例に考えれば天皇国家の場合、「仁徳陵」なる巨大「前方後円墳」を構築する時代には、この中山王国のグスクの少なくとも数十倍程度の巨大都城を、形成していなければならない理屈である。

一四世紀後半には「堀で囲まれた浦添グスクの面積は四〇〇〇〇平方メートルを越える。三山統一後に整備された一五世紀の首里城でも二万六〇〇〇平方メートルにすぎないから、浦添グスクが抜群の大型グスクだったことがわかる。浦添グスクのもう一つの調査成果は、浦添が王都首里（琉球統一王朝）の原型と考えられることだ。三山統一を達成した第一尚氏が整備した一五世紀の首里には、王宮の周辺に王族の屋敷、王陵、寺社、大きな池などがあったが、これらの施設が浦添グスクの周辺にも認めれている。

中山王陵浦添ようどれ（墓地）、極楽寺跡、魚小堀、一四〜一七世紀の豪族の屋敷跡（当山東原《とうやまあがりばる》）、グスク時代の集落跡ないしは屋敷跡（仲間後原＝なかまくしばる遺跡や浦添原〝ばる〟遺跡）がある。――浦添が最大の大型グスクの所在地というだけではなく、『王都』としての性格をもつ――」（前掲書、一一〇頁）とある。古代沖縄において浦添グスクが如何に大きいといっても、あくまで沖縄本島の中規模国家の一つという性格が根底にあろう。こうした国家でも明確な「王都」を形成しているのである。この浦添グスクは王の代替わりごとに浮動する「都」ではない。

次に、この中山国と対決して最終的には亡ぼされた北山国の「王都」の概略もみておこう。今日もその全容をとどめる「今帰仁《なきじん》＝グスク」である。沖縄最古の巨大グスクといわれ、現在、七八八六九平方メートルが史跡指定されている（『城＝グスク』、沖縄県立博物館友の会、四六頁、一九九四年）。北山城とも呼ばれているこのグスクは何時、だれが建設したかは不明でいろいろと伝説がのこっているとされる。歴史的に明瞭になるのは、中国の『明実録』や沖縄の『中山世鑑』『中山世譜』の記録からで、一三八三年（明の洪武一六）怕尼芝《ハクニシ》という人が、それ以前の「今帰仁世の主」（城主・怕尼芝の従兄弟）を追い出して北山王にすわり、その王朝の三代目（四代説もあるという）の攀安知《ハンアンチ》の一四一六年に、中山王の尚巴志に亡ぼされたという。この後は尚巴志によって護佐丸という人物がこのグスク、すなわち旧北山国の監守になり、その後も支配の拠点となり、一六六五年に廃城となっているという。すなわちこの「今帰仁グスク」というのは、北山国時代でも王朝が二つ程度は代わったが、その間も「王都」として使われ、第一尚氏時代にも機能はひきつがれたわけである。

この「今帰仁グスク」は、

①「八つの城郭から成る『多郭式』（連郭式）の城で、沖縄に現存する城跡中、一番に城郭の多い、そして複雑な縄張りをもってきずかれた城である」（新垣徳祐氏著、『沖縄の城跡』、三三頁、緑と生活社、一九七九年、以下傍線は引用者）。

②「今帰仁城」は、「世界遺産」に登録されているが、遺跡面積約七・九ヘクタール、家臣団の家や下町をいれて三三・二ヘクタール。

③「この城跡は東がわが後背になっていて、そこは凡そ七、八〇メートルの高さの断崖が続き、この断崖をたくみに取り入れて築かれた城で……城内の最も高い位置を占めているのは、本丸のあったところで――中略――本丸跡につづく北がわは、御内原というところで、ここには、城のすべての祭りをとりおこなう女神官たちが住んでいたとつたえられ、礎石や基壇が残っている。――この御内原は男子禁制の神聖な

今帰仁城（なきじんグスク）平郎門

今帰仁城平郎門左手の城壁

場所として、畏敬されたという。本丸の前方、一段と下がったところを「大庭《ウフミャー》」という——その北がわに北殿、南がわに南殿の跡がのこっており」(『同書』三一〜三五頁)とされている。特筆すべきは、このグスクが武家屋敷や「城下町」をともなっている点である。

古琉球の中規模国家成立史は小規模国家群から初期王朝成立の過程を、本土に比較してより現実的に考察しうる特徴があり貴重に思える。中国・明はこれを他の世界の国家と平等に遇したとある点でも興味深いものがある。なお重要な点は沖縄の古代国家はこの巨大グスクを拠点として、第一に外国との、特に鉄の輸入をめざした交易に従事し、第二に水田開発の拠点となるなど、王朝の経済的発展に意を注ぎ、その点では収奪の面と「国民」と利害関係を一致させる側面とが、溶け合っているという性格をもっていたらしい。沖縄の万葉集といわれる『おもろそうし』に、数多くの「王讃歌」が残っているのも根拠のあることのようである。

次が南山王国でその支配地は島尻地方(今日、糸満市が中心)であって、そのグスクは「高嶺城跡」とか「高嶺大里城跡」といわれ、糸満市(もと高嶺村)にあり、中国の『明史』や朝鮮の『李朝実録』にも記載されている（『沖縄の城跡』、八六頁）。『沖縄の城跡』には引用頁に「南山城跡」という石碑の写真が掲載されている。

以上、古代沖縄の「王都」を概略的にみてきたが、そのいずれも王の代替わりごとに浮動するような性格をもっておらず、王朝交代があっても「王都」、ないしは支配の拠点として機能しているのである。国家とはどこでも最古は王朝であり、これらの王朝は王の世代交代ごとに「都」が浮動するものではないのが普遍的な姿であって、王の代替わりごとに「都」が浮動する姿は、この「王朝」がはたして国家というべき段階に達していたかを、根本的に疑わせる〝客観的な要素〟である。

（6）国家と都城

以上を直視すれば『古事記』、『日本書紀』が何を語り、何を語らなかったか、さらに通説の視野にはどんな特徴があるか、自ずから見えてくるものがあるのではなかろうか。先述の仁藤氏の「代替り遷宮」にかんする引用文の、「一般的に前近代の諸国家における支配階級は、機構や制度を媒介とする結合および人格的・身分的従属関係を媒介とする結集という、二重の形態において階級として結集されるが……」と、天皇の代替わりごとの「都」移りの検討の冒頭に、「前近代の諸国家」と一見、初期国家の普遍的な性格に関連する文言が見えるが、その「前近代」とは、いつの国家や支配階級をさしているのかは分からない。しかし、世界史の事実は「前近代」以前の初期国家でも、王の代替りごとの「遷都」などは存在しないのである。

ここに参考までに『続日本紀』元明紀（和銅元年二月）の、「平城京遷都の詔」から、次の一節を蛇足ながらあげておこう。「昔、殷王五たび遷《うつ》して中興の号を受け、周后三たび定めて、太平の称《な》を致しき」（『続日本紀二』、新日本古典文学大系、一三一頁、岩波書店、二〇〇五年、第九刷）とある。殷はいまから約三五〇〇年まえから、約五〇〇年間続いた王朝である。その遷都が五回に過ぎないというのである。周は、西周・東周あわせて約八〇〇年間存続した国家である。したがって「前近代の諸国家」云々では、天皇の代替りごとの「都」移りは説明できないのである。

軍事力

さて中国最古の国家である夏の国家組織が不完全ながら記されていた。「六卿」ならびに「正」「三正」「御正」「太史」などがおかれ、『史記』の「夏本紀」に「夏の虞の時より、貢賦を備う」とあると指摘されていた点も述べた。

　またエジプトの古王国の有名なギザのピラミッドに埋葬されている王は、古王国時代（第三〜第六王朝、前二六五〇〜二一六〇年）期の第四王朝の王たちとされているが、その時代のエジプト国家の姿も、先述のとおり、「最高役人、軍司令官、宝庫長官、事業長官、著名な神殿の最高神官」とその組織の骨格は明らかである。国家は支配階級の統治の機関・道具であるが、それは支配階級とその頂点にたつ王権の意志を国民に押しつけ、また他国との戦争に備えて、まずは軍事力とその組織・体制の確立が基礎である。また、この軍事力を把握・整備して如何なる事態にも即応する体制が不可欠である。第二にはこうした軍事力等を整備・保守し王権を支えるためには徴税とその仕組みが必要である。第三には王権には、それを神聖化し合理化する知識階級が必要であるが、古くはそれは王を頂点とするそれぞれの民族の、宗教とその組織が担当した。

　したがって国家の存在の客観的な指標の一つは、文献史料等にある国家組織の確認であろう。ところがこの決定的な点で『古事記』、『日本書紀』の記述は、曖昧模糊として通説のなかでも次のような議論を生み出す結果となるのは、天皇の代替りごとの「都」移りという姿に照らして当然である。まず軍事組織である。これがおよそ天武天皇ぐらいから以降はじょじょに判明するが、それ以前は、「大和朝廷」には全国統一を云々する水準での、軍事組織も軍事力も明らかではないのである。

　通説は戦後、この問題に取り組み、靫負《ゆげい》軍や舎人軍が天皇国家の軍事力である云々とし、靫負軍の元締めは大伴氏であるとか、舎人軍は関東の国造の子弟による親衛軍であるとかいうのである。しかし、これらはそもそも「天皇国家唯一史観」を金科玉条とし、「五世紀の大和朝廷の日本統一」を不動の前提にした史観にたって、「記・紀」の片言双句を事実として解釈したものに過ぎない。「記・紀」が、はるかに後代の現実をあたかも昔からの、「天皇国家」の事実であるかのように記載している例は通説内部からさえ指摘されている。こうした「記・紀」の文言を事実の記録と解して、「五世紀の統一」論に立って軍事力を「考察」しても、通説内部に次の混乱と矛盾がおきるのはいささかの不思議もない。

　ちなみに日本統一の基礎を築いたと通説が一致している「倭の五王」の時代、「すなわち四世紀末から、五世紀初めにかけての軍事機構を、だれ一人口にしないのである。——中略——現在の研究者の成果をもってすると、全国的な基盤の軍事機構をもたない全国統一国家の存在ということになる。五世紀前半の時代では、一個の空中楼閣（日本統一説は。引用者註）と私には思われる。この点を門脇禎二は最近（一九六七年）はっきりした言葉で反省している。『日頃、早い時期から専制国家体制の形成を主張しているわたしのことゆえ、自己矛盾といわれるかもしれない……（が）……五、六世紀の日本に基本的には専制国家体制が成立していても、その支配体制の版図は、地方小君主の個々の地域支配を離れてはありえなかった』——考古学・文献を利用しての五世紀史に対するこれまでの研究を包括的に批判できる立場がここにあると思う」（藤間生大氏著、『倭の五王』、七九頁、岩波書店、一九六三年、一九版。傍線は引用者）という、「マルクス主義の歴史学」にたつとされる藤間氏の指摘には、五～六世紀の「大和朝廷」には、全国統一を行う軍事力・軍事組織が通説の学者でも確認できない、ことを示す例とみることができる。しかし、もちろん藤間生大氏は「天皇国家唯一史観」の学者である。

国家組織

周知のとおり通説では「倭王・武」を雄略天皇と称して、「五世紀の全国統一」を定説とするのである。ところがそのあと八世紀の律令制度確立まで、約三〇〇年間にわたって、「大和朝廷」の全国的な支配体制とその組織形態がわからない、というのである。これははなはだ奇怪千万なことではなかろうか。そもそも統一とは、どんな政治勢力がどの政治勢力を如何にして征服し、どの範囲をどのような体制で支配しているか、これが判明してこそ言えるものであろう。その肝心の〝どんな勢力を征服し、どんな体制で支配しているか〟という「統一問題」の肝心要の問題が一切わからないというのであるから、これがどうしていったい統一といえるのか、という根本的な問題があるのである。

井上光貞氏は七世紀以前の国家機構の探求として、その著書『日本古代国家の研究』（岩波書店、一九六五年、第一刷）で、『日本書紀』推古紀の冠位一二階位問題を論じて、その冒頭で「大化前代の国制について、確実にその制度の存在を確認できるものは少ない。まして、その制度の制定された時期のわかっているものはごく稀である」（同書、一八三頁）とされ、さらに「日本古代国家の国制は、七世紀末に完成した律令国家にかんしては、これを細かく知ることができるが、これに反して、——律令以前の古代国家については甚だ不分明である——じっさいに推古朝の国家、大化の改新期の国家がどのようなものであったかという問題の解明は、全く将来の問題に委ねられているといってよい」（同書、一一頁）とさえいわれる始末である。

　この間の国制問題、地方の行政組織は、井上光貞氏の「国造、県主・稲置」の二段階的行政組織か、それとも上田正昭氏の主張である「県主」（三〜五世紀までヤマト朝廷の地方支配体制でその後は国造になり、六〜七世紀の県主は三〜五世紀の県主の単なる遺制という）かという、論争が未解決のまま今日にいたっているのである。五世紀には「大和朝廷は全国統一をした」（津田左右吉氏）等という説を、通説は満場一致で採択している。なのに七世紀末になって「権力構造の実態がまだまだ漠然としているのは何故か」（『日本古代国家成立史の研究』、一二三頁）とか、井上、上田論争をめぐって国家機構がどうであったか、「現在のところ学会はその帰結するところを、いまだ明らかにしていない」（岩波講座・『日本歴史・古代3』、八三頁、一九六七年）などとし、これが現在も続いているということは、実に「大和朝廷の五世紀・統一論」が実際には破綻していることを示すという以外にないであろう。

（7）八世紀と大和朝廷

こうして軍事力の点からも、国家の支配体制・行政組織の面からも、「大和朝廷」の全国統一とその推進力等は、事実上、全く不明ということである。これが端的に語られているのが実に、天皇の代替りごとに「都」が浮動したという『古事記』、『日本書紀』の記事である。考えても見よう。そもそも全国統一を遂行するに足る勢力が、王の代替りごとに「都」を浮動させるものだろうかと。通説の「日本列島の統一」と軍事力の存在をめぐる混乱は断じて偶然のことではなく、そもそもそんな水準にはほど遠い「大和朝廷」の実体を露骨に示すものが、「天皇の代替りごとの都の浮動」という「記・紀」の記載である。これこそ当時の「大和朝廷」の姿の「事実の記載」である。

　「大和朝廷」の考察で各分野・各課題で不思議と一致する一つの線がある。それは「八世紀」である。都城問題でも律令問題でも軍事問題でも、また大和朝廷の正史である『古事記』、『日本書紀』の成立でも、「八世紀」はクッキリとした明確な一線をなしている。しかし、いったい何故「八世紀」なのか、これを問う「日本古代史学」は存在しないし、し得ないのである。なぜならば「万世一系の大和朝廷」の論証こそが、通説・日本古代史学の「学」たる由縁だからである。こうして都城もなく軍事組織も徴税組織も統治の仕組みも分からない七世紀以前と、そのほとんどが出揃う八世紀以降とという異質のものが、「万世一系」という接着剤でかためられているのである。日本古代史学の謎は「なぜ八世紀なのか」という点にも示されるのである。

(8) 卑弥呼の国家との対比

この項の最後に、「魏志」倭人伝の国家の姿を記して、「大和朝廷」と対比しておこう。

①「女王国より以北には、特に一大卒を置き、諸国を検察せしむ。諸国これを畏憚す。常に伊都国に治す」

②「宮室・楼観・城柵、厳かに設け、常に人あり、兵(武器)を持して守衛す」

③「(卑弥呼)王となりしより以来、見るあるもの少なく、婢千人を以て自ら侍らしむ」

④「租賦あり、邸閣あり、国国市あり。有無を交易し、使大倭これを監す」

⑤「国中において刺史の如きあり。王、使を遣わして京都(洛陽)・帯方郡・諸韓国に詣り、および郡の倭国に使するや、皆 津に臨みて捜露し、文章、賜遺の物を伝送して女王に詣らしめ、差錯するを得ず」

以上のように記されている。『日本書紀』の天皇の代替わりごとに名だけが記される「宮」なる「都」とは、全く異質な、しかも世界の都市国家の基本的な要素は全部そなえた姿である。第一に国家の基本的要素である軍事力が、「一大卒」として特記されている。第二に、王の居城が「宮室・楼観・城柵」があたりを圧して厳然たる姿であり、常に守衛が武装して防衛しており、王宮には卑弥呼の他に女性が一〇〇〇人規模で生活(これは中国側の記録で「婢」とあるが、本当は沖縄のグスク内の女性神官群と似たものではないかと考える)し、第三に、租税・賦役をあつかう役所があり、邸閣――武器庫という説があるが――が並び、国ごとに市があり、交易を監視している使大倭という役人がいる。第四に、刺史に似た役人がおり、今日の外務省のように中国(魏)や韓国の諸国との外交の際の管理をして、文章等が間違いなく卑弥呼に届くようにされている、というのである。整然たる国家の姿であって、およそ『古事記』『日本書紀』に、これに類似した記載はいっさいないであろう。これは拙著『二世紀の卑弥呼――「前方後円墳」真の構築者』でふれたところである。

同時に強調されるべきは、『宋書』倭国伝には、この「倭国」が強大な軍事力を背景に、日本列島の征服活動を行っていることが次のように述べられている。「昔より祖禰躬ら甲冑を擐き、山川を跋渉し、寧処に遑あらず、東は毛人の国を征すること五十五国、西は衆夷を服すること六十六国、渡りて海北を平ぐること九十五国」である。しかし、『古事記』『日本書紀』にはこれに該当する、戦争と征服の具体的な史実とされる記事もないのである。

Chapter 8

第8章

「倭国」の都城

一 「新羅・百済、俀を――大国となし」

これは『隋書』俀国伝の一節である。正確には「新羅・百済、俀を以て大国にして珍宝多しとなし、並びにこれを敬仰し、恒に通使・往来す」である。『古事記』、『日本書紀』には応神・仁徳天皇ぐらいから、盛んに新羅・百済が「貢奉る」式の記事にあふれ、『隋書』のこの一節を読んでも、「フンフン、その通り」という感覚になるのである。

しかし、「大和朝廷」の「都城」「京師」は、七世紀（六四六年・孝徳二）の「大化の改新の詔」、すなわち蘇我氏の滅亡の直後に「其の二に曰はく、初めて京師（都城）を治め、畿内国司・郡司・関塞《せきそこ》（＝守塁・出城?）・斥候、防人、驛馬《はいま》、傳馬を置き、鈴契《すずしるし》（＝駅馬・伝馬を利用する際の手形?）を造り、山河を定めよ……」（『日本書紀・下』、二八〇頁、傍線は引用者）という、まことに奇妙な内容の「詔」に初めて現れるのである。なぜ「京師・都城」の設置が、蘇我氏の滅亡のあとに「初めて」と、「詔」において強調されるのか、本来は、これがこの時代の「日本史」の根本問題ではなかろうか。『日本書紀』自身が六四六年、「大化の改新の詔」で

「はじめて京師をおさめ」と「はじめて」を強調して「京師・都城」を云々している以上、「大和朝廷」の首都の確立は、八世紀以降でしかありえないことは云々するまでもないであろう。孝徳天皇自身が難波長柄豊崎の造営をしたとある。これについて直木孝次郎氏は、「その長柄豊碕宮をかこんで官吏の邸宅がたちならび、日本ではじめて都城といえるものが難波の上町台地の上に成立しかけていた」（『日本の歴史・2』、中央公論社、二二一頁、傍線は引用者）と述べられている。問題は、この「宮」自身もささやかものであるが、それ以前には、「都城・京師」すなわち「首都」がないと、「大化の改新の詔」がのべているのである。これほど間違いのないものはあるまい。

これに反して新羅、百済は、この七世紀の半ばの時点で「大和朝廷」より、約七〇〇年も前から都城を構えていることは、さきに述べた。新羅は金城、百済は何回かは遷都をしている。日本古代史以外の「世界史」では都城の出現が国家確立の一つの指標であるから、これに照らせば「大和朝廷」よりはるかに早く国家を確立していることになる。

したがって朝鮮諸国が、都の造営は「私事」という応神時代はいうまでもなく、都城のない七世紀以前において、「大和朝廷」を「倭を以て大国にして」などというであろうか、という点が重要なのである。私は、都城を約七〇〇年も先に確立している朝鮮諸国が、「京師」一つないと自認している七世紀以前の「大和朝廷」を、「大国」と認識し敬仰するなどは、断じてあり得ないと考えるものである。通説の姿はたとえれば旧制の大学生が、小学校五～六年生を「学力で目上として尊敬」というようなお話を思わせるのである。現に『日本書紀』はもちろん通説においても、「倭国伝」の「後宮に女六～七百人……」にかんして、記述もなければ論及もない。こうして都城問題の方面からも七世紀以前においては、新羅・百済が「大国として敬仰した」国は、「大和朝廷」ではあり得ないという地平が開けるのである。これは「日本古代史学のコペルニクス的転回」の、いっそうの徹底ということになる。

二　都城と「海北道中」問題

以上の考察は、では誰が、どこに「大国」にふさわしい都城を構えていたか、ということに答えるという、いわば義務を生じさせる。こういうと江戸時代から――むしろ多くの人々は『古事記』、『日本書紀』以来約一三〇〇年間——歴代の著名な学者が研究を重ねて、明治維新以降は小学校から教えられ、全国民的に認められている「古代大和朝廷」という、不動の確認事項に不信をいう妄言の類と思われるかもしれない。しかし、これまでも述べてきた積もりであるが、「多元史観」の主張には、いささかも鬼面人を驚かせるようなものはなく、いわば文献的に立証でき、考古学的にも確証されたものであって、かつ日本民族もまた世界史と普遍性を共有しているという、日本民族を世界史の一構成者と考える当り前のことを言っているに過ぎない。

さて「倭国」の都城という、通説の古代史からいえば問題にもならないことを取りあげるのであるが、ここでも本書は当初からの立場であるが、文献と科学的考古学の一致という一点に歴史探究の基礎をおく、世界と共通の歴史科学の立場をとる。

「海北道中」問題

日本古代史学で日本民族の最初の国家がどこで誕生したかという基本問題を考える上で、一個の急所は「海北」という方角の問題なのである。これを列挙すれば、

①「日本神話」「天降り」先の「豊葦原の千秋長五百秋の水穂の国」(古事記)の所在地問題である。これはすでに水田稲作の始原とそれの日本列島への展開が、「遠賀川式(系)土器」によって確認され、筑紫こそがその中心地であること、これは文献的には、「此地は、北は韓国に向かい眞来通りて」(記)とある点を、古田武彦氏が『盗まれた神話』で解明された点は述べた。江戸時代以降の近世~現代の日本古代史学は、これを解明し得なかったのである。

②『三国志』魏志・倭人伝中の「以北」問題である。「女王国より以北には、とくに一大率を置き、諸国を検察せしむ。諸国これを畏憚す。常に伊都国に治す」「女王国より以北、その戸数・道里は得て略載すべきも、その余の傍国は遠絶にして得て詳《つまびら》かにすべからず」。これと対比されるべきものが、「次に奴国あり。これ女王の境界の尽くる所なり」、「その南に狗奴国あり。男子を王とす」である。

これらの方角記載はすべて、「女王国」の都を中心に述べられていることは、云々を要しないと考える。この考え方からみれば、「女王国より以北には、一大率を置き……常に伊都国に治す」の、「以北」が「女王国」の領域に朝鮮半島をもふくむ、その意味で朝鮮半島を指すのである。ここから「女王国」の都は筑紫——太宰府付近か——であり、その西の「伊都国」には「一大率」が常駐し、

その伊都国は、同時に「郡使の往来、常に駐まる所」でもあり、さらに「女王国」の南には、南九州を多分領有する狗奴国がある、という理解に達し、そこには北九州を中心とする、三雲南小路遺蹟や須玖岡本遺蹟などのわが国最初の階級分化の明らかな遺蹟群、ならびに金印と一体の「倭奴国」など、古代日本文明発祥・発展の地がクッキリと浮かび上がるのである。

これに反して近畿大和説に立って理解すれば、「以北」はどこか。原文の方角を堅持して読めば、京都、滋賀、福井県あたりとなる。まさか現在のウラジオストックなどというのではないであろう。しかし、近畿中心の視点ではこの「以北」と、この諸国が「畏憚す」る一大率が「常に伊都国に治す」という記載とは、いわば整合性を欠くことになろう。近畿説も「伊都国」を筑紫の西としているからである。また、南の「狗奴国」はどこかということになる。地理的には和歌山県あたりになる。しかし、熊襲が紀伊半島にいたとは聞いたことがない。

通説は、「邪馬一国・近畿説」「東遷説」ともに、文献研究での本居宣長式主観主義を基盤とし、実証主義的研究では、近畿大和地方が水田稲作で北九州・九州にはるかにおくれている点を「土器編年」で取りつくろい、また「近畿説」は近畿地方の「土器編年」の「弥生」遺蹟に、階級分化の遺蹟が基本的にないという厳然たる事実を、「三角縁神獣鏡」＝魏鏡説にたって「前方後円墳・大和朝廷造営説」で隠蔽するなど、観点・方法ともに主観主義に根ざすものである。

③「倭の五王」の「都」の所在問題である。この問題を文献への批判的検討から提出されたのも、古田武彦氏（『失われた九州王朝』、「Ⅳ『分国論』と倭の五王」――「海北の国」）である。

『宋書』倭国伝の倭王武の上表には、この王が自分の「都」の位置をふまえて、簡略ながら日本古代史解明で決定的な意義のある「倭国史」を述べている。「昔より祖禰《そでい》躬《みずか》ら甲冑を擐《つらぬ》き、山川を跋渉《ばっしょう》し、寧処に遑《いとま》あらず、東は毛人を征すること五十五国、西は衆夷を服すること六十六国、渡りて海北を平ぐること九十五国」（傍線は引用者）である。

いうまでもなく、通説はこの東西を近畿大和にたって、〝西は九州、東は蝦夷〟と一致して「理解」している。しかし、通説の「理解」では、「渡りて海北」と「西・東」が両立しない。この「渡りて海北」とは朝鮮半島をさす方向指示である。したがって通説のように近畿大和を中心に理解すれば、朝鮮半島は「渡りて海西」の国とされなければならないことは言うまでもないであろう。それともあくまで近畿大和に立って、「渡りて海北」の国をいうとすれば、ウラジオストック方面しかないであろう。はたしてそうだといわれるのであろうか。

『日本書紀』『古事記』は近畿地方から朝鮮半島をいう場合、例外なく「海西の国」としていることは周知のことであり、またそれは当然である。さらに北九州に立って「海北」の方向を指示したものは筑紫～朝鮮半島の方向としている。これもまた当然であろう。「東西南北」にイデオロギーなどは存在しないこと、あたかも放射性炭素14C年代測定値に、イデオロギーがないのと同然であろう。

「(仲哀)天皇、筑紫の訶志比宮に坐しまして、熊曾国を撃たむとしたまひし時、天皇……神の命を請ひき――神がいうには――『西の方に国有り。金銀を本として、目の炎耀《かがや》く種々の珍しき宝、多《さわ》にその国にあり。吾今その国を帰《よ》(＝帰服さ)せたまはむ』とのりたまひき。ここに天皇答へて白したまひしく、『高き地に登りて西の方を見れば、国土は見えず、ただ大海のみあり』」(『古事記』、仲哀記、傍線は引用者)。『日本書紀』では、この「西の方に国有り……」云々を、「是を栲衾《たくぶすま》(＝新羅の枕詞)新羅国といふ」としている。

つまり『古事記』は、天皇は筑紫にいるとことわりながら、新羅・朝鮮半島を「西の国」、すなわち近畿大和からみた方角で書いているのである。したがって「倭王武の上表」の〝北・東・西〟を、大和に立っているというのであれば、当然、朝鮮半島は「渡りて海西の国」となっていなければならない。

史的唯物論に立って日本古代史を探究すると公言された石母田正氏は、「学問的仮説は、いつでも理論的に首尾一貫していることが要求される。一人の学者にとって、ある問題についての仮説と、他の問題についての仮説が、異なった立場からたてられているというようなことは、学問の世界ではありえない」(『古代末期政治史序説』、三頁、未来社、一九六四年、第一刷)といわれるのである。まったく賛成である。

しかし、この当然な指摘が石母田正氏自身に当てはまるためには、たとえば「倭の五王」研究では、「北　西・東」問題を考察する際に、朝鮮半島は「記・紀」では「渡りて海西」と書かれ、それは地球の方角の現実にそっている。したがって朝鮮半島を「海北」という「倭王武」の一節は、北九州を原点とした表記であって、この上表の「北、西・東」を近畿大和に立ったものという認識は、文献上も実際の方角からも間違ったもの、とされる場合でなければならないであろう。

氏がいわれる「一貫性」の理論に立てば、一学者ではなく一国の歴史学が、一方では、近畿大和に立てば朝鮮半島は「西」の国であると認め、他方では、朝鮮半島を「北」としている表記を、「近畿大和にたっているとするのが正しい」と一致して主張することは、「地理の方角からあり得ない」のみならず、「学問の世界ではありえない」というべきではなかろうか。しかし、石母田氏もまた「学問の世界ではありえない」側にたっておられるのは周知のことである。

さて次に、日本書紀が「海北」にかんしてどう書いているかである。

日本書紀（一書、第三）には、「……即ち日神（天照大神）の生ませる三つの女神を以て、葦原中国の宇佐嶋に降《くだ》り居さしむ。今、海の北の道の中に在《ま》す。号《なつ》けて、道《みち》主貴《ぬしのむち》（＝道中の神という）と曰《まう》す。此筑紫の水沼君（筑紫の豪族という）が祭る神、是なり」（『日本書紀・上』、一一一頁、傍線は引用者）。また、この三女神にかんして「一書第二」として、「乃《すなは》ち日神（天照大神）の生《な》せる三の女神を以て、筑紫洲に降《あまくだ》りまさしむ。因《よ》りて教えて曰はく。「汝《いまし》三の神、道の中に下り降りて……」（『日本書紀・上』、一〇八頁、傍線は引用者）とある。

この「道中」にかんして一〇八頁上段の注「五」は、「第三の一書に、海北道中。纂疏に『道中は西海道也』とあり、筑紫の北部、豊前・筑前肥前の中部、即ち筑前に当たるというが、朝鮮への海路の途上の意であろう。沖つ宮のある沖の島は、下関・対馬北端・釜山を結ぶ一直線上にあり、沖の島と中つ宮のある大島との間は約五〇キロである」（傍線引用者）と詳細に注釈している。つまり「海北道中」とは、筑紫〜朝鮮間をいうのである。

以上に立てば、「渡りて海北を平ぐること九十五国」という意味は、筑紫に立って朝鮮半島を指示したものであることは、間違いないところであろう。この意味は、他の「西・東」もまた〝筑紫に立って述べたもの〟、ということを示すものである。

こう理解することが、「あちらではアア言い、こちらではコウ言う」、「学問の世界ではありえない」態度とは正反対の、〝真に学問的な理解・見解〟であろう。すなわち古田氏の見解が、『古事記』『日本書紀』の「海北道中」の理解からみても、地球の実際の方角からみても唯一、正当なものであろう。

だが、古田氏がこの見解を提出してから早くも三〇年以上が過ぎた。にもかかわらず通説は、石母田正氏式の「真の学問派」をふくめて、北・西・東を近畿大和に立って「理解する」という、地球の方角とも「記・紀」の「海西」「海北道中」記載とも、全く一致しない理解を再検討する気配は全くないのである。

われわれは近世ヨーロッパの事例で、これと全く似た例を知っている。ガリレオ・ガリレイの「地動説」と、キリスト教会の「天動説」の対立である。当時のキリスト教にとって『聖書』は万能であり絶対であった。自然は万能の神が造ったものであり、それは『聖書』に記されており、これを無視して望遠鏡などでおこがましくも天を窺い、『聖書』の無上の権威を汚すなどは、断じて許されぬ所業である、というのである。

しかし、これはヨーロッパにおいては、「今は昔」のことに過ぎない。しかし、日本においては卑弥呼も「倭の五王」も、さらには述べたとおり隋に、「日出ずる処の天子、書を……云々」という国書を送ったタリシホコという王も、〃歴代〃筑紫に「都」したということを認めた場合、明治以来の歴史の教科書が、まるでガリレオに対する『聖書』のように、権威を失うということになり、それは断じて許されない、ということのようである。ただし驚くべきは、ガリレオを裁いた中世的キリスト教は、『聖書』を絶対としたのであるが、通説は「大和朝廷一元史観」の正当化のためには、『古事記』、『日本書紀』の記載、そこでの天皇の言葉さえ無視する点で、中世的キリスト教をうわまわるのである。

三　「倭国」の巨大都城——太宰府

以上から、「大和朝廷」より約七〇〇年も前に都城を確立している朝鮮諸国が、「新羅・百済、皆倭を以て大国にして珍宝多しとなし、並びにこれを敬仰し、恒に通使・往来す」という相手は、当時の「大和朝廷」ではありえない。これにあたるのは卑弥呼、「倭の五王」、タリシホコの「倭国・俀国」であり、その都城は太宰府なのである。と、いっても、これは通説では問題にもならないのが現状である。あまりにも馬鹿げている、と思われる方もおられよう。たしかに通説と『古事記』、『日本書紀』等から形成される「日本古代史観」からはそうなる。

しかしまず通説の太宰府研究者の、太宰府にかんする『日本書紀』の記載への疑問の紹介からはじめよう。「いま遺構を残す水城・大野城・基肄城の造営について、竣功までに相当な期間を要した、とする仮説を想定する必要があるのでないか」（田村円澄氏著、『大宰府探求』、四六頁、吉川弘文館、一九九〇年）とされている。

さらには、「『日本書紀』は水城や大野城・基肄城の築造については記述するが、中枢となるべき施設ないし建物などについては、一言もふれていない。外郭防衛の造営が先行し、中枢部の造営がおくれたことも考えられるが、しかし防衛されるべき中枢部について、文献資料から解明する手だてはない。それだけではない。水城や大野城・基肄城などによって、厳重に防衛されることになるはずの中枢部の名称、いや外郭防衛の諸施設を含む全機構の官衙名についても、『日本書紀』は無言である。これだけの規模の造営工事を実施しながらも、中枢部の機能や、施設全体の官衙名を明記しなかったのは、異例というほかはない」(田村円澄氏編、『古代を考える「大宰府」』、五頁、吉川弘文館、一九八七年。傍線は引用者)といわれる。

通説の立場に立たれる結果、その指摘は一見きわめて地味である。しかし、指摘の内容は非常に貴重であり重要なものである。後述するとおり大水城一つで、仁徳陵を築いたとして想定される労働量に匹敵して、のべ百万人以上が必要という試算もある。この他に中小の水城が三つ、さらには大野城、基肄城、いく筋かある延々たる神籠石群など、こうした巨大な労働力を投じて行われた構造物建設の具体的な指示、行政的処置などは『日本書紀』には一語もなく、ましてやなんのために、何をなにから守るためにこのような大事業をしたのか、一語もないのである。この点を田村円澄氏は指摘されているのである。

しかし、正確には後述するとおり「大和朝廷はこれらの施設の造営に無関係」ということを、客観的に明らかにする記事が『日本書紀』にあるのである。田村氏は通説史観に立たれる結果、『日本書紀』の奇妙な記事には注目されなかったのかもしれない。

四　五世紀から存在
——太宰府政庁の造営年代をめぐって

通説の太宰府考察は百《パーセント》『日本書紀』の記載を史実とする立場である。それは「宣化紀」の五三六年の「官家の修造」記事を史実とし、「磐井の乱」以降に「那津官家」が建て直されたという視点に基礎をおき、さらには「推古紀」にある「筑紫太宰」云々をふまえて『日本書紀』の記載をもとにいろいろ「考察」をするという姿勢である。

が、しかし結局、「筑紫太宰の時代(前期・六〇七～六六三年）を通じて、筑紫において海外の客の施設としての『館』の存在を、文献史料の上で確認することはできない」（『太宰府探求』、田村円澄氏著、二七頁、吉川弘文館、傍線は引用者）という結果になるのである。つまり『日本書紀』の「前期」と通説が分類する期間の記事は、当時の「大和朝廷」の事実でないので、結局は確証しえない性格の記事なのである。この点が通説の研究者によって指摘されたということである。

こうして、かなりはっきりと太宰府政庁が「大和朝廷」との関連でも確認できるのは、六六三年の「白村江の決戦」での、通説にたてば「天智朝」、本書では「倭国」の大敗と唐の筑紫占領以後になるのである。つまり通説は「白村江の決戦」から七世紀末を「一期」とし、八世紀初頭からを「二期」とするのである。この二期の太宰府政庁の造営年代の通説の設定は、もちろん「土器編年」である。

(1) 通説の造営年代

第一期の造営年代への通説の説明も引用できるが、煩雑なので第二期造営にかんして述べるにとどめる。「南門跡と中門跡の基壇中から出土した須恵器の短頸壺二点がある。——中略——Ⅱ期政庁の造営年代を決める有力な資料である。この短頸壺の年代については胴部の最大径の上昇ないし下降といった形態的変化、ないしは胴部の張りなどに注視すれば、八世紀前半を下らないものと考える」（『太宰府政庁跡』、三八六頁、九州歴史資料館編集・発行、吉川弘文館、二〇〇二年、第一刷。傍線は引用者）である。

如何であろうか。年代設定の根拠が、壺の胴部分の〝膨らみや張り具合〟への「注視」なのである。こうした「年代測定法とその測定結果」を、国際的な考古学者の会議で発表したらどうなるか、佐原真氏の例からみて、受け入れられないと考えられる。

(2) 放射性炭素14C年代測定値

① 福岡市・鴻臚館遺跡の測定値

Ⅰ　四三〇年＋－九〇年

Ⅱ　西暦五一〇年＋－一二〇年

福岡市の大濠公園の近くの「平和台球場」付近にあった、鴻臚館の便所の一番底にへばりついていた木片(古代人が用便のあと使ったという。今の紙の代わりで「注木」といわれる)。「Ⅰ」は、深さ約三メートルの便槽の底の方にあったもの。測定依頼者・福岡市教育委員会。

測定者・「財団法人九州環境管理協会」（内倉武久氏著、『太宰府は日本の首都だった』、一一三頁、ミネルヴァ書房、二〇〇一年、第二刷）

②「大水城」の測定値

西暦四三〇＋－三〇年。

測定機関（「九州大学理学部・放射性同位元素総合実験室（当時）、『一九七四年、年代測定結果集』、測定者、坂田武彦氏。『太宰府は日本の首都だった』、一九二頁。なお、内倉氏はここで坂田氏の測定にかんして、「……坂田さんの時代はまだ、放射性炭素の含有量の補正がされていない時代の測定値」とされ、「最新データで測定値を補正してみると、五四〇年ごろになりそうだ」という注釈をされている。同時に「水城の築造を四～五世紀」ともいわれてもいる。

本書は、次にとりあげる『太宰府政庁跡』記載の第二期庁舎建築の時期にかかわる、14C年代測定値でも四三〇年代が記されていることから、また、太宰府政庁跡が後述するとおり古来より現代にいたるまで、「都府楼」と地元で呼ばれている事実をも斟酌して、ここでは四三〇年値を採用した。

③『太宰府政庁跡』

ⓐ「焼け落ちたⅡ期の瓦を破棄した土壌中の確実に焼土層にある瓦の内側の炭化物　測定年代ＡＤ四三五年～六一〇年

ⓑ「Ⅲ期整地層下位のⅡ期雨落ちと考えられる溝状遺構中の炭化物。　測定年代ＡＤ六四五年～八五〇年

ⓒ「Ⅲ期整地層中に封入されたもの」測定年代ＡＤ一一八〇年～一二九〇年『太宰府政庁跡』掲載の「Ⅶ章　自然科学分析」（太宰府政庁正殿跡における放射性炭素年代測定、同書、三五三頁）

以上であるが、いずれの測定機関の値も、太宰府の諸施設の存在年代を14C年代値で四三〇年代を示している。太宰府政庁第二期建物の造営年代では、通説（七一六年）と最大で二八七年の差である。通説の「土器＝日本書紀」編年との差が示すものは、水田稲作での北九州と近畿地方の差の場合同様、大学等の自然科学的研究部門と日本古代史学専攻部門の違いと対立である。

そしてこの事実は『日本書紀』の七世紀以前の記載が、『古事記』もろとも日本史の事実を反映していないことを示すものである。したがって『日本書紀』中心主義で、「太宰府探究」をまとめた九州歴史資料館編集・発行の『太宰府政庁跡』が、自身が依頼しておこなった右の建物

（正殿跡）の14C年代測定値にまったく沈黙しているのも、通説の「学問」では決して珍しくないものと言うべきであろう。以上の自然科学的年代測定値が明らかにするものは、この太宰府政庁ならびに大水城等や大野城・基肄城が、「倭王・讃」時代には、存在したことになるという、大変な問題である。

五　諸施設の規模

（1）大水城一カ所

全長　約一・二キロ　外堀・全長　約一・二キロ
土塁の高さ　約一三メートル　同右・幅　約六〇メートル
土塁の基底部幅　約八〇メートル　同右　深さ　約　四メートル
（土塁部分、田村円澄氏編、『古代をかんがえる太宰府』、四八頁。「外堀」、一三三頁）

造営労力

土量　三八万四〇〇〇立方メートル
一〇トン積みダンプカー　六万四〇〇〇台
　作業人員数　延べ約一一〇万人。沢村仁・元九州芸術工科大学教授の試算（『太宰府は日本の首都だった』、一九〇頁）

以上は大水城のみであって、この他にも三つの水城の存在が指摘されている。

（2）大野城と基肄城

　太宰府は北に大野城が、南に基肄城が太宰府をはさむように建てられている。

「大野城は、約六・五キロの土塁をめぐらし、河谷の水流部は石畳をつくり、両端は石垣となっている。北側の百間石垣がある宇美口、および南辺の太宰府口、坂本口、水城口の四箇所に、城門の遺跡がある。また城内の八箇所から七〇棟の遺構が確認された」（田村円澄氏著、『大宰府探求』、四五頁）。典型的な山城である。

　基肄城についても「約三・八キロの土塁をもち、石塁・石垣が各所に残存している。城門跡として確認できるのは二　箇所である。城内の建物は約四〇棟あったと推定される」（同書、同頁）とされている。

（3）東西二・四キロ、南北二・二キロの日本初の条坊都市

　太宰府は「条坊都市」という。「郭内は一町（約一〇〇メートル）を単位として、正方形の碁盤目状に街路が

走り、左郭、右郭それぞれ一二坊、南北二二条となる。中央北端には方四町の府庁（太宰府政庁）がおかれ、その東に方二町の学校院、さらにその東に観世音寺が方三町の寺域を占めている」（田村円澄氏編、『古代を考える「大宰府」』、石松好雄氏著、一一〇頁）といわれている。

ただし、田村円澄氏他は通説史観であるので条坊制の指摘という、これはこれで優れた研究と思うが、「日本初」とはされていないが、四三〇年代という14C年代測定法の数値に立てば、そうなろう。

それにしても「大和朝廷」にはるかに先立って「都城」を整備していた朝鮮半島の諸国が、「俀を大国」と見なしている事実から、「太宰府都城」の景観は朝鮮諸国の使者を圧倒する規模であったことは間違いあるまい。

六　近畿地方に都府楼・都督府なし

「太宰府政庁跡」などという名称は、地元では「ピンとこない」ともいわれている。現に鉄道の太宰府政庁への直近の駅は、JR鹿児島本線では「都府楼南」、西鉄大牟田線では「都府楼前」である。いったい「都府楼」とはなにか、である。「都府楼」という呼称はけっして新しいものではないことは、菅原道真《すがはらみちざね》が「不出門」という詩で、「都府楼は纔《わずか》に瓦の色を看る」と、うたっているところにも示されている。

この都府楼の由来について、江戸時代の太宰府の研究者で、黒田藩の儒学者・貝原益軒（一六三〇～一七一四年）は、その著『筑前国続風土記』（元禄一六＝一七〇三年成立）で、「都督府の楼なれば、都府楼といへる也」（傍線は引用者）としているのである。これは太宰府諸施設が、「四三〇年代」には実在したという14C年代測定法の数値と、みごとに照応する歴史的名称であろう。「都督府」とは、いうまでもなく「倭の五王」が南朝劉宋等に要求した古代中国の行政府名である。

具体的には、「讃死して弟珍立つ。使を遣わして貢献し、自ら使持節都督倭・百済・新羅・任那・秦韓・慕韓六国諸軍事、安東大将軍、倭国王と称し、表して除正せられんことを求む。詔して安東将軍・倭国王に除す」（『宋書』倭国伝、傍線は引用者）がその一例である。したがって「都督府」という名称は、志賀島の金印同様に日本古代史の解明にあたって、「前方後円墳」などよりははるかに上位の意味をもつものである。なぜならば「倭王」自らが要望し、それが十分・不十分は別にして叶えられれば、使持節都督の役所、すなわち「都督府」が必ず設置されるからである。

　この「使持節」の意味は、古田武彦氏の指摘によれば、〃中国天子の命を伝える使命（旗竿）をもつ者の意〃とされ、ここから「節を曲げない」という語も生まれたというのであるから、これを要望して受命すれば必然的に、それを自己の支配地に開設しなければならず、その役所がなければならない性格のものである。県が設置されれば県の役所がおかれるようなものである。この「都府楼」の名称の日本史的意味はここにある。同時に、通説が「倭の五王」を「大和朝廷」としつつも、その役所の遺蹟を近畿地方で指摘しえていない事実は、「前方後円墳」云々より重大な問題なのである。あたかも、「漢委奴国王」という金印は、なぜ近畿大和地方からは出ないのかと同様に。

七　太宰府造営・『日本書紀』の矛盾

　太宰府政庁の「四三〇年」代の実在という14C年代測定法の数値にかんして、通説とともに現在の段階では14C測定といっても測定試料等によるバラツキもあり、ただちに信をおけないという方も当然おられよう。しかし、ここに『日本書紀』「持統紀」の記事を引用しよう。これに前述の諸問題を考慮され賢明なご判断を期待したいと考えるものである。

「持統五年（六九一）の春正月――中略――丙戌《ひのえいぬのひ》（＝一四日）に、詔して曰《のたま》はく、直広肆《ぢきくわうし》筑紫史益《つくしのふひとまさる》、筑紫大《つくしのおほ》宰府典《みこともちのつかさのふひと》に拝《め》されしより以来《このかた》、今に二十九年。清白《あけらけ》き忠誠を以て、敢へて怠惰《たゆ》まず。是の故に、食封五十戸、絁《ふとぎぬ》十五匹、綿二十五屯、布五十端、稲五千束賜ふ」（『日本書紀・下』、五〇八頁）とあるのがそれである。

　つまり持統五年（六九一）正月から二九年前とは、六六三年である。すなわち白村江の敗戦の年に、「直広肆筑紫史益、筑紫大宰府典」が実在していたという記事である。さらには「直広肆筑紫史益」を『日本書紀』校注者等は、「他に見えず」と同頁の上段注「三」で述べている。この記事について通説に立たれる方が、「大宰府は六六三に成立したといわれるが、とすれば、（この記事は）中央官制さえも整備されていない段階で四等官制を備えた官司が成立していたことになる。……ただちに従うことはできない」（『古代をかんがえる――大宰府』、倉住靖彦氏著、「太宰府の成立」、五八頁）といわれている。

　この『日本書紀』の記事は、その編者等が年代等を間違えたのではなく、「倭国」の太宰府制度にかかわる記事を「大和朝廷一元史」造作の粉飾記事として、持統紀に挿入したものであろう。この推定に根拠を与えるものが次にあげる『日本書紀』の記載である。

(1)『日本書紀』記事の虚構性

まず、四三〇年代に太宰府が「都督府」として実在していた事実は、『古事記』、『日本書紀』の以下の〝熊襲・九州討伐記事〟が、日本史の事実とは異なる記載であることを明るみにだすものである。西暦四三〇年代の「天皇」がだれにあたるかは、今日のところ「不明」というのが実際という考えたに本書はたつ。しかし、それでは困るわけで推測の一つの方法として、先述の「平均在位年数」による機械的な方法で推定すれば、四三〇年は推古天皇の即位年（五九二年一二月）から計算すれば一六二年前にあたる。これを平均在位年数で割れば推古より一一代前の清寧天皇ぐらいになるのである。当らずといえど遠からずと考える。

この時代に太宰府・都督府が存在していたということは、それ以前に「大和朝廷」がこの地を征服・支配したという話は、「なかった」ことになる。すなわち「景行・日本武尊の熊襲討伐」や、「仲哀・神功皇后の新羅・熊襲征服」などは「存在しなかった」ことになるのである。そればかりではない。「倭王武は雄略天皇に間違いなし」と通説の諸権威が一致していう、「倭の五王・大和朝廷」論も崩壊する。

さらには『日本書紀』の唐・新羅を敵として、天智天皇が百済再興組の勢力を助けて白村江で戦い、大敗を喫したという「白村江の決戦」にかかわる記事にも、一般的な常識では考えられないことが記されている。「大和朝廷」が当時の〝日本の政府〟ならば、白村江決戦の大敗の報に接して最初に指示すべきことは、本土防衛処置のはずである。こう考えるのが普通であることは『太宰府政庁跡』でも、「ただちに辺境防衛とその伝達システムを整備するために防人や烽《ノロシ》を対馬、壱岐、筑紫に置くとともに、水城を築き、翌年には長門国に城を、筑紫国には大野城、基肄城を築いたと『日本書紀』は記す」（傍線は引用者）としているところにも示される。しかし、〝『日本書紀』はそうは記していない〟のである。具体的に日本書紀の記載を、その日付け順に並べてみよう。

①「六六三年（天智二）八月己酉（二八日）に、日本の諸将と、百済の王と、気象を観ずして、相謂（相語）りて曰く……須臾之際《ときのま》に、官軍（日本軍）敗続《やぶ》れぬ……」。すなわち六六三年八月は「白村江の大敗」

の日である（傍線は引用者、以下同様）。

②「六六四年（天智三）の春二月の己卯の朔丁亥に、天皇、大皇弟《ひつぎのみこ》に命《みことのり》して、冠位の階名《しな》を増し換へること、及び氏上・民部・家部等の事を宣《のたま》ふ」。すなわち官位を増設してお祝いをしているのである。「国破れて山河あり」とは聞くが、「国破れて祝賀あり」とは聞いたことがない。いったい国が破れた翌年早々、国家防衛処置もとらずに官位増設をして何を祝っていたのか、である。普通は、決戦に大敗すれば敵軍の侵攻・上陸等に発展し、最終的には王は戦争責任をとわれ、処分されるという存亡の危機にさらされるものであり、顔面蒼白となるべき事態のはずである。第二次大戦の敗北をみれば明らかである。とても本来、官位の増設などは問題外のはずである。

③「六六四年（天智三）夏五月の戊申《つちのえさる》の朔甲子《きのえね》に、百済の鎮将劉仁願（唐の百済占領総司令官）、朝散大夫郭務悰等を遣わして、表函と献物《みつぎ》とを進《たてまつ》る」「（六六四年）冬十月……郭務悰等を発《た》って遣す勅を宣《の》たまふ。是の日に、中臣内臣（鎌足）、沙門智祥を遣して、物を郭務悰に賜ふ。戊寅《つちのえとらのひ》に、郭務悰に饗賜《あえたま》ふ。――十二月甲戌朔乙酉《きのえいぬついたちきのとのとりのひ》に郭務悰等罷り帰りぬ」

ようするに国土防衛処置の以前に、五月に来日した唐の使者と面談をし、一〇月の帰国に際しては鎌足が贈り物をし、饗宴をしてもてなしているのである。以上からは、唐・新羅は近畿大和に侵攻しない等、「白村江の大敗」以降の対日処置にかんして、唐と十二分に話し合っていたと解すべきであろう。それは天皇国家にとって大いに喜ばしいものであったろう。

④〝六六四年〟（天智三）一二月に、「是歳、対馬嶋・壱岐嶋・筑紫国等に、防と烽とを置く。又筑紫に、大堤を築きて水を貯へしむ。名づけて水城と曰ふ」（『日本書紀・下』、三六二頁）と書くのである。つまり敗戦の日を『日本書紀』のいう、「天智二年八月二七日」におけば、その日から約一年四ヶ月後にやっと、「防衛処置を講じた」と書いているのである。大野城等の建設はさらにその翌年である。すなわち、

第一に、祝賀的制度改革をおこない。

第二に、唐の新羅占領司令部の郭務悰等と近畿地方で会談・宴会をし。

第三に、最後に対馬・筑紫で防衛処置を講じたというのである。これは異常な態度ではなかろうか。

「白村江」は朝鮮半島西南部とされ、ここから北九州ま

で当時でも『三国志』魏志・倭人伝の里単位と旅程を参考にすれば、一〇日と少々で到着できる距離とおもわれる。唐・新羅連合軍が九州襲撃を念頭におけば、あっという間に襲撃できる距離である。したがって大敗の報が届くやいなや、本土防衛策が講じられなければならないのが道理である。にもかかわらず『日本書紀』は、現実に大敗の日から数えて、実に約一年四ヶ月後になって、「是歳、対馬嶋・壱岐嶋・筑紫国等に、防と烽とを置く。又筑紫に、大堤を築きて水を貯へしむ。名づけて水城と曰ふ」と書いているのである。大野城・基肄城の造営はさらにこの一年後の指示となっているのである。この防衛処置に関する記事の大幅なおくれは、すでに述べたとおりに、「大和朝廷」が当時の「日本」の政府でなかったことを、『日本書紀』が思わず告白しているところ、という他はないであろう。

（2）太宰府造営と労働力問題

通説・日本古代史学では仁徳陵とされる「前方後円墳」の造作にかんしては、造営に一日当たり一〇〇〇人の人夫で何年かかるなどという計算をして、「ピラミッドに匹敵する」などといい、巨大な大和朝廷を描きだすのである。しかし、まことに不思議なことは、たとえ通説史観にたつにしろ、「大水城」をはじめ三つの水城、大野城、基肄城、東西約二・四キロ、南北二・二キロの条坊都市と太宰府政庁、および北九州を中心に幾重にもめぐらされ、延々と延びる太宰府防衛のための神籠石群の造営に、どれほどの人員が必要なのかにかんしては、全く無関心である。

この太宰府の巨大な都城の造営では、仁徳陵とされる「前方後円墳」構築に要した労働力の何十倍もが必要だったことは、「大水城」造営に必要な労働力一つを考えても、明らかであろう。労働力の推定から古代の遺跡とそれを構築した権力の性格・質を考えようという発想自身は、一個の「科学的思考」である。問題はこうした思考が「仁徳陵」ではさっそく生まれるが、太宰府では生まれないのは何故だろうか、という点にある。この片手落ちが問題なのである。

さらには後代の平城京の造営でさえ、狩り出された一般国民の逃亡者があとをたたず、往来で飢え死にするのもが多かったと言われているのである。しかし通説では、「白村江の大敗」後「ただちに」防衛処置がとられたというのであるから、そうであれば「白村江の大敗」の知らせと敵軍来襲の恐怖が渦巻き、「倭国」の敗残兵が巷にあふれる筑紫で、「大水城」一つとってものべ人数が一〇〇万人以上、その他の土塁・水城や大野城、基肄城、さらには太宰府政庁自身を造営するとすれば、のべ数百万人以上の動員が必要とおもわれるが、これを動員し作業をさせるなどは、今日の日本でも無理なことであろう。その上この敗戦のどさくさという困難を極めた情勢のなかで、通説的太宰府論にたてばなぜ巨大な太宰府をつくる必要があるのかも、説明がつかないであろう。

これを『日本書記』の記載にしたがって敗戦後約一年四ヶ月の後の事態としても、敗戦の恐怖や混乱は一応おさまっているとしても、ここに「大水城」等をはじめ巨大な造営のために、平城京造営を大幅に上回る人員動員が必要なはずである。一体、そんなことが例え「天皇国家唯一史観」にたっても、この時点で可能なことだろうか。今日の太宰府とその諸施設の構築が、『日本書紀』の記述やその情況で可能か否か、人の動員という面から問い、検証するのが学問としての当り前の姿のはずである。

しかも、「前方後円墳」造営も太宰府構築も同じ人間が行うものである以上は、その両者は労働力に換算することが正しい計算方法に違いない。この計算では太宰府とその関連施設を加えれば、必要な労働力は「仁徳陵」よりはるかに多いはずである。だとすればこの大変な事業にかんして『日本書紀』に、その具体的指示や処置の記載が一切ないのも不審であろう。

こうした問いをだせば、「白村江の大敗」以降のどさくさに、「大水城」をはじめ巨大な太宰府都城がつくられた云々はあり得ず、それはすでにあったものなのである、ということが浮かびあがってくる。だからこそ『日本書紀』も一方では「神代の昔からの王家」論造作の都合上、自分の指示でつくったように繕う必要から「水城」等にふれはしたが、自分の政府が直接に作ったものではないので、ついつい後まわしに書いて、その矛盾の重大性に頭脳明晰な『日本書紀』の編者らといえども、気がつかなかったのであろう。

現に『大宰府政庁跡』（一五頁）では、「水城土塁本体や小水城、さらに大野城・基肄城の位置関係は偶然の結果でなく、入念に計画された大宰府の防衛ラインの設定であった……」と述べている。が、しかし、この文章は「白村江の敗戦」という見出しのなかの一文で、この文章をふくむ一節は、先に引用した「ただちに辺境防衛とその伝達システムを整備するために防人や烽《ノロシ》を対馬、壱岐、筑紫に置くとともに、水城を築き……」ではじまっているのである。

しかし当然ながら、敗北は〝不意の予想しない〟出来事のはずである。ところが太宰府全体の構造それ自身は、

「入念に計画された大宰府の防衛ライン」なのである。これは明らかに矛盾である。この矛盾が生じる由来は、太宰府が「入念に計画された防衛ライン」のもとに造営されていたものを、〝不意の予想しない〟敗北の結果造営したと主張するところから生まれるのである。

この場合、どちらが真実を示しているかといえば、実際に存在している造営物の客観的な構造である。それが示すものは「入念に計画された」構築物ということであって、敗北のどさくさまぎれにつくられたものではない、という一点である。

太宰府政庁跡と称されている「都督府」は、その名の示すとおり「倭の五王」時代には存在し、それ以前の卑弥呼の頃から「都」としての役割をはたしていた可能性もある。『隋書』俀国伝がタリシホコの都を筑紫としているのは、当然なことなのである。なお、『日本書紀』天智六（六六七）年の「筑紫都督府」にかんする記事と、天武紀にもこの「都督府」にかんする記事がある。これらは「倭国」滅亡でふれる。以上の検討から、「倭国」は、太宰府に「都督府」を「倭の五王」以来確立し、「新羅・百済」が「大国と仰ぐ」威容を誇っていたというのが、日本史の真実である。

八　「都市革命論」と「魏志」倭人伝

以上、国家の発生と発展の指標は墓ではなく、「都城・京師」であるという点を述べてきた。しかもこれはイギリス（オーストラリア）の著名な考古学者ゴールドン・チャイルド氏（一八九二～一九五七年）の、有名な『文明の起源』（『改訂版』、ねず・まさし氏訳、岩波文庫、一九七六年、第二七版）で、「都市革命」論として展開されていることでもある。

G・チャイルド氏は、この著で、文明の歴史を考古学的探求を基礎に、いわば人類の誕生から原始的農業・植物栽培（彼の場合は麦）と家畜の飼育への発展を後付け、この発展の条件を「新石器革命」とし、次により発展する灌漑農業等を基礎に、青銅器等（金に止まらない）の冶金技術の発明・成長と、分業の多面的発展、馬・ラクダ、また船等の広域の交通手段の確立を、その内的関連において示し、それの歴史的・文明的到達点して「都市革命」という概念を設定した。

この「都市革命」と呼ばれるものこそは、「国家の発生・誕生」を意味しているが、チャイルド氏においては「都市」とは、神殿を中核とし、この神殿こそが剰余農産物と諸製品の集中と交換価値への転化、再生産の資本的な働きをする人類活動の新たな段階であって、この社会組織と秩序の成立は「階級分化と階級支配」の確立を前提とするものとされた。ただし、西南アジアでは神殿は国家発生云々のはるか以前から存在しているが、これが剰余価値の一大集積・交換・管理の場に転化する条件を獲得する段階が、「都市革命」と呼ばれるものである。

この「都市革命」論にかんしては次の指摘もある。「都市は定義にもよるが、メソポタミアやメソアメリカでは比較的はやく出現するが、エジプト・中国・アンデスの場合はかなり遅くなってから形成された。ただし、国家の中枢である王の宮殿や神殿が、とびぬけて巨大化しており行政と祭祀のセンターはできていた」（『世界の歴史』・「人類の起源と古代オリエント」、一四一頁、大貫良夫・前川和也・渡辺和子・屋形禎亮氏著、中央公論社、一九九八年、初版。傍線は引用者）。この点からみても「天皇」の「代替り毎」に浮動する「宮」をもって、「朝廷」とか「大王の世紀」というのは、二〇世紀の科学的歴史学に照らしても成立の根拠を欠くと考える。

チャイルド氏の「都市革命」論からは、各地で若干の個性はあるものの、或いは神殿、または王宮が、剰余価値の一大集積・交換・管理の機能と権威を獲得し、氏族の祭祀を司ってきた古くはシャーマン・巫女集団の長等から、王権が誕生（軍事指導者が祭祀集団と結託する場合もあるかもしれない）したという経緯も、道筋としては見えてきた、といえると思う。現に、殷は王権のとるべき政策・その遂行を、「天・神」に問うていた事実は甲骨文字と卜文によって知られている。

（1）「倭国」の場合

では、「倭国・九州王朝」の場合はどうであろうか。その第一は「その俗挙事行来に、云為《うんい》する所あれば、輒（すなわ）ち骨を灼きて卜し、以て吉凶を占う。先ず卜する所を告ぐ。その辞は令亀の法の如く、火坼《かたく》（＝焼いたひび）を視て兆を占う」（「魏志」倭人伝。以下、倭人伝という）である。岩波文庫本の編訳者・石原道博氏の注釈によれば、「唐の段公路の『北戸録』巻二・鶏卵卜の条に「倭国、大事は輒ち骨を灼いて以て卜す。先ず中州の令亀の如からしめ、坼を視て吉凶を占うなり」とある、と指摘されている。

重要な点は「倭国、大事は……占う」としているところと思う。問題は「国の大事」と明記しているので、したがってこれを民俗的習俗と理解するのは正しくないことになり、国家的行為であって結局は、殷の卜と本質的に共通のものと思われる。殷の卜人は王族ともいう。従来この条は、通説の「邪馬台国」論争でも、ほとんど注目されなかったと考えるが、古代国家「倭国」の考察では、有名な卑弥呼の「鬼道」記載とともに重視される必要があったと考える。私はこの「鬼道」を託宣と考えているが、古代的王制が、世界のどこでももっていた宗教的性格が、ここでも記されるという点で重要と思われる。

(2)「倭国」と都市

①「(卑弥呼)王となりしより以来、見るある者少なく、婢千人を以て自ら侍せしむ。……宮室・楼観・城柵、厳かに設け、常に人あり、兵を持して守衛す」

②「南、邪馬一国に至る、女王の都する所……七万余戸ばかり」

いずれも「倭人伝」の記載である。こうした記載は「一大率」とあわせて「記・紀」に全くない。これは「記・紀」の性格と、その史観を絶対とする通説の性格を考えるうえで重視すべき点と思う。また、①の「婢千人を以て自ら侍せしむ」と、②の「女王の都する所……七万余戸」の実態的研究は、通説「邪馬台国」論争では取りあげられなかったのではなかろうか。「倭人伝」には戸数はかなり記されている。この全体の研究も重要ではあるが、ここでは「邪馬一国・七万余戸」を取りあげたい。私の視点は、この「婢千人」と、「宮室・楼観・城柵、厳かに設け、常に人あり、兵を持して守衛す」ならびに「七万余戸」を、相互に関連したものとして見る立場である。

そもそも「婢千人を……侍らせる」空間の規模とはどれほどのものか、という点である。人間千人がゆとりをもって生活し、同時に公の業務を行う空間とは、今日の大きな市の公民館水準でも、はるかに及ばないであろう。当時二階建ての住居はなかったとおもわれるから、かなりの広さが必要であろう。この大きさを内包した規模で、「宮室・楼観・城柵、厳かに設け、常に人あり、兵を持して守衛す」をとらえる必要があると考えるのである。王宮だけでも相当な規模ではなかろうか。今日の「吉野ケ里遺蹟」の櫓だけから像を思い描くのは不正確と思われる。

次が「七万余戸」である。興味深い資料がある。メソポタミアの紀元前三一〇〇年、いまから約五〇〇〇年前の有名な都市ウルク（聖書名、エレク）の発掘が終わり、この都市の面積が約二五〇㌶と推定され、うち居住空間を二三〇㌶として、今日の中東都市の人口密度が一㌶当たり一〇〇～二〇〇人という基準で、ウルクの人口が推算されている。それによれば二三〇〇〇人～四六〇〇〇千人（『人類の起源と古代オリエント』、一四七頁）に過ぎない（この単位で「婢千人」の空間は、五～一〇㌶）。

しかも「魏志」倭人伝では「戸」が単位なのである。この「戸」とは何で、一戸当たり家族数はどれほどかという問題がある。それにしても今日『聖書』に名を止める、その意味では古代オリエント有数の都市国家の人口数が、「邪馬一国」の戸数にはるかに及ばないということは、この「邪馬一国」を中核とする「倭国」が当時、大国であったことを示すものと思われる。これだけでも魏朝の「金印」授与は当然であると思えるくらいである。

さて「七万戸」である。「倭人伝」にはいろいろな戸数が記されている。この戸数は何にもとづいたものであろうか。当然「倭国」ないしは「国」の行政の公的数値と考える。まさか魏使が一軒々々数えて歩いたわけではあるまい。古代中国文明を見下す体質の通説は、この数字に信をおいてはいない。しかし、「倭人伝」に次の一節がある。「租賦を収む。邸閣あり。国々市あり。有無を交易し、使大倭これを監す」。ここに立てば「倭国・九州王朝」に徴税制度が確立していたことは明白である。しかもこの「倭人伝」の記事に明確に該当する記載は、「記・紀」には全くない。これも本来「記・紀」とは何か、という点で大きな問題なのである。

以上の「倭人伝」記載をみると、G・チャイルド氏の「都市革命」論は、「倭国・九州王朝」にも基本的には合致すると思う。つまり「戸」とは、後の律令制度同様に課税単位と考えられる。となればこの「戸」の構造や人数が人口計算では問題になる。しかし、これはなかなか簡単には何人とはいえない。そもそも「倭国・邪馬一国」時代、産業は基本的には水田稲作であるが、当時の水田稲作経営の姿が不明であり、また「国々」によっても農業経営の背景の地勢や、戸あたりの経営規模も差が予想され、また対馬・壱岐等の島と、「倭国」内陸部では規模にも性格にも差異が考えられる。さらには、当時の都市部の様々な非農業的職業の特徴や、その人口構成もわからない等おおくの問題があって、推定も単純にはできない。

ここでは律令時代の正倉院所蔵の「戸籍」にもとづく、通説（青木和夫氏著、『日本の歴史・3』、一八四頁、中央公論社、一九八六年、二二版）の「家族調査」を参考にする。正倉院の戸籍帳の主なものは大宝二＝七〇二年の北九州（筑前・豊前・豊後）と美濃国、七二一年の下総国葛飾郡大島郷の戸籍帳という。通説の戸籍研究は「大和朝廷一元史観」の誤った地方観があって、八世紀初頭という時点では多々問題を感じるが、ここではそれらは素通りして「一戸」の人数問題に直行する。

律令では一郷は五〇戸と決められたため、戸籍作成上、多くの問題が生じたという。通説も「一戸」の家族数の推定に苦労をしている。たとえば「戸主とよばれている郷戸主は、一郷千数百人のなかに五〇人しかいないのが普通……」（同書、一九〇頁）とか、または筑前国嶋郡の郡司、肥君猪手の場合、一戸が一二四人であるという報告が記載されている。こうした事情を背景に結局は、下総を例に、一郷五〇戸という規定を守れば、時代がすすめば郷戸の家族は増える理屈で、ここから郷戸とは区別される房戸という記載の合計人数を、その郷の全戸数で割るという方式で、一家族当たり九人を割出して、「一戸平均二四人弱の郷戸（戸主）は……二、三房戸の集まったものとなる」（前掲書、一九九頁）としている。

八世紀初頭よりも生産力の水準が低い三世紀において、課税単位としての戸当たりの家族は、その水稲労働が未だ氏族社会的な性格を色濃いく保持していたと考えられ、また例えば「生口」の例もあり、先述の肥君猪手の例かからみても通説の房戸からの類推よりは多いとするのが妥当と思われる。もっとも肥君猪手は郡司であるから、これを一般的な基準にはできず、ここでは「邪馬一国」に限って以下の例から推算しようと考える。算定基準は先の「一郷千数百人のなかに五〇人しかいないのが普通」という指摘（「倭国の場合八〇戸、七世紀初頭、『隋書』倭国伝）をふまえ、これを一五〇〇人に五〇戸と仮定して、戸当たり平均三〇人程度と仮定しておきたい。ただし先述のとおり対馬・壱岐や「倭国」全域、さらには「投馬国」（南九州とする）等を一律に戸当たり三〇人といえるかは、若干疑問もある。

さて、これから推算すれば「邪馬一国」の人口は二一〇万人となる。「邪馬一国」は、「女王の都する所」である。したがって、人口は均一にひろがるのではなく、王宮を頂点とする都市に比重をおいていたと考えられる。その集中度を一〇分の一としても約二〇万人となり、ウルクよりはるかに大きな古代都市であろう。こうした規模の都市を三世紀の近畿地方に発見する根拠がない。

この「邪馬一国」から約二〇〇年前の、「委奴国」（志賀島出土の金印国名＝『後漢書』倭伝）も、当時の生産力発展のテンポが緩慢である点を考慮すれば、ウルクよりは大きな都市をもつ、文字通りの「大国」として存在したと推測できる。『三国史記』が伝える一世紀頃からの「倭」の侵攻は、単に朝鮮半島南部の「倭地」からと云うの止まらず、「倭国」本土の諸勢力も参加したものというのが、志賀島の金印の意味と考える。つまりこの金印は通説が「漢の倭（委）の奴の国王」と、いわば日本史的意味を矮小化するのとは逆に、古田武彦氏が指摘されたとおり「倭奴国王」が実態であって、これが『三国史記』の「倭」侵攻記事等や、北九州の須玖岡本、三雲南小路遺蹟を先頭にした遺蹟群の漢王朝とのかかわりを示す華麗な出土物を生みだす体制なのである。そうして金印はこのいわば頂点に輝くもので、土器編年「弥生時代」の日本における国家の発展史で、これに並ぶ考古学的出土品はない、というの正しいと考えるものである。この「倭（委）奴国」は後の「邪馬一国」の前身かどうかは不明であるが、北九州はすでに「都市革命」時代に突入していたのである。

また石母田正氏式でない、真の「唯物史観」について言えば、人間は愛したり考えたりする以前に、まず食わねばならない、という、当り前のことを人間社会考察の土台におく考え方である。人間は、食うために営々と努力して、その生産用具を発展させ、その結果として社会の生産力をたかめ、それによって社会の仕組みをも変えてきた。この発展の一定段階で、それ以前の素朴な祖先崇拝（神殿の神に女神が多いのは、人間社会が永年にわたって母系制社会であった証拠であろう）から、猛々しい征服を言祝ぐ神殿・王制・国家に変り、隣の神殿崇拝部族と争い、または連合して、それ以前にはささやかな集団ないしは、条件があればかなりの集団を形成はしても、まだ征服を知らなかった時代から、農地と財産を奪い合う時代に突入したのである。

こうした「都市革命」の時代は、農耕はもちろん生れ出た冶金等の複雑で、後に自然科学・化学を生みだす土台となる知識と技術も、すべて〝魔法〟とし、神秘的にしか理解しえない段階にあり、神殿と神と称する王の権威は、ますます高まる時代である。この時代の産業・文化の成果が顕著に現れるのは、生きた姿では「墓」ではなく都市である。古代エジプトでは死者のために膨大な生産物を生産したが、それは王宮と神殿に集められた利得・剰余価値が、いわば再配分されたのであって、この剰余価値の一大集積所が王宮や神殿を中心とした都市であったことは論をまたないであろう。したがって「国家の発生」の指標は、「墓より都」なのである。つまり「都城・京師」のない者には剰余価値の集積は不可能であり、こんな者に大規模な古墳造営など不可能なのである。

また、神殿・王宮に集められた剰余生産物の保管・再分配・古代的資本機能は記録の必要性を生み、文字・数字の発明・発展がこの時代である根拠も解明されている。

Chapter 9

第9章

「前方後円墳」と九州・「日本国太宰府」

前章まで七世紀以前、朝鮮諸国が「大国」と見なしたのは「大和朝廷」ではなく、「倭国」・卑弥呼の王朝であるという点を、都城・京師問題から見てきた。ここではさらに「前方後円墳」の真の造営者をふくめ、〝日本国太宰府〟（『宋史』日本伝・一四世紀成立）時代の「日本」の姿をみてみよう。

一　九州の刻印をおびる「前方後円墳」

まず、興味深い考古学者の発言の紹介からはじめよう。

（1）九州の「前方後円墳」

「周防灘あるいは玄海灘沿岸の大型の古墳について（従来は、引用者）注目されることが多かった――より以上に東九州地域のなかでも宮崎県地方の実態がかなり明らかになった」（『シンポジュウム・日本の考古学・4』、「古墳時代の考古学」、五八頁）とあり、「前期前方後円墳」では、墳丘が一〇〇メートルクラスの久里双水《くりそうず》（＝北九州）古墳が一〇年前に発見され、また九州の古墳は圧倒的に前方後円墳であって、宮崎県の生目《いきめ》古墳群、西都原《さいとばる》古墳群が定式化された最初の段階にちかいであろうという実態があきらかになった、とある。

「その結果、二〇〇メートルを越えるもの（墳丘の長さ・引用者）が相当数ある。とくに前期の様相のなかでは、宮崎はやや特殊なありかたをしているということもわかりました。それと大規模な前方後円墳が、古墳時代初期の段階から中期頃ぐらまでにほとんど終わってしまっている……」（同書、五九頁。傍線は引用者）という注目すべき報告がある。

続けて「九州の前方後円墳の総数が五六〇基ぐらい」とあり、そのその三分の一の約一五〇基が宮崎県に集中しているなど、とかく近畿一色の陰にかくされそうな「前方後円墳」問題で、重要な問題への言及である。宮崎の「前期」の巨大「前方後円墳」群の存在と、神武の故郷が宮崎方面という「記・紀」の説話の関連もあらためて注目すべきであろう。

（2）造山古墳とその周辺

造山古墳は全国でも第四位ぐらいに位置する、屈指の巨大「前方後円墳」であることはいうまでもない。「この古墳の前方部頂上に小さい社があって、その前横には刳《くり》抜《ぬ》きでつくられた石棺の身がある。社の裏手横には蓋の一部があり、蓋の内部には朱の付着も残っている。この石棺の出土地については、いまではすでに明らかでない。ただ造山古墳とまったく無縁な地で出土したものではないといえる。造山古墳出土でなくても、造山古墳とつよいつながりのある周辺の古墳から出土したに違いない。この石棺の石材が、九州阿蘇山系の凝灰石であり、畿内的な組み合わせの長持形石棺に似せる努力をしながらも、九州の石棺の形に大変よく似た刳抜きの石棺である」（『日本の古代遺跡・岡山』、森浩一氏企画、間壁忠彦・間壁葭子氏共著、一二二頁、保育社、一九九五年、第三刷）とある。ここには「畿内の真似」というように近畿を中央、九州を地方とする視点はあるが九州産の特質が強調されていることは間違いないであろう。

千足古墳

この造山古墳群の一翼に千足古墳があり、間壁ご夫妻の指摘によると、「この装飾石障にかぎらず、すべての石障の石は、九州の唐津湾周辺の砂岩製と考えられる。また石室を構成した多くの板状の石のなかで玄武岩ないし安山岩系のものは、ともに北部九州から運ばれた石とおもわれる。この古墳は、構造や装飾にかぎらず、主要な石まで九州的であり、古墳築造の材料から構成技術者まで九州から運ばれたとみられる。榊山古墳が朝鮮的であり、造山にある石棺や千足古墳の主体部が九州的であることは、この吉備中枢部の古墳の主たちが、いかに西の勢力とつよく関係していたかがうかがえる」(前掲書、一二四頁)とされている。

二　葬送の「舟」の出土――奈良・巣山古墳

二〇〇六年二月二二日に、奈良県広陵町の「巣山古墳」(全長二二〇メートルの前方後円墳)から、『隋書』俀国伝記載の「葬送の舟」が出土したと、同町教育委員会が発表(『朝日新聞』)している。その「葬送の舟」にかんする記事は次のとおりである。

「死者は斂《おさ》むるに棺槨を以てし、親賓、屍について歌舞し、妻子兄弟は白布を以て服を製す。貴人は三年外に殯《もがり》し、庶人は日を卜して瘞《うず》む。葬に及んで屍を船上に置き、陸地これを牽くに、あるいは小轝《しょうよ》(=ちいさい台車)を以てす」(傍線は引用者)である。この「葬送の舟」が出土したのである。その大きさは舟形木製品が長さ三・七メートル、高さ四五センチの板状で、木棺のふたは長さが約二・一メートル、幅約七八センチとある。金印の場合もそうであるが、文献の記載を証明する出土物がある場合、基本的にはその文献は正確な記録とすべきではなかろうか。この考え方に立てば次のことを確認することが、この「巣山古墳」の造営者の性格を知るうえで重要な意味があると思われる。それは俀隋書』　国伝は、「大和朝廷」の対隋外交に関する記録であるか、という点である。

三　『隋書』俀国伝と通説の対照

本来、『隋書』東夷伝には「倭国伝」はないのである。通説は何故か、国民に『隋書』東夷伝では「俀国伝」とある事実、ならびに「俀国」という一般的に聞き慣れない国名が、なぜつかわれているのか、通説が、それを「倭国」に変える理由はなにかなど、いっさい説明がなく、「倭国」にいわば故意に変えるのである。この姿は学問としてはたして如何であろうか。国民に「知らせず。説明せず。ただ従え」という態度であると思う。この「俀国」という命名は、先述のとおりタリシホコ王が、「日出ずる――云々」の国書を送ったことに、煬帝が「無礼である」と激怒した結果、国書の署名の「大俀国《タイイコク》」に「弱い」を意味する俀《タイ》をあてたと古田氏はされている。正論であると考える。

したがって第一に、「俀国」を「大和朝廷＝倭」というのであれば、例の「日出ずる処の天子、書を日没する処の天子に致す。恙なきや、云々」という国書が、『日本書紀』に記載されていなければならない。この国書こそが「大倭」を「俀」に変更した決定的な理由だからである。だが現実には一言も記載されていない。さらには通説は、この国書は聖徳太子が起草し、隋の使者の裴清来日にさいして応対した中心もまた聖徳太子であった、というのであるから、なおいっそう「俀国」記載の由来を国民に説明するのは、通説の学問的責務のはずである。

しかし、困ったことに推古朝の隋への国書の署名は、「倭国」であって「大倭国」でないのである。署名が「倭国」であったことは、煬帝から推古天皇に当てられた、と『日本書紀』がいう国書によれば、「皇帝、倭皇に問う」とあるところに明確である。けっして「大倭王」とか「俀王」ではないのである。つまり『日本書紀』にはタリシホコの国書も、その王が称した「大倭」という国名も共にないのである。『日本書紀』にある国書は推古天皇の国書で、その国名も「倭」に過ぎない。ここに日本史の真実が顔をのぞかせているのである。『隋書』はその「帝紀」と「東夷伝」を併せて読めば、「日本列島二国併記」になっているのである。しかもこの「大倭国」は、実在の国名であることは『続日本紀』にもあるが、同時に、法隆寺問題とからんでも史料が存在するのである。後述する。

さて通説にとっての困難はこれに止まらないのである。推古天皇は女帝であり、「国書」を送った「俀国」王はタリシホコという男帝である。性も違えば名も違う。この解きがたい矛盾を通説は、隋の使が聖徳太子を「倭国王」と間違え、その際、聖徳太子の名も間違えて記録したのだ云々で「解消」をはかるのである。が、困ったことに聖徳太子の隋外交記事は『日本書紀』推古紀には一言もないのである。まず、六〇八年の裴清来日から日本書紀編纂までの主な事項を年表式に示そう。

① 六〇八年（推古一六）――隋使の裴清来日
② 六二〇年（推古二八）――「是歳、皇太子（聖徳太子）、嶋大臣（蘇我馬子）、共に議《はか》りて、天皇記及び国記、臣連、伴造、国造 一八〇部 并《あわせ》て公民等の本記を録す」
③ 七二〇年――日本書紀編纂

つまり裴清来日から「聖徳太子」の「国記」成立までが、わずかに一三年、日本書紀編纂まで六〇八年から約一〇〇年と少しである。「聖徳太子」の「国記の編纂」からは一〇〇〇年後である。にもかかわらず肝心の日本史はじまって以来の大事件である、中国国家の使者・裴清の来日と「天皇」との対面という『日本書紀』の歴史的場面に、通説によれば小野妹子の隋への派遣など対隋外交の発案・推進者であるはずの聖徳太子の、「ショ」の字もないのである。いったいどうしたことだろうか。重要な問題なので労をいとわずその場面の記載を引用しておこう。

「（推古一六年）秋八月の辛丑《かのとのうし》の朔癸卯に、唐の客、京に入る。是の日に、飾騎《かざりうま》七十五匹を遣して、唐の客を海石榴市《つばきち》の術《ちまた》に迎ふ。額田部連比羅夫《ぬかたべのむらじひらぶ》以て礼《ゐや》の辞《こと》を告《まお》す。壬子に、唐の客を朝庭（朝廷）に召して、使の旨を奏《まう》さしむ。時に阿倍鳥臣、物部依網連抱《よさみのむらじいだき》二人を、客の導者とす。

是に、大唐の国の信物《くにつもの》（＝特産品）を庭中に置く。時に使主《おみ》裴世清、親《みずか》ら書を持ちて、両度再拝《ふたよりおが》みて、使の旨を言上して立つ。其の書に曰はく「――中略――」といふ。ときに阿倍臣、出で進みて、其の書を受けて進み行く。大伴囓連《おほともくひのむらじ》迎へ出でて書を受け、大門《みかど》（＝天皇）の前の机の上に置きて奏す。事畢《おわ》りて退《まか》づ。

是の時に、皇子、諸王、諸臣、悉くに金の髻花《うず》を以て頭に着《さ》せり。亦衣服に皆錦・紫・繍《ぬいもの》・織《おりもの》、及び五色の綾羅《あやうすはた》（＝柄を織だしたうすもの）を用ゐる。丙辰に、唐の客等を朝《みかど》に饗《あへ》たまふ。九月の辛未の朔乙亥に、客等を難波の大郡に饗《あへ》たまふ。辛巳に、唐の客裴世清、罷り帰りぬ」（岩波古典文学大系本・『日本書紀・下』、一九〇頁）である。

通説の主張と日本書紀の実際の記述とは、似ても似つかぬものであろう。隋の使者の来日にさいして、「皇子、諸王、諸臣、悉く」が、頭に金の飾りなどをつけて整列しているのに、通説にとって肝心要の聖徳太子の名も、「日出ずる処の天子……云々」の国書の記載もない。これ自身が大きな問題である。通説は、『隋書』俀国伝にある六〇八年の裴清の〝訪日記事〟を、まさに「一元史観」にたって「大和朝廷」とし、『隋書』俀国伝と『日本書紀』の対隋関係記事の根本的な食い違いについては、ことごとく沈黙するのである。しかし『隋書』俀国伝は、「葬送の舟」が実際に出土した事実に照らせば、当時の現実の正しい記録と考えるべきである。『日本書紀』と『隋書』俀国伝の根本的な食い違いの主なものは以下の通りである。

①『隋書』では「俀国」の使者派遣の最初は西暦六〇〇年である。日本書紀には六〇〇年の使者派遣記事はない。

②六〇〇年時の「俀国伝」の使者は、隋の質問に答えてその国の政治体制を以下のように語っている。「俀王は天をもって兄となし、日を以て弟となす。天未だ明けざる時、出でて政を聴き跏趺（座禅）して座し、日出ずれば便《すなわ》ち、理務を停め、いうわが弟に委ねんと」

③「王の妻を雞弥と号す。後宮に女六・七百人あり」

④「阿蘇山あり。その石、故なくして火起こり天に接する者。俗もって異となし、因って祷祭を行う。如意宝珠あり。その色青く、大きさ鶏卵の如く、夜は則ち光ありという。魚の眼精なり。

⑤「魏より斉・梁に至り、代々中国と通ず」

⑥「明年、上、文林郎裴清を遣わして俀国に使せしむ。百済を度《わ》たり、行きて竹島に至り、南に躭羅国（＝済州島）を望み、都斯麻国（対馬）を経、迴《はる》か大海の中にあり。また東して一支国（壱岐）に至り、また竹斯国《チクシ》（＝本来の音）に至る。また東して秦王国に至る。その人夏華（中国）に同じ。以て夷洲（台湾という）となすも疑うらくは、明らかにする能《あた》わざるなり。また十余国を経て海岸に達す。竹斯国より以東は、皆な俀に附庸（つき従う）す」。

以上である。一つ一つ見ていこう。

まず①である。日本書紀に六〇〇年の隋朝への使者派遣記事はない。本来は重大な問題なのである。日本書紀には、六〇七年（推古一五）の小野妹子と通訳・鞍作福利の派遣以来、裴清の帰国までの日中の往来はすべて年月日が記されている。なのに、そのわずか七年前の使者派遣と帰国は、全くなにも記載がないという事実を、真の学問的な立場からは「忘れた」では解決にもならず通用するとは思えない。しかも、通説にたてば「聖徳太子」編纂の「国記」もあるではないか。まさか一を聞いて十を知るという「聖徳太子」が、「日出ずる処の天子・云々」の国書もろとも、六〇〇年の使者派遣を書き忘れたわけでもないであろう。

②である。ここでは間違えようもなく、王を「兄と弟」の二人と述べている。推古天皇は女性である。「聖徳太子」は推古天皇の弟でもまた、推古天皇とともに天皇として存在しているのでもない。そもそも六〇〇年には『日本書紀』には使者派遣の記事がないのである。したがって「大和朝廷」にかんして云えば、派遣もされていない使者が隋の質問に答たり、「兄・弟」云々を語るはずもないであろう。この記事が示すものは「俀国」は「大和朝廷」ではない、という単純な事実である。

同時に重視すべきは、「王」が二人いるという記事である。一人は「天」を司る王であり、他は、日常の「政治」にたずさわる王らしい。つまり「兄弟支配」または「兄弟統治」なのである。およそ「大和朝廷」に「兄弟支配体制」が存在したという記載はないであろう。いったいこの「兄弟統治」は何か、大きな問題である。かって社会が未だ階級に分裂する以前の氏族社会でも、酋長の二人制（世襲酋長と普通酋長——ただし世襲といえども罷免制があるという——）が例えばアメリカ・インディアンの氏族社会には普遍的に存在したと、リュイス・ヘンリー・モーガンは『古代社会』（荒畑寒村氏訳、八六頁、角川文庫、一九五四年、初版）で述べている。世襲酋長は宗教と戦争・平和問題のみにたずさわり、普通酋長は日常の社会の諸問題にかかわるという。この他には戦時には軍事指導者もおかれたと考えられる。

これにかんして興味深いのは、「日本神話」の「豊葦原」の国譲り記事の「一書第二」の説話である。大国主尊は天照系の国譲りの要求を、〝お前らの言うことは我々が先に住んでいる所を、よこせということではないかと断る〟といっているが、これにたいして天孫系の高皇産霊尊《たかみむすひのみこと》が、「なるほど理屈である。だから我々の条件を詳しく述べよう」と、国譲りの代償として〝これまで大己貴神（大国主尊）が行ってきた、「顕露《あらわ》（＝現実社会の政治）の事は、是吾孫治《これすめみましら》（＝天照系が司る）すべし。汝は以て神事を治すべし。又汝が住むべき」ところは「天日隅宮《あめのひすみのみや》」である〟（『日本書紀・上』、岩波古典文学大系、一五〇頁）と述べているところである。

つまり、神を司る者と現実社会の問題にたずさわる者の区分である。階級分化のないはるかな氏族社会では、この区別は同一氏族内の分担に過ぎなかったものが、階級社会となるなかで王族、支配階級のなかの分担というように、変化をしたのではないだろうか。であるとすれば、この「二人制」は、きわめて古い社会の遺制を、発展的に継承してる姿を示すものともいえるのである。現に、この「二人制」ないしは「兄弟支配」体制が確認されるのは、「倭国」、西日本、古代琉球であって、「大和朝廷」には全く存在していない。

「倭国」で有名なのは卑弥呼とその弟である。この男女兄弟支配の実態を今日に伝えている例が、古代沖縄の「おなり神」とその長官である「聞得大君《きこえおおきみ》」ではないだろうか。古代のみならず今日でも沖縄の祭りの主役は女性であり、約一〇〇年前まで「一切の女人が、その兄弟等に『おなり神』として崇められていた」（『伊波普猷全集』、第五巻、五頁、平凡社、一九七四年。伊波普猷氏、一八七六年〜一九四七年）という風習があり、これが王朝においても制度化されて、女性神官の頂点に「聞得大君」とよばれる女性が存在した。

この「聞得大君」にかんして伊波氏は次のように報告されている。「この聞得大君は王の姉妹が任命されるのであったが、彼女はすなわち国王を守護する生御魂（現人《あらひと》神《がみ》）であった。オモロ（古代沖縄の歌。いわば沖縄の万葉歌）の中には彼女を歌ったものが沢山あるが、彼女をやはり『おなり神』といっている。そしてその同義語は『くせせりきよ』になっているが、このくせはあや（美）の対語で奇しきの義があり、せりは宣りの義だから、『くせせりきよ』には、神意を宣べる奇しき人の義がある。琉球の政祭一致時代に、政治家が巫女の託宣によって政をおこなっていた……」（前掲書、一九頁）とあるのが注目される。この「聞得大君」を「魏志」倭人伝の卑弥呼と比較すると、実に似ていると思う。

「名づけて卑弥呼という。鬼道に事《つか》え、能く衆を惑わす。年已に長大なるも、夫婿なく、男弟あり、佐《たす》けて国を治む」である。これはあくまで中国人が見聞したものを、中国的感覚で書いている点は考慮する必要がある。「怪力乱神を語らず」という、それ自身は立派な見識であるが、しかし、一般的には洋の東西を問わず古代の人間は、神を崇めるのが普通であるから、中国人風に「鬼道に事え、能く衆を惑わす」という表現を、そのまま受け取るわけにはいかない。

ここは伊波氏が的確に述べているように、神がかりして神意を伝える「御託宣」が、卑弥呼なり「聞得大君」の仕事であって、これにしたがって男の王が政治をおこなっていた、ということであろう。これをみれば古代ギリシャでさえもが、ペルシャ戦役で巫女が「御託宣」を述べていた事実もあり、中国人がいう「鬼道」とはこの神がかりの「御託宣」であろう。

問題はこうした女性が多く登場するのが『日本書紀』の所謂「クマソ討伐記事」、すなわち九州を中心とした西国であるという点である。『日本書紀』等の「クマソ討伐」説話は天皇国家の史実ではない。しかし『日本書紀』の九州内部の記事は、「倭国」の記録等を下敷きにしたもので一定の史実を反映していると考えられる。この意味で『日本書紀』景行紀の山口県から全九州にかかわる記載は地理的にも正確であって、山口県や九州地方の記事には史実が反映された部分があると考えられるのである。たとえば「景行紀」等の以下の記事である。

①「爰《ここ》に一女人《おみな》有り。神夏磯媛《かみなつそひめ》という。其の徒衆《やから》甚多《にへさ》（＝その人民が多い）なり。一国の魁帥《ひとごのかみ》（＝一国の

支配者）なり」

②「速見邑《はやみのむら》に到りたまふ。女人有り。速津媛と曰ふ。一處《ひとご》の長《かみ》（＝村の支配者）なり」

③「山門縣《やまとのあがた》（＝福岡県山門郡山川村）に至りて、則ち土蜘蛛田油津媛を誅《つみな》ふ。時に田油津媛の兄《いろね》夏羽、軍《いくさ》を興して迎え来《まう》く。然るに其の妹の誅されたることを聞きて逃げぬ」（「神功皇后紀」）などである。これらの女性はいずれも卑弥呼・「聞得大君」的な存在であって、古代沖縄におけるようにひろく存在したのではなかろうか。

かつ、こうした巫女的な女性は漢字創成期の中国にも存在したらしく、相異なる氏族の戦争では、敵の氏族の戦闘意欲を根絶する意味でその巫女を殺したらしい。それが「数」や「微」等の漢字のそもそもの意味で、「数」は髪を結った巫女を叩いて髪の毛が一本一本が数えられまでに打ちのめされた姿を示し、「微」はその結果、息が絶え絶えの巫女を現すという説もある。この戦闘の先頭にたつ女性も古事記・日本書紀の「天照大神」の例や、古代沖縄にも伝承されている。

また、女性へのこうした尊敬・畏敬の念は、古代ゲルマン人にも見られたことが、タキトゥスの『ゲルマーニヤ』にも記されている。ローマ軍の攻撃ですでに敗色濃いゲルマン人が、ゲルマン女性の激しい訴えに体制をたて直し、反転攻勢に転じた例は多いとされている。さらにゲルマン人は、「彼らは女には神聖で、予言者的なあるものが内在すると考え、そのため、彼は女の言を斥《しりぞ》け、あるいは、その答を軽んずることはない」として、ローマ帝国の「大ウェスパスィアーヌス帝の治世当時、ゲルマン人の多くのものたちから永い間、神のごとく崇められたウェレダのことを知っている」（泉井久之助氏訳、『ゲルマーニヤ』、五六頁、岩波書店、一九八八年、一二版）とある。

引用はさけるが、この他にも古代ゲルマン人の間で尊敬を集めていた女性が複数あげられ、この風習が古代ゲルマン人社会の一般的なものであったことが指摘されている。これらの女性の特徴は、優れた予言能力であるらしい。こうした卑弥呼的、「きこえ大君」的な女性の存在は、古代社会においては普遍的な傾向をおびていたと思われる。

さらに、男の「兄弟支配」の例としては、「西の方に熊《くま》曾建《そたける》二人あり」（古事記）、「朕聞く、襲国に厚鹿文《あつかや》・迮鹿《さか》文《や》という者有り。是の両人は熊襲の渠師者《いさを》なり」（日本書紀）の例がある。また「神武の東征」説話にも、「宇陀に兄宇迦斯《えうかし》、弟宇迦斯《おとうかし》の二人ありき」（古事記）とある。

これらからみて、男女または男の兄弟支配は、氏族社会から階級社会へと変化する情況に応じた、酋長制から支配体制への変化の現れではないかとも思われる。いずれにせよ『古事記』、『日本書紀』には、神武以降「大和朝廷」自身のこととしては、卑弥呼的、きこえ大君的女性も、「兄弟支配」体制も痕跡がない。このことは「大和朝廷」は、氏族社会の真っ只中から直接に誕生した国家ではなく、歴史的にははるかに後発的な、その意味で〝新しい〟ものと思われる。以上から見ても「俀国」と推古朝は全く別物である。

③である。推古天皇は女帝である。したがって「妻」がいるはずがなく、「後宮に女六・七百人」はおろか、一人も不用であろう。こういう記事にはただ沈黙を守って、「日出ずる処……云々」の国書や「冠位十二階」は、「大和朝廷」であること間違いなし、という姿は如何であろうか。

だが「後宮に、女六・七百人」という記事は、裴清一行の「俀国」での見聞の、勘違い的理解ではないかと考える。どこが「勘違い」かといえば、「後宮」という表現である。つまりこの「俀国」は仏教受容国であって、尼僧もいたのであるが、しかし、「兄弟支配」にみるような遺制もあって、古代沖縄同様に女性神官等も多数、王宮の別区画にはいたのではないか、という考え方である。

この問題の最後は、推古朝すなわち「大和朝廷」には、「後宮」の存在の根拠がないだけではなく、また『日本書紀』にそうした記載もないだけではなく、こんなに大勢の女性を置く「都」そのものがない、という点である。

④阿蘇山である。通説にしたがえば、裴清一行は筑紫を経由して周防から船で難波にむかったという。確かに『日本書紀』も「客等、難波津に泊れり。是の日に、飾船三十艘を以て客等を江口に迎え……」と書いている。また裴清の帰国にかんして、「(六〇八年(推古一六)九月……唐の客、裴世清、罷り帰りぬ。則ち復《また》小野妹子も以て大使とす。吉士雄成をもて小使とす。副利を通事とす。唐の客に副へて遣す」とあり、推古の国書を託し、さらには八人の留学生まで副えている。

つまり行きは筑紫経由の船で、真っ直ぐ難波をめざすのであるから阿蘇山にまわる暇はなく、帰りは天皇の国書をたずさえ「大和朝廷」の大使・留学生一行までが一緒である。したがって真っ直ぐに隋を目指したということであろう。『日本書紀』からはこれ以外は浮かんでこないであろう。

しかし、現実に「阿蘇山」の噴火とそれをめぐる地元住民の風習、さらには夜、光を放つ如意宝珠のことが記されている。この条の読みでは、『中国正史日本伝』の編訳者の石原道博氏は、「その色青く、大きさ鶏卵の如く、夜は則ち光あり。いう魚の眼精なりと」とされている。これにたいして古田武彦氏はその著『失われた九州王朝』で、「……夜は則ち光ありという。魚の眼精なり」とされている。本書はこれを正当としてしたがった。

違いは石原氏の「読み」では伝聞に過ぎず、古田氏の方は訪問になるのである。一見、単なる解釈の違いに見える。しかし、伝聞とした場合、何故ここに急に阿蘇山の噴火はともかく、その地方の「如意宝珠」や「魚の目」の話が登場するのか、その必然性がないのである。しかし、すでに述べた『日本書紀』と「俀国伝」の本質的な違いを見れば、「俀国」が「大和朝廷」とは別個の王朝と断じざるを得ず、そこにたって「俀国」の首都を筑紫とすれば、阿蘇山の登場はごく当然なこととなるのである。

この記事の真意は、実際に阿蘇山の噴火か噴煙を眺め大自然の不思議に感動し、そこで夜光る玉の話をきいて、興味をひかれて是非見たいと思い実際に見たら、「なんだ、魚の目じゃないか」というものである。「俀国」は筑紫に都する王朝であって、「大和朝廷」とは全く別個の、すなわち古田武彦氏が命名された「九州王朝」、『宋史』日本伝記載の「日本国太宰府」なのである。

⑤である。「俀国」は筑紫に都する王朝であって、「大和朝廷」とは全く別個ということを、文献上、証明しているのがこの一節である。これは『宋書』倭国伝中の、「世祖の大明六年、詔していわく、『倭王世子興、奕世（累代）載《すなわ》ち忠……』」や、それを補強している『南斉書』倭国伝や『梁書』倭伝の、先に述べた記載と共通の認識、すなわり「俀国」は卑弥呼から「倭の五王」へとつづいた王朝の後であるというものである。

これは突飛な見解ではなく日本書紀・推古紀ならびに、遣唐使が間接的ながらはっきりと唐朝に語っていることなどは、すでに推古天皇の煬帝あての国書や『唐書』日本伝中の「隋の開皇の末に当たる、始めて中国に通ず」をひいて述べたところである。その意味は、「倭国」と天皇国家は別国家だ！と、「大和朝廷」が述べていることになるであろう。

⑥は、裴清の「俀国」訪問の道筋記載をつうじて「俀国」の首都を特定した記事である。すでに述べた「太宰府」の姿からみて、当然の記載である。文献的にみても、

もし人が「私はマルセイユをと通ってパリにいった」と書いて、これでは首都が不明である、という人がおられるだろうか。⑥の記事は、実にこのパリの例にたものである。この記事の道順は次に示すとおりであろう。百済—対馬—壱岐—筑紫である。この他に日本列島固有の地名はないのである。つまり〝中国から朝鮮半島を通って、対馬・壱岐を過ぎ、筑紫についた〟、といっているのである。

というと「それはおかしい。秦王国とか十余国、海岸とあるではないか」と、厳しい叱責の声がきこえそうである。しかし、どんなに叱責されようと使者の帰国報告書には、今日の日本人にすぐ分かる地名・地方名は、対馬・壱岐・筑紫しかないであろう。

もし通説のいうように近畿大和が目的地ならば、何故、難波とか難波津とか近畿大和の地名が全くないのだろうか。本来あるべき、この疑問は封印されたままである。

同時に、筑紫が最後の地名という国家間交流の文章の意味は、今日の日本人からは大変に分かりにくいのである。分かりにくさの原因は、日本には「大和朝廷」以外に王朝はないという歴史観が、学校教育はいうにおよばず、文化・宗教・生活の習慣にまで浸透しているので、筑紫の意味が感覚的にピンとこないのである。

が、七世紀初頭、当時の東アジアでは日本列島の首都は、筑紫しかないこと、あたかもフランスの首都はパリ、イギリスはロンドン、アメリカはワシントンであるが如しなのである。現に秦王国にかんしては、〝その住人は中国人で「夷洲」——台湾——というが、どうもおかしいと思うがよくわからない〟というだけのことである。「また十余国を経て海岸に達する」という意味も確かに不明であるが、古代中国の歴代王朝は、「倭国は帯方郡の東南大海の中の島にいる」と書いているのであるから、裴清が自分たちが上陸した筑紫から、どの程度を行けば反対の海に出るのか、という点に関心をもっても不思議とは思えない。

以上からの自然な結論は、「俀国」とは卑弥呼・「倭の五王」を継承し、志賀海神社や香椎神社を崇拝する安曇族を基本とし、太宰府を「都督府」とよぶ国家・王朝ということである。巣山古墳から「葬送の舟」が出土した意味は、これらの古墳を造営した者が海人族である安曇族の風俗、習慣を保持する人々であった、ということであろう。こうして「前方後円墳」は、近畿大和地方の内的発展の結果ではなく、近畿地方の外から近畿地方にも ち込まれたという視点の正しさが実証されるのである。

Chapter 10

第10章

「倭国」の東進と『旧唐書』の日本列島二国併記問題

一　二つの毛人

通説が国民むけの一般的な書物ではほとんど語らないものがある。それは日本古代史の二つの「毛人」の存在である。このいずれもが日本列島側の説明を、古代中国文献が記録したものであって、本質的には日本列島側の史料といえるものである。

①『宋書』倭国伝の「倭王武、上表文」の「毛人」
②『旧唐書』日本国伝中の遣唐使が述べた「毛人」

（1）「倭王武、上表」中の毛人

さてのべてきたように、「倭王武の上表」中の「渡りて海北……」が筑紫を基点としたものということは、当然、「東は毛人を征すること五十五国……」もまた、筑紫を原点としたもの、ということになる。ではこの「東・毛人の国」とはどこか、という問題が生まれてくる。日本古代史探究で、最初にこの問題を提起された古田武彦氏は、その名著である『失われた九州王朝』で、「西は衆夷、東は毛人」という表現は、「中国の用字・用文に十二分に習熟した文体」（『失われた九州王朝』、二〇六頁、角川文庫、一九七九年初版）とされ、さらに「では、倭王が九州に

都している、としたときはどうだろう。この場合、日本列島の西なる『衆夷』とは、みずからの都を中心として、それをとりまく九州の地の民それ自身をさすこととなる。すなわち中国の天子を基点として、『東夷』なる、みずからをさしていることとなろう。そうしてその東夷の地たる九州のさらに東の辺境（中国から見て）にあたる中国地方、四国地方（各、西半分）の民を毛人と呼んだこととなろう」（同頁）とされている。氏のこの範囲の設定には銅矛文化圏が関係していると推定する。

この「渡りて海北……」という表現が、筑紫を原点にした表現と看破された氏の眼力は、「一元史観」からは断じて生まれない傑出した視点と考える。しかし、この北九州こそが近畿地方より約一千年も早い、日本列島の水田稲作の発祥の地であり、全国展開の推進力という中村純氏等の研究、さらには前方後円墳が「倭国」の産物という視点がくわわれば、「東・毛人」の範囲も新たな探究がもとめられるといえる。

「倭王武」の上表のこの一節の最初は、「祖禰躬から甲冑を擐き、山川を跋渉し、寧処に遑あらず……」である。したがってこの「祖禰」に九州から東進した、物部氏や神武ははいらないことは明らかである。これら後の「大和朝廷」関係者は、「倭王武」の「祖禰」関係者ではない。

しかし、物部氏や神武の東進は「倭国」の東進の考察で大きな意味をもつと考える。

それはこの二人は、東進後も約六〇〇年間にわたって、太宰府「都督府」を凌駕できない水準の勢力である、という点である。つまり九州から近畿大和地方への水田稲作展開の、たんなる植民的勢力の一つと考えられる点である。この程度の勢力でさえ近畿大和に居すわれたのである。また、これらの勢力は近畿大和地方で、新たな勢力を形成しつつあったことは、後に大和朝廷がここから誕生した点をみれば明らかである。あたかもイギリスからの植民者が、のちにアメリカを誕生させたようにである。しかし、それは神武の東進以降、数百年の後のことである。

この地に「倭国」が、「一大率」と魏王朝でさえ特記する一大軍団を先頭に、進軍したことは、『古事記』『日本書紀』への新しい視点から明らかにできるのである。通説は、戦後、「倭の五王」は「大和朝廷」といいながら、まさに「祖禰躬から甲冑を擐き、山川を跋渉し、寧処に遑あらず……」という事実に該当する記載がいっさい「記・紀」になく「一大率」に該当する軍事組織も見当たらないと、先述のとおり「倭の五王」研究書を書かれている藤間生大氏自身が、いわばぼやかれる始末である。

しかも、これは藤間生大氏だけではないのである。戦後日本古代史学の大御所、津田左右吉氏は次のように言われるのである。「どの民族でも、上代の帝王の説話には、はげしい戦争の語られてゐるのが普通のありさまである……。然るに、神代史にはそれがない。これは、島国であるために異民族との接触が無いと共に、この国土の住民が民族としては一つであったために、民族的の争闘が国土のうちで行われなかったこと、従って上代の我が国には一般に平和の空気がみちてゐたこと、皇室がこの民族を統一せられた実際の情勢として、武力によることが(まったく無かったではないにしても)極めて少なかったと推測される……」(『日本古典の研究・上』、六四三頁。傍線は引用者)。

こうした事実とは無縁の「単一民族」とか、「単一民族ならば戦争がない」などの、学問としては首を傾げざるを得ない「研究」も、しかし、「記・紀」にしたがえばまったく無根拠ともいえないのである。通説の姿は、一方では「一大率などの巨大軍団を率いて制覇をした」と明言する「倭の五王」を、「大和朝廷である」と一致して言い、他方では、「大和朝廷の全国統一は平和的であり、軍事組織も行政組織も八世紀以前においては不明で、今後の探究の課題である」というのは、「あちらをたてれば、こちらがたたない」関係であって、石母田正氏の例の、「学問の世界ではありえない」という御指摘に照らせば、「学問……では……ない」というべきではなかろうか、と疑問に思っても不当ではないであろう。

(2)遣唐使が語る八世紀の「毛人の国」と、『旧唐書』の日本列島二国併記

(1)の「毛人」は、「五世紀の毛人」なのである。ところが通説が語らない「八世紀の毛人の国」を、遣唐使が唐朝に語っているのである。その内容も通説とはかなり色合いが違うものである。それが『旧唐書』日本国伝である。そもそも唐の正史の『旧唐書』の東夷伝には、「倭国伝」と「日本国伝」という、日本列島が〝二国併記〟されているのである。通説は、『旧唐書』の二国併記を「倭国と日本を併記するなどの無体裁……」(石原道博氏編訳、「中国正史日本伝」(2)、「解説」、一六頁)と非難してこの史料の名を言う場合には、『旧唐書』倭国日本伝というのである。その心は「倭国＝日本」である。

それにしても歴史の記録は一般的には、時代が遡ればのぼるほどその確かさは薄らぎ、現代にちかづくほどその確かさが高まるものである。ちょうど踏み切りにたてば通過する電車は遠い程その音は小さく、近づくにした

がって大きくなるようなものであろう。ところが通説の世界では古代中国史料は、昔も誤りばかりとされるが、『日本書紀』や『続日本紀』に登場する人名がはじめて中国の正史に記され、多数の遣唐使や留学生が派遣されて日中交流の花盛りのようにいわれる唐朝の正史の、しかも遣唐使という大和朝廷の使者の語った「日本史」をさえ、中国側による記録という理由で「無体裁」の一言で片づけるのである。これは如何であろうか。

この『旧唐書』の正面からの日本列島二国併記は、「倭奴国」や卑弥呼・「倭の五王」等の記載が全くない、「大和朝廷」の正史と古代中国文献との根本的な食い違いや、「推古紀」の「大和朝廷」の対中国外交の最初は「隋」という記事からも、何等違和感のない当然の記録である。しかも、ここには宣長式通説の「中国人・誤謬論」への全面的反論が展開されているのである。まず『旧唐書』日本国伝の冒頭記事と、そこに記録された遣唐使の述べる「日本史」から見ていこう。

「日本国は倭国の別種なり。その国日辺にあるを以て、故に日本を以て名とす。あるいは云う、倭国自らその名の雅ならざるを悪《にく》みて、改めて日本となすと。あるいは云う、日本国は旧《もと》小国、倭国の地を併せたりと。その人、入朝する者、多く自ら矜大、実を以て対《こた》えず、故に中国焉《これ》を疑う。またいう、その国の界《さかい》東西南北各々、数千里あり、西界南界は咸な大海に至り、**東界北界は大山ありて限りをなし、山外は即ち毛人の国なりと。**

長安三年その大臣朝臣真人（粟田真人）、来たりて方物を貢ず。――中略――得る所の錫賚《しらい》（金品）、尽《ことごと》く、文籍を市《か》い、海に泛《うか》んで還《かえ》る……」（傍線は引用者）などが重要なところである。

ここでの直接的な検討点は、「東界北界は大山ありて限りをなし、山外は即ち毛人の国なりと」の部分であるが、これを正しく理解する前提は「西界南界は咸な大海に至り」の正確な理解なので、結局は、引用部分にかんして基本的な点の説明が求められるのである。個条的に簡略に述べる。がさて、この「日本国伝」に登場する遣唐使は粟田朝臣真人である。この『旧唐書』日本国伝で、はじめて『日本書紀』等に登場する「日本人」が中国正史に登場し、「朝臣」という大和朝廷用語も記されているのである。これも『旧唐書』の日本列島の二国併記の記録性を示すものである。

最初の「日本国は倭国の別種なり」は、唐・中国の認識を述べたものであって、〝大和朝廷が名のる日本という国号の国は、倭国とは別の国家である〟といっているのである。つづいて国号「日本」の由来にかんして、遣唐使の相対立する説明・言い分が対比されて記されている。
① その国日辺にあるを以て、故に日本を以て名とす。
② あるいは云う、倭国自らその名の雅ならざるを悪《にく》みて、改めて日本となすと。
③ あるいは云う、日本国は旧《もと》小国、倭国の地を併せたりと。
④ その人、入朝する者、多く自ら矜大、実を以て対《こた》えず、故の中国焉《これ》を疑う。

まず第一には、この「日本国伝」には、以前の『後漢書』『三国志』魏志・倭人伝、『宋書』倭国伝、『隋書』俀国伝および『旧唐書』倭国伝の記載と、著しく異なった特徴がみられるのである。それは「日本国」の歴史、すなわち「日本」という国号の由来、ならびに「日本国」の地理、つまり「その国の界、東西南北各々、数千里あり」云々が、冒頭から記されているという点で、以前の「倭国・俀国伝」と本質的に異なっているのである。これを対照するならば、くりかえしであるが以下のとおりである。

①『三国志』魏志・倭人伝――「倭人は帯方の東南大海の中にあり。山島に依り国邑をなす」（傍線は引用者、以下同様）
②『宋書』倭国伝――「倭国は高驪の東南大海の中にあり、世々貢献を修む」
③『南斉書』倭国伝――「倭国は帯方の東南大海の島中に在り。漢末以来女王立つ。土俗已に前史に見ゆ」
④『梁書』倭伝「――漢の霊帝の光和中、倭国乱れて相攻伐す。年を歴て乃《すなわ》ち共に一女子卑弥呼を立て王と為す。――中略――正始中、卑弥〔呼、脱落〕死す。更《あらた》めて男王立つも国中服さず更々《こもごも》に相誅殺す。復《また》卑弥呼の宗女、壱与を立て王と為す。其の後に復男王立ち並せて中国の爵命を受ける。晋の安帝の時、倭王賛有り、賛死して、弟、彌（『宋書』では珍）立つ。彌死して子、済立つ。済死して子、興立つ。興死して、弟、武立つ。斉の建元中、武を持節都・倭・新羅・任那・伽羅・秦韓・慕韓六国諸軍事・鎮東大将軍に除す。高祖、即位して（五〇二年）武を進めて征東将軍と号せしむ……」
⑤『隋書』俀国伝――「俀国は百済・新羅の東南にあり。水陸三千里、大海の中において、山島に依って居る。……『魏志』のいわゆる邪馬台なる者なり。――中略――魏より斉、梁に至り、代々中国と相通ず」
⑥『旧唐書』倭国伝――「倭国は古の倭奴国なり。……新羅東南の大海の中に在り、山島に依って居る…

…世々中国と通ず」となっている。

すなわち「倭国・俀国」にかんしては、歴史と地理が歴代中国王朝によって丁寧にくりかえし記録されているのである。「倭国」にかんして王がかわっても、いちいち「歴史はどうなんだ」「地理はどうなんだ」などと聞かない、それどころか「魏より斉、梁に至り、代々中国と相通ず」とか、『旧唐書』倭国伝のように、「世々中国と通ず」と明記しているのである。

この意味は中国にとって「倭国・俀国」は、卑弥呼の王朝であって連綿として歴史的に交流してきた「旧知」の仲である、ということである。これに反して「日本国」は初対面の「国家」なのである。現に『日本書紀』孝徳紀につぎのように書かれている。「孝徳五（六四九）年、大唐の……天子に観え奉る。是に、東宮監門郭丈挙、悉に日本国の地里及び国の初の神の名を問ふ。皆問に随《したが》ひて答へつ」（『日本書紀・下』、三二二頁）である。文字通り地理と歴史を「悉く」、すなわちいちいち質問したと言っているのである。

そうして唐側が「倭国」と「日本国」を別国家としているという理解の正しさを示しているのが、「その人、入朝する者、多く自ら矜大……故に中国焉を疑う」の一節である。〝唐朝に来た遣唐使の多くは、その言動・態度が非常に尊大で中国側の質問に事実を述べず、したがって中国・唐は多くの遣唐使の説明・主張を真実とは理解しかねる。〟という、古代日中交流にかんする中国側の記録としては空前絶後の、真正面からの大和朝廷とその多くの使者の主張への批判と否定が述べられているのである。

いったい「矜大＝尊大」とか、「実を以て対えず」（対とは質問に答えること）とはなにを指しているのだろうか。それは「孝徳紀」を引用して述べたとおり、唐側の「日本国」の歴史と地理にかんする質問への答えであろう。その「対＝答」が「実を以て対え」ないものだ、つまり「虚偽」であり、そうした不誠実な態度は中国・唐を見下した態度である、と正面から述べているのである。

通説的「日本古代史」では、今から約三〇〇〇年前の日中交流を記録した、『漢書』地理志から七世紀までの中国側の日中交流記載を、ことごとく「古代中国人の誤り」で終わらせてきたことは、くりかえしてのべた。この先輩は八世紀初頭の大和朝廷と多くの遣唐使である。皮肉なものでこの〝先駆者〟に、唐・中国が「事実を無視した態度であって、到底信じ難い」と、真っ正面から批判しているのである。

では唐・中国側と大和朝廷・遣唐使との間の「実」＝

〝歴史の事実〟とは何を指すのであろうか。明らかに「日本国の地理及び国の初の神の名」、すなわち「日本国」の歴史とその地理的範囲をめぐる問題、つまり「倭国」と日本国の関係である。これへの唐の質問に「事実」をもって答えない、すなわち唐・中国側が歴史的に確認してきた〝紀元前約一〇〇〇年前からの倭国・中国関係〟という「事実」を、大和朝廷とその多くの使者が認めない、といっているのである。結局、ここでは古代中国側の記録が「事実」であって、『古事記』『日本書紀』の「大和朝廷一元史と史観」は「事実でない」と指摘されているわけである。

本来は、「大和朝廷一元史観」というあり得ない国家発展史への正面からの批判が、約一〇〇〇年も前に唐・中国によって提起されていたのである。日本とは如何なる社会か。紀元前約一〇〇〇年以来の日中関係を記した、約二〇〇〇年も前に生まれている『漢書』地理志や、『後漢書』の金印の「ニセ印説」がやっと消え、多々問題点はのこされているものの、どうにか承認したのがやっと二〇〇〇年後である。この計算からいえば『旧唐書』東夷伝の「日本列島二国併記」が、歴史の事実と公認されるのはあと一〇〇〇年後になる。しかも、日本の保守はもちろん革新をいう学者も『旧唐書』の日本列島二国併記や、その「日本国伝」の大和朝廷とその多くの使者の「倭国」否定と、それへの唐・中国の批判などは、〝日本論〟考察の歴史的要件にいれてはいないのである。

それはお前の『旧唐書』東夷伝への根拠のない空想的歪曲である、という方もおられよう。しかし、『日本書紀』天智・天武紀を引いて後述するとおり、「倭国」を滅ぼしたのは天皇の代替りごとに「都」を浮動させる水準の「大和朝廷」などではなく、唐・新羅なのである。いわば唐こそは大和朝廷誕生の直接的な産婆なのである。その唐が、「自分は神代の昔から日本列島の唯一正統の王家」を依怙地に主張する大和朝廷を、どんな目で見たか、想像にかたくないであろう。産婆が赤子をとりあげたらこの赤子がまるでお釈迦様同然に、産婆にたいして「天上天下を指さして、唯我独尊」と言ったというようなものである。産婆役が呆れ怒るのは自然である。むしろ通説が『旧唐書』日本国伝、倭国伝という「二国併記」とともに、後述する『日本書紀』天智・天武紀の唐による太宰府占領記事に、いっさい沈黙して語らない態度こそは「歴史学」として、その姿勢が根底的に問われるべきものではないだろうか。

以上から唐の最大の関心事が、大和朝廷成立史と「倭国」の関係であったことが、鮮明に浮かび上がるのである。その唐側の関心に当時の大和朝廷が答えた内容が、「イ」の「日辺にあるを以て、故に日本を以て名となす」で示されているのである。

これは「わが大和朝廷こそは、神代の昔から唯一の正統王家」という主張を意味するのである。しかしその国が「日辺」にあった、すなわち日本列島の中央部、「倭国」の東側にあったので、王朝を僭称した「倭国」に、中国交流という面で遅れたに過ぎない云々という、いわば弁明論なのである。この点を断定しうる根拠は、『旧唐書』の後の正史である『唐書』日本国伝に、詳しく記される遣唐使の〝多く〟が唐朝で主張した、『古事記』『日本書紀』的日本史である。その冒頭部分は次のようである。

「(大和朝廷の遣唐使) 自ら云う。初主を天御中主《あめのおんあかぬし》と号す。彦　瀲《ヒコナギサタケウガヤキアエズノミコト》(=神武の父) に至る凡《およそ》三二世、皆尊《みこと》をもって号となし、筑紫城に居す。彦瀲の子神武、立つ。更《あらた》めて天皇を以て号となし、渉《うつ》りて大和州に治す」からはじまって、天皇一人ひとりの名をあげで光孝天皇にいたるまで、延々と述べられた「日本史」である。つまり日本列島における「正統王家は大和朝廷」という主張である。

次が第二の「ロ・ハ」部分である。この「あるいはいう～あるいはいう」というのは、〝誰がいっているのか〟といえば、当然、「日本国」の使者の〝一部〟の遣唐使である。この代表格が粟田真人である。ここではいちいち引用しないが粟田真人はこの「日本国伝」で容姿学識立振る舞いにいたるまで絶賛されている。そればかりか当時の唐(周)の女帝、絶世の美女で、権勢ならびないとされた則天武皇が自ら宴をはって歓迎するという、一介の「東夷」としては破格の扱いをさえ受けている。

さて本筋にかえって、この「イ」と「ロ・ハ」は遣唐使の「国号日本」の説明が、二派に分かれ対立している事実を示すものである。つまり中国という他国の王朝の前で、自国の歴史にかんして「イ」と「ロ、ハ」という、相対立する説明をするという本来は奇々怪々の場面である。しかも「ロ・ハ」の内容は「多元史観」を積極的に根拠づける重要なものである。

(ロ)「倭国自らその名の雅ならざるを悪《にく》みて、改めて日本となすと」

(ハ)「あるいは云う、日本国は旧小国《もと》、倭国の地を併せたりと」

この「ロ」「ハ」の重要な特徴は、「倭国」を「大和朝廷」の先行国家として明確に位置づけている点である。

これが遣唐使の一部によって積極的に述べられている意義は、この上なく大きい。まずこの点で古代中国史料と一致するばかりか、『古事記』『日本書紀』に卑弥呼、倭の五王、タリシホコの記載が系統的にない事実をも、もっとも合理的に説明するものである。

江戸時代以降の通説の問題点は、古代中国文献の非「記・紀」的日本史の記録とともに、大和朝廷の中国大使たちが「倭国」滅亡、大和朝廷の台頭という当時の現実に身を置いて、唐朝の面前で、しかも自国の〝多くの使者〟の「記・紀的日本史論」に抗して語った「日本史」を、意図的に切り捨ててきたという点にあるのである。

「ロ」は、〝日本という国号は倭国が先に使っていたものだ〟と述べているのである。通説は「大和朝廷」が国号日本を採用したのは、公的には「大化の改新」以降としているが、日本を最初に名のったのは「倭国」であることが、遣唐使の言から明らかになるのである。これは通説の「日本古代史」を根本から変えるものである。

「ハ」は、日本を先に使用した「倭国」と「大和朝廷」の関係を述べたものである。読めばわかるとおり「日本を名のる大和朝廷は、もともと一小国に過ぎなかったが、倭国を併合したのである」と述べているのである。結局は古代中国正史類が、「倭国」と「大和朝廷」は別の国家と記録し、『日本書紀』等に「倭国」関連の具体的な記載はいっさいなく、さらには推古天皇の隋あての国書が、中国との国交は隋が初めて書くなど、日中史料が「倭国」と「大和朝廷」は別物と繰り返してきたことを、遣唐使の一部が明言しているのである。

通説は唐と大和朝廷のかかわりを説明するのに、『旧唐書』倭国伝と日本国伝の二国併記を嫌い、一般的には『唐書』日本伝を持ち出すのである。例えば「中国正史日本伝（2）」の編訳者の石原道博氏は、先述のとおり『旧唐書』の二国併記を「不体裁」と評し、『新唐書』（唐書のこと）を「『旧唐書』より数十年後にできただけあり、（二国併記のような）不体裁なこともなく……」と評されている。しかし、その『唐書』日本伝でさえ、「自ら言う。……日本は乃《すなわち》小国、倭の併せらるる所となる。故にその号を冒す」と言っている。「……号を冒す」とは「国号」の無断借用をいうのである。この『旧唐書』の倭国伝、日本国伝こそは、日本古代史探究の基本中の基本の史料であるが、これが無視されてきたところに、江戸時代以降の近世・近代・現代日本古代史学の、本質的な特質があるのである。

ここに照らしても通説・日本古代史学というものの性格は、おそるべきものという他はないのである。自国の正史に堂々と書かれた天皇（推古天皇）の言動さえ、「大和朝廷一元史観」にとって不都合とみれば、一致して無視するという体質、これは松本清張氏が強調された、日本古代史学の驚くべき体質に関係があるとおもわれる。

「今はそんなことはないと思いますけれども、一時は邪馬台国について、京都の古代史の研究方向が畿内説、東京の方が九州説というふうに色分けがあったとされております。

それはつまり偉い先生が、いうなれば大学のすぐれた指導者が言われたから、後の門下生の先生も何となくそれに従わなければいけないという風潮があったからだと思います。やはり学界の、あるいは自分の身の将来がかかっておりますから、非難することができない。学界というところは、やはりそういう弱い、真理ばかり追究できない点がございます……」（『吉野ヶ里遺跡と古代国家』、八頁、佐賀県教育委員会編、一九九五年、吉川弘文館、第一刷）という指摘である。

（3）「東界北界——毛人の国」はどこか

以上にたって、ここでの検討課題である、「その国の界《さかい》東西南北各々、数千里あり、西界南界は咸な大海に至り、東界北界は大山ありて限りをなし、山外は即ち毛人の国なり」を見ていこう。西暦七〇三年には「倭国」は滅亡しているのである。したがってこの現実にたてば近畿大和を中心にして、日本列島の姿を頭に描けば、「西界南界は咸な大海に至り……」というのは正確な表現であろう。西は西九州まで、その西は東シナ海につづく「大海」である。南は太平洋である。

ということは「東界北界は大山ありて限りをなし、山外は即ち毛人の国なりと」という遣唐使の言も、また正しいはずである。こうして「倭王武」の上表の「毛人」と、『旧唐書』日本国伝の「毛人」と二つの毛人が存在し、通説が一致していうように「五世紀の毛人の領域が関東・東北」とすれば、「毛人」の重複が生じるのである。ここにも通説の『旧唐書』無視、すなわち遣唐使の唐での言を故意に無視する結果としての、齟齬が浮かび上がるのである。

大変興味深い研究がある。「十世紀の人口分布」の図表（青木和夫氏著、『日本の歴史・3』、一八頁、中公文庫、一九八六年、二二版）である。この【図5】は、「平安初期の弘仁式や延喜式に規定されている各国別の出挙稲《すいことう》、つまり稲の強制貸し付け額をもとにして、その額にみあう各国別の人口を推計したもの」（同書、一七頁）と注釈がある。この図表の資料的価値は「陸奥・出羽・飛騨・

日向」の人口が空白地である点にある。これにかんして青木氏は、「蝦夷・隼人が——中略——久しく大和の朝廷に抵抗していた……」（一九頁）ことを上げておられる。すなわち一〇世紀においてさえ東北はひろく「毛人の国」なのである。まさに『旧唐書』日本国伝の遣唐使がいう、「毛人」の国に該当しよう。ただし、これは一〇世紀の姿である。では八世紀の初頭はどうであったであろうか。

　拙著『二世紀の卑弥呼　前方後円墳——真の構築者』で詳細に述べたので、ここでは繰り返さないが、埼玉県の稲荷山古墳出土の碑文で有名な鉄剣が出土した。通説はこの碑文の解読で王の名を「ワカタケル」と読み雄略天皇に当て、「大和朝廷」の五世紀の日本統一の考古学的〝実証〟としているのは言うまでもない。しかし、古田武彦氏の批判（『古代は輝いていた・Ⅱ』）には沈黙でこたえるのみである。

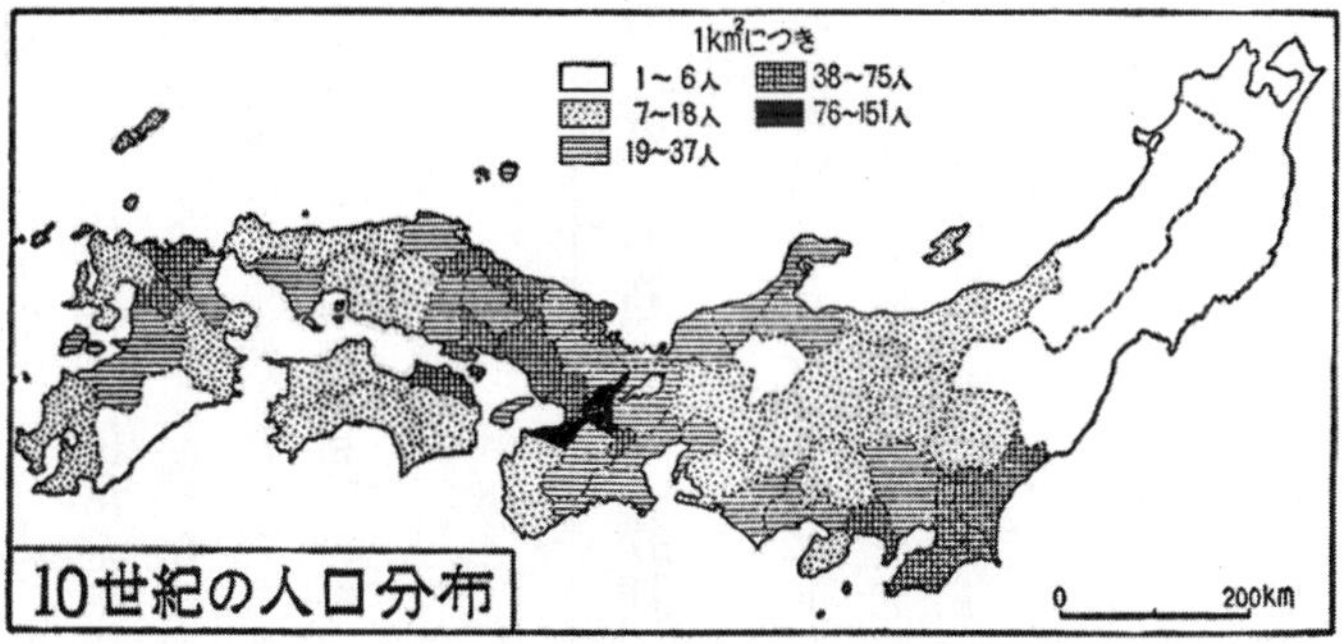

【図5】10世紀、大和朝廷の支配の空白■

　古田氏の批判点は基本的には四点あって、一つは王の名を「ワカタケル」と読むことはできるが、「ワカタケル」とは、本来は「若い勇者」等の意味で、今日流にいえば「若殿、若旦那」等の類であって、したがって「ワカタケル」大王と読んでも、どこの「ワカタケル」なのか分からない、いわば日本語文法の無視にたつ読みとなる点である。二つは、栃木県藤岡町の大前神社には、「大前神社、其の先、磯城宮《シキミヤ》と号す」という一文をふくむ明治一二年建碑の石碑が存在する事実から、斯鬼宮をただちに大和の磯城の当てるのは不当であること。三つはこの剣には、この鉄剣を捧げたオノワケノオミが、自分は「天下を佐《たす》けて治す」と剣に刻んでいるが、雄略記・紀にそんな記載はない。五世紀の関東は、通説によれば「大和朝廷」の征服の対象地域に過ぎないこと。四つは、この鉄剣は稲荷山の主部に葬られた者にたいして、捧げられる形で出土しており雄略天皇に捧げられたというのは、出土情況からもあわないことである。

　最後に、この碑文の冒頭の「辛亥年七月」をめぐって、通説に四七一年説と五三一年説（『日本史年表・1』、筑摩書房、一九八〇年、「補注82／4・16稲荷山古墳出土剣」）とがあり、「五世紀の大和朝廷の関東・東北支配」なる通説は、古田説をふまえてみれば成立の根拠がないのである。五世紀においては関東・東北は、「大和朝廷」の勢力とは独自の世界であったとすべきである。

二　「倭王武」上表の「東」の範囲と「評制」

　では五世紀、「倭王武」の上表の「東・毛人の国五十五国」とはどこか、これを考えるうえで参考になる研究がある。上田正昭氏が作成された「五世紀の県《あがた》および県主《あがたぬし》」の全国的分布表（『日本古代国家成立史の研究』、上田正昭氏著、一四二頁、青木書店、一九八二年、初版）の図表である。これを【図6】として掲載した。

　上田氏は「縣《あがた》の範囲と内容」（『日本古代国家成立史の研究』、一三三頁。なお縣は以後・県とする）で、「『延喜式』までの古文書にみえる県ないし県主の実態よりみつめよう」と、「記・紀」『続日本紀』『三代実録』等の諸文献に登場する「県」を、「倭・畿内」「東海道」「東山道」「山陰道」「北陸道」「山陽道」「南海道」「西海道」「その他」の地域に区分されて、その地域ごとの「県」の頻度がそれぞれ数字で示されている。それによれば第一位は九州・「西海道」の〝二三〟で、次の「畿内」は『日本書紀』の神武紀さえも計算に入れても〝一八〟で、九州が「畿内」を五つも上まわるのである。

　氏は「県および県主」の全国的分布は、「東限を尾張、美濃より北陸道の三国までとし、西日本に濃密にみられる」（前掲書、一三六頁）といわれ、その理由を「東国経営が五世紀に入ってよりさかんになるのに対して、西日

【図表6】五世紀の県および県主の全国分布図

本に県の集中するのは、五世紀以前のヤマト王権の拡大経過を反映すると思われる」（一三七頁）とされるのである。これが【図6】なのである。

氏のこの表は「県主」の分布表としては意義のある研究と思うが、その日本史観は全く逆であって「倭国」の制度が、五世紀には近畿におよんでいたことを示すものであろう。すなわち「倭王・武」の「西は衆夷」とともに、「東は毛人の国を征すること五十五国」の範囲を示すものである。

三　評制と都城問題

これを最終的に立証してくれるものが「評制」である。井上光貞氏は「大化の改新の詔」に、「郡とか郡司とか、郡の大小領などという文字がところどころにみえているが、そして『日本書紀』はこのあとにも、ずっとその字を使っているが――『書紀』以外の金石文とか、その他の史料には、大宝令の制定（七〇一年）のときまで、これとは別系統の評（こおり・ひょう）と評造（こおりのみやつこ・ひょうぞう）、評督（こおりのかみ・ひょうとく・助督（すけのかみ・じょとく）などの文字が使われているという事実があった。

これはこの詔が、『書紀』編纂時の現行法典である大宝令によって、大幅に修飾されていることの確実な証拠であって――中略――昭和四一年（一九六六）、藤原宮の発掘によって出土した木簡文章によって、このことはさらに確かめられることとなった」（井上光貞氏著、『日本の歴史3』、三〇七頁、小学館）と指摘された。これは「大化の改新の詔」の性格を明らかにするうえで大きな貢献であった。

同時に「この詔の文の各項のうちに……最初に簡単な概略の文、すなわち『首文』があって、つぎに具体的に『凡《おおよ》そ』ではじまる法律的条文的な記載すなわち『凡例』が多く、その点で前後の詔にくらべてととのいすぎていることや、とくに凡例のなかには、半世紀後の大宝令（七〇一年制定）とまったく同じものや、そのできあがった法典を念頭におかないと意味のとれない省略文などがところどころにある……」（同書、三〇七頁）という有様を指摘され、「大化の改新の詔」が律令制確立後の時点での造作である点を明らかにされた功績は大である。

七〇一年以前の日本の地方制度が「郡制」ではなく、「評制」であったことを指摘された井上光貞氏の研究の意義は、実に大きなものがある。それは日本書紀の編者等は、なぜ「郡制」の前に、実際には「評制」であったという事実をあえて隠蔽し、八世紀以降の「大和朝廷」が創設したらしい「郡制」のみを記したのか、という点である。何故、天下公認の「評制」を一切ふせて、自分が考えたらしい「郡制」で日本史を語ったのか、これである。

この謎を解いてくれるのが、井上氏の次の研究である。井上光貞氏は「畿内国は王城を中心にした一定の範囲内の区域で、中国はもちろん、朝鮮にも類似の組織は早くから存在した。たとえば……」(『日本の歴史3』三二〇頁、小学館)として、『隋書』高句麗伝・百済伝の他に『梁書』新羅伝をあげられている。『隋書』高句麗伝では、「復《また》、内評・外評、五部 褥薩《じょくさつ》あり」とある、とされ、「五部褥薩」にかんして、池内宏氏の研究をあげられて「五部とは内評・外評をあわせた地域で、内評はそのなかのいわば畿内の州県であり、外評はその他の四部、畿外の州県であり、褥薩とは五部の長官のことである」とされている。「百済伝」では、「畿内を五部となす……云々」とあり、また『梁書』新羅伝では「其の俗、城を呼んで健牟羅という。其邑《そのゆう》、内にあるを啄評《たくひょう》といい、外にあるを邑勒《ゆうろく》という……云々」(同書、同頁)とあると指摘されている。

概略こうした説明の後に、「大化の改新の詔」の「首文に畿内国司があることからみても、このような朝鮮諸国の先例をみて、大化の為政者が畿内を設け、そこに国司をおいたことは疑えないところである」(同書、三二一頁)とされている。

すなわち井上氏の探究で「大化の改新」以前に、この日本に「評制」という、「畿内・畿外」を区分する行政制度が実在したことが解明されているのである。この「評」とは「坪」と同じ意味で一定の空間を意味するともいわれている。つまり行政制度を都城を中心に一定の空間に区分して考えるものである。したがって天皇の代替わりごとに「都」を浮動させる水準では、断じてうまれる必然性がない制度である。

すでに問題は解明されたというべきであろう。天皇の代替わりごとに浮動する姿にはるかに先駆けて、太宰府に「都城」を構えた「倭国」が五世紀には存在していたのである。この国家は古代中国・朝鮮諸国とも、はるかに古くから交流しており、当然、王城を中心に畿内・畿外をわける行政制度を確立していても不思議ではないであろう。

にもかかわらず『日本書紀』は、一方では「評制」に一切沈黙して「郡制」を新設し、他方では「初めて京師を修め、畿内国司……を定めよ」と、まるで天皇国家が「初めて」都城制度を確立したかのような姿を示すのであるから、これは単に朝鮮諸国の真似ではなく、日本列島に「大化の改新」以前に、都城を中心に「畿内・畿外」を区分する行政制度が存在していたことを、隠したものと解す他はないであろう。

　これを実証すると考えられるものが存在しているのである。それは太宰府の観世音寺の梵鐘と兄弟鐘といわれる、京都の妙心寺の梵鐘の内側に、「戊戌年四月一三日壬寅収、糟屋評造春米連廣国鐘鋳」という、「陽鋳されている碑文」があることである。つまり「戊戌年四月十三日壬寅に糟屋評造《こほりのみやつこ》春米連《つきしねのむらじ》廣国《ひろくに》が鋳た鐘を収めた」というものである。ここの糟屋は「筑前粕谷郡」ということは通説でも認めている。つまり京都の妙心寺の鐘は北九州産なのである。しかもこの鐘銘にはどこにも「献上」を意味する文字はない。つまりこの鐘は有名であった春米連廣国に鋳造してもらったと誇っている、すなわちブランド品なのであろう。

　その鐘の鋳造者が「糟屋評造」というのであるから、この「評造」は行政組織名である。さてこの妙心寺の梵鐘と兄弟鐘とされる観世音寺の梵鐘は「創建寺以来のもの」と、この寺の副住職で通説の著名な歴史学者である高倉洋彰氏が、その著『太宰府と観世音寺』（一〇一頁、図書出版海鳥社、一九九六年、第一刷）で述べられているので、本書の立場からこの指摘を理解すれば、この梵鐘は日本最古のものとなるばかりではなく、この鐘を鋳造した「糟屋評造」という行政名もまた、当然「倭国」の行政名ということになる。

　この問題の最後は、この「評制」が藤原宮の木簡からも確認されている事実である。すなわち七世紀以前においては近畿・大和地方でも「倭国」の地方制度が、支配的であったことをしめすものであろう。上田正昭氏が作成された「五世紀の県・県主分布図」は、氏が熱弁をふるわれるような近畿・大和の朝廷の西国経営の証を示すものではなく、天皇国家が自己の正史でその存在を隠したがる、「評制」の普及下の「県・県主」の分布図なのである。すなわち「倭国」支配図であろう。

　こうして上田氏作成の「図表」に関東方面の「県主」の痕跡がないことは、関東方面が「倭国」の直接支配地域ではなく、「倭国」滅亡から間もない八世紀初頭ごろは、「東界北界は大山ありて限りをなし、山外、すなわち毛人の国なり」と、まだ言わざるを得ない状態だったと思われる。先述のとおり一〇世紀においてさえ広大な未支配地があったほどである。ただし東国にも「倭国」の文化は多面的に浸透していたとおもわれる。
さらに、こうした当時の日本の姿を的確に伝えるものが、『隋書』俀国伝の「竹斯国（太宰府＝俀国）より以東は、皆な俀に附庸（つきしたがう）す」であろう。すなわち「俀国」の首都・筑紫にたって、俀国と当時の日本列島の諸政治勢力との関係を述べたものである。筑紫以外の日本列島の諸勢力は、俀国に附庸する関係にあると。通説の応神等の時代に「大和朝廷」が日本を支配していたなどは、『古事記』『日本書紀』の史観への科学的・批判的な目を失った通説の視点である。

四　「俀国」の東征

(一) 仲哀・神功皇后記・紀

「俀国の東征」!!　これは通説の史観からは思い浮かべることも不可能な、あまりにも極端な妄想となろう。しかし、これまで述べてきた諸点をふまえれば自ずから生まれでる、いわば自然な日本古代史の姿である。しかも、この「俀国の東征」は、本書とは史観を異にし形は違うとはいえ、とっくに通説のたとえば江上波夫や井上光貞、水野裕の各氏をはじめ、東遷論者によって強調されてきたものでもある。ただし東遷論者は「大和朝廷一元史観」にたち、本書は「多元史観」にたつという根本的なちがいがある。

『古事記』、『日本書紀』で北九州から近畿大和に進撃する説話は、神武の東征の次は「仲哀天皇・神功皇后の熊襲・新羅討伐記事」である。この「仲哀・神功皇后紀」をめぐって通説の代表的な主張は、仲哀・神功皇后は「不存在＝いなかった」である。ここで通説のそれらの主張を紹介しているいとまはないが、そもそも通説は「神武はいなかった」という説に加えて、綏靖〜開化天皇までを「闕史八代」と称して、「そもそもいなかった天皇」とし、実在する天皇の最初を、崇神・垂仁天皇とし、これを「初期大和朝廷」と呼ぶのである。

大変興味深いのは、この神武＋「闕史八代」＝九人の天皇を日本史から消去すると、本来は、「邪馬一国」・近畿説などは成立しない点は述べた。また「俀国」と「大和朝廷」は別のものであって、通説の「倭の五王」を大和朝廷と称し、また朝鮮史料をテコにあれこれの天皇の在位年代を推測する視点・方法も成立の余地はないという点である。ここからは結局は、「平均在位年数」で試算するという方法以外には道がないのである。したがって例の平均在位年数で試算すれば、『日本書紀』が卑弥呼に当てた神功皇后は四世紀の初頭になる。

がさて、「邪馬一国」・近畿説の直木孝次郎や上田正昭氏も、東遷説の井上貞光氏らも崇神・垂仁朝・初期大和朝廷論に立たれている。井上氏は、「……応神天皇は確実にその実在をたしかめられる最初の天皇であるといってよいであろう。わたくしは、神武から第九代の開化までは架空、崇拝・垂仁・景行は実在の可能性があり、さらに成務・仲哀はほとんど実在性がない、と書いてきたのであるが、第一五代（応神天皇、引用者註）にいたって、はじめて実在のたしかな天皇にめぐり会えたわけである」（井上光貞氏著、『日本の歴史・1』、三七四頁、中公文庫、一九八八年、二四刷、傍線は引用者）とされ、応神天皇の父親にあたる仲哀天皇を「実在性がない」と、いい切られるわけである。

ここまでいえば応神天皇は征服王朝か簒奪者であって、いったいそれがどうして「万世一系の天皇制」や「象徴天皇制」と調和するのか、わからない。氏は同じ書物の「はじめに」で、戦後憲法の象徴天皇制にかんして、「日本の古来の天皇の伝統を発展的にうけついだもの……」（前掲書、六頁）ともいわれている。つまり一方では事実上の〝簒奪者〟を「日本最初の天皇」とされ、他方では「万世一系の天皇制」を擁護されるという、典型的な日本的光景、一方では「王朝交代説」めく説をかかげ、他方では「大和朝廷一元史観」に身をおかれるという、本来は水と油というべきを〝まぜ合わせる〟ように見える。これは単に氏の問題ではなく戦後日本社会に根ざすものとおもえる。

井上氏や水野裕氏の説はある点では、江上波夫氏式の「騎馬民族」とも似ている面もあるが、その違いは、江上氏の場合は朝鮮半島から外来人が攻めこんでくるに過ぎないが、井上・水野説では日本列島の自生した「初期大和朝廷」を、外来人が粉砕して今日の天皇制をうみだしたといわれる点であろう。

しかし、これに驚くのは早いのである。近畿論者と一言でいっても微細にみれば論者ごとに差があり、また説の内容も井上氏等とは異なるにせよ、「イリ王朝」から「ワケ王朝」へ、ないしは「三輪王朝」から「河内王朝」への転換は口にされるのである。

もはやそれらのいちいちには立ち入らない。「万世一系」と王朝交代、より正確には、「万世一系の手のひらのうえの王朝交代」論とは、本来は成り立たないものではなかろうか。この辺に、戦後日本古代史学の限界と問題点が示されていると考える。

がさて、「邪馬一国」・近畿説にたたれる上田正昭氏もまた、仲哀・神功皇后の実在性に否定的である。「仲哀天皇は説話的加上の多い神功皇后の夫とされ、のちに造作された箇所の少なくないヤマトタケルの子とされている。そこで原『帝紀』にあっては垂仁天皇のあとは、皇子イニシキイリヒコからイホキノイリヒコへつながる系譜が王統普のもとをかたちづくっていたのではないかという見解が有力となる」(『日本の歴史・2』、二二三頁、小学館、一九八七年、第九刷)とされている。

ようするに歴史の事実の問題として、仲哀・神功皇后造作説を基本とするのである。同時に東遷説も近畿説も応神天皇を「新王朝」とみなす点では一致するのである。すなわち「仲哀・神功皇后」記・紀に古代日本の王朝交代、権力の交代を見ているのである。にもかかわらず「天皇国家一元史観」は堅持されるのである。

(2) 〝戦死〟した仲哀天皇

なぜ通説は仲哀天皇や神功皇后を「本来はいない人物」にしたがるのか、なぜ親も不明にされた応神天皇を「大王の世紀」の初代というのか。その背景は何か。これがこの節の課題である。仲哀・神功皇后記・紀の中心は、「熊襲討伐・新羅征服」説話であるが、話の筋は仲哀天皇の「熊襲討伐」に登場する神が「西に国(新羅)がある。自分を祭れば熊襲は自然と平伏し、新羅も征服できる」といったので、仲哀は「筑紫にいる」と「記・紀」にはありながら、「高き地に登りて西の方を見れば、国土は見えず、ただ大海のみあり」と、神への不信を述べたために神の怒りをかって死んだというのが、いわばこの説話の出だしである。つまりこの説話の中心は仲哀天皇の「死」なのである。

あとは神功皇后が怒った神を探し出し、その教えにしたがったら「熊襲」は自ずから従い、海魚の大群に助けられて新羅にわたり、これをみた新羅王は震え上がって臣従したという、「お伽話」水準の説話が続き、さらに大和帰還をめざしたら応神天皇と腹違いの香坂《かごさか》・忍熊《おしくま》二皇子が、叛旗をひるがえしたので討ったという結末である。つまり北九州から近畿大和への進撃説話である。

この「仲哀・神功皇后記・紀」にたいして、〝大和朝廷の新羅侵攻に関する事実が忘れられた時代に、造作された説話〟という津田左右吉氏の説や、日本神話や日朝神話云々の説など、いろとりどりの解釈が繰り広げられているのは周知のことである。

しかし、この説話の決定的な部分は三点であって、仲哀天皇が「筑紫にいた」と強調されているが、朝鮮半島を「西」と認識する地点で、〝戦死している〟点が第一であり、第二は新羅征服がもう一つの要として構想されている点であり。そうして北九州から近畿大和への進撃が第三である。

中心点は実は、仲哀天皇の〝戦死〟なのである。通説はこの点に目を閉じるのである。仲哀天皇の死にかんして『古事記』は御託宣中に神の怒りで死んだとし、『日本書紀』も基本的に同様の記事があるが、「神のタタリ」の内容が明らかにされているのである。それによると仲哀天皇は神の御告げを、「然るに、天皇、猶《なお》し信《う》けたまはずして、強《あながち》に熊襲を撃ちたまふ。得勝ちたなわずして還《かへ》ります。……天皇、忽《たちまち》に痛身《なや》みたまふこと有りて、明日に、崩《かむあが》りましぬという……」とある。つづいて分注形式で「一に曰く、天皇、親ら熊襲を伐ちたまひ、賊の矢に中《あた》りて、崩《かむあが》りましぬといふ」と記しているのである。すなわち『古事記』がいう「神のたたり」とは、戦死のことだったのである。

そもそも通説が〝仲哀天皇は存在しない天皇〟などというのは、相当に無責任と思われるのである。『古事記』、『日本書紀』に登場する天皇で、戦争の先頭にたったという天皇は、神武と仲哀天皇だけである。景行天皇は古事記に遠征記事もなく、この九州討伐記事は、『日本書紀』の編者らの単なる造作であることが判明するのである。

しかも「敵の矢に倒れた」という天皇は、仲哀天皇一人である。いったい通説がいうように「存在しない」天皇を造作するにあたって、なぜ、どうして「敵の矢で殺された」などという造作が必要なのだろうか。突然の病気で亡くなったとすればいいではないか。現に、古事記はそれに近いあつかいであろう。それを「実は、皆が止めるのも聞かず、無理に戦争をして、矢で殺されたのです」などと、分註で裏話の暴露形式まで取り入れた造作の必要性がどこにあるのだろうか。実際は仲哀天皇は戦死なのである。

（3）大敗する「大和朝廷」

仲哀天皇は当然、「大和朝廷」軍の最高司令官であろう。この最高司令官が戦死したのである。これの軍事的意味はあまりにも明らかであろう。総崩れである。古来洋の東西を問わず最高指揮官の戦死または陣中の死は、その軍の大敗、ないしは敗北を意味していることはいうまでもないことである。たとえば武田信玄の死があり、また桶狭間での織田信長の攻撃で戦死した今川義元の例がある。総崩れである。こうした例からみて仲哀天皇を失った「大和朝廷」軍には敗走以外に道はないであろう。

(4) どこで負けたか

では日本列島のどの地点で〝戦死〟したのか、実はこれが大きな「日本史的」な意味をもつものなのである。古事記は仲哀天皇を「穴門の豊浦宮、筑紫の訶志比宮に坐して、天の下治らしめしき」としている。『日本書紀』も同様である。その敵は熊襲だと書いている。しかし、肝心の新羅の地理的位置にかんしては「海西の国」と述べている。この天皇の居場所と方角の矛盾を、「天皇は筑紫にいたが、読者は近畿の人が中心だから近畿地方からみた方角を書いた、といえば云えなくはないが、しっくりしない。むしろ仲哀等は朝鮮半島を「西の国」という地点にいたのであるが、それでは具合が悪いので、筑紫にいたと造作したという方が適切である。

この考え方の正しさを示すものが四三〇年代に、太宰府に「倭の五王」の都城があったという、放射性炭素14C年代測定値である。四三〇年代の太宰府が「倭国」の都城であれば、筑紫を天皇の「都」にすることは不可能である。仲哀等は朝鮮半島を「西の国」と認識する地点で、「熊襲」(倭国)に撃破されているのである。これが『古事記』、『日本書紀』が隠したことである。

(5) 神功皇后登場の意味

その意図が露呈するのが神功皇后の登場と、その記載の「お伽話」的説話である。つまり「大和朝廷」が負けた戦争を、勝ったことにする役割がこの神功皇后に課せられているのである。〝神の御告げに忠実にしたがえば、ことは成就したのだ〟と。そこから戦死した天皇に、かわいそうな天皇とでもいえそうな、「仲哀」などという諡をしていると思われる。神功皇后に課せられた課題は、熊襲に反撃をしてさらに朝鮮侵攻を「大和朝廷が行った」という絵姿をになう役目である。現に上田正昭氏は、「神功皇后の巻にみられる対朝鮮関係が、すべて虚構であるといっているのではない」(『日本の歴史・2』、一八六頁、小学館)とされ、縷々述べられている。これは別に氏だけのことではなく通説の諸先生の共通した姿である。つまり、「神功皇后記・紀」は立派にその役割をはたしているのである。

(6) 神功皇后と「オホタラシヒメ」

さて、この神功皇后とは実際には、どういう人かは知るよしもない。「仲哀天皇の皇后」というのが妥当で、実際の姿は全く伝えられていないといえる。今日広く知られている神功皇后は、実は「倭国」の女王・オホタラシヒメの姿である。そもそも神功皇后は気長足姫尊（おきながたらしひめのみこと）というのであるが、これは神功皇后の葬儀に際して「皇太后を追ひ尊びて、気長足姫尊と曰ふ」（『日本書紀』）とあり単なる謚に過ぎない。問題は、「タラシヒメ」であるが、この「タラシヒメ」はこの点にかんして例えば上田氏は、「朝鮮渡来と伝えるアメノヒボコの伝承のなかにはぐくまれたオホタラシヒメの伝承とが複合されて、神功皇后伝承の源流がかたちづくられていく……」（前掲書、一九〇頁）とされているところにも、通説的見地からではあるが、その指摘を見ることができる。

（７）「オホタラシヒメ」と「九州年号」

「九州年号」、通説・日本古代史学ではまったく取りあげられないものである。これは全く不思議なことである。しかし例えば、それは法隆寺の国宝「釈迦三尊像」の「後背碑文」の冒頭に、「法興元三一年」と刻まれているのである。この年号は「大和朝廷」の年号にはないものである。ふつうは学問というからには、この「大和朝廷」にない年号はいったい何か、どこの年号かぐらい探究しそうなものである。しかし、通説と法隆寺等の通説的研究者らは、その年号には素しらぬ顔で「国宝」を讃美している。

この「九州年号」問題をあらためて取りあげられたのは、古田武彦氏（『失われた九州王朝』）である。「九州年号」という名称は、しかし、古田氏の命名ではなく江戸時代の学者である鶴峯戊申《しげのぶ》が、その著書『襲国偽僣考』で、「九州年号と題したる古写本によるものなり」（『失われた九州王朝』、三八七頁）として、「九州年号」を考察している点を指摘された。先述のとおりこの「九州年号」から「倭国」は「大和朝廷」とは別国家という見解は、明治時代にはあったのである。この「九州年号」は、いわば西日本ではこんにちも、あちこちに残っているのである。たとえば道後温泉では聖徳太子が、「法興六年」にこの温泉を訪れたとしているが、これは本当は「倭国」の太子で聖徳太子ではありえないのである。

また、この「九州年号」は、一四六二年に議政府領議政（首相にあたる）をつとめ、また一四四三年には日本を通信使として訪れた申叔舟の、日本と琉球王国のことを書いた『海東諸国紀』（田中健夫氏訳注、岩波文庫、一九九一年）の「日本国紀」に、国家年号として系統的に記載されている。「『海東諸国紀』は、朝鮮王朝最高の知識人が日本と琉球の歴史・地理・風俗・言語・通交の実情を克明に記述した綜合的研究書である」と訳者の田中健夫氏は「はしがき」の冒頭で強調されている。

ここに「継体天皇。応神五世の孫なり。名は彦主人《ひこうし》なり。……始めて年号をたて善化と為す。五年丙午、正和と改元す。六年辛亥、発倒と改元す……」からはじまって、文武天皇の「大長」まで「九州年号」が連綿として記されているのである。これにたいする田中健夫氏の注は、ことごとく「私年号」としているだけである。

しかし、一国の王朝の首相をつとめ自らも日本に外交官としてきた人物が、相手国の「日本国紀」のうち、天皇にかんする記述をしている「天皇代序」で、「私年号」を並べるはずがないであろう。そこには「国家年号」として、天皇国家には存在しない年号があったからこそ、記録しているとするのが正常であろう。それが現に法隆寺の「国宝」や有名温泉である道後温泉に、聖徳太子のこととして伝わっている、とすべきものであろう。これを「私年号」というのは、まさに「日本には天皇国家をおいて他に国家なし」であって、「天皇国家の年号に非ずんば国家年号にあらず」である。しかし、こうした日本古代史学の姿は、理性では理解できないものではなかろうか。

この年号は天皇国家よりはるかに歴史的に古く、かつ中国・朝鮮諸国とかかわってきた「倭国」の年号であることは、疑う余地などはないものである。もっともこれを認めれば近世以降の日本古代史の通説、「大和朝廷一元史と史観」が否定されるので、「(日本古代史の）学者は真理ばかりを追究していられない」という、松本清張氏の指摘はその通りなのかもしれない。

法隆寺という国宝のしかも御本尊が、「倭国」製の仏像であるという事実は、日本古代文化史や仏教史をひっくり返してしまうばかりではなく、日本古代史学をも一瞬にして根本から崩壊に導くものである。こうして私たちは大学的な日本古代史学には、いわば国民には固く閉ざされた、「開かずの扉」が数多くあることを知るのである。この扉の存在を明らかにされた古田武彦氏の探究は、「あれは駄目だ」の一語で片づけられるらしい。はたしてこれでよいのかは、歴史に問うのみである。

(8) 九州年号〝善紀〟

さてこの「九州年号」を記載した文献がある。『八幡宇佐宮御託宣集』(重松明久氏、校注訓訳、現代思潮社、一九八六年、以後、御託宣集という）である。これは宇佐神宮の祠官で辛島氏についで古いとされる大神氏の出とされる神吽《じんうん》（一二三一〜一三一四年）が、約二四年の歳月をかけてその死の前年の一三一三（正和二）年に校了されたという史料である。

その特徴は、この『御託宣集』が神仏習合にたった説話集ということである。同時に源平合戦にさいして豊後の武士緒方惟栄・惟隆らによる、宇佐神宮焼き討ちがおこなわれ古文書も奪取されたといわれ、これを神吽が復元をはかったのであるが、その際に「倭国」と大和朝廷をもまた、「習合」したものとおもわれる点である。すなわち「倭国」史の史実を『風土記』風に、無理に大和朝廷のあれこれの天皇の治世と合体させる形式がとられている。例えば『風土記』と同様に、説話の冒頭に「第一六代の応神天皇四二年庚午《かのえうま》二月一五日、御齢一百十一歳にして崩　御《かみあがりたま》ひしより……」とか、「元正天皇五年、養老三年」等というような形式にされている等である。

さて、宇佐神宮の祭神はいわずとしれた応神天皇、神功皇后とされている。この『御託宣集』はこんにち一六巻からなっているが、神吽の序文があるのは第三巻であって、ここから一～二巻はあとから加えられたものという見方もあるという。この第一巻では、八幡大菩薩が人間の姿として応神天皇になったという説話が、『日本書紀』などの記事から造作されている。

現代思潮社刊の『八幡宇佐宮御託宣集』の校注訓訳者の重松明久氏は「解題」で、「応神八幡神の大隅降臨説は、恐らくかなり古い伝承に基づくとおもわれるが、応神王朝の大隅・日向発祥説に立つ筆者にとって、有力な示唆と受けとれる」（二一頁）とされている。この「応神・大隅・日向説」の説話的構造は、八幡が近畿大和に入ったあとで、紀伊、吉備、周防、伊予など瀬戸内諸国をへめぐって、宇佐付近に来臨したというものである。重松氏はこの道順は九州から近畿大和への進軍の道順を示唆したものとされている。

が、さて、この「御託宣集」に「九州年号」をともなう記事があるのである。「香椎宮の縁起に云く。善紀元年、大唐従《よ》り、八幡大菩薩日本に還り給ふて見廻り給ふに、人知らざるの間、御住所《おんすみか》を求め給ふて筑前国香椎に居住し給ふ。その後新羅国の悪賊発《おこ》り来つて、日本を打取らんと為《す》る日、乍《たちまち》に胎《はら》に入り奉る四所の君達《きんだち》、当月に満ち給ふに依って、白石を取り給ふて、御裳の腰に指し給ふて云く。若し是の石験《いししるし》有らば、我が懐《はらめ》る子、今七日の間生まれ給はざれと。

我が石神に祈誓し奉り給ふて合戦し給ふに、既に戦ひ勝って還り給ふ。石に験《しるし》（＝効能）有って、七日を過ぎて四所の君達《きんだち》生まれ給ふ。穂浪郡（福岡県嘉穂郡大分村）の山辺に集り住み給ひて後、各の御住所を求め給ふて移住し給ふ。故に大分宮（穂浪郡に同じ）と名づく。件の白石の御正体は、尚大分宮に留め給ふ。是の如きの間、聖母大帯姫並びに四所の君達、併《なら》びに日本我が朝を領掌し給ふ。――中略――（四カ所に分かれた君達とは次のとおり）

一所　筥崎（箱崎）
一所　大分宮
一所　御母に相副ひ奉り、香椎に住み座《ましま》す。
一所　穂浪の山中、多宝（塔）の分身なり」（同書、八六頁。傍線は引用者）

この「善紀元年」とは「善化」の別名（『八幡宇佐宮御託宣集』、八六頁、上段注「九」）で「九州年号」と呼ばれる年号の最初のもので五二二年にあたる、とされる。この「善紀」は『御託宣集』の他のところにも、「又善紀元年の記に云く」（同書、九〇頁）とあり、内容は、右に引用したものの一説である。すなわち「善紀元年」云々のある記事は、明らかに「倭国」年号をともなう文献、すなわち「倭国」文献であると考えられる。しかも、出産を遅らせる目的で腰に白石を結わえ新羅と戦うという、『日本書紀』等の神功皇后の説話のもとは、この「善紀」元年の「倭国」記事であろう。

『日本書紀』では、「時に、適《たまたま》皇后の開胎（臨月）に当れり。皇后、則ち石を取りて腰に挿みて祈りたまひて曰《まう》したまはく、『事竟《ことを》へて還《かへ》らむ日に、土《ここ》に産《あ》れたまへ』とまうしたまふ。其の石は、今伊覩県《いとあがた》の道の辺《ほとり》に在り。――中略――一二月……に、誉田天皇（応神天皇）を筑紫で生まれたまふ」（三三六頁）となっている。

この「倭国」記事の女性は「大帯姫」（オホタラシ姫）であり、しかも香椎の神と考えられるのである。それは「大帯姫八幡……此の八幡は、住吉を父となし香椎を母と為《な》し給ふ」（同書、八八頁）とあり、この吉住は福岡市吉住町の「吉住神社」であり、「記、紀」神話からもここが本来の「吉住神社」である。

すなわち「タラシヒメ」の由来は、この「倭国」の「オホタラシヒメ」であろう。このように考えると「記・紀」の神功皇后の新羅討伐関連記事は、「倭国」文献からの剽窃記事の一つという点が明らかとなる。通説的立場からさえ、「記・紀」の「これら応神天皇生誕伝説が、北九州の民間伝承であった……」（次田真幸氏全訳注、『古事記・中』、二〇六頁、講談社学術文庫本、一九八〇年、第一刷）という見解があるが、「民間伝承」ではなく「倭国」関連史料からの盗作である。

それを示すのが以下の点である。神功皇后記・紀とは根本からことなって、大帯姫の子供は四人であって、いずれも九州に止まっているのは表記のとおりである。にもかかわらず堂々と「……聖母大帯姫並びに四所の君達、併《なら》びに（一緒に）日本我が朝を領掌し給ふ」（括弧・傍線は引用者）と書いている点である。こうした記述が「善紀」という、「倭国」年号をともなった文献に登場している事実は、いささかも軽視できないものである。

ここの「日本」は、まさに『旧唐書』日本国伝中の「倭国自らその名の雅ならざるを悪て、改めて日本となすと」という日本、「日本の貴国」の日本、すなわち「倭国」である。これは『御託宣集』の文献に、「倭国」時代のものがあることを示すものであろう。極めて重要な文献である。「記・紀」はこの「倭国」史料の「大帯姫」を「神功皇后」に当てたと考えられる。

もっとも『御託宣集』のなかには、「記・紀」の記載に対応している側面が強く見られる。この姿は「倭国」滅亡後の大和朝廷側と宇佐神宮側の利害の一致の到達点とおもわれる。大和朝廷側は「倭国」時代から有名な宇佐神宮から、「神代からの日本の天皇」という信仰上のお墨付きをもらうことは絶大な意義があり、反対に宇佐神宮はその信仰の中心の権力を換骨奪胎することで、新しい権力のもとでもその社格を維持することができるのである。この点は、出雲大社においても基本的に同様であろう。

したがって「倭国」時代からの「大社」であった両社は、その信仰上の縁起を天皇国家に切り換えるのであるが、そもそもは「倭国」王朝が信仰上の対象であったものを、ある日突然、大和朝廷に鞍替えするのであるから、どうしてもそこに異質のものが「継ぎ目」をのこす結果となるのである。これに比較して志賀海神社は、こうした処世術を採用しなかったのであろう。いつの日にか解明される日もくるであろう。

「オホタラシヒメ」が「神功皇后」ではあり得ないという点を、この文献の記載から示せば、〝教到〟四年（五三〇）という「九州年号」が付された説話の中で、「豊前国下毛郡諫山郷の南の高き山は、大菩薩の御母大帯姫御垂跡（仏教用語、生まれた）の洞なり」などがある。そもそも大分県下毛郡の諫山などという地名は、今日の日本でも大分県の下毛郡にでも住んでいなければ、あまり知られていないところであろう。こうした耶馬渓という太宰府～日田～宇佐を結ぶ古代の内陸の幹線を熟知しているものは、古代九州文化の形成にかかわったもので、八世紀の大和朝廷の史官等の知るところではないであろう。

さらに『御託宣集』の「倭国」時代の文献の残滓とおもわれる例を挙げれば、第十四巻の「馬城峰また御許山（宇佐神宮東南方の峰）の部」に次の一節がある。「神亀五年より始めて、筑紫九国を領せる王有りき。阿知根王といいき。云々」（同書、四〇三頁。傍線は引用者）である。神亀五年は七二八年である。七二八年には九州を領有する王はいないであろう。であればこの記事はなにを意味するかであるが、この記事は「神亀五年より始めて」が余計なものであろう。すなわち天皇国家にあわせるための記載であろう。その意味は「筑紫九国を領せる王」という表現もまた、「倭国」というべきをきり縮めたものと考えられる。

（9）「継体紀」の〝磐井・大国〟記載

以上の考察からは、神功皇后が北九州から近畿に進撃したという記・紀の記載は、成立しないことになる。つまり「仲哀・神功皇后記・紀」は、「熊襲」と表現されている「倭国」勢に、朝鮮半島を「西の国」という地点で撃破され、遂に、その支配下に転落した「大和朝廷」の始祖たちの実際の姿を隠蔽して、逆に、自分たちが九州を支配し、さらに朝鮮半島南部をも支配下においたとしたのである。すなわち有史以前から倭人が展開していた朝鮮半島南部沿海部の地域をめぐって、新羅等と争ってきた「倭人の国家・倭国」を消去して、自分たちに置きかえるための造作記事であろう。

このように見てくれれば、通説の仲哀・神功皇后の「不存在」説は、仲哀天皇の死の日本史的意味を不問にふす巧妙な主張といえよう。こう言うと、もう無茶苦茶な話で真面目に相手にすべきものではない、と言われる方もおられよう。しかし、『古事記』とくに『日本書紀』には、本書の「仲哀・神功皇后記・紀」への見方をうらづける記事があるのである。「継体紀」である。「継体紀」は非常に興味深い記事である。通説は継体天皇の死亡の年の「三年」のズレ問題等にその関心を集め、さらには応神王朝との血脈の断絶を云々して、例によって「万世一系」論にたった「王朝交代」論を口にする人もいる。しかし、本書がいう「興味深い」点はそこではなく以下の諸点である。

① 擁立されて約二〇年も近畿大和の地に入れないとある継体紀を埋めつくすのは、朝鮮半島問題である奇妙、すなわち二〇年間も近畿大和に入れない水準の者が、朝鮮諸国に指図できるのか、という視点である。

② さらには、やっと大和にはいった翌年には六万の

兵を朝鮮半島問題で動かしたとあるが、なぜ二〇年間も近畿大和に入れず、どうやって近畿大和の妨害勢力を克服したのかの記載が全くない奇妙。

③「叛乱者の磐井」を一方では、「磐井、火（肥前・肥後）、豊（豊前・豊後）、二つの国に掩《おそ》ひ拠《より》て使修職《つかへまつ》らず……」と、その勢力圏の中心の筑紫を故意に脱落させているとはいえ、「西の鄙」の勢力といいながら、磐井攻撃を「社稷《しゃしょく》の存亡、是にあり」としていることの奇妙。「社稷の存亡」とは〝国家の存亡〟を意味し、日露戦争の日本海海戦で旗艦三笠に掲げられた「Z旗」と同じ意味である。

④さらには磐井追討司令官の物部麁鹿火大連《もののべのあらかひおほむらじ》に、「長門より東をば朕《われ》制《かと》らむ。筑紫より西を汝制れ……」と述べて、臣下との間で磐井の「領土分割」を公然と口にしている奇妙。

とくに注目すべき点は、継体天皇の口を通じて「磐井の領域」が、全九州と「長門より以東」と明言されている事実である。では「長門より以東」とはどこまでであるか、何も書かれていないのである。ここからみて継体の「都」があるところも入るとしか言いようがないであろう。「長門以東」とのみいう以上は。

ただ確実に指摘できることは、ほんの数行前の「火、豊、二つの国に掩ひ拠て」とか、「磐井は西の戎《ひな》の奸猾《かだましきやつ》（＝ずる賢いやつ）なり」とかの、継体天皇とその臣下の言が共に事実でないとを、天皇の口から明らかにした点であろう。しかも、ここから「磐井」が巨大勢力であって、「倭王・武」の「東……毛人を征すること五五国」と一致する存在であることが、継体天皇の口から語られていることになる点である。

⑤最後に、継体紀から、朝鮮半島問題と「磐井の乱」を除けば、〝皇后や妃、皇子〟の記事ぐらいしか残らないという奇妙である。

本来、継体紀で検討されるべきは、むしろ以上の諸点ではなかろうか。岩波古典文学大系本『日本書紀』の「解説」に、「『百済本記』は継体・欽明の両紀に引用されている。……とくに継体・欽明の紀では一巻の大部分が『百済本記』による記事で占められていると言える」（『日本書紀・上』、一六頁）と指摘はされている。そもそも通説に「王朝」交代等を云々する人もいる継体紀の内容が、「磐井の乱」なる記事を除けば、ほとんど『百済本記』の丸写しの記事で、うめられているというのは異常ではなかろうか。通説には、これはなぜか、という検討はあるのであろうか。

さて、この継体紀は、その表面上の見かけとはうらはらに、よくみると「仲哀・神功皇后紀」とその説話の構造が、じつによく似ているのである。まず後者の「熊襲」は前者の「磐井」とかさなり、後者の「新羅討伐」は、前者の『百済本記』の記事の羅列に通じるのである。両者が言いたいことは、「九州を支配し、朝鮮問題をとりしきったのは『大和朝廷』」である、ということである。

しかし、後者は「熊襲」を征したと言いながら、その実は朝鮮半島を「西」に見る地点で天皇が戦死し、大敗であるというのが実相であり、前者は「磐井は西の鄙の勢力」という口の下から、「長門以東、筑紫以西」と磐井の領域の広大さをのべ、「領土分割」を口にしているのであるが、結末は、「磐井を切りて、果たして彊場《さかひ》を定む」とあり、磐井の息子の筑紫君葛子が、「糟屋屯倉を献りて、死罪贖はむことを求《ま》す」と、いかにも大勝したかに装うが、肝心の「領土分割」の件が実行されたという記載がない。『日本書紀』が記す勝利は単なる紙の上でのことである。実際には「即位」いらい二〇年間に三回も「都」を移っている程度の勢力が、太宰府の都督府の勢力を破るなどは、あり得ないことである。「長門以東」の東の範囲は、「倭王・武」の上表の「東……毛人……五五国」の範囲、すなわち上田正昭氏が示された、「五世紀の県および県主の全国分布表」と重なると考える。

(10)「磐井の乱」と国際的謀略

では、「継体」の「倭国」襲撃は「なかったものか」といえば、当時の基本的な勢力対比からは考えにくいことであると思う。しかし、「なかった」と断定できるか、というと、若干の可能性をのこすのではないかという感じも残る。理由は、「国際的謀略」である。現に、「継体紀」では「磐井の反逆」の理由を、次のように述べている。

「継体の二一年の、夏六月に近江毛野臣、衆六万を率《ゐ》て、任那に往きて、新羅に破られし南加羅《ありひしのから》、喙己呑《とくことん》を為復《かへ》し興建《た》てて、任那に合せむとす。是に、筑紫の国造磐井、陰《ひそか》に叛逆《そむ》くことを謨《はか》りて、猶預《うらもい》（＝まよいながら）して年を経、事の成り難きことを恐りて、恒に間隙《ひま》（＝すき）を伺《うかが》ふ。新羅、是を知りて、密かに貨賂《まひなひ》を磐井が所に行《おく》りて、勧《すす》むらく、毛野臣の軍《いくさ》を妨遏《た》（＝防ぎ止める）へよと」である。

この『日本書紀』の記事は、「倭国・磐井」と天皇国家を逆転して描いている。任那問題を抱えているのは「倭国」である。これを妨害せよと言っているのは新羅である。この妨害者が直接、天皇国家といえるかは、やはり私には謎である。しかし、「密かにそむくことを謀りながら、事の成り難いことをおそれて様子をうかがう」立場は「倭国」ではなく、「倭国」に反逆しようとするものの立場である、この条はなかなか現実感がただようのである。

こうした国際的謀略はかなり古い時代から「紀」には登場している。一見、「磐井」問題とは関係がないように見える次の記事が応神紀にある。これは武内宿禰を筑紫に派遣した隙に、弟の甘美内宿禰《うましうちのすくね》が、「武内宿禰、常に天下を望《おも》ふ情有り。今聞く、筑紫に在りて、密に謀りて曰ふならく、『獨《ひとり》筑紫を裂きて、三韓を招きて己に朝《したが》はしめて、遂に天下を有《たも》たむ』といふなり」（『日本書紀・上』、三六六頁）という「誣告」記事である。

「筑紫を裂きて、三韓を招」けば「遂に天下をたもたむ」、と『日本書紀』の編者がいっている点である。この記事の現実味は今日の日本人にはピントこないかもしれない。しかし、現実味がなければ誣告にならない。すなわち古代における筑紫の政治的重みである。ただしこの記事は、日本列島を大和中心思想で造作的に描いたものである。

継体時代の現実は、筑紫が中心である。この立場に立てば、当時、「倭国」支配下にあった天皇勢力の腹の内が示されているとも考えられる。密かに朝鮮半島の新羅等の諸国や、国内の反「倭国勢力」と通じれば、自己のおかれた情況を変えることができるかもしれない、という考え方である。新羅側が「倭国」内部の反「磐井」勢力と、当時の天皇国家のささやかな勢力を糾合し、不意に攻撃を加えれば「倭国」の力をくじくことができる、と謀略しないという保障はだれもできないであろう。

この推定との関連では、百済の賄賂にかんする次の記事が関心がもたれるところである。継体の六年一二月の『日本書紀』の記事に、「任那四県割譲問題」で『百済本記』から「委《わ》の意斯移麻岐弥《おしやまきみ》」が引用されている点である。「継体紀」はこれを「哆唎国守《たりのくにのみこともち》穂積臣押山」と書き、大伴大連とともに「百済の賂を受けたり」（『日本書紀・下』、二八頁）と書いている。『百済本記』の「委の意斯移麻岐弥」は天皇国家の人物ではない。しかし百済と無関係の大伴大連が百済から賄賂をおくられたと、「紀」が書いているのは興味深いことである。したがって新羅の意を受けた何者かが「大和朝廷」に誘いの声をかけて、共に「磐井」攻撃を計った可能性があろう。

この問題の最後に、「大和朝廷一元史観」の結果、日本史に「倭国史」はないが、そのために日本古代史の国際関係は単純で、比較的平和な交流関係のみとされるのである。しかし、こうした「日本史」は日本人の国際関係への認識を、根本的に歪めるものである。実際の「日本史」では、「倭国」が「倭人」の歴史を背景に、朝鮮問題に深くかかわる宿命を負い、この結果、朝鮮諸国や中国と、本来は複雑を極めた国際関係をきずいてきたとおもわれるのである。

これが劇的に展開されるのが「倭国」の滅亡であって、「倭国」の滅亡は、天皇一代ごとに「都」を変える水準の、「大和朝廷」の力によるものではないことは後述する。しかし、「大和朝廷」の唐の力をも背景にした統一王朝への脱皮は、日本史を「大和朝廷一元史」に改竄する契機となり、多くあったはずの「倭国」史料・文献の意図的抹殺という悲劇を招き、ついにわれわれ日本民族が実際に経験した、痛みをともなう国際関係の記録は失われたと思われる。これは民族にとって大きな損失でなかったかと思われる。今日、『日本書紀』に断片的に残された、「倭国」の激烈を極めた国際関係にかかわる記録をここに引用し、失われたものの大きさに思いをめぐらす縁《よすが》としたい。

ここに引用するのは『日本書紀』欽明紀の一節である。読めばご理解いただけると思うが、ここには「日本・天皇」が派遣した使者の名が、〝どこの誰だかわからない〟と、『日本書紀』の編者等がくりかえし注釈している、まことに奇怪至極な一節である。つまりここに登場する「日本・天皇」は、じつに「倭国」の〝日本・天皇〟であり、「倭国」の使者である。その一節からうかがえる激烈とも思えるやりとりから、「倭国」史の現実がかすかにほの見えるとも思える次第である。

なお、通説も指摘するとおり欽明紀は継体紀同様に、「一巻の大部分が『百済本記』による記事で占められている」（『日本書紀・上』、一六頁）という姿で、全文の約八～九割がこうした姿である。

ここにあげる朝鮮関連記事は、その二年、「日本の天皇の詔《のたま》ふ所は、全《もは》ら、任那を復《かえ》し建てよというを以てせり」（『日本書紀・下』、六八頁）という任那再興問題が中心課題である。

「聖明王（百済）、更《また》任那の日本府に謂《かた》りて曰はく、『（日本の）天皇、詔《のたま》して称はく、〝任那若し滅びなば、汝則ち資無《よすがな》からむ。任那若し興らば、汝則ち援有《たすけあ》らむ。今任那を興し建てて、旧日の如くあらしめて、汝が助けとして、黎民《おおみたから》を撫で養《ひだ》すべし〟』とのたまふ。謹みて詔勅を承りて、悚《かしこま》り懼《おそ》るること胸に填《み》てり。丹誠を誓ひ效《いた》して、冀《ねが》はくは任那を隆《さかや》さむことを」（『日本書紀・下』、七四頁）。ところがこうした重要な使命をおびて、定説にしたがえば天皇国家が任那等に任命・派遣した使者の名が、先述のとおり「記・紀」編纂時代の大和朝廷では、どこの誰かわからないというのであるから、これらの記事が天皇国家のものでないことは明らかであろう。以下はその例の一端に過ぎない。

①「彌麻沙《みまさ》等、日本より還りて、詔書を以て宣りて曰く、『汝等、彼《そこ》に在る日本府と共に、早《すみやか》に良き図《はかりごと》を建てて、朕が望む所に副へ、爾《いまし》其れ戒《つと》めよ。他になあざむかれそ』といふ。又、津守連、日本より来たりて、百済本記に云はく、津守連己麻奴跪《こまなこ》といふ。而《しか》れども語訛《ことばよこなま》りて正しからず、未詳《いぶか》し。詔勅を宣《のたま》ひて、任那の政を問ふ」（『日本書紀・下』、七八頁）

②「安羅に使して、新羅に到れる任那の執事を召して、任那を建てむことを謨《はか》らしむ。別に安羅の日本府の河内直《かふちのあたひ》の、計《はかりこと》を新羅に通すを以て、深く責め罵《の》る。百済本記に云はく、加不至費直《かふちのあたひ》、阿賢移那斯《あけえなし》、佐魯麻都《さろまつら》等といふ。未だ詳《つまびらか》ならず」（同書、七二頁）

③「別に河内直、百済本記に云はく、河内直、移那斯《えなし》、麻都《まつ》といふ。而るに語訛りて未だ其の正しきを詳にせず。に謂はく、『昔より今に迄《いた》るまで、唯汝が悪《あしきこと》をのみ聞く、汝が先祖《おや》等、百済本記に云はく　汝が先那干陀甲背《おやなかんだこうはい》、加猟直岐甲背《からふぢきこふはい》といふ。亦那奇陀甲背《またながだかふはい》、鷹奇岐彌《ようがきみ》といふ、語訛りて、未だ詳ならず。倶《とも》に姧偽《かだみいつわり》を懐きて誘説《わかつり》く」（同書、八〇頁）

④「朕当《ちんまさ》に印奇臣《いがのおみ》、語訛りて未だ詳ならず。を以《さ》して、新羅に遣すべし」（同書、八二頁）

⑤「印支彌《いきみ》が後に来れる、許勢臣《こせがおみ》が時にして、百済本記に云はく、我が印支彌を留めし後に、至《もうこ》し既酒臣《こせのおみ》が時にといふ。皆未だ詳ならず。新羅、復他《またひと》の境を侵し逼《せ》むることなし」（同書、八六頁）等々という有様である。

ここにはしのぎをけずる国際的競い合いと、権謀術策・多分、裏切り等も渦巻いていた世界の、ごく一端がほの見えるのではなかろうか。「磐井」なる「倭国」への継体の攻撃は、あったとすればこうした背景からかもしれない。

Chapter 11

第11章

前方後円墳——真の構築者

一　前方後円墳——鉄と馬

小林行雄氏の「三角縁神獣鏡」を卑弥呼が魏から授与されたものとした、「前方後円墳体制」論は、「三角縁神獣鏡」非中国製という実証主義的研究によって根拠を失った。しかし、だからといって小林雄氏の『京都大学文学部紀要13』（一九七一年）に掲載された「三角縁神獣鏡・分配図」が、ただちに無価値になったとはいえないと思う。この「分配表」は、従来の「近畿説」の人々が思いもよらなかった、新しい問題を浮かびあがらせるものであるかもしれない。小林氏の図からみて西と東は、なにかの都合で流れたに過ぎず、やはり中心は近畿地方である。これは「三角縁神獣鏡」に権威を感じ、その分配ないしは保持に大きな関心をよせていた勢力が、近畿地方にいたことを示すものではなかろうか。

それは如何なる勢力か、といえば本場の漢・中国銅鏡ではなく、いわばその〝紛い物〟を有り難く思い権威を感じるという、いわば二流級の勢力が近畿に集中していたことを示すものともおもわれる。西と東では同一傾向のものが出土しても意味は全く異なる場合が考えられるが、西では三角縁神獣鏡は権威もなく「毛人の国」では、こんな〝紛い物〟が有り難がられているという意味で、面白がられたのかもしれない。

私は、江上波夫氏の「騎馬民族説」を認めるものではないが、この説は外来民族が「筑紫」に上陸し、そこを経由して近畿大和に侵入し前方後円墳等を構築し、大和朝廷を誕生させたという「一元史観」である。しかし、日本列島に限定すれば「筑紫」からその後の「日本古代文化」をひっさげて、近畿大和に進撃したという考え方である。表現をかえれば「神武の東征」ではなく「前方後円墳勢力」の東征なのである。江上波夫氏や井上光貞氏等の「東遷説」は、「大和朝廷一元史観」という点で日本史の事実とは異なるという立場に私は立つが、近畿大和の古代文明を構築したものは「西からきた」という点では、「近畿説」とは比較にならない正当性を内在させた側面があると考える。

「前方後円墳」の造営年代にかんして、通説では三期に分けるものや二期とする説があるというが、この年代判定はすべて「三角縁神獣鏡」による判定に過ぎず科学的根拠はない。中国鏡でないものを中国鏡と称して、さらに「土器編年」とあわせて年代の後先を決定・分類しても科学的根拠がない。したがって本書では「前方後円墳」の年代は実際は不明とし、おおむね四〜五世紀を中心にいわゆる「前期」と「後期」とする程度とする。正しい科学的日本史観が確立されたのちに、「天皇陵」とされる「前方後円墳」をも発掘して、放射性炭素14C年代測定法等の自然科学的年代測定をしなければ、科学的な年代設定はできないというのが、実際と考えるからである。

さて、本書は年代的には江上説とは異なるが、区分にかんしては「三時期法の中期・後期の古墳文化は、本質的には同似しており、これを一連のものとして把握することができる……」(『騎馬民族国家』、一五九頁、一九八三年、第四一版)という仕方にはしたがいたい。江上氏は前期と後期の性格を峻別され、「前期古墳文化は確かに弥生式文化からでたもので、多分に弥生式文化要素を保っており……その担い手の社会は、魏志倭人伝に見える倭地の状態からあまり遠くないことが想像される」(前掲書、一六〇頁)とされている。これにたいして「後期古墳文化」は、前期とは「その性格には本質的な相違がある」とされ、後期古墳文化の特質を、「……弥生文化およびそれに続いた前期古墳文化の呪術的な、祭祀的な、平和的な、東南アジア的な、いわば農耕民族的な特徴がひじょうに希薄になって、現実的な、戦闘的な、王侯貴族的な、北方アジア的な、いあわば騎馬民族的な性格がいちじるしくなった」(同書、一六六頁)とされるのである。

江上氏の説の注目点は、古墳文化が「弥生文化」の継承、すなわち北九州文化を根源としたものと把握されるところで、騎馬民族説にたたれる氏が、「弥生文化」として「魏志倭人伝に見える倭地の状態」をあげておられる点にそれは見られるのである。

江上氏の騎馬民族説は水野裕・井上貞光氏等に継承されているが、江上氏は最初の問題提起者にふさわしく切り口は鋭いと思う。したがって引きつづき江上説を中心に見てみよう。氏によれば、「応神、仁徳陵」等の後期古墳（通説＝中期古墳）の副葬品は、「武器や馬具、さまざまな日常具を仿製した、いわゆる石製模造品が納められたが、のちになると、さらに食器、服飾品のほか、男女・装馬・鳥獣・家屋・武器・衣裳・舟などの形をした、じつにさまざまな形象埴輪が加えられて、大陸の古墳における副葬品や明器と同じような意義をもった葬礼がおこなわれることとなった。

しかも、その副葬された武器・馬具・服飾品の大部分は――中略――満蒙・北シナ方面に大活躍した東北アジアの騎馬民族、いわゆる胡族のそれと、ほとんどまったく同類であることが留意されなければならない。――中略――魏晋南北朝時代の中国、三国時代の朝鮮のばあいは、そういう北アジア系の騎馬民族文化を持ちこんできて、前代の文化を激変させたのは誰であったか……歴史に照らしてほぼ明瞭にわかっているのであるが、日本のばあいには、それがはっきりしない」（前掲書、一六二～一六七頁。傍線は引用者）とされる点に、氏の鋭さとともに、どこで氏は道をふみはずされたかが、端的にしめされていると考える。

その点は古墳文化を北九州説という立場で把握されている井上光貞氏もまた同様である。従来の「前方後円墳」文化北九州発祥説には、その根底に水田稲作の展開で近畿が北九州より大幅におそいという認識がなく、「弥生遺跡」にみる階級分化の姿が近畿地方では絶対的ともいえるほど遅れているという把握もなかった。これは単に考古学や水田稲作の展開に対する研究がそこまですすんでいなかったためというのではなく、『漢書』地理志の記載を「一世紀ごろ」という通説の一翼に座した結果である。

これは古代中国文献への「記・紀」偏重という国学等の非学問的態度の伝統と、「文明開化」期以降の欧米文化偏重への極端な傾斜とが重なった影響によると思われる。この点で古田武彦氏の視点に大きく立ち遅れるのである。

現に、『旧唐書』倭国伝には江上氏が「北方アジア的」範疇に入れられる、「胡族のそれ」に通じるとおもわれる記事がある。「衣服の制は、すこぶる新羅に類す」である。

読んで字のとおり「衣服の制度」は新羅に非常に似ているといっている。『旧唐書』倭国伝中には貞観五年（六三一）に「倭国」の使者が唐を訪れている。したがってこの時代の「倭国」の衣裳による階位制表現の制度は新羅と似ていたのであろう。これは単に「衣裳の制」だけであろうか。すなわち江上氏が強調される騎馬民族的・北方アジア的特質は「倭国」文化においても濃厚であった可能性がたかい。つまり「胡族のそれ」と江上氏がよばれる騎馬民族説の根底的特質は、すでに約一〇〇〇年も前に『旧唐書』倭国伝に記されていたと考えられる。これを軽視・無視した結果、江上氏の　直感的認識力は正しいものを感じとってはいたにせよ、それを正確に認識できず騎馬民族説という〝行き過ぎ〟をされたと考えるのである。この〝行き過ぎ〟をうむ根底に「大和朝廷一元史観」、それと表裏一体の古代中国・朝鮮史料の軽視があると考える。

この基本的な弱点の結果、江上氏の鋭さは多くの通説の権威を、次の点でもうわまわっていたにもかかわらず、ついに正確な認識には達し得なかったのである。それは、「また一方では、当時畿内を中心とした日本国家の建設事業がほぼ一段落し、その余力をかって朝鮮半島にまで進出することになり、その結果、朝鮮半島にまでおよんできた東北アジア系文化の大規模な日本輸入をうながしたという解釈もされているが、私にはそのような説も、ただちに承服しがたいのである。というのは、大和朝廷の日本と南朝鮮とがなんらかの特別な関係にないかぎり、当時の大和朝廷が、南鮮の征服活動に乗りだす必然性が十分にあるとは思えないのである」（前掲書、一六八頁。傍線は引用者）という指摘である。

後に近畿大和に成立する大和朝廷の優れた点は、「万世一系」にあるのではなく朝鮮半島問題から遠くはなれた、近畿地方を根拠とした結果、その後の日本社会が中国・朝鮮半島諸国の国内的な激動の影響をこうむることなく、いわば独自に〝安定的〟に日本社会を発展させる土台となった、ところにあったのではないかと考える。この点「倭国」の最後、その滅亡が、朝鮮半島の動向に引きずられたものであった点と鋭い対照をなしている。国際的関係と独立性の相互関係のお手本が日本民族にはすでにあるのであるが、通説の「大和朝廷唯一史観」の結果、この巨大な出血をともなった民族の悲劇は消去・隠蔽され、今日の日本国民は祖先の血と涙を知らされず、そこから教訓を引き出す機会をも失っているといえるかもしれない。

この「胡族のそれ」がもつ意味は単に衣裳だけの問題

でなく、「後期」以降の古墳の副葬品の特徴とも深く関連しているとおもわれる。その特徴は一語にして言えば「鉄」と「馬」である。たとえば井上光貞氏は、「大阪府美原町黒姫山古墳」の例（『日本の歴史・1』、三九二頁、中公文庫）として鉄の甲と冑が、驚くべきことに二四個ずつ発見されたとあり、また大阪府堺市の履中天皇（伝・引用者）陵の陪塚である、「七観山古墳でも人体埋葬の確証はなく、おもに武器類が発掘された。戦時中の防空壕掘りで約一〇〇本以上の鉄刀剣を出し、最後の調査となった一九五二年では、一つの粘土槨からだけで鉄刀一二〇〜一三〇本、剣三〇本、計一五〇〜一六〇本という多数の鉄製武器が出土している。……このような鉄製武器の驚異的数量の埋納は、応神陵を盟主とする誉田古墳群と、仁徳陵を盟主とする百舌鳥古墳群がよく知られている」（『日本の歴史・1』、三九二頁、中公文庫）。

さらにつづけて奈良市の中期の大「前方後円墳」のウワナベ古墳の陪塚をあげられている。「それは大型の鉄鋌《てってい》二八二枚、小型の鉄鋌五九〇枚、そのほか鉄斧一〇二個、鉄鎌一三九個などの農工具であった。……鉄鋌とは鉄材のことで、鍛造でこしらえた扁平な長細い鉄板である。

鉄の原材をこの形で運搬し、保有したのであって、これを加工して鉄器にすることもあれば、また貨幣のような役割にも用いるとができた。鉄鋌は朝鮮でも、国内にも見られるが、新羅の古墳にもっとも多く埋葬されているが、形態・製作法、規格が日本のそれと似ている。このころ、日本国内での製鉄はとても需要を満たすほどではなかったと考えられるが、日本が南朝鮮進出に成功している頃に営造されている大古墳に、鉄材や鉄器の埋納が爆発的に多いのは鉄資源を南朝鮮に依存していたことを物語っている。応神陵や仁徳陵墳丘の大きさが示している強大な天皇権力は、このような大量の鉄や鉄製品が有力な一つのささえとなっていたのであろう」（同書、三九三頁、傍線は引用者）とされている。

傍線部分こそは通説の「考古学・歴史学」の常套句であるとともに、その「学」の命の基本部分である。この巨大「前方後円墳」とその莫大ともいえる鉄器等の埋葬品を強調し、ないしは上等のカラー・グラビヤで麗々しく飾るなどして、国民に「どうだ」と、テレビの「この紋所が目にはいらぬか」が売り物の番組と似ているのであるが、しかし指摘してきたとおり、国民に黙っている部分があるのである。それは「都」である。もし井上氏等がいわれるように、応神・仁徳朝に「偉大」な力があるのならば、なぜ「倭の五王」の都を示す「都督府」が、太宰府にあって河内や近畿大和にないのかと。なぜ太宰府の巨大都城をはるかに凌駕して、「ピラミッドに匹敵する」墓をつくるにふさわしい、巨大都城が河内や近畿大和にないのかと。どうして天皇の代替わりごとに、どこに、どんな姿であったのかさえ、はっきりしない程度の「都」移りをしていたのかと。

一方だけをおおいにかざして強調するが、他方では、本来なければならない「都城」にかんしては沈黙し、太宰府に「都府楼」と命名されてきた「都城」遺跡が実在しても、まったく知らん顔をきめ込むのである。ここに通説・古代史学の真の姿と本質が、ものをありのままに見て理性的に考えられる人ならば、誰にでも理解できるように示されているのである。

さらに鉄問題であるが、上田正昭氏が「『魏志』弁辰の条の……『国、鉄を出す。韓・濊・倭、皆従って之を取る』とある倭も——大和朝廷の倭でない」（『日本の歴史・2』、一七五頁、小学館）とされる記載に関連して次の報告がある。この鉄が「当時は倭にたいしても鉄素材というかたちで供給あるいは交易されただろうと思います。その証拠に、つい二～三年前に福岡市の西新町遺跡で大型の板状鉄製品が出土しています。まさに鉄の素材であって、韓国の南海岸の三千浦市勒島《のくと》遺跡のものとまったく同じで、しかも大型です。それ以外に佐賀の城《じょう》の上遺跡でも、宗像（福岡市）の瀧ヶ下遺跡でも発掘されています」（シンポジュウム『日本の考古学・4』、「古墳時代の考古学」、四九頁）と、出席者の東潮氏が指摘されている。

ところで、ここに出席した学者はもちろん「邪馬一国」近畿説とおもわれるが、鉄資源問題をめぐって次のような通説的・石母田正氏式特質にあふれた議論を展開している。それは「……これは五世紀段階になっても日本列島で用いられる鉄の相当量は朝鮮半島に頼っていた……。朝鮮半島の鉄資源を日本列島に運んでくるばあい、最も重要な役割をはたしたのはいうまでもなく『魏志』倭人伝にでてくる奴国・伊都国・末盧国など玄海灘沿岸地域の人たちだと思います。事実、弥生後期の鉄器の分布状況などをみると、北部九州と近畿地方等は格段の差があるので、近畿中央の勢力が鉄資源をスムーズに入手しようとすると、どうしても玄界灘沿岸の地域と対決せざるをえなくなる……」（シンポジュウム『日本の考古学・4』、「古墳時代の考古学」、四六頁）という、司会者の白石太一郎氏の発言である。

氏は「倭国」というべきを「玄界灘沿岸の地域」と矮小化しつつ、このあとにつづけて「おそらく近畿地方の勢力を中心に、吉備などの瀬戸内海沿海部各地の勢力、北部九州でも瀬戸内側の豊前の勢力などは一つにまとまって、玄界灘沿岸地域と鉄資源を中心とする先進的文化入手ルートの支配権をめぐる争いがあったのではないか」といわれるのである。

この推測にたって「中国の歴史書（『三国志』魏志・倭人伝、『後漢書』倭伝をさす。引用者）にでてくる『倭国の乱』『倭国の大乱』も、つまるところ、この争いにほかならないのではないかとおもいます」とされ、この勝敗の鍵を玄界灘沿岸の「出現期の古墳」を、近畿地方、吉備地方、豊前地方に比較して、「明らかに小さい」といわれ、近畿勢の勝利は当然とされて、この政治的対立の形成期を「二世紀末から三世紀初頭」（同書、四七頁）とされるのである。

すでに指摘したとおり二世紀や三世紀初頭に、近畿地方には「ムラはあれど国はない」のであって、階級分化の遺跡からも『後漢書』倭伝や『三国史記』の二世紀の卑弥呼記事からも、この時期「大和朝廷」などは、存在さえしていないというのが日本史の真実である。やっと神武が近畿大和の一角に安住の地を確立しつつあった時代であって、「倭国大乱」の一方の旗頭などというのは、「天皇国家唯一史観」が描く幻想でしかない。すでに指摘したとおり「前方後円墳」は近畿地方にたいして九州方面が先行する墓制である。

二　軍馬と轡

九州に六六三年までは完全独立の、それ以降七〇〇年までは日々名目化する「倭国」、古田氏が「大和朝廷」にたいする対立概念として命名されたと思われる「九州王朝」とその都城が実在していたことが分かれば、「天皇国家唯一史観」は文字通り将棋倒しで総崩れとなるのである。

日本最古の馬具は「福岡県老司古墳や池ノ上六号古墳からでてくる鑣轡《はみえだくつわ》というタイプの轡」であって、この轡は「年代的に五世紀の前半ないし四世紀末ぐらいまってさかのぼっていくので、鑣のタイプの馬具がいちばん古手のものだということがわかりました」（前掲『古墳時代の考古学』、一〇七頁）とある。また日本列島で「石人・石馬」遺跡が濃厚に残存するのも九州である。この点でも当然ながら北九州の先行性があきらかである。

三　沖の島の遺跡

近畿地方の巨大古墳が「倭国」勢力によって造営されたという例に、「海の正倉院・沖の島」の驚くべき遺跡があげられなければならない。ここでは井上光貞氏の文を参考にした。氏は、一九五四年から五回にわたる学術調査の結果をふまえて、「沖の島」遺蹟について次のように述べておられる。「祭祀場の跡は巨岩の陰にあった。古墳のように地中に埋もれておらず、まるで昨日そこに置き去ったように、銅鏡や金銅製品が輝いていた。沖の島への奉納品は、古墳の時代、とくに中期や後期の品物が多いが、調査の対象になったものだけでも、銅鏡四二面、鉄刀二四一本をはじめ装身具や馬具など、当時の大古墳の副葬品にも劣らないものが数万点も発見されている。

この多数の、また優秀な奉納品は、大和政権の海外進出にともなった国家的規模の大祭祀でなければとうてい考えられるものではない。沖の島はもともとは、この地方の集団の祭祀の場所であったろうが、やがて大和政権はここの神々を国家的な規模で祭り、それに朝鮮経営の守護や軍船の安全を祈ったのであろう。……沖の島は五～六世紀の大和朝廷の朝鮮経営を物語る貴重な遺跡である」（前掲書、四〇〇頁）。この「沖の島」の遺品の奉納者を「大和朝廷」とみなす見地は、通説の立場である。

しかし、この島が「五～六世紀」に天皇国家の支配下にあったという説には、これまで述べてきたとおり有力な反証が史料として実在するが、そのなかでも決定的なものは「都督府」が太宰府にあって近畿地方にない、という点である。逆にいえば八世紀以前において「大和朝廷」は、天皇一代ごとに「都」を浮動させる水準の勢力に過ぎない、という点である。

沖の島の奉納品が巨大「前方後円墳」である仁徳陵とされる古墳等の副葬品と酷似し、また沖の島の奉納品の質量が、国家を奉納者とする以外には考えられないとすれば、巨大「前方後円墳」の造営者は「倭国」勢力をおいて他にはないことになろう。すなわち沖の島・「海の正倉院」の意味はここにある、ということである。

四　「前方後円墳」——真の構築者武内宿禰～蘇我氏

長い記述となったが、『日本書紀』仲哀・神功皇后紀で「仲哀天皇」を戦死にいたらしめた勢力とは、『日本書紀』

自身がいうように「熊襲」、すなわち「倭国」である。「熊襲」とは本来は「倭国」が南九州の勢力の呼称としたものであろうが、『日本書紀』等では、この呼称が「倭国」に転用されているのである。その時の「倭軍」の司令官が記・紀には神功皇后側の軍事指導者の姿で描かれている、武内宿禰と私は推定するのである。

その理由は次による。まずはその度はずれの長寿である。『日本書紀』の校注者は「武内宿禰は、記では成務・仲哀、応神・仁徳の四朝、書紀では景行・成務・仲哀・神功・応神・仁徳の各朝にかけて存在し、その活躍が伝えられる人物で、書紀の年紀では三百歳を保ったとされる」とのべ、この後でこの長寿を説明して、「武内宿禰の実在性については、その可能性はうすく、伝説上の人物であることは明らかで、しかもその伝承は、六世紀につくられた旧辞に最初から存在したものでなく、景行、成務、神功皇后が歴代として帝紀に加えられ、かつ歴年の観念がくわわった、七世紀前半以降に作られたものと考える。

風土記に武内宿禰の名が全くあらわれないことから推しても、それはかなりおくれた時代に、中央で発達した説話であると推測される」（『日本書紀・上』、「補注7―三」、五九五頁。傍線は引用者）とし、さらにこの説話を造作した中心人物は蘇我氏であるという津田左右吉氏の主張をあげ、また、中臣氏説も加えている。

実際は『風土記』に出てこないからこそ重視すべきものなのである。どんな人間も三〇〇歳の年齢などは問題外である。にもかかわらずこの度はずれの長寿を書きこんでいる事実のうらに、真実があるのである。つまり負けた仲哀天皇を代表とする天皇国家を勝利者に仕立てれば、長期にわたって近畿を支配した勝利の勢力を敗北者、ないしは天皇国家に属臣した勢力として描かざるを得ないであろう。「記・紀」の編者等は、この時の勝利者のである「倭国」の将軍等を天皇国家の臣下に仕立てているのである。しかし、この勝利をおさめた将軍は、単なる個人ではなく「倭国」の近畿支配者であってみれば、一臣下として歴史を造作しても、結局は、数百年の年齢を与えるしかないであろう。

第二に、武内宿禰は蘇我氏の祖先にあたるという点である。『古事記』考元記に、武内宿禰の系譜を載せ、その子として波多八代宿禰以下九人を挙げ、それぞれについて計二十七氏の後裔氏族の名を掲げている。通説がいくら「この系譜が本来の帝紀にない後代的な付加であることは明らかであり、葛城、波多、許勢、蘇我、平群、木等の氏を同族としたのは、推古朝頃の蘇我氏の勢力伸張の結果作為されたものであるとする説が、津田氏以来有力である」と言ってみても、次の点をみれば通説は壁にあたるだけであろう。

その壁・不都合とは、結局は仲哀天皇と神功皇后を「造作の人物」とし、さらに武内宿禰をも造作とすれば、どうして応神天皇だけを「実在」と言えるのかという、にっちもさっちもいかない袋小路に迷い込むであろう。たしかに「記・紀」は日本史の造作をしたものではあるが、われわれの見地からみればその造作の根本的課題は、「倭国」の消滅とその他の国家の隠滅、すなわち古代中国史料・朝鮮史料の換骨奪胎による「天皇国家唯一史」の創作であって、「デタラメ」な説話を〝気まぐれに〟造作したものではないと考えるのである。

そうでなければ仲哀天皇・神功皇后・武内宿禰等を「造作」ないし「ほとんど造作」としたならば、「応神天皇は実在性の確かな天皇である」という通説の見地は、「記・紀」の不合理な説話以上の〝おはなしにならない〟程度の〝もの〟になるであろう。

なぜこうした結果になるのかといえば、白石が約三〇〇年もまえに看破したとおり、古代中国史料等を「異朝の書の見聞の誤りと申し破り、本朝国史々とのみ申すことに候。本朝の始末、おおかた夢中に夢を説き候ようのことに候」という指摘そのままだからである。つまり「天皇国家唯一史観」にしがみつくからである。

『日本書紀』の仲哀・神功紀等の不合理な記事には、合理的な事実を覆い隠す意図があってこそ出現する記載、すなわち造作記事なのである。これを人間のだれでもが理性によって理解できるように解明することが、歴史学とおもえるのである。こうした考え方に立つと、津田氏の造作説等にすがりつく通説の姿は、『日本書紀』の記載の不合理をいっそうの不合理で、いわば塗りつぶすのであって、解明という点ではそれに背を向けるものに過ぎないであろう。

そのうえ考慮すべきは太安万呂の上表にしたがえば、『古事記』は天武天皇自らが詔して選択した「帝紀・旧辞」にもとづくとされている。この天皇の自選した史料による『古事記』の「孝元記」のしかも「帝紀」に、通説では臣下のはずの武内宿禰とその一族・支族が事細かに記載されている奇妙である。これについて岩波文庫の『古事記』の校注者の倉野憲司氏は、「臣下のはずの建内宿禰の系譜を帝紀のなかに入れているのは異例」とされ、その理由を「その子孫が権勢をほしいままにしたからであろう」(『古事記』、九六頁、下壇注「一」、一九八〇年、第二四刷）とされている。

実際はそうではなく古来天皇家は、その時々の権門勢家と婚姻関係を結ぶ傾向があるが、これらは天皇家とその臣下の勢いある者との関係であるが、武内宿禰の場合、当時の近畿総督府的な勢力に「大和朝廷」が姻戚関係を結び得た結果として、詳細な記録が残存した可能性がある。

五　武内宿禰と『八幡宇佐宮御託宣集』

「九州年号」をともなう、『八幡宇佐宮御託宣集』の記事については先にふれた。ここに次の記事がある。

「昔、大帯姫霊行の時、異国降伏の刻、地神第五代の主、彦波激尊《ひこなぎさのみこと》現れて言く、『我は即ち明星天子（金星の信仰的呼び名）の垂迹《すいじゃく》（仏教＝生まれかわり）なり。第三の公子（若殿）有り。月天子（月の神格化）応作（仏・菩薩が人を救うためにとる姿）にしてこれを授け奉る。大将軍と為り、敵州降伏の本意を遂げられるべきなり』と云々。

大帯姫、此の公子を賞し、大臣の官《つかさ》を授けらる。藤の大臣、連保《むらやす》是れなり。連保、乾満珠玉（彦火々出見尊が海神からもらった潮の干満を自由に操る珠）を垂《くだ》さしめ、尊神の本願を扶け奉る。筑後国の高良の玉垂大菩薩是れなり」（同書、一四七頁。傍線は引用者）である。どこが武内宿禰かといえば、福岡県三井郡御井町高良山の「高良神社」の祭神は武内宿禰、ないしは「藤大臣、連保」といわれ、別名「高良玉垂神社」とされているのである。

こう見てくれば「記・紀」の神功皇后説話の本体は、もともとはこちらであって「大和朝廷」とは本来はなんの関係もないものであることが浮かびあがってこよう。なおこの「藤大臣、連保」は、「結界石」（神籠石）とも深い関わりがあるとされる点は注目に価する。

Chapter 12

第12章

蘇我氏支配と聖徳太子の実在問題

一　蘇我氏と豊国法師

通説の蘇我氏評は二つの側面があることは、いまさらいうまでもないことである。その一つは「開明派」として、官司制の確立や仏教の受容と推進などが上げられている。もう一つの面は、「天皇の位置を簒奪せんとした氏族」という評価である。だが、しかし、これらは蘇我氏を臣下とする立場からのものである。たとえば仏教の受容であるが、蘇我氏がなぜ仏教の受容を思いつくのか、通説は説明できていないのである。通説は百済から仏教がつたえられ、蘇我氏がこれを受け入れたというのであるが、百済はその当時、天皇の代替りごとに「都」を浮動させる水準の「大和朝廷」と国家関係などはあり得ず、「百済から仏教がもたらされる」はずも、したがって蘇我氏がそれの意味を感得するはずもないのである。

しかし、近畿地方に仏教を広げる原動力は蘇我氏という「紀」の記載はあながちに否定はできない。理由は、「豊国法師」を記載している点である。用明天皇が病床で〝仏教に帰依したい〟とのべたことをめぐって、物部守屋大連と蘇我馬子が対立したという記事に関連して出てくる人物である。「是に、皇弟皇子（穴穂部皇子）、豊国法師名を闕《も》らせり。を引て、内裏に入《ゐ》る。物部守屋大連、邪睨《にら》みて大いに怒る」（『日本書紀・下』、一五八頁）という条である。

『日本書紀・下』の上段の「注一六」は、この「豊国法師」にかんして「伝承不明。法師の号の初見。欽明一三年条の仏教伝来記事以後、蘇我氏をめぐる朝廷と仏教の関係の記事は、ほとんど元興寺縁起にあるが、この豊国法師の話は全くそれに見えない」（傍線は引用者）とある。しかし、この法師は「日本史」に登場する、最初の和名の「法師」というのである。となればこの法師はすでに「仏法」を習得して、「法師」と名のることを社会に、したがって「大和朝廷」に認められた人物と言わねばならない。

いったいどこで何時仏法を習得したのか、その法師の資格を認めた社会はどんな社会か、これこそがここでの「学問的探究」の最重要事であろう。しかし、通説にはもちろん探究などはない。

こうした通説の姿の大先輩は、『日本書紀』の編者等であろう。天皇、仏教受容派と拒否派が一同に会する場に、堂々と案内される「法師の号の初見」というような人物は、断じて「名を闕《も》らせり」で終わるような水準の人物ではないはずである。

しかしその真実を書けば「天皇国家唯一史」が崩壊するから、「名を闕《も》らせり」と逃げたとしか考えられないであろう。したがってこの謎を解くことは、同時に開明派の蘇我氏の真の姿を明らかにすることであろう。またこれを探究することは通説が、この時期を天皇国家が真の専制的支配権確立へとむかう過程、すなわち古代国家の本格的な成立前史と描きだすのであるが、これの真偽をも照らし出す鏡ともなろう。

（1）「倭国」への仏教公伝

通説は『日本書紀』欽明の一三年（五五二）の〝百済の聖明王が釈迦仏金銅像一躯、幡蓋《はたきぬがさ》若干、経論若干巻〟を天皇に奉ったという記事、ならびに『元興寺伽藍縁起流記資材帳』（七四七年起原という）の「欽明七・戊午年」（五三八）を云々し、日本への仏教公伝・五三八年説をたてるのである。しかし、すでに述べたとおり百済の聖明王と天皇国家は当時、無関係である。

通説の誤りについては古田史学の立場にたたれる古賀達也氏が、「倭国に仏教を伝えたのは誰か」（『古代に真実を求めて』、古田史学論集・第一集、古田史学の会、明石書店、一九九九年）で以下の重要な指摘をされている。

まず、「最澄が『顕戒論』で指摘しているように、『日本書紀』によれば欽明期（五四〇〜五七一）には戊午の年は存在しない』」ことを明らかにされ、通説が欽明天皇の即位年を、通説的〝学問〟によって改変する仕方をも批判されて、古田史学にたつ中小路駿逸氏（追手門学院大学教授）の研究をあげて、「中小路氏は、近畿天皇家への仏教初伝は『日本書紀』が、『仏法の初め』と自ら記している敏達一三年（五八四）であり、しかもそれは百済からではなく播磨の還俗僧恵便からの伝授とされ、永く通念であった欽明一三年の記事は『仏教文物の伝来』であって、『仏教の伝来』ではないと喝破されました。更に返す刀で、『上宮聖徳法王帝説』や『元興寺伽藍縁起』などに見える、百済からの戊午の年に伝来したとする説は近畿天皇家の伝承にはあらず、――中略――九州王朝への仏教初伝伝承であり、その時期は四一八年の戊午である蓋然性がおおきいとされた」（五〇頁）と指摘されている。これも日本古代史解明で大きな意味のある指摘と考える。

これに加えて古賀氏は『元興寺伽藍縁起』の「大倭の国の仏法は、斯帰嶋の宮に天の下治しめし天国案春岐広庭天皇（欽明）の御世、蘇我大臣稲目宿禰の仕へ奉る時、天の下治しめす七年歳次戊午年一二月、度り来たるより創まれり」の、「七年歳次戊午年」を重視され、その「治世七年」が「戊午年」に当たる天皇を、『日本書紀』の紀年である紀元前六六〇年を元年とする所謂「皇紀」にしたがって調べ、「允恭天皇七年」しか該当者がいないという事実を指摘され、この年は西暦で四一八年である（前掲書、四九頁）とされている。

『日本書紀』は「倭国」の史書を盗作・改竄して、「唯一王家史」を綴っている側面がある〝お蔭〟で、正しい日本史観にたてば、通説にとって最も恐るべき批判の書物に転化するという特質があるのである。さて仏教公伝についても、通説を根底的に否定するばかりか、中小路氏等が指摘されているように、また太宰府・都府楼、鴻臚館や大水城への炭素（C14）年代測定値と、見事に照応する恐るべき記事を掲げている。これは「推古紀」三二年（六二四）の次の記事である。

「是に、百済の観勒僧《くわんろくほうし》、表上《ふみたてまつ》りて言《も》さく、『夫れ仏法、西国より漢に至りて、三百歳を経て、乃ち伝えて百済国に至りて、僅に一百年になりぬ。然るに我が王、日本の天皇の賢哲を聞きて、仏像及び内典を奉って、未だ百歳にだも満《な》らず……』」（『日本書紀・下』、二〇九頁、傍線は引用者）である。これは古代中国〜百済〜「日本」への仏教公伝の記事である。まず問題点は「日本」「天皇」である。この記事は推古紀にあるのだから七世紀の二〇年代に、「日本」「天皇」を称しているのは、卑弥呼の国家である「倭国」である。はたしてこれが成立するか、という問題をも含むものである。

① 古代中国への仏教公伝は「明帝（後漢）の永平十年（六七）」（『後漢書』）である。

② 百済への公伝は「枕流王《ちんりゅうおう》の元年（三八四）」（『三国史記』）とある。すなわち「仏法、西国より漢に至りて、三百歳を経て、乃ち伝えて百済国に至り」という記述と、『後漢書』と『三国史記』の仏教公伝記事は、この間約「三百歳」でピッタと一致している。

③ 観勒僧が、「日本・天皇」に上表した年は、「……伝えて百済国に至りて、僅に一百年になりぬ」、すなわち三八四年より百年後、つまり四八四年である。観勒僧はまさにこの「年」にたって、「日本への仏教公伝」を語っているのである。したがってこの記事はそもそも、推古の三二年、西暦六二四年当時のものではないことが判明するのである。ここにも『日本書紀』の編者等のお馴染みの手口が見られるのである。したがって「日本、天皇」はますます天皇国家とは無関係となる。

④ 「日本」＝「倭国」への公伝の年は、「日本の天皇の賢哲を聞きて仏像及び内典を貢上りて、未だ百歳にだも満《な》らず……」、すなわち四八四年から振り返って百年未満、といっているのである。四八四年の時点で「倭国」への仏教公伝の時期を中小路氏や、古賀氏が指摘された四一八年の戊午年におけば約七〇年が経過していることになり、おおむね「未だ百歳にだも満《な》らず」という記事に合致する。じつに五世紀初頭である。通説の仏教公伝をかりに「五三八年」としても、天皇国家は「倭国」に遅れること約一二〇年である。天皇国家の仏教公伝を敏達一三年（五八四）とすれば、「倭国」に遅れることじつに一六七年である。

これは卑弥呼から「倭の五王」への連綿とした中国交流を念頭におけば、むしろ当然のことである。仏教受容の年代が四一八年に当たるとなれば、「倭の五王」の最初の「倭王・讃」の東晋へのはじめての遺使が四一三年であって、有名な「高句麗好太王碑文」の「倭軍」の侵攻が、三九一（辛卯）年、四〇四（甲辰）年に記されており、この時代は「倭王・讃」の時代であると、古田氏は『失われた九州王朝』の、「高句麗王碑と倭国の展開」の「倭の正体」で指摘されている。こうした高句麗と百済、新羅三国の対立・抗争を背景に、「倭国」に百済から「七支刀」が贈られ、また觀勒僧の上表にある「日本の天皇の賢哲を聞きて仏像及び内典を貢上」しているのである。つまり「倭国」の支援をあてにしているのである。

上記の考察にしたがい、かつ『元興寺伽藍縁起流記資材帳』の「戊午年」を正しいとすれば四一八年は、允恭天皇、この時に、「百済の觀勒僧、表上」記事がなければならないのである。しかし、「觀勒僧の上表」は「倭国」の史実であっても、天皇国家のことではないので『日本書紀』の編者らが、七世紀の「推古記事」に「切り貼り」したと考えられるのである。これが『日本書紀』の「倭国史料」剽窃の一見本である。

なお『隋書』俀国伝に「仏法を敬す。百済において仏教を求得し――」とあり、大業三（六〇七）年の隋への使者派遣に、俀国伝は「沙門数十人」を同行させたと記している。これは俀国の仏教受容が六〇七年から振り返って、はるかに以前に行われていたことを示唆するものであって、天皇国家の敏達一三（五八四）年程度では、六〇七年までたかだか二四年程度にしかならず、これでは「沙門数十人」を隋に派遣するほど仏教を隆盛にするのは時間的に無理であろう。現に天皇国家は六〇八年の小野妹子派遣にさいして、見習僧四人が派遣されただけに過ぎない。以上であるが、ここから見て「倭国」の仏教受容は四一八年、太宰府の建設が四三〇年代としても、天皇国家にたいして約一二〇～一七〇年くらい古いのである。

『八幡宇佐宮御託宣集』の教到四年（五三〇、九州年号）の、英彦山権現等の記載が事実を反映した記載であり、この書物の九州年号をともなう記載もまた、「倭国」の史実を反映したものであることを示すものと思われる。また大分県の国東半島を中心とした仏教遺跡が、奈良・京都等よりはるかに古く、かつ貴重な遺跡であることも明らかである。「豊国法師」はこうした重要な歴史的事実を今日に伝える貴重な記録であって、かかる法師を招聘しうるところに蘇我氏の本質が示されているというべきである。

(2) 日本古代史の捏造

「日本への仏教」公伝記事は右のとおりである。ここでは次に「觀勒僧」のいう仏教伝達記事が、「推古三二年」に該当しない点をかさねて見ておきたい。理由は、依然として百済・新羅から貢をとっているのは天皇国家である、という記事がつづくのであるが、それが日本古代史のあまりにもひどい改竄・歪曲の記事、つまり「天皇国家唯一史」を造作したものであることを、むき出しにさらけだしているのが、この記事だからである。
「百済の観勒僧」のこの記事は、一人の僧が「斧を執りて祖父を殴つ」という事件を発端とし、「天皇」が出家した者は、「三寶」（仏教）に帰依して戒律をまもるべきなのに、たやすく「悪逆」（律令用語で、肉親の殺害）を犯したことを非難して、「…… 悉《ことごとく》に諸寺の僧尼を聚《つど》へて、推《かんが》へ問へ。若し事実ならば、重く罪《つみ》せむ」（『日本書紀・下』、二〇八頁）という指示をだしたところ、「百済の観勒僧、表上りて言《まう》さく」として、右の仏教の漢から百済、そして「日本」への渡来の時期を述べて、「故、今の時に当りて、僧尼、未だ法律《のり》を習はぬを以て、輙《たやす》く悪逆なることを犯す。是を以て、諸の僧尼、惶懼《かしこま》りて、所如知《せむすべしらず》。仰ぎて願はくは、其れ悪逆せるものを除きて、以外《ほか》の僧尼をば、悉に赦して勿罪《なつみ》したまひそ。是大なる功徳あり」（同書、二一〇頁）と述べた、というのである。

すなわちこの「百済の観勒僧」の表上は、百済から「日本」に仏教がもたらされて、「百年にだも満たない、今の時」にたってだされたものなのである。したがって時代は四八四年である。これに反して「紀」のいう推古紀」三二年は六二四年で、この「上表」の提出された時代から約一四〇年も後である。この斧で祖父を「殴った」僧とは、「倭国」の僧の事件であろう。

問題は、『日本書紀』の編者等のあくどいまでの姿勢と態度であって、ここには古代中国の史官が命をかけての真実の記載を、国民にたいする義務と心得たという姿と対比すれば、権力に盲従してただそれの要請に応える事以外には、なにも念頭にない姿がくっきりと浮かぶ。それが「白を黒」ということであっても平然とやってのける姿には、本当に驚きと恐怖さえ感じるのである。しかも、これこそが『古事記』とりわけ『日本書紀』の本質であり、これが「日本史」編纂の基本的な姿なのである。

（3）木造寺院の発展は「倭国」
——法隆寺は新築にあらず

通説が困惑している問題がある。現存の法隆寺である。現法隆寺は木造建築物として優れたものという。この法隆寺の完成は大体七〇〇〜七一〇年ごろと言われる。とすれば五九六（推古四）年の「始めて」の法興寺から約一一〇年程度である。この短時日に優秀な木造建築技術が発展・成熟したというのは、日本人好みのはなしではあるが果たしてそうであろうか。

さて、ちなみに「倭国」の仏教受容から五九六年までは約一八〇年、法隆寺までは約二九〇年である。すなわち日本における木造寺院建設は、本当は「倭国」において発展し、蘇我氏等によって天皇国家に普及したというのが真実でなかろうか。

次に、先述のように法隆寺の釈迦三尊像の後背碑文の年号について述べたが、この高度の仏教彫刻を仏教受容からたかだか約一〇〇年たらず（製作期間を考えると）でできるであろうか。「倭国」の仏教受容の圧倒的早さを考えれば、この仏像が「倭国」から「倭国」滅亡後に天皇国家にもたらされたものというのが、本当の日本史であろう。この仏像が「倭国」で製作されたという点にかんしては、すでに古田氏によって指摘（『失われた九州王朝』）されている。

第二に、通説にとっての困惑は法隆寺そのものが、新築ではないという否定し難い事実が明らかにされている点である。それは五重の塔の心柱伐採年代が五九四年と確定されたことと関連している。この伐採年代問題は従来から年輪年代法で探求されてきたが、「『今回、光谷拓実さんは京都大学木質科学研究所に保管されていた心柱を、ソフトX線で撮影し、新たに樹皮に続く辺材を見つけた（『年輪年代法と文化財』）。この研究調査が画期的な意味をもつ。なぜならこの辺材が発見されたことにより、伐採年を確定することが可能になったからである。その研究成果によると、残存するもっとも外側の年輪の測定年代は五九四年であった」（『聖徳太子』、吉村武彦氏著、岩波新書、一四五頁、二〇〇二年、第四刷）。

現法隆寺は実際にはいつ造営事業が開始されたのかも不明、という謎があることは周知のことである。これ自身が陰のある問題であろう。したがって例えば六七〇年の斑鳩寺全焼直後に再建にかかったとしても、塔の心柱伐採から約七七年以上を経過している計算になる。通説は『法隆寺資財帳』等に依拠して金堂が持統七（六九三）年、塔をその翌年等とする見地などがあるが。だとすれば塔の心柱は伐採から実に約百年が経過したことになるのである。

こうして通説は重大な壁に直面するのである。吉村武彦氏は「どのような理由で、再建された法隆寺の心柱に古い木材が利用されたのであろうか。ここに新たな『謎』が生じることとなった。——中略——他の寺院の部材を転用したと考えた場合、五重の塔の心柱は太いため、どの寺院の心柱でも使えるということにならないだろう。——中略——『書紀』の記事どおり斑鳩寺が全焼したのであれば、法隆寺の心柱は他の寺院の心柱を再利用した可能性が強い。しかし、『書紀』に疑問をはさめば斑鳩寺の心柱であった可能性も否定できない。ここでは、これ以上の推測を慎んでおきたい」（『聖徳太子』、一四六頁）

といわざるを得ないのである。

しかし、若草伽藍の心柱は「心礎には上面に心柱をすえるための掘りこみがある。それで心柱は径約七十センチの八角材であったことがわかる。現在の五重の塔（法隆寺）の心柱は八十センチだから、それより少し小さい」（『日本の歴史』、直木孝次郎氏著、中公文庫、一二九頁）のであるから、斑鳩寺の心柱が残っても「小は大をかねる」ことはできないであろう。

（4）法隆寺は「倭国」寺院の移築

しかも法隆寺の解体修理にたずさわった浅野清氏著の『古寺解体』（学生社、一九九〇年、重刷）では、「また解体を進めていくと壁や窓材、戸口材で固くおおわれた柱面が、かなりひどく風蝕しているのに気づいた……」（同一五四頁）とある。氏は「これも建物の主体が組み立てられてからも、これらの雑作を施して完成するまでの年月がずいぶん長かったことを示す……」と解釈されている。しかし、〝心柱伐採から「天智九（六七〇）年の全焼」まで七七年、その後いつ着工かは不明として、骨組だけをして柱が「かなりひどく風蝕」するまで放置した新築〟というのも、あまりにも不自然であろう。

さらに「『昭和資財帳』作成のための調査において法隆寺釈迦三尊像台座の調査が行われた。その調査で『辛巳《しんし》年』（六二一年、推古二九年）の干支銘を有する墨書が発見され、台座には実は扉口の建築部材が転用されていたことがわかった。……残念ながらどの建物の部材かは不明であるが……」（吉村武彦氏著、『聖徳太子』、一四六頁）というのも、法隆寺が新築という説と鋭く矛盾している。御本尊の台座に古材を使うなどは考えられないであろう。発見された「墨書銘」は、「辛巳年八月九月作□□□□。留保分七段。書屋一段。尻官三段。御支□三段」というものだという。

通説が常にそうであるように、これをまず天皇国家のものと断定するのである。そして「書風からみて六二一年（推古二九）にあたる」という、舘野和己氏の「釈迦三尊像台座からの新発見の墨書銘」の説を採用され、すべて「段」とある「書屋」とか「尻官」等は何かを憶測されるのである。問題は「尻官」も「御支□」も何をいうのか分からないのに、「推古朝に官司が存在したことが明らかになった」（吉村武彦氏著、『聖徳太子』、五八頁）というのである。むしろこの「墨書銘」は「倭国」のものの可能性があろう。

以上に止まらず、五重の塔の現在の須弥山の下に別の須弥山が隠されていたという事実が、浅野氏によって解体修理に際して発見され、また、塗りつぶされた壁画も発見されている。こうした事実全体を眺めれば、すでに建立されていた寺院を解体して現在の所に移築したと考えるのが自然である。これについては米田良三氏が『法隆寺は移築された』（新泉社、一九九八年　第一刷）で、浅野清氏の『昭和修理を通して見た法隆寺建築の研究』等をふまえてすでに展開されている。氏は法隆寺の先住地を「太宰府」の観世音寺とされている。この当否はさらに研究の余地があるのかもしれないが、法隆寺の本尊に「倭国」年号がある以上、その仏像を安置していた寺院も　また、「倭国」の寺院とすべきであるという点で、米田良三氏が移築論を提唱されたことは大きな意義のあるものといわなければならない。同時に「昭和の解体修理」で、法隆寺の部材に残されている、たとえば〝西から何番目の束〟という「符丁」等があるが、これによれば「倭国」に在った時と、現在と九〇度の違いがあるという指摘なども画期的なものであろう。

(5)「様式論」の合理的解明

法隆寺については、「再建」「非再建」論争が有名である。この論争は「若草伽藍」の発掘によって決着を見たはずである。現法隆寺は再建されたものだと。だがしかし、実態は歯切れがわるいのである。その理由は現法隆寺の建築様式にある。様式論の急所は、法隆寺が「大化の改新」以降は行われなくなった、「飛鳥様式」という点にある。この問題をもっともすっきり解決するのが「移築論」である。同時に、これは今日「飛鳥様式」などと呼ばれているものの本体は、「倭国」様式であった可能性が極めてたかい、ということを示すのである。これは仏教にせよ政治体制にせよ律令制度にせよ、「倭国」が天皇国家よりはるかに先進であることからの当然の帰結である。

二　「倭国」文明の古さと先進性

さて蘇我氏の開明性という側面を、通説日本古代史とは正反対の立場から眺めてきた。ここまできて個別に「倭国」と天皇国家を比較するのではなく、全体的な視野からこの問題を、なかばおさらい的な面をふくめて見ておくこととする。

まず水田稲作にかんしては、すでに指摘したとおりに一千年以上も九州が古い。第二が「都城」である。太宰府建設が四三〇年代であるから天皇国家の本格的な「都城」である平城京（七一〇年＝和銅三、三月遷都という）と比較すれば、約二八〇年は「倭国」が古い。とはいえこれは巨大都城太宰府にかんしてであって、すでに「倭奴国」時代には都城があったと考えられるから、そこにたてば約六五〇年程度は古く、「倭国」は朝鮮諸国と肩を並べることになる。

第三が「年号」使用である。天皇国家が正式に年号を連続的に使用する最初は、七〇一年の「大宝」からである。これにたいして「九州年号」とよばれる年号の最初は「善化」であって、その最初は西暦五二二年にあたるとされる。したがってその差は一七九年である。ほぼ仏教受容の差と似た数値である。年号名にも五三六年を元年とする「僧聴」、五六五年を元年とする「和僧」があり、注目すべきが六二九年元年の「聖徳」があることである。仏教の受容でも約一七〇年は先である。

この意味は政治制度においても、「倭国」がはるかに先進であることを意味するのである。通説は一致して推古朝の「日本」の国家制度と地方制度について、『隋書』俀国伝の「内官に一二等あり。――中略――なお中国の牧《ぼく》宰《さい》の如し。八〇戸に一伊尼翼を置く、今の里長の如きなり。一〇伊尼翼は一軍尼に属す」をもちだすのである。

しかし、「俀国伝」は天皇国家のことではない。したがって直木氏が以下のようにいわれるのも、通説の立場からは〝むべなるかな〟ということになるのである。

「軍尼は国造のことかと思われる。伊尼翼（稲置）は県《あがた》主《ぬし》の姓《かばね》で県主を意味するという説もあるが、稲城と県主とは別とする説の方がよいだろう。ともかく隋書のいうように八〇戸ほどの村落の長であると解釈しておこう。この八〇戸ほどの村落が最小の行政単位で、それが一〇あつまって国造の支配する一つの国となり、日本の国内にそうした国が一二〇ある、というのが隋書の記事である。しかし七世紀前半の日本に、そんな整然とした地方行政制度が成立していたとは思われない。この記事のもとは、隋に行った日本の使者があなどられまいとして法螺をふいたのか、日本にきた隋の使者が、河内や大和などの日本のもっとも進んだ制度を、日本全体に拡大して報告したか、どちらかになるだろう」（直木孝次郎氏著、『日本の歴史・2』、八七頁、中公文庫、傍線は引用者）

大変なことが書いてあるが、通説の世界ではこれが常識的なものであろう。まず、当時の日本では河内や大和にしか地方行政制度は整備されていない、というのである。国家論からいえば理解しにくい説である。例えば井上光貞氏は応神朝にかんして、全国統一の土台を築いた「……部族連合的な族制を多分にもった原始国家」ともいわれていた。こうしたことになるのも、「大和朝廷の五世紀の日本統一」など存在しないにもかかわらず、「一元史観」にたって「五世紀の統一」をいう結果、「統一」の実態が不明ということになるのである。

しかも、「記・紀」にたてば「大和朝廷」が、どのように全国統一したかの実態は分からないのである。これに疑問を感じずに津田氏式の「単一民族・平和的統一」論という反歴史的観念が生まれる由縁は、結局は、巨大「前方後円墳」と聞けば、「ああ、大和朝廷が造営した」と、論証・実証抜きで反応する、いわば条件反射のようなもので、その実態は「天皇国家唯一史観」すなわち「記・紀」の恐るべき効能に過ぎない。したがって最後には通説の必然性として、ありもしない「大和朝廷の五世紀の統一」をいう結果、いわば身からでた錆である国制の不明の責任を他に転嫁して、〝外国人に法螺をふく日本人〟とか、〝近畿地方の一部の先進的地方を日本全国と間違えた中国人〟とかの、異様な物語を創作しなければ落ちつかない結果となるのである。

三　天皇を殺す蘇我氏

通説は、仏教の受容問題をめぐって蘇我と物部の対立を「紀」の記載にそって、あたかも「進歩派対保守派」という角度から描いている。しかし、すでに指摘した豊国法師を氷山の一角とする「倭国」仏教を正面にすえれば、蘇我・物部の対立を「保守・革新」としてとらえるのは、あまりにも皮相であろう。この背後には「倭国」の文化や政治制度をも近畿に持ち込み、同時に一層強烈な近畿支配をめざすのみならず、ついに「倭国」からさえ自立を疑われて失墜にいたる蘇我氏、すなわち「大化の改新」への底流があると考えるものである。『二世紀の卑弥呼――「前方後円墳」真の構築者』で述べたので、ここでは繰り返さないが、通説がいう蘇我氏と物部氏の対立なるものは、「記・紀」が両者を「大和朝廷」の臣下、その「大臣」「大連」としてして描くことへの追従的考察に過ぎない。実際の「日本史」では、武内宿禰～蘇我は「倭国」の近畿総督府のようなものであり、同時に近畿地方にきて数百年をへて土着化の側面も強化されたと思われるのである。その結果もあって、北九州から近畿への先行移動者として物部氏等に代表される勢力と、何かと対立があったのは当然と思われる。通説が強調する仏教受容問題をめぐる対立論は、「一元史観」の賜物である。

さらに重視すべき点は、「大化の改新」すなわち蘇我氏の抹殺のわずか一九年後に、後述するように、蘇我氏抹殺を許容した、また日本古代国家と文化を創設・発展させた強力な「倭国」が、唐と新羅によって滅亡へと追い込まれたという事態こそが、実に「大和朝廷」成立の契機となるのである。「大化の改新」の実相と「大和朝廷」誕生の真相は、直接的にはこのわずか二〇年足らずの年月に展開された、通説がいっさい語らないこの間の歴史の巨大なドラマにあるのである。誠に不十分ながら拙著『二世紀の卑弥呼と「前方後円墳」 真の構築者』で若干の考察を試みたので、ここでは省略する。

通説の国家論はどうも論理の首尾一貫性を著しく欠くという特徴があって、蘇我氏の台頭を論じても、なぜ全国統一を押し進めるほどに強大な「大和朝廷」が、通説にたてば一介の豪族に過ぎない蘇我氏にその政権を壟断されるのか、そこが私にはわからないのである。本来、全国統一を敢行するということは強大な軍事力が前提である。ではその強大な力は、いったいどこにどのようにあったのか、これが不明ではなかろうか。物部氏だなどというのは全くの的外れではないだろうか。一介の氏族の名でしか示せない軍事力などは、知れたものとおもわれるからである。すなわち全国統一が真実ならば卑弥呼の「一大率」が小人にみえる、強大な軍事力が「大和朝廷」直属として、全国を威圧していなければならないと考えるのである。

しかし、先述のとおりに、そんなものは「記・紀」の五~七世紀の記述には、カケラもない。この意味は、通説がいうような継体天皇以降の「大和朝廷」の課題は、絶対主義的古代王朝建設であった、という認識が根本から誤っているということである。天皇国家にかんしていえば当時、「古代国家の成立」などというのはお門違いもはなはだしい事態であろう。すなわち近畿大和は「倭国」東進勢力の支配で、植民地化していたというのが真実であろう。したがって「天皇専制か豪族連合か」（直木孝次郎氏著、『日本の歴史・2』、二〇頁）で、「天皇専制」という当時の歴史の方向が一時、蘇我氏の台頭で挫折したかの認識は事実とは違うものである。むしろ「紀」という「天皇国家唯一史」造作の書でさえも、「蘇我専制」をいわざるを得ないという姿こそが当時の近畿の姿であろう。

「記・紀」では欽明天皇のあとに敏達、用明、崇峻、推古とつづくのであるが、この時代をとり仕切っているのは、蘇我氏であろう。この直前に継体も殺され、大伴大連金村も「倭国」・蘇我勢力によって同様の運命をたどり、かわって登場してきた物部氏も用明天皇の死後、穴穂部皇子を担ぐ魂胆とされているが、馬子は姪にあたる後の推古天皇（＝炊屋姫《かしきやひめ》）を担いで、と「紀」には書いてあるが、ようするに穴穂部皇子を殺し、物部大連守屋をも攻め殺していることは周知のことである。さらに用明の後の崇峻天皇も馬子に殺されている。この馬子の行動に非難がましいことは一語もないのであるが、所詮、「皇位」継承問題といい、天皇・皇子等を簡単に「人をやって殺す」と書かれているのであるから、いったい誰が王者でだれが家臣なみか、自ずから明らかではなかろうか。

四　聖徳太子は実在したか
——九州年号「聖徳」

　蘇我氏と「大化の改新」問題を考えるうえで、聖徳太子の存在は大きなかかわりがある。それは遣隋使派遣という問題である。本書の立場は、蘇我氏の支配は「倭国」の出先機関としてであって、近畿の勢力が「倭国」とは独自に、中国と「国交」を交すとなれば、それは「倭国」からみれば蘇我氏の自立の動きと見なされるはずだ、という視点である。したがって遣隋使問題で重視すべきは、この使者派遣が通説がいうように聖徳太子によるかどうか、ということは真実の日本史では、非常に大きな意味をもつと考えるものである。

　ところが『日本書紀』推古紀の記載をみれば、この有名な太子は〝聖徳〟太子としては実在していない、と言わざるを得ない記載があるのである。「推古紀」は冒頭から「聖徳」太子を特筆しているが、その記載が事実を述べたものではないことが、以下の記述から判明するのである。「（聖徳太子が）……且《また》、内教（仏教）を高麗の僧慧慈に習ひ、外教（儒教）を博士覚哿《かくか》に学ぶ……」（『日本書紀・下』、一七四頁）とあるが、いうまでもなく推古時代に高麗や百済の僧が天皇国家にくるはずも、「聖徳」太子を教えるはずもない。

　その上にたって、「推古の二九年」にこの太子が斑鳩宮で死亡したとして、帰国していた高麗の僧慧慈がこの知らせを聞いて、自分も近く死ぬのであの世で「共に衆生を化《わた》さむ」と誓ったという、次の記事がある。そこに「（推古二九年＝六二一）……この誓願に曰く、『日本国に聖人有《ま》す。——中略——玄《はるか》なる聖の徳《いきおひ》を以て、日本の国に生《あ》れませり……』」（『日本書紀・下』、二〇四頁）とある。問題は慧慈が「日本」という国号を述べている点である。

「推古紀」にある遣隋使記事では、当時の天皇国家は自国を「倭国」と隋に称していたことは、推古天皇への隋の煬帝の国書中の「皇帝（煬帝）、倭皇に問ふ。使人長吏大礼蘇因高（隋が与えた小野妹子の漢名）等、至《まう》でて、懐《おもひ》を具《つぶさ》にす」（『日本書紀・下』、一九〇頁、傍線は引用者）で明らかであろう。「倭皇」と呼びかけている。これに照らしても「日本」を国号にしていたのは、「倭国」であることは疑う余地がない。六二一年の時点で「日本」と呼ばれる国家は、卑弥呼、倭の五王の国家である「倭国」であって、断じて天皇国家ではありえないことはくりかえし述べた。

したがって〝聖徳太子〟が「内教を高麗の僧慧慈に習い……」などという記事は、「倭国」史料の盗作・転載といわなければならない。当時、蘇我氏の「倭国」からの自立という野望によって、「遣隋使」派遣を敢行したというのが実情と考えるが、朝鮮諸国が「敬仰」したのは「俀国」であることは、『隋書』俀国伝で明らかである。天皇国家へは私人は往来したかもしれないが、国家を代表するような人物は、その「格」においては往来していないとすべきである。

こうなると「僧慧慈」がその死を痛み、自身も死を誓った〝日本の聖徳〟は、天皇国家の人物ではなく、〝「倭国」の人物〟ということになる。ところで「九州年号」とよばれるものに「聖徳」があることはのべた。例えば『海東諸国紀』である。その「日本国紀」天皇代序には、「舒明天皇、名は田村、元年己丑（六二九年）、聖徳と改元す」とある。この「聖徳」は当然ながら天皇国家の年号ではなく、岩波文庫本の『海東諸国紀』の訳註者の田中健夫氏は、この「聖徳」に「私年号、『年代記』『皇代記』『春秋歴略』『襲国偽僭考』『如是院年代記』『和漢年契』『清白士集』『茅窓漫録』などにみえる」（六九頁）と注釈されている。これによれば「推古紀」の「推古二九＝六二一年」に、この記事をあてていることもはたして正確か疑われるが、国号「日本」と九州年号の「聖徳」の両面から考えて、聖徳と呼ばれる人物は断じて天皇国家の厩戸皇子ではない、ということは断定的である、と考える。

（1）法隆寺・釈迦三尊像は聖徳太子とは無関係

これを立証するものが法隆寺の国宝の釈迦三尊像である。仏像の後背碑文に「法興元」という九州年号が刻まれていることを古田武彦氏が指摘され、この像が「倭国」で「倭国王」のために製作されたことをはじめて明らかにされた。

　後背碑文冒頭は以下のとおりとされる。「法興元卅十一年、歳次辛巳（六二一年）十二月、鬼前太后崩ず。明年（六二二年）正月二十二日、上宮法皇、枕病して悆《よ》からず。干食王后、仍《よ》りて以て労疲し、並びに床に着く。時に王后・王子等、及び諸臣と与《とも》に、深く愁毒を懐き、共に相発願す」である。古田氏はここの年号とともに「法皇」をも問題にされ、「『法皇』の語は、通例の古代の熟語にはない（中・近世は別）、ただ法王はある。釈迦如来のことだ」（『古代は輝いていた・Ⅲ』、二二九頁、朝日新聞社、一九八五年、第二版）とされている。

　さらに、「ここではもちろん、『法皇＝法王』ではない。この人物が〝仏法に帰依した権力者〟であることをしめす造語であろう。それも、単なる権力者の中の一員ではなく、至上の権力者、つまり『天子』だ」（同書、二三一頁）とされ、その理由を次のように指摘されている。

　「太后＝大后――天子の母をいふ。秦の昭王から始まった称（諸橋『大漢和辞典』）」とされて、「『太后』が天子の母とすれば、当然ながら『法皇』は、〝仏法に帰依した天子〟の意とならざるを得ない。同様に『王后』も〝王の正夫人、皇后〟の意だ」（同頁）とされている。正論であろう。したがって「上宮法皇」の息子は「王子」となる。要するにこの「上宮法皇」は「王」であって、「聖徳太子」とされるような「太子」ではないという、決定的差異を指摘されている。

　おまけに「上宮」であるが、そもそもこの「上宮」は、阿蘇山にも「上宮」があり、「下宮」は現阿蘇神社の地があり、さらに「太宰府裏の竈門神社に『上宮』（山頂）『中宮』（中腹）『下宮』（山麓）があるなど、その例はおびただしい。したがって『上宮』の二字をもって、『聖徳太子にあやまりなし』と信じるのは、『関白とあれば、すべて豊臣秀吉』と妄信する類の理解であるまいか……」と指摘されている点も、正面から受け止めるべきものであろう。

　決定的な点はこの「上宮法皇」は「上宮」で死んでいるのに対して、「聖徳太子」は斑鳩に居を移している点をも指摘されている。つまり、これらの史料がしめすどの面からみても、厩戸皇子が「聖徳」であるということは出てこないのである。

（2）「大委国上宮王」にかんして

「聖徳」太子が「三経義疏」を著したという信仰は有名

である。これにかんしては直木孝次郎氏のような近畿大和論者も否定的である。そもそも「聖徳」が近畿大和に存在したことがないことからも、当然のことである。ただし「三経義疏」を「聖徳」太子が作ったことはない、というだけならば通説でさえ指摘しているところであって、これで問題が解決したわけではないのである。

直木氏は『日本の歴史・2』(中公文庫)で、法隆寺から太子の真筆として明治時代に天皇家に献納されて御物となった、「法華義疏」があると指摘されている。それが真筆とされる由来は、この書の「巻頭見返しの下部の貼紙に『此是大委国上宮王私集非海彼本』」(一三六頁)とあることによると指摘されている。これにかんして直木氏は「かっては御物という権威におされてか、伝説どおり太子真蹟とする学者が多かったが、ほかに比較のできる太子の真蹟があるわけでないから、断定できるはずがない。今日では疑問とする学者がふえているのは当然である」とされている。

この「批判的検討」は、ただ「真筆がないから比べようがないから……疑わしい」という視点で、これでは道半ばであろう。これとともに真筆の由来・根拠とされる「大委国上宮王」とは何か、これが問われなければならないと思われる。問題の中心は、「大委国上宮王」ではないだろうか。私見ではまず「大委国」とは「大委国《タイイコク》＝俀国(タイ国)」であろう。すなわち『隋書』俀国伝の俀国である。「倭・委」は古来「イ」と発音されていたことは周知のことである。この国名・俀国にかんして古田氏は、「大倭国・大委国」に隋が卑字を当てたとされている。卑字を当てた理由は　国王のタリシホコが隋の煬帝にあてて、例の「日出ずる処の天子、書を日没する処の天子に致す。恙なきや云々」という国書を送ったことに煬帝は激怒して、「蛮夷の書、無礼なる者あり、復《ま》た以て聞するなかれ」と言ったことによるとされている。そのとおりであろう。

「俀」は「弱い」という意味があるとされる。すなわち「野蛮人が、無礼な国書をよこしおって、今後、そのようなものは、内容を一々報告するにはおよばんぞ」とでもいう煬帝の怒りをうけて、「弱い」という意味の「大委国」とほぼ同音の字をあてたものが「俀国」である。したがってタリシホコはその国書に「大倭国」ないしは、「大委国」と国号をしたためていたと考えられるのである。以上からこの「法華義疏」にある「大委国」は、すなわち「大倭国＝俀国」のことであって、この国家は隋に「俀国」と称した天皇国家ではあり得ないことはいうまでもない。

さらに「上宮王」であるが、これは古田氏が釈迦三尊像の碑文の冒頭部分を分析されて、「上宮法皇」は「王」である、とされた考察そのもので、これに何かをつけくわえる必要もないほどであろう。文章の形式でいえば「国号＋王」という形である。「大委国＋上宮王」であって、これを仏教上での「王」という意味と限定することはできないであろう。結論は「上宮王」は大委国の「王」なのである。断じて「太子」ではないのである。つまり倭国王なのである。この真筆の由来とされる文章は、「此れ大委国上宮王の私集にして、海彼（海外）本に非ず」というもので、どこをおしても「大和朝廷」とか、厩戸皇子が顔をだす余地はないものと思われる。以上であるが、結論的には法隆寺の御本尊の釈迦三尊像といい、法隆寺そのもの、並びに「大委国上宮王」署名の文献といい、すべからく「倭国」の影が全面を濃厚におおい、結局、「聖徳」太子なる人物は「倭国」の仏教普及で著名な王を、仏教ともども六六三年の「倭国」滅亡後に近畿大和に移築・移動する、いわば取り入れ口として造作された者で、それの本当の姿は厩戸皇子程度のものであろう。

法隆寺の釈迦三尊像の後背碑文中の「法興元」をはじめとする「九州年号」や、それと関連して法隆寺が旧寺を組み立てたものであること、また太宰府が「都督府」の別称である「都府楼」と古来呼ばれている事実、さらには磐井の墳墓の「衙頭」という呼称問題は、「倭国」を天皇国家とは別の国家で六六三年以前においては、中国等に日本列島を代表していたという、中国文献の記載の動かざる物証である。

五　一七条の憲法は「倭国」憲法

直木孝次郎氏でさえも、聖徳太子作という「一七条の憲法」について、「偽作の可能性がおおきい」（『日本の歴史・2』、八二頁）といわざるを得ないものである。氏がそう考える根拠は、「江戸時代の金石学の大家の狩屋棭斎《かりやえきさい》がこの疑問を提出し、近くは古典研究の巨峰、津田左右吉氏も後代の――といっても天智・持統朝ごろだが――太子信仰がたかまった時に偽作されたものとした」（『日本の歴史・2』、七九頁、中公文庫）とされ、つづいて津田氏以降には逆に太子創作論が台頭したとされて、その背景を津田氏以降に推古朝の研究が発達して、推古朝が氏姓制度ではなく、官司制、官僚制の政治体制がおこなわれていたことが明らかにされたことをあげて、その頃は直木氏自身も太子創作論にたったとされている。しかし、その後、推古朝のころに「一七条の憲法」条文中の、

「『詔を承れば必ず謹め。君を則《すなわ》ち天とし、臣を則ち地とす』（第三条）とか、『国に二君靡《な》し、民に両主なし。率《そつ》土《と》の兆民、王をもって主となす』（第一二条）など、君主（天皇）の地位を絶対化する思想がつよく出ている……」（同書、八〇頁）点に次のような疑問をもったとされている。

「一七条憲法は、規範や原則を示したものだから、実情とちがっていてもよいが、現に強大な蘇我氏がおり、また諸豪族に多数の私有部民が属しているときにこのようなことを規定するのは、あまりにもできすぎている。さきばしりすぎているのではなかろうか」（同書、八一頁）とされている。結論は、津田説を再考されて「『一七条憲法も白鳳時代の聖徳太子信仰家の、おそらくは僧侶の偽作であって、どこかの寺院にあったものと考えたい』、という聖徳太子研究の大家小倉豊文氏の説に、もっともひかれるのである」（同、八二頁）といわれるのである。とはいえ、氏は慎重である。太子が実際に「一七条の憲法」を作った場合もあり得るが、「太子真作の憲法は失われ、現存のものはそのあとで若干の断片的な遺文や伝説をもとにして作られた、とわたくしは考えたい」と、言われるのである。

通説の「一七条憲法」、ひいてはわが国の法令の発展にかかわる考察で、目につくのは「偽物か本物か」とか、その時代の国情を反映しているか、適正か、という、それ自身は一見もっともなものであっても、中国における「律令」の発展との関連という視点が重要問題とされていない点である。

この点を端的に示されたのもやはり古田武彦氏である。古代中国の「律令」は秦の始皇帝が、天下統一の後に法家の説にもとづいてはじめて施行したもの、と古田氏はその著『古代は輝いていた、Ⅲ』（三七頁）で指摘され、これを漢も継承したことをもふれられている。そうして「……秦・漢の律令は、魏・晋・宋・梁・陳と六朝に継承された」こと、ならびに『隋書』刑法志記載の梁の武帝の天監元年（五〇二）の「律令」制定記事、「八月、乃ち詔を下して曰く、『律令、一ならずば、実に弊を去り難し。……前王の律、後王の令、因循創附す。良《まこと》に各以有り』」を引用され、隋もこれを継承したことを確かめられている。そして秦から隋までの「律令」を〝古律令〟とされ、これと唐の「律令格式」と一応は区別され、わが国の律令研究がほとんど唐の「律令格式」中心で、これを基礎に「大宝律令」を論じる点を欠陥とされて、歴史論としては、こうした「唐」一辺倒の問題点を指摘されるのである。

それは三世紀の卑弥呼から五世紀の「倭の五王」ならびに、『隋書』のタリシホコまでの、中国交流と〝古律令〟とのかかわりという問題である。紙面の都合で詳しくは古田氏の著書をお読みいただくとして、例えば氏があげる磐井の墓の例をここでは述べておく。「筑後風土記に曰く、上妻《かみつやめ》の県《あがた》、県の南二里、筑紫の君、磐井の墓墳有り。高さ七丈、周り六十丈なり。墓田《はかどころ》は、南と北と、各々六十丈、東西、各、卌丈《よそつえ》なり。

石人と石楯と各六十《むそ》枚《ひら》交《こもごも》連《つら》なり行《つら》を成して、四面に周匝《しゅうさう》（＝めぐら）す。東北の角に当りて一別区《ことどころ》あり。号して衙頭《がとう》と曰ふ。衙頭は政所なり。其の中に一石人あり。縦容《しょうよう》（＝悠然）として地に立てり。号して解部《ときべ》（＝裁判官）と曰ふ。前に一人あり、裸形にして地に伏せり。号して偸人《とうじん》（＝ぬすびと）と曰ふ。猪を偸むをなすを生ず。仍《よ》りて罪を決するに擬す。側《かたわら》に石猪四頭あり。贓物《ぞうぶつ》と号す。贓物は盗み物なり。彼の処にも亦、石馬三疋、石殿三間、石蔵二間あり」（前掲書、四二頁）。なお、この文に「筑紫君磐井、生平の時、預《あらかじ》め此の墓を造る」とある。

古田氏はこの石造の人や家畜群等を「裁判」の場面とされ、「解部」を裁判官とされて、磐井がなぜこんな墓を自分で造ったかを問われて、「それは、彼にとって、自己の業績の中で、もっとも誇るべきものだったからであろう」（同書、四三頁）とされている。いったい裁判の場面を自己の功績の最大のものとして後世に残そうという、考え方の意味するものはなんであろうか。それは裁判の基礎をなす「法律」の制定とその執行に大きな業績をあげ、世間からもそう目されている場合ではなかろうか。ということは法律を制定・執行するものは誰か、古代では王であろう。つまり磐井は王なのである。ここにある裁判の骨子となる法律は、古田氏がいわれる〝古律令〟と深い関係があろう。ここには「聖徳」太子時代よりはるかに古く、磐井の国家「倭国」にはすでに〝古律令〟が存在し、天皇国家の大宝律令制度制定の中心を担った者は、天皇国家の遣唐使や帰化人などではなく「倭国」の役人たちであったと推定できる記事が『日本書紀』にある。

当然であろう。中国では秦以来、約八〇〇年間をかけて「律令」制度は発展してきたのである。これを隋・唐時代に何回か使者派遣して、日本の現実に適正に適応・発展させたかにいうことは、あり得ないこと、と考える。現に天皇国家の遣唐使の〝文化水準〟をしめす記事が、『旧唐書』日本国伝で特記されている。「……得る所の錫《しら》賚《い》（＝金品）、尽《ことごと》く文籍を市《か》い、海に浮かんで還る」である。天皇国家が「倭国」とことなり唐・中国には、全く知られていない社会であることは述べた。

はじめて中国に渡った天皇国家の役人はその文明に圧倒され、また、自分たちが「倭国」人にくらべてはるかに後進的であることを自覚して、中国の書籍を買いまくって、船いっぱいに積み込んで帰ったのである。こういう新参者的な記載は、「倭国」関連の記録には一切ないであろう。当然である。紀元前約一千年も前から系統的に古代中国と交流しているのが「倭国」である。その文化の蓄積を天皇国家と比較しても、天皇国家は長いあいだ「倭国」の東進勢力に抑えられて、事実上、その植民地であったのであって、それが「倭国」に遠くおよばないとしても不思議はない。

また唐からの帰化人を云々しても、特定の国家・社会に他国の文物を適応・具体化するには、例えば漢籍で唐の律令を読み、理解できるだけでは、日本と中国とでは習慣等の社会的・歴史的な相違があって、やはり単純にできるとは思われない。結局は、一方では漢籍の律令に精通し、他方では日本での具体化に歴史がある「倭国」の役人や知識人がいた場合、「倭国」と天皇国家の間に違いがあってもなお、この人々こそが真に力になることは、理屈としても自然なものである。

この他に「一七条の憲法」問題では、これの思想や表現が、「多くの学者によっていわれているように、儒教、仏教、法家などの説をとりこみ、用語の出典は、詩経・尚書・孝経、論語・左伝・礼記、管子・孟子・墨子・荘子・韓非子・史記・漢書・文選などにおよぶという。さすがに太子である。太子の天才をもってしてはじめて可能である。というのが通説である。

用語はそれぞれの原典から直接とったのではなく、美辞名句集といったような書物から孫引きしたのかもしれないが、いくら太子が偉いといっても、七世紀初頭の日本でそこまで進んだ文章が書けるだろうか、と疑うのが津田流の考えかたである。読者はどちらの考えかたに賛成されるだろうか」（直木孝次郎氏著、『日本の歴史・2』、八三頁）というのである。多くの中国古典文献が「一七条憲法」の背後にある、という指摘は、岩波・日本古典文学大系本の『日本書紀・下』でも同様である。

通説では結局は、太子を「大天才」ともちあげるか、「七世紀初頭の日本でそこまで進んだ文章が書けるだろうか」と、最終的には「偽作」説に終わるか、そのどちらかしか道がないのである。たしかに「一七条の憲法」は推古紀では、〝その（推古）一二年〟すなわち小野妹子の隋派遣の約三年前にできたことになっているのである。天皇国家自身が「隋をもって中国交流の始めとする」と明言しているのであるが、それの三年まえにどうやって右の膨大な中国古典を手にいれたのであろうか。これから約一〇〇年後の遣唐使にかんして、「船いっぱいに書籍を積んで帰る」と中国人が特記するほど、天皇国家は古代中国古典に飢えていたのである。

これを全体的に視野におけば「一七条憲法」を、七世紀初頭以前につくりうる唯一の条件を備えているのは「倭国」であろう。単に中国との交流史の長短というにと止まらず、「一七条の憲法」条文が実際に合致する水準に「倭国」は達していたのである。例えば「篤く三宝を敬え、三宝とは仏法僧なり」（第二条、以下略）では、「倭国」の仏教受容の圧倒的速さから問題はない。また、「群卿百寮、早く朝《ちょう》し晏《おそく》退け」（第八条、以下略）も、天皇一代ごとに都を浮動させている天皇国家では、「大臣以下、朝は早く出勤して、帰りはおそくせよ」などといわれても、電車も自動車もなくたかだか牛車しかなければ通勤も、ままならない大臣もいたかもしれないではないか。それとも当時の大臣・大連以下「百寮」は、単身赴任だったとでもいうのだろうか。

これに反して、太宰府に数百年にわたる巨大な「都城」を、どっしりと構えた「倭国」でこそ、この第八条も自然なものとして理解できる。さらに「国司国造、百姓を斂《おさめ》ること勿《な》かれ、国に二君靡《な》し、民に両主無し。率土の兆民、王を以て主となす」（一二条、以下略）も問題がないどころか、「国司・国造」の用語も制度も、「倭国」産であることがここに明記されているとみなすべきであろう。結局、本来は「倭国」憲法というべきものを盗作して、「天皇国家唯一史」を造作するために天皇国家には存在しない「聖徳」を、厩戸皇子に接ぎ木したのである。

さて磐井の墓の問題もここで見ておこう。『風土記』の記事では、磐井の墓の一区画には、「衙頭」という古代中国で政治を行う役所をさす名がつけられている。これにかんして古田氏は、「ことに注目すべきは……『衙頭』の用語だ。……これは〝大将軍の本営〟を示す中国側の熟語『衙』を用いたものだ。当然ながら漢語だ。この事実は、一面において、磐井が『～大将軍』（「使持節都督倭・新羅・任那・加羅・秦韓・慕韓六国諸軍事、安東大将軍、倭王」等をさす。引用者）を称した、倭の五王の継承者であることをしめすと共に、他面において、彼が中国側の官庁用語、つまり漢語を公的な日常世界において使用させていたことの反映、そのように考えて大過ないであろう。——中略——筑紫の君が『～大将軍』『～将軍』といった、中国の天子の支配下の大将軍、将軍であるかぎり、中国側の目には、〝倭国の王者（磐井）とその地方的有力豪族（継体）〟と見えていたこと、わたくしはこれを疑うことはできない」（『古代は輝いていた・Ⅲ』、四五〜四七頁）と指摘されている。この視点こそが真に正しい日本古代史への道標である。

述べてきたとおりに、現に磐井の墓がある北九州にはこの「衙頭」のみならず、「倭の五王」の都の「都督府」をしめす「都府楼」もある。「倭の五王」を明示するこうした遺跡が二つも残っているのはここだけである。いったい、ここの他に、日本列島のなかで「倭の五王」を明示する遺跡があるのだろうか。通説は国民に説明する義務がある。なぜ「衙頭」や「都府楼」という言葉が残存しているのか、どうして『古事記』『日本書紀』に、「倭の五王」にかんする記載は一語もなく、とくに『日本書紀』には通説でさえ口ごもる、「呉国、貢奉る」などという、記事が並んでいるのか。

Chapter 13

第13章

唐の太宰府進駐と「倭国」の滅亡

「冠位一二階の制定が馬子との共同の施策であり、天皇のための新官僚抜擢という意味があまり認められず、天皇中心主義を強調している憲法一七条が太子の作かどうか怪しいとなると、推古朝の政治の上にのこした太子の業績は、推古朝前半にかぎっては急に影がうすくなる。後代の伝説にまどわされずに判断すると、この時期に太子の果たした政治的役割は、それほど大きなものとはおもわれないのである」（『日本の歴史・2』、八四頁、中公文庫）。これは先ほどから引用している、直木孝次郎氏の「聖徳」太子評である。

熱烈な「天皇国家唯一論」者の直木氏でさえこういうのである。ましてわれわれからは「聖徳」は、近畿大和には実在したことがないのである。ついでにいえば「冠位一二階」でも、『隋書』俀国伝と『日本書紀』では違っているのである。通説はこの点は口ごもるのである。この問題を指摘されているのも古田武彦氏である。いまここに「俀国伝」と『日本書紀』とをくらべれば次のとおりである。

「俀国伝」大徳・小徳、大仁・小仁、大義・小義、大礼・小礼、大智・小智、大信・小信

「日本書紀」大徳・小徳、大仁・小仁、大礼・小礼、大

信・小信、大義・小義　大智・小智

これも「倭国」の模倣であってしかも、間違った模倣であろう。

一　蘇我氏——自立の野望と挫折

さてこうした「聖徳」太子の天皇国家での「不存在」という問題は、これまでの通説とは根本的に日本史を塗りかえる意味があるのである。いちいち引用はやめるが、直木氏は「太子」の存在は蘇我馬子にとって大きな威圧であったとされ、また通説は一致して「太子」が小野妹子の隋派遣を敢行したとしてきた。しかし、これらは「聖徳」太子を実在したとする立場からの説であって、すでに述べたとおり『日本書紀』と古代中国史料をきちっとあわせ読めば、「聖徳」は天皇国家の人物ではあり得ないという結論は必然的である。となれば政治のみならず仏教もいうにおよばず、小野妹子の隋派遣も「聖徳太子」がしようにも、いない人ができるわけがないであろう。

という意味は、真の日本史では、いったい誰が隋への使者派遣を提唱・指導・敢行したのか、という新しい問題を提起することになるのである。馬子以外にはないであろう。この馬子が「日出ずる処の天子……」などという国書を、書くはずがないであろう。かれは「倭国」を背景として近畿地方をいわば「植民地支配」してきた武内宿禰の系列である。では、その「倭国」の近畿総督府的な蘇我氏が隋への使者派遣を強行するという意味はなんであろうか。それは「倭国」からの「自立」である。ここに「大化の改新」の直接の原因がある、と考えるのである。順次、見ていこう。

およそ外国との戦争問題や「皇位継承」問題で、中心的な役割を果たすのは、王朝であれば王ないしは摂政的地位の者というのが、まずは一般的であろう。蘇我馬子から入鹿の姿は事実上の最高指導者の姿であろう。たとえば推古三一年の「新羅討伐」記事が重要である。この記事自身は「倭国」記事の取り込みで、天皇国家のこととしては意味がないのであるが、にもかかわらず、蘇我馬子を最高指導者として描き出しているところに意味があるのである。

推古紀三一年に、新羅が任那を侵したという事件を発端に、「天皇（推古）、将に新羅を討たむとす」（『日本書紀・下』、二〇六頁）となった。しかし、新羅をうって任那を百済に管理させてはという案がだされ、これも百済は信頼できないという反論があって、結局は沙汰止みとなり、吉師磐金を新羅に、吉師倉下を任那に派遣して任那にかんして「問はしめ」たとある。

　その結果、新羅は任那の地位を従来どおりに尊重するといい、新羅、任那の使者とも貢を整えた。ところが吉師磐金らがまだ帰国をしていないのに、突如として「大徳境部臣雄摩侶、小徳中臣連国を大将軍とし、小徳河辺臣禰受、小徳物部依網連乙等、小徳波多臣広庭、小徳近江脚身臣飯蓋、小徳平群臣宇志、小徳大伴連、小徳大宅臣軍を副将軍に、数万の兵を率いて新羅攻撃の姿勢をとったという。

　吉師磐金等はこれは国際的な取り決め違反である、と言いはした。新羅は一応は降伏し、これが受け入れられた。大急ぎで帰国した吉師磐金に馬子が「どうであったか」と問い、磐金が、「日本」にくる予定の新羅の使者は貢ぎ物だけを残して帰ってしまったと情況を報告をすると、「軍隊を送ったのは、はやまった判断だったか」といったとある。この記事の冒頭に「天皇、将に新羅を討たむとす」とある。しかし、その後の記事をみれば、これは単なる枕言葉であろう。急の軍隊派遣や吉師磐金の帰国報告の場には天皇の影さえない。この記事から察するに一国の軍隊を動かし、その首尾に責任をおっているものは誰か、明らかであろう。蘇我馬子である。この記事の注目すべき点は、派遣した使者や軍隊が天皇国家のものではないという点にあるのではなく、「倭国」の記事を盗作しつつも統帥権の所在を馬子とする記事を、「紀」の編者らが書いているという点にある。

　「天皇国家唯一史」を造作しながら、なおこのように馬子を位置づけている点に、真実の影がやどると考えるのである。

　なお、この時に派遣された使者や将軍、副将軍が天皇国家のものたちではないという根拠は、基本的には中国・朝鮮史料にてらせば、この時代、天皇国家が朝鮮問題に介入しえないという見地があるが、同時に、これらの記事の次の点を見れば本書の見地は裏付けられるともいえよう。

① 吉師磐金《きっしのいはかね》　結局は「未詳」（『日本書紀・下』、以下同様、上段注二四、一五七頁）

② 吉師倉下《きっしのくらじ》　同右（上段注一〇、二〇六頁）

大将軍

③ 大徳境部臣雄摩侶《だいとくさかひべのおみをまろ》「他に見えず」（上段注一八、二〇七頁）

④ 小徳中臣連国《しょうとくなかとみのむらじくに》（注釈なし）

副将軍

⑤ 小徳河辺臣禰受《かわべのおみねず》「他に見えず」（上段注二〇、二一〇

七頁）

⑥ 小徳物部依網連乙等《もののべのよさみのむらじおと》「他に見えず」（上段注二一、同頁）

⑦ 小徳波多臣広庭《はたのおみひろにわ》「他に見えず」（上段注二二、同頁）

⑧ 小徳近江脚身臣飯蓋《おふみのあなむのおみいひふた》「他に見えず」（上段注二三、同頁）

⑨ 小徳平群臣宇志《へぐりのおみうし》「他に見えず」（上段注二四、同頁）

⑩ 小徳大伴連《おほとものむらじ》「恐らく囓連＝くいのむらじ」（上段注二五、同頁）

⑪ 小徳大宅臣軍《おほやけのおみいくさ》「他に見えず」（上段注二六、同頁」

以上であるが、数万の軍隊を指揮して朝鮮半島に侵攻する「大将軍」と「副将軍」のほとんどが、「他に見えない」という注釈をされているのは、やはり異様ではなかろうか。「他に見えず」とは、この記事以外には『日本書紀』『古事記』をはじめ、「記・紀」から派生した天皇国家の文献に見当たらない者という意味であろう。したがって「他に見えず」とあれば、すべて疑わしいとは単純には言えない面はある。しかし、当時、朝鮮半島へ数万の規模の軍隊の遠征は国家の重大事であったはずで、こうした国家的行動の先頭に立つ軍の将軍・副将軍が、ほとんどことごとく「他に見えず」「不祥」というのではやはり異常である。

また、舒明紀では、舒明天皇（田村皇子）と厩戸皇子の子の山背大兄王との、「王位継承」の問題を実質的に裁いたのは蘇我蝦夷である。こう見てくると安閑時代以降、近畿地方の真の支配者は、蘇我稲目を祖とする馬子・蝦夷・入鹿であろう。したがって蘇我氏が近畿地方の「倭国」からの自立を胸に思い描いても不思議はないのではないだろうか。「倭国」は先の数万の軍隊派遣にみるように任那問題等、深く朝鮮半島問題に足をとられている情況である。こうした情況のもとで小野妹子の隋派遣が行われたというのが、歴史の真実ではないかと考えるものである。

隋は小野妹子の隋訪問を東夷伝には記録していない。それは隋から見ても日本列島の倭国以外のものが、「国家」を名のって訪れてくるとは、あまりにも予想外のことであったからかも知れない。ここに興味ある記録がある。

「遣隋使をめぐっては隋書倭国伝（俀国伝のこと）は、六〇〇年、六〇七年、六〇八年の三回、『隋書』帝紀（倭国＝「大和朝廷記事」）は、六〇八年、六一〇年、の二回、日本書紀は六〇七年、六〇八年、六一四年の三回とし諸記録の年次に齟齬がある」（『講座・日本歴史』、「原始・古代、1」歴史学研究会・日本史研究会編集、東京大学出版会、一九八八年、二八頁）という有名な齟齬問題である。しかし、これはもともと違う国家を、恣意的に天皇国家と見なしたうえでの齟齬問題であって、記録自身に全く責任のない問題である。たしかに「俀国伝」と『日本書紀』の使者往来の日時は食い違っている。

しかし妹子の訪隋の日時と、『隋書』帝記の「倭国入朝」記事の年月は合致するのである。小野妹子の隋派遣問題をめぐる『日本書紀』と『隋書』帝紀の記事である。

①　妹子の派遣日は「推古一五＝七〇七年七月」（日本書紀、傍線は引用者、以下同様）

②　隋朝の妹子入朝は「大業四＝七〇八年三月」（『隋書』帝紀、「大業四年三月、壬戌・百済・倭・赤土……遣使貢方物」

③　隋使・裴清の近畿大和訪問　「推古一六＝七〇八年四月」である。

この意味は、隋都から近畿大和まで約一ヶ月の旅であるのに、妹子の近畿出発から隋朝が面会を許可するまで、約九ヶ月も要しているという点である。いったいこの間、なにがあったのかを推測すれば、遣唐使に対してさえ「日本国の歴史と地理をことごとく質問」している中国側は、妹子を質問攻めにし、その上で、さらに内部的に妹子の処置について検討をくわえ、面会を許したというのが歴史の事実とおもわれるのである。

なぜ門前払いにしなかったのかと言えば、七世紀初頭、「俀国」は朝鮮半島問題をめぐって久しぶりの統一中国王朝である隋と、決して良好な関係にはなかったと推測されるのみならず、古田氏が指摘されるとおり「俀国」は中国南朝を尊敬し、北朝系出身の隋には同じ非中華という感覚がつよく、例の「日出ずる……云々」の国書に見るとおり「対等平等」という見方、すなわち隋を「成り上がり者」と見る傾向があったのである。ここに隋・煬帝の怒りの真の意味もあるのである。

こうした背景もあって、この際、日本列島に乗り込み、その実情を把握しようというのが、隋使・裴清派遣の真意と考える。『隋書』は「東夷伝」と「帝紀」を併せ読めば、『旧唐書』東夷伝の「倭国伝」と「日本国伝」同様の、「日本列島二国併記」なのである。この妹子派遣こそは蘇我氏が「俀国」から自立しようとしていた現れという見方である。

さてここで、通説の蘇我氏の把握の仕方を一瞥しておこう。石母田正氏は「(聖徳）太子の死後、大化改新にいたる二三年間、国政を独占した蘇我氏には、政治らしいものは無いに近く、権力をもっぱらにするだけで、その本居たる大和葛城県を天皇に強請し、あるいは皇室に匹敵する壮大な墳墓や城柵を在地に造築するなど――天皇陵はそれ以前の用明・推古陵からすでに薄葬に移行ているにもかかわらず――いずれもオミ系土着豪族の特徴を完全に克服していないことをあきらかにした。天皇の宮殿造営は東西の『諸国』に命じて役丁を徴発したが、蘇我氏の墳墓・邸宅の造営の労働力が部民や氏々の人に依存したように、王権が諸国の国造の支配のうえに立っていたのにたいして、蘇我氏はせいぜい中央の部民制的官司制と近畿豪族層を掌握していたにすぎないことを示した」(「岩波講座・『日本の歴史1』、三九頁、一九六七年、傍線は引用者)。これは基本的に通説の蘇我氏論であろう。

しかし、この通説的蘇我氏論への疑問は、〝「大和朝廷」は宮殿造営には東西の「諸国」から役丁を徴発した〟等と言うのであるが、いったい、その「宮殿」とはどの天皇のなんという宮殿なのだろうか。すでに述べたとおり『日本書紀』自身が、蘇我氏滅亡の後の「孝徳紀」の「大化の改新」の「詔」で、「その二に曰はく、初めて京師を修め、畿内国の司、郡司……を置き」といっているのであるから、それ以前に「京師」、すなわち王都＝都城などはなかったことは明らかであろう。あったのは天皇の代替わりごとに浮動する「都」でしかない。いったいこの程度の「宮殿」に日本列島の「東西の諸国から、役丁を徴発する」必要が生じたであろうか。

実際には、当時の天皇国家の動向の範囲――支配の範囲ではない――は、「せいぜい中央」の範囲である近畿地方とその多少の東側という程度であるから、その範囲の「部民制的官司制と近畿豪族層を掌握していた」のであろう。「国政を独占され、天皇は強請されていた」蘇我氏に、問題の核心は権力である。もし石母田氏がいうように「王権が諸国の国造のうえに立っていた」のであれば、それに相応しい武力・権力機構があれば、一豪族の蘇我氏が「国政を独占」し、「天皇に強請」など論外であろう。まさに蘇我氏が天皇を上回る武力を背景にしていたからこそ、「国政を独占」できたというのが正論であろう。

この点は、あとの藤原氏等が比較の対象ではなく、また中国王朝の外戚問題と比較すべきものでもない。平家や北条鎌倉幕府と比較すべきものとおもわれる。平家という武力に当時の「大和朝廷」は、太刀打ちできなかったのであって、所詮は源氏等の武力で対応するという以外にはなかったのであるが、蘇我氏の場合も、基本は「倭国」という武力が背景であるから、蘇我氏への対応は所詮は武力による処分しか方法はないのである。古代中国王朝の外戚問題等は、そもそも巨大都城を確立した国家の王朝のあれこれの時代の、政治的なあり方の問題であって外戚等の勢力の跋扈は、その王朝の動乱の要因となり王は形式的な扱いにされるのが特徴であるが、蘇我氏の場合、「記・紀」の記載によってさえ、具体的な政治で最高指導者として君臨しているのである。

これが通説的蘇我氏論では、天皇国家の権力問題が石母田氏のように、単なる「天皇国家唯一史観」に解消されて、都城問題という国家の根本問題も視野にない始末である。文字通りの「大和朝廷唯一史観」という観念の絶対化が、「まず初めに安置」されるのである。これは宗教の姿であって科学、ましてや民主主義的思想と体制が生みだす科学的精神とは異なるものである。

蘇我氏には強大な「倭国」という軍事力が背景にあったのである。したがって単なる暗殺ではその力は消去できないのである。暗殺が効果を発揮するのは、その背景にある力が蘇我氏の消去を黙認する場合のみである。したがって「大化の改新」の真の姿は、「倭国」の動向と不可分であり、ここを探究することが真の「歴史学」の姿と考えるものである。

二　「鼠は穴に伏《かく》れて生き」

『日本書紀』皇極紀は、『日本書紀』のなかでも興味深い部分である。入鹿暗殺が興味深いのではない。蘇我入鹿が「聖徳」太子なる厩戸皇子の子である山背大兄攻撃の先頭に立とうとした時に、入鹿が次期天皇に擁立していたとされる古人大兄皇子が入鹿のところに駆けつけて、「鼠は穴に伏《かく》れて生き、穴を失ひて死ぬ」と言ったので、入鹿は攻撃に参加することを中止したとあるところである。

奇怪至極の記事であろう。通説ではこの時代、「皇位継承問題」は殺し合いに発展する場合があるなど、それぞれの「皇位継承者」は相互に、死に物狂いで鎬《しのぎ》を削る抗争とされている。であれば入鹿ほどの実力者に支持されている「皇位継承者」は、その後援者に深く感謝するものであろう。したがって古人大兄が入鹿に面とむかって「鼠」呼ばわりなどは断じてしないはずである。そのうえこの場合、山背大兄皇子攻撃に参加することが何故、「穴から出る」ことであろうか。「危険です」という程度の問題に過ぎない。

だがしかし、この「鼠」呼ばわりした者が「倭国」であったらどうであろうか。「我等が采配によってその地位が保障されている者が、愚かにも遣隋使など『自立』を志してその保障を失うとは」という意味である。つまり、隋に使者を派遣したことは、入鹿にとっては決定的な失敗だったのである。考えてもみよう。この時代「倭国」は当時の世界の超大国である唐と、戦争の準備をしていたのである。

「龍朔三年（六六三）にいたり――此の時倭国の船兵、来たりて百済を助く。倭船千艘、停りて白沙に在り」。（『三国史記』、傍線は引用者）。これは六六三年の「白村江の決戦」の「倭国」水軍の姿である。ここには「倭国」が千艘の軍船を出動させたとある。これは新羅から唐軍への報告であって、通説では「誇大」と称して問題にしていないが、『孫子』を生んだ古代中国への、その目下の同盟国の新羅からの敵情報告である。いい加減な数値とは言えないと考える。これにたいして「大和朝廷」には、白村江の決戦を前に大規模な軍船建造記事がないのは周知のことである。

ところがこの時代から約一〇〇年後には新羅を相手に、〝三道節度使の任命と兵船・兵士・水手の徴集・整備に関する措置（『続日本紀』、天平宝字五年＝七六一年一一月一七日付け記事）、すなわち軍船建造・海軍創設記事が次のように書かれている。

① 東海道節度使・従四位下藤原恵美朝臣朝狩、その他・略。（対象国一二ヵ国）。
船一五二艘、兵士一万五七〇〇人、弟子（士官）七八人、水手七五二〇人

② 南海道使・従三位百済王敬福、その他・略（一二ヵ国）。
船一二一艘、兵士一万二五〇〇人、弟子六二人、水手四九二〇人

③ 西海道使・正四位下吉備朝臣真備。その他・略。（八ヵ国）
船一二一艘、兵士一万二五〇〇人、弟子六二人、水手四九二〇人となっている。

『続日本紀』では七五九年ぐらいから新羅の侵攻が懸念され、行軍式（軍事行動にかんする規定、七五九年六月）をきめ、同年の九月には全国規模で「船五百艘」（北陸道諸国・八十九艘。山陰道諸国・百四十五艘。山陽道諸国・百六十一艘。南海道諸国・百五艘。計五百）などの、軍備増強記事がならんでいる。これらは新羅の侵攻への対策であって、唐を念頭においたものではないらしいのである。

問題の中心は、新羅とは比べるべくもない世界の大国である唐との決戦が予想される情勢のなかで、『日本書紀』と通説のように、「白村江の決戦」の日本列島側の主体が天皇国家だというのであれば、なぜこうした具体的な海軍の整備・充実というような記事が整然と記されていな

いのか、当然問われるところであろう。すなわち「倭国」は国力を傾注して戦争準備を急いでいたというのが実際であろうと考える。

こうした唐との戦争を辞さない勢力がたかだか近畿総督府的存在を、いったいどういう目で見ていたであろうか。「ひとひねり」で処置できる勢力と考えていたことは、推測にかたくない。「鼠」とよんでも不思議はないのである。しかし、この蘇我氏に頭を抑えられていた「大和朝廷」からは、絶大なる権力者のはずで「鼠」よばわり等は論外のことであろう。

興味深いのは蘇我氏の天皇の上に出る振る舞いは、『日本書紀』でとくに目新しくないのに皇極紀になると突如として、蘇我蝦夷は雙墓（いわゆる瓢箪形か――という。『日本書紀・下』上段注二〇、二四五頁）を大小二つを豪族の私有民と太子の部民まで動員して作ったとか、その結果、「聖徳」太子の「女か」（上段注二六、二四四頁）という上宮大娘姫王といういかにも造作めく名の姫が、「蘇我は国政をほしいままにして無礼の行いが目に余る」といった云々というような記載が目につく。

これを「大化の改新」すなわち蘇我入鹿の暗殺の序曲と解することも可能であるが、それに止まらず、この記述の背後には従来から蘇我と称されている「倭国」の意志を背景にした支配から、蘇我氏の支配、すなわち自立の意志の公然たる表明があった結果の変化があった、と本書は考えるのである。つまり自立の意志の外交・内政両面での顕在化である。蘇我氏は近畿大和の軍勢を動かす力がある存在である。しかし、その軍勢は基本的には「倭国」の息のかかったものである。「倭国」から自立する者とされれば、その軍隊は入鹿等の思いのままには動かないであろう。

この時期の『日本書紀』の記載には、入鹿が雨乞いをしても雨がふらず、天皇が同様にしたら雨が降った式の、蘇我氏の行動は僭越であり、天が天皇支配の正当性を示しているという、古代中国思想の「天命論」の怪しげな理解にたった記載が目につくが、『日本書紀』のこれらの記事は信じられないものである。これらの一連の記事には、「倭国」から「穴から出た」と断罪された蘇我の姿を、「天皇国家唯一史観」から脚色したものであろう。「大化の改新」の入鹿暗殺の場面は、あるいは事実であったとしても、それにいたる歴史の背後には『日本書紀』の記載よりはるかに奥深い、歴史の真実が横たわっていると考えるものである。

三　白村江の大敗——筑紫都督府と「倭国」滅亡

六六三年、白村江で唐・新羅連合軍と戦い、大敗したのは通説では天智天皇率いる「日本」になっているが、中国・朝鮮史料では「倭国」すなわち卑弥呼の国家となっている。蘇我氏暗殺・「大化の改新」からわずかに一九年後のことである。この年数が語るものは蘇我氏抹殺のあと、「倭国」が近畿支配に対応することが唐・新羅相手の戦争準備等で十分にできなかった、ということであろう。この短い期間こそは真実の日本古代史では、「大和朝廷」誕生の直接的な条件整備の時代である。

唐の太宰府進駐と筑紫都督府

筑紫都督府にかんして通説が沈黙する、しかし重大な意味をもつ記事が『日本書紀』に二カ所ある。その一は「天智紀」、二が「天武紀」の二代の記事である。

まず天智六（六六七）年の「一一月九日に、百済の鎮《ちん》将《しょう》劉仁願《りゅうじんがん》、熊津都督府《ゆうしんのととくふ》熊山県令《ゆうせんのくゑんれい》上柱国《じょうちゅうこく》司馬《しば》法聡等《ほうそうら》を遣して、大山下《だいせんげ》境部連石積等《さかいべのむらじいわつみら》を筑紫都督府におくる」（『日本書紀・下』、三六六頁。傍線は引用者）である。

この『日本書紀』の一節には、「熊津都督府」と「筑紫都督府」がでてくる。『日本書記・下』、上段（同書、三六六頁）の「注」の「一六」が熊津、「二一」が筑紫都督府の注釈となっている。まず「熊津都督府」では、「唐が百済統治のため熊津においた行政府」とある。つまりこの都督府は唐・中国の行政府の名である。次が「筑紫都督府」である。「注二一」（同書、三六七頁）では「筑紫大宰府をさす。原史料にあった修飾がそのまま残ったもの」とあるばかりである。

驚くべき通説の姿ではあるまいか。天智六年は六六三年八月の「倭国」大敗から四年後である。つまりこの時期に筑紫に唐の行政府がおかれているという記事である。しかも、こうした重大極まる記事が大和朝廷の正史のいわば完成編である、『日本書紀』に堂々と記されているのである。これをまともに研究もせずに「原史料にあった修飾がそのまま残ったもの」とは、いったいどういう意味であろうか。しかし、これはいわば「序の口」なのである。次が天武紀である。いちいち原文引用はわずらわしいので、宇治谷孟氏の「現代語訳・日本書紀・下」（二四三頁）を引用する。

①「天武元年（六七二）、三月一八日、朝廷は内小七位安曇連稲敷を筑紫に遣わして、天皇（天智）のお崩

れになったことを郭務悰らに告げさせた。郭務悰らはことごとく喪服を着て、三度挙哀（三度声を上げて哀悼の意を表す礼）をし、東に向かっておがんだ」（傍線は引用者）

②「二一日、郭務悰らは再拝して、唐の皇帝の国書の書凾と信物《くにつもの》（＝産物）とをたてまつった」

③「夏五月一二日、鎧・甲《かぶと》・弓矢を郭務悰らに賜った。この日に郭務悰らに賜ったものは、合わせて絁《ふときぬ》一六七三匹、布二八五二端、綿六六六斤であった」

如何であろうか。郭務悰とは「白村江の決戦」の唐の武将である。この武将が六七二年、すなわち六六三年の「白村江の決戦」以降、一〇年もたって筑紫に駐留している点が第一点である。第二に、天武天皇はいったいなんのために天智天皇の死を知らせ、懇ろに挨拶を交わし、『日本書紀』の記事のなかでも空前絶後といえる他国への、これまた空前絶後というべき大量の贈り物までしているのであろうか。すでに太宰府造営問題で述べたが、白村江での「日本」側の大敗の報が「大和朝廷」に伝わるや、「官位増設」をして盛大に祝賀し、直ちに唐と連絡をとって直談判をして宴会をしたという『日本書紀』天智紀の記載を指摘した。さらにはこの天武紀の記載である。

これらをふまえれば天武紀のこの記事の意味はあまりにも明らかであろう。「お蔭ですっかりうまくいきました」という感謝の意の表明である。ではいったい何に感謝しているのであろうか。この問は、ただちに、唐の武将がいったいなんのために一〇年間も筑紫に進駐していたのか、いったいどこに進駐軍司令部をおいていたのか、という問に直結する問題であろう。

答は簡単である。唐・中国は永年の課題である朝鮮半島問題解決のため、朝鮮半島の唐的立場からの「安定」をはかるため、厄介な「倭国」を除去する目的で、その都城・太宰府を占領していたのである。すなわち筑紫都督府である。これこそが「倭国」支配下で希望のない日々を送ってきた「大和朝廷」が、真の大和朝廷へと飛躍する契機となったものである。

深刻な問題は、『日本書紀』の天智・天武紀に、こうした重大な記事が堂々とあるにもかかわらず、これを眼中におかず、日本古代史の重大問題と考えない、気づかない素振りをする、その「大和朝廷一元史観」という日本史観である。ここに示された通説の姿は、「万世一系の天皇制＝天皇国家唯一史」の構築の都合以外は何事も無視・否定する姿である。およそ「事実と道理にたって真理を探求する」という真の「学問」とは全く異質な、『コーラン』の神聖化・絶対化や、古代インドの「バラモン教」の宗教的教義の絶対化に似ている。日本をオリエントやインドと比較するのは嫌だといわれるのであれば、中世キリスト教の姿と比較すべきものである。

すなわちヨーロッパにおいてはイタリア・ルネッサンス以後の、「自由と民主主義」とそれの科学的思考が死闘を演じた、宗教改革以前の中世キリスト教の姿に酷似しているということである。こうした「万世一系の天皇制＝天皇国家唯一史観」批判の自由が、学界としては、公的にいっさい存在しないわが国を、「自由主義国家・社会」と呼ぶのが許されているのをみれば、ガリレオを有罪にした中世神学者とその裁判官も、「民主主義とその科学的思考」を撲滅する「自由主義者」とよんでも差し支えないことになろう。「自由主義」とは便利な言葉にみえる。本来は何から何を自由にするのかが問われるところである。

したがって、通説が白村江問題よりはるかに重視している「壬申の乱」も、単純な天皇家内部の争いなどではなく唐の太宰府進駐という、大事件を背景にした巨大な歴史的事件の可能性があり、すでに古田武彦氏が『壬申大乱』（東洋書林、二〇〇一年）等で指摘されているところである。

四　「日本国太宰府」

太宰府こそは「倭国」の都城であったのである。最後に、やはり通説が無視する中国史料でそれを確かめよう。

「天聖四年（一〇六二）、一二月、明州言う。『日本国太宰府、人を遣わし方物を貢す。しかも本国の表を持たず』と。詔してこれを卻《しりぞ》く。その後もまた未だ朝貢を通さず。南賈（南の商人）時にその物貨を伝えて中国に至る者あり」（『宋史』日本伝）という一節である。

この『宋史』日本伝は、脱脱（一三一四〜一三五五年）奉勅撰で、この特徴は『唐書』日本伝同様に、「万世一系の天皇制」が「日本史」であるということが、日本僧奝《ちょう》然《ねん》の献じた史料によって述べられている点にある。奝然は九八四年に入宋し日本の『職員令』と『王年代紀』等を献じた。『宋史』「日本伝」では「その年代紀に記す所にいう」として、『唐書』日本伝によく似た記載がある。宋の太宗は「その国王、一姓継を伝え、臣下も皆官を世々にするを聞き、因りて嘆息して宰相に言いて曰く……」と、「万世一系の天皇制」をうらやんだことが書かれ、通説的日本史家のいたく感銘する史料である。

しかし、ここにある「王年代記」の「日本史」はほとんど史料的価値はなく、『唐書』が遣唐使が「自ら言う」とあったのに対して、先述のとおり「その年代紀に記す所にいう」とあり、遣唐使の「日本史」を土台に、のちの『古事記』『日本書紀』的「日本史」を整備した経緯をうかがわせる点で、若干、意味があるものであろう。

しかし、この史料の画期的意義は、「万世一系の天皇制」に太宗が感銘した云々ではなく、「日本国太宰府」が記載されている点にある。一一世紀の初頭、「日本国太宰府」を名乗り、しかも「本国の表をもたない」ものが、何のために執拗に宋・中国に「貢献」をしているのであろうか。この勢力の正体は「日本国太宰府」がすべてを物語るであろう。「倭国」復権を願う人々である。唐の「倭国」占領と筑紫都督府の設置と、この「日本国太宰府」とを関連させれば、この勢力の真の姿と意図も自ずから明らかであろう。その勢力が「日本国」と「太宰府」を一緒にして、自分の姿を示しているところに、これまで述べてきた古代中国・朝鮮史料や水田稲作等がかたる、真の「日本古代史」の姿が投影しているのである。

Chapter 14

第14章

志賀島と「君が代」

「白村江の大敗」へといたる「倭国」と唐の関係、この間の『日本書紀』の記述の問題や、六六三年から七〇〇年の間に、唐の「倭国」滅亡政策の支援をうけて天皇家が大和朝廷へと飛躍する過程など、真の「日本史」を探求するうえで多くの課題は残っている。本来の「大和朝廷」は、六六三年以前においては、遣唐使自身が述べていた「旧小国」と名乗るのも、対外的背伸びという水準の勢力である。

したがって、通説の従来からの「律令論」や「班田収授之法を確立」論は、歴史的根拠を失う結果となるのである。それは以下の理由によるものである。公地公民制や班田収受法は、そもそも中国が三国時代から「五胡一六国」と呼ばれる、外来民族の大規模な侵入といつ果てるともない戦乱のくりかえし、そのもとで凶作・飢饉等がおいうちをかける情況となって、とくに北部中国を中心に農業が破綻し、国民が流浪化するほどの大騒乱という数百年の苦闘をへて形成されたものである。こうした歴史的背景が七世紀以前の『古事記』『日本書紀』の記載と、通説的「日本史」には存在しないであろう。

なのに蘇我氏を暗殺した途端になぜ、どうして公地公民制や班田収受法が必要になるのか、分からないのである。これにかんして石母田正氏の説を上げておこう。

「大化の改新は、六四五（大化元）年、中大兄皇子・中臣鎌足等の改新グループが、――蘇我入鹿を謀殺するという強力的手段によって開始され、聖徳太子が最後まで回避した権力の問題を解決することなしには、一切の政治的改革はかれらにとって不可能だったからである。改新の目的は、直接的には王権の危機の克服にあったが、それが蘇我氏の討滅だけで完了しなかったのは、危機の性格が支配層内部の勢力交替だけでは解決できない体制的なものであったことをしめしている。

改新の詔によれば、臣連・伴造・国造による私民の恣意的な駆使、山林田野の無制限な分割私有と百姓の収奪、いいかえれば部民制と屯倉・田荘制の自由な発展が、一方では『戦争やまず』といわれるほど支配内部の矛盾をはげしくし、他方では、八世紀の山城国諸計帳がしめす農村の階級分化と、富裕層における家父長制的奴隷制の発展、鉄製農具の普及とそれを基礎とする戸の園宅地私有と耕地の永続的占有の確立、群集墳の急速な発展に反映する農村の再編成等々によって強化された『百姓』との矛盾を深めた。

旧来の収奪方式はゆきずまり、所有形態の変化なしには、支配層のアナーキーを深めるだけである点に危機の根源があった。この事態を認識し、対処すべき政策をたて、それを実現する権力を掌握した勢力が勝利をし、その条件をもたない勢力は没落せざるをえなかった」（岩波講座・『日本歴史・1』、三八頁）などと縷々いわれている。ここの六四五年時点の「日本」の把握は根本的に誤っているのは、八世紀初頭に遣唐使が「大和朝廷」たる「日本」を、「旧小国」と明言している事実にてらして明らかである。

石母田氏は「マルクス主義歴史学」にたって日本古代・中世史を研究することを公言されている。マルクス主義は私見ではヨーロッパのルネッサンス以降の、民主主義と科学的思考を両輪とする反封建闘争の歴史的発展が生み出した、「科学的思考」の伝統を継承・発展させた思想であって、資本主義すなわち「資本家階級の自由と民主主義」体制の、「直接生産者の自由と民主主義」体制の確立による継承と克服の歴史的必然性を解明した思想・理論であって、ソ連崩壊後も南米や、中国、ベトナム、さらにはインドをも巻き込みながら、またヨーロッパにおいても、多面的な追究と発展が進行していると考える。マルクス主義の歴史学と、本居宣長流の主観主義的観念論にたった「大和朝廷一元史観」、ならびにそれの必然的な姿である「古代中国文化の否定」とは、本来は両立の余地がないものであると考える。

石母田氏の「大化の改新」の考察の非科学性は、そもそもは氏が主観主義的観念論の所産に過ぎない「大和朝廷一元史観」にたっているところに根ざすのであるが、その結果、「大化の改新の詔」が、八世紀の時点での造文に過ぎないいばかりではなく、この「詔」の正体は、そもそも七世紀以前において「倭国」支配下にあった近畿地方の有力豪族に過ぎない天皇家が、唐の支援と了解のもとに名実共に「日本の王家」に飛躍したのが日本史の現実であるにかかわらず、それが全く見えない点にある。

これは石母田氏のみならずであるが、この肝心要のところが「天皇国家唯一史観」によって見分けられず、あたかも七世紀以前の「大和朝廷」の支配が、新たな段階に達した結果、日本社会に新たな質的変化が不可避となったかに解釈されるのである。そうしてマルクス主義をかかげられる石母田氏は、そのもっともらしい理屈づけにマルクスの言葉を使われるのである。

こうして「倭国」・蘇我氏の近畿支配とその矛盾が、「大和朝廷」の〝日本社会〟の矛盾におき換えられ、さらには大袈裟にも「戦争やまず」といわれるのであるが「大化の改新」以前、いったい日本国民が流浪化し農業生産が「公地公民制」という、私的所有の廃止を必然とするほどに荒廃していた等は、『古事記』『日本書紀』の記載には全くないであろう。戦争といっても『古事記』『日本書紀』を見る限り、「太子の宮を囲む」とか「太子の宮を焼く」などの水準の、たかだか四〜五〇名から一〇〇名内外の「者」が、右往左往する程度のものしか記されていないであろう。

これらにかんして拙著『二世紀の卑弥呼──「前方後円墳」真の構築者』で述べたので、紙面の都合でここでは指摘にとどめるが、決定的な点は「倭国」は度重なる朝鮮出兵や、推測される中国・唐との正面衝突を予測しての戦争準備などのため、過度の出費等の絶え難い負担を国民に強要するなど国土の荒廃がすすみ、「律令制」や「班田収受法」の採用等が行われていたと推測されるのである。さらに生まれたばかりの大和朝廷が「公地公民制」を採用したねらいは、「倭国」支配層をはじめ関東の非天皇家勢力の支配層の収奪であったとも考えられる等、従来の通説とはまったく違う地平に立つことが重要とおもわれる。この点を指摘するにとどめて本章の主題である「志賀島と『君が代』」問題に進もう。

一　「君が代」と志賀島

志賀島は先述のとおり金印が出土し、また「志我神」が「景行紀」にあるなど、「倭国」にとって由来深い地域であるのみならず、実に「君が代」の故郷らしいという、なかなかに〝おろそか〟にはできない問題を提起されたのが、古田氏の『君が代は九州王朝の讃歌』（新泉社、一九九〇年七月、第一刷）である。これに対して二松学舎大学教授の溝口貞彦氏が、古田説を「大胆な仮説と脆弱な論拠」という、「『君が代』九州王朝讃歌説批判――志賀海神社の神楽歌によせて」を『新・古代学』第七集（新・古代史学編集委員会、新泉社、二〇〇四年一月）に寄稿されている。

同時に、この雑誌で溝口氏と古田氏、東京学芸大学教授・西村俊一氏との鼎談が掲載されている。古田氏の溝口説への批判は、ここで直接的に行われている。当然、本書は溝口氏の古田説批判への全面的批判を意図したものではない。しかし、拙著『天皇制批判と日本古代・中世史』（本の泉社）で古田氏の「君が代」論を正しいとした経緯もあり、「志賀海神社」・安曇の磯郎問題を中心に、若干のことにかんして感じた点を述べたいと思う。

古田氏の説によれば「君が代」を「九州王朝」の歌とされる根拠は、直接的には三点があげられると理解している。その一つが志賀海神社の祭祀の第四部「山ほめ祭」の神楽歌である。

別当一良の台詞『あ、ら良い山　しげった山』
禰宜二良『君が代は千代に八千代にさざれいしのいわおとなりてこけのむすまで。あれはやあれこそ我君のめしの御舟かや。』
別当一良『志賀の浜の長きを見れば幾世経ぬらん。香椎路に向いたるあの吹上げの浜、千代に八千代まで。今宵夜半に着き給う御舟こそ、たが御舟なりけるよ。あれはやあれこそ阿曇《あずみ》の君のめしたまう御舟になりけるよ』」というものである。

その二が、「君が代」を構成する基本的な言葉に対応する、次の地名と神社群の存在である。

①「千代」は、『福岡市千代の松原』、市営地下鉄『千代県庁口駅』（福岡＝草野注）」

②「さざれ石」は、『細石《さざれいし》神社、糸島郡前原市三雲。祭神、木花之佐久夜比売《コノハナノサクヤヒメ》、磐長比売《イワナガヒメ》』、なおこの神社に隣接して王墓・三雲遺跡がある。

③『コケムスビ神』、『桜谷神社。糸島郡志摩町船越。祭神、コケムスビ神、コケムスメノヒメカミ』。縁起、『筑前国志摩

郡船越浦桜谷にお祀りしてある若宮明神は石長姫《イワナガヒメノ》命《ミコト》、木花咲耶姫命《コノハナサクヤヒメノミコト》」)

「付記『石長姫命神は別名を苔産霊神と申し上げ……』社殿の額『古計牟須姫・木花開耶姫命』」(1～3まで、小宮裕二氏著、『人麻呂を探せ』、五二頁、光陽出版社、二〇〇〇年)

その三が、『三代実録』による「歌の歴史」の探査と、「君が代」が「国歌」的あつかいをうけるようになる詳細な歴史的経緯の調査である。簡略にいえば、

① 志賀島の祭礼の歴史的古さの『三代実録』による確認と、「君が代」の「経歴」調査とでもいうべき点

② 「君が代」の国歌化の過程と特徴である。

二　志賀島の祭礼の古さ

古田氏は、西田長男氏著の『神楽歌の源流』を引用されて、志賀海神社の祭りがきわめて古い点を確認されている。『神楽歌の源流』によれば次のように書いてある。

「先是貞観十六年、太宰府言、香椎廟宮、毎年春秋祭日、志賀嶋白水郎男十人、女十人奏風俗楽。所著衣装、去宝亀十一年(七八〇年、引用者)、大弐正四位上佐伯宿禰今毛人所造也。年代久遠、不中服用。請以府庫物造充之。至是太政官処分、依請焉。

しからば、香椎廟宮の神前において毎年春秋の祭日に奏せられた志賀嶋の白水郎男十人、女十人の風俗楽とはなんであったであろうか、思うに、それは、栗田博士の『古謡集』に掲げられている以下のごとき、『筑前国香椎宮志賀白水ノ風俗ノ歌』なるものにほかならないであろう。

志賀ノ浜、長キヲ見ヨ、幾世フルラン、幾世フルラン、香椎路ノ、アノ向ナル、吹上ノ浜ニ、チヨニチヨマテ。

山ハ高シ、木葉ハ繁シ、山彦ノ、声カ、鹿ノ声カト、聞分ケタリトモ覚エス、カキ(「カヤ」カ)苞ニ、包ミシ種ヨ、島ノ田ニ　植テ、茂ランカヤ、包ミノ種ヨ。

アラ嬉シ、アラ楽シキヨ、其御酒ノ、初穂ハ神ニ、参ラセラレシナラン。榊ノ舞ノ歌真木ハヤ、真幸ノ葛、色増ルラン、

恵毘良矢、美多良羅ノ歌、志賀ノ浜、長サヲ見ヨ、幾世ヘヌラン、香椎路ノ、アノ向ナル、吹上ゲノ浜ニ、チヨニチヨマテ

今宵ノ夜中ニ、着給ヒタル御舟、ハヤ、誰カ御舟

ナリ、ケアヨ、、、ユルカヤユルカ、塩浜ノ、ユルカ、、。

君カヨハ、チヨニヤチヨニ、ササレ石ノ、イハホト成テ、アレハヤ、我君御召、御舟カヤ、ウツ、ラカセ、ミカヱニ、命ハ千歳ト云、花コソ咲タレ、沖ノ御津ノ、塩ハシニ、ハシタラン、ツル釣ノヲニ、クハサム鯛ハ、沖ノ群鯛、ツヒホチ、磯良カ崎ニ、鯛釣翁、幾代カ釣、イヨセテソ釣（本文読カタキ所々アレドスベテハ本ノマヽ也）。

この歌詩は、もとより王朝のそのかみのままでなく、後代の潤色を少なからずまじえているようにおもわれるが、すこぶる注目すべき古謡といってよい。（著者注、『日本神道史研究』第十巻古典編、西田長男氏著、『神楽歌の源流――安曇磯良を中心として』昭和五十三年、講談社）」（『「君が代」は九州王朝の賛歌』、五九頁、新泉社、一九九〇年）とある。

このように見てくれば、ここにある「君カヨハ、チヨニヤチヨニ、ササレ石ノ、イハホト成テ」と歌われる部分は、「君が代」の元の歌ではないかという疑問が生まれても、それ自身は不思議とはいえないであろう。なにはともあれ貞観十六年（八七四）の時点で、それより約百年も前の宝亀一一（七八〇）年に、大弐正四位上の佐伯宿禰今毛人が「造るところ」の「衣裳を著て」行われた神楽であるが、その衣裳が貞観十六年には「年代久遠」の結果、ぼろぼろになったので府庫の費用で新たにあつらえることを要請しているほどである。ここからみてもこの神楽は、いつの時代からおこなわれているかはわからないが、少なくとも七八〇年から今日まで連綿として続いているもので、今日、日本にこれほど「年代久遠」の神楽があるのか、素人たる私にはわからないが推測するに多分、ないのではないかと思われるのである。

さて、古田氏の「君が代」論を批判される溝口氏は、「君が代」の元歌を、『古今集』（九〇五年成立という）巻七の「読み人しらず」

〃我君は
　千世に八千世に　さざれ石の
　巌となりて、苔のむすまで〃とされ、

これが『和漢朗詠集』（一〇一三年ごろ成立という）で

〃君が代は
　千代に八千代に、さざれ石の
　巌となりて、苔のむすまで〃

となって以来、この形が世に広がったもので、それ以前には「君が代」という歌詞は存在しないというものである。すなわち志賀海神社の神楽歌の「君が代」は、後代に大和朝廷の文化の「君が代」を取り入れたもので、古田武彦氏の「九州王朝の讃歌」説（以後、古田説という）などは、〝とんでもない〟というわけである。以下、こうした通説的「君が代」論の正否を検証しよう。

(1) 山と海

溝口氏は古田説批判の論拠に、西田長男氏の著書『古代文学の周辺』（南雲堂桜楓社、一九六四年）の「山誉め祭」の神楽歌への研究の結論を踏襲されている。西田氏はこの神楽歌について、「少なくとも奈良朝の末葉宝亀一一年（七八〇）以前には行われていたことは確かである。この志賀嶋白水郎の『風俗楽』が文字通り『年代久遠』を経て、千数百年のはるかなるのちの現代にまでよく伝え来ったものだと思う」（『古代文学の周辺』、三八四頁。傍線は引用者）と、その古さを指摘されている。

しかし、西田氏は、この神楽歌の「山ほめ」部分にかんしては、「一般に考えられているように神楽歌はいわゆる山部系統と、海部（海人部）系統との、二大系統から成立っている」（前掲書、三八七頁）、「その半面（志賀海神社の神楽歌）をかたちづくっている海部系統のものは、『海人之宰』としての安曇連（宿禰）の本貫たる志賀島の海人の風俗歌であろうことは更めて縷説を要しないであろう」（傍線、引用者）といわれ、続いて山にかかわる歌にかんしては、「それが神楽歌の半面をかたちづくっている、山部系統のものから取り入れられたものであることを思わしめるのである。

また、こうした『山人』の歌が、志賀の海人の固有のそれであるとは、どうしても考えられないのである。尤も、これが歌われた、あるいは語られた『狩り漁《すなど》りの御祭』は、一名を『山ぼめ祭』というように、『扠《さて》またみつの山は、此神山のみつ嶺の、左りのかたはきぬかさ山、後はかつ山、右に三笠山』（謡曲、『わたつみ志賀島』）の山の幸の豊穰を祈る祭りでもあったのだから、必ずしも志賀の海人の固有のものではないとは断定し得られないのである。が、それはなお確証を欠き、結局はいつの頃かに通行の神楽歌から取り入れられたものと解するほかはなかろう。さらに『君カヨハ、チヨニヤチヨニ……』の如きも亦、同様の事情において取り入れられたものと考えるほかはあるまい」（同書、三八七頁。傍線は引用者）とされるのである。溝口氏は、これを踏襲され「（神楽歌の歌詞の）『潤色』の一つとして『君が代』をあげている」と、西田氏のこの説を肯定的に引用されている。さらに溝口氏は「山ほめ」部分にかんして、「（この神楽歌は――引用者注）山ほめというより海ほめ祭になっている。なぜ山ほめというかというと、例えば、昔の歌は最初の言葉を表題にする……」(「第七集」、三五頁、上段)とされている。そうだろうか。

(2) 漁と舟

さて、西田氏の考察ではまず「山ほめ」部分の輸入論が先行し、これにいわば準じて「君が代」部分の「通行からの輸入」も論じられている。したがって「山ほめ」部分の固有性の問題から検討をしよう。

溝口氏は「第七集」の「『君が代』九州王朝讃歌説批判」の、「序――志賀島にて」(五三頁)で、「その拝殿の横に、古来信者が奉納したという鹿の角……それも数十頭に及ぶ鹿の長い角を収めた倉庫があった。この島はもとは多く野生の鹿がいたから『鹿の島』といわれ……」とされている。鹿は一般的には山・森林の生き物で、その意味では「沖ノムレ鯛」とは対照的であろう。この神楽歌の「山」部分を検討するにはまず、この「島」がなぜ「シカの島」とよばれ、どうして社殿の横に倉庫までつくって鹿の骨を一杯にしているのか、この解明が先であろう。

水野裕氏はその著『古代の出雲』(「三　出雲文化と古代船舶」、一六四頁。吉川弘文館、一九七二年)で、古代の航海術の発展を世界史的に考察され、①浮揚具、②筏、③皮舟、④刳舟、⑤合縫船、⑥構造船の六段階をあげておられている。そうして古代日本海の航海では①浮揚具、②筏、③皮舟、④刳舟の活躍をあげられ、瓢箪を浮き具にして丹波と推定される地から新羅にわたって、王となった瓠公の伝説をはじめ、古代の航海術や舟にかんする一定の実証的な考察をされている。さらには日本では鹿の内蔵を抜きとり気密にして、足から空気をいれて浮き具としていたと言われている。筏でさえも獣皮の浮き具と結合した場合には、大きな運搬・航海能力が生まれる例もあげられている。

以上の考察にたって水野氏は、志賀島の「海神信仰の厚い海人たちの斎く航海守護の神の社に、鹿骨が収められているのは故なしとしない。社家『安曇家文章』には慶長のころまだ志賀島には、漁業用に刳舟が使用されていたことが記録として残っているから……この付近では後世まで長く古い航海方法が残存していて、鹿皮を浮揚具として海人たちが用い、その鹿の骨を海神(志賀)の社に収めたものではないかと思う」(同書、一七四頁)とされている。

つまり海で生きるには舟が不可欠であるが、この舟は鹿と結びついていたのである。現に西田氏も取りあげておられるが、筑紫豊・三宅安太郎氏執筆の「志賀海神社山ほめ祭調査書（志賀町役場発行）の式次第」にも、「鹿狩り」が語られているのである。

また本来「倭国神話」である「日本神話」には、海彦、山彦の説話もある。すなわち「山ほめ」は海での人間活動の前提なのである。その意味で「山ほめ祭」の「山」部分は本来のもので、「通行」すなわち「大和朝廷」文化等を後代にとり入れたという説の根拠は薄弱であると考えられる。

（3）志賀島・金印・「志我神」

志賀海神祭りの神楽歌が、宝亀一一（七八〇）年以前から行われていたことは西田氏も認めておられる。だがその祭りはいつの時代から行われているのだろうか。もちろんただちには、わからない。しかし、それをある程度は究明することは可能と考える。同時にこれを探究することは、筑紫を見るに大和に立ってする視点が正しいか、すなわち「通行」論、つまり近畿大和の文化を舎人等が故郷にもちかえって広げたという説であるが、志賀島の場合、それに該当するか否か、この神楽歌を「大和朝廷」の神楽にたいして田舎の神楽という意味の「風俗楽」というのは正しいか、を問うことでもある。

志賀島は金印出土の地である。極東の大国として後漢から金印を与えられたのは「倭奴国」であることは述べた。この「倭奴国」時代、近畿大和地方は「ムラはあれど国はない」のであって、近畿大和に「奴国」の上位とすべき「倭」など存在する余地などないことも述べた。さらに志賀海神社が「倭奴国〜倭国」の神聖な神社であることを示す文献的根拠が、「景行紀」の熊襲討伐記事の「志我神」である点も指摘した。ここに志賀海神社の「倭国＝九州王朝」での位置づけが鮮明に示されている。

また、通説は志賀海神社の「安曇の磯良」を、神功皇后の新羅討伐の際の船の舵取りとして縷々論じるのであるが、志賀海神社はそれよりもはるかに古い存在として、天皇家の正史の「景行紀」に盗作されて登場しているのである。したがって志賀海神社の祭やそれに奉納された神楽歌は、まず近畿大和を国の中心という視点からの「風俗楽」と呼ばれるべきものでは断じてなく、今日知られる日本古代文明の最古のものとして今に伝えられている、あまりにも貴重な文化遺産と呼ぶべきものであろう。

（4）「チヨニチヨマデ」

さて、溝口氏は「八千代」という語は『古今集』になって出現した、新しい用語」（前掲書、五七頁、上段）ということを強調されて古田説を批判されている。しかし、志賀海神社の「山ほめ祭」の、「山」部分が固有のものであるということであれば、当然、「君が代」部分も「通行からの輸入」と本当に言えるのか、という疑問もおこってくる。

この神楽歌には「チヨニチヨマデ」が次のようにある。

「志賀ノ浜、長キヲ見ヨ、幾世フルラン、幾世フルラン、香椎路ノ、アノ向ナル、吹上ノ浜ニ、チヨニチヨマデ」。「恵毘良矢、美多良羅ノ歌、志賀ノ浜、長サヲ見ヨ、幾世ヘヌラン、香椎路ノ、アノ向ナル、吹上ノ浜ニ、チヨニチヨマデ」。

この「チヨニチヨマデ」は、当然「志賀ノ浜、長キヲ見ヨ、幾世フルラン、幾世フルラン」を受けたものであろう。「幾世フルラン」とは幾世代を重ねただろうか、という意味であろう。そして「チヨニチヨマデ」とは、この過去を想起しつつ未来を展望したものであろう。志賀の浜は遙かなる昔からはるかなる未来まで続くということと、その浜の長さを重ねたものであろう。これは志賀島の人々の生活・営みから生まれた自然な表現である。これを後代に「大和朝廷」文化の影響で生まれた言葉というのは、いささか説得力を欠くのではなかろうか。

それをあくまで「大和朝廷」というのであれば、日本語はいちいち「大和朝廷」で生まれるという、言語学者も言ってはいない新説となる。しかし、普通の考え方ではこの「チヨニチヨマデ」は、「通行」からの輸入ではなく、志賀海神社の神楽歌の本来からのものであろう。そう見るのが自然であろう。となれば「千代に八千代」もまた当然もともとのものであろう。

古田氏がすでに指摘されているとおり、『古事記』には八千矛という言葉がある。「記・紀神話」は筑紫を原点にした「倭国・九州王朝」の神話である。また、『古事記』雄略記には「天語歌《あまがたりうた》」(＝安曇族の歌の意)や、これまた安曇族の八千矛にかかわるという「神語歌」の存在が指摘され、次田真幸氏(『古事記・下』、一四三頁、講談社学術文庫)は、これらは日本の歌の古形に属し、この「天語歌」等は七世紀に活躍した安曇族の文化とされる。

「八千矛」という語は「神代」から存在し、また「チヨ」も存在する以上、「八千世(代)」という表現は「九〇五年以前には存在しない」などといっても、到底説得的な力はないだろう。結局は、「チヨニチヨマデ」も「八千矛」も古くからある以上、「千代～八千代」も当然古いことになろう。

となれば「山ほめ祭」の神楽歌と、その中の「君が代」こそは、日本最古の「君が代」の原型である、すなわち「九州王朝」の「君が代」を含む神楽歌である、という他はないはずである。その意味で「九州王朝の『君が代』」は、溝口氏の眼前にあるのである。「君が代」は『古今集』が元歌だとか、「『和漢朗詠集がその次だ」とかいう議論は天皇国家唯一史観を金科玉条とし、筑紫こそが七世紀まで日本の中央という、歴史的事実が理解できない人の言うことであろう。

三　沖縄の古代歌詞と「君が代」

(1) さざれ石と巌

溝口氏は「さざれ石の、巌となりて……」という歌詞は「小石が岩になるなどはありえない」とされ、『「君が代」の起源』（藤田友治・歴史・哲学研究所著、明石書房、二〇〇五年）に「『君が代』考」をよせられ、この歌詞の合理的解釈として「塵も積もれば山となる」的思考が、仏教や古代中国思想にあると、かなり子細な論証をされている。「君が代」の歌詞の理解に古代仏教や中国思想をもちだすこと自身、本来、「君が代」部分の歌詞が「九州王朝」で形成された実証となるのであるが、ここでは別の角度をとりあげる。

古代沖縄には「生長する石」への信仰があり、覆い茂り天までとどく大石を王の治世を言祝ぐ象徴とする「オモロ」がある。これは古琉球研究の始祖である、伊波普猷氏の全集の、第五巻（平凡社、一九五四年）に収録されている「生長する石」に記されている。ここに引用されている「君が代」に似た「オモロ」の一節と、そこにある「生長する石」という信仰について、伊波氏の研究を報告しよう。

きこゑせのきみが　きこえ背の君が（卑弥呼に該当）
おれてふれまえば　託遊し給えば
すへながく世そろへてちやうわれ
（王は）幾久しく天の下を支配し給え
とよむせのきみや　とよむ（その名が鳴り響く）背の君が
おれてふれまへば　託遊し給えば
あがなざいきよあじおそい　わが大君よ
ねいしの天におゑづくぎやめ　岩根の天に生繁《おいし》くまで
てだなざいきよあじおそい　輝く日の御子よ
まいしのあめにもいづくぎやめ　巌の天に老就《おいづ》くまで

（『伊波普猷全集』・第五巻、一四五頁。傍線は引用者・意味は伊波氏による）である。

この「オモロ」はかけ値なしの沖縄の「君が代」でなかろうか。そうして「王の治世」を、「岩根が天に覆い茂り、巌が天にとどくまで」と、〝千代に八千代に〟つづきますようにと祈っていることは、一読して疑いを入れないであろう。これを「挽歌」などという人はおられまい。「讃歌」である。

ただそこに「きこえ大君」という、王の姉妹が登場するところが本土の「君が代」とは異なる点であろう。この王の姉妹が託宣に従事して、王がそれによって政治をおこなうという姿は、卑弥呼の姿そのものであろう。また、日本書紀等に記される九州を中心とした男女の兄弟支配体制と、この古代琉球の支配体制は酷似している点はのべた。

ここから見て、本土の「君が代」には、「君」しか出てこないことからみて、この歌は卑弥呼時代よりは後にできたものと推測される。したがってその点を除けば、このオモロ歌は「君が代」とぴったりではなかろうか。ここから見ても志賀海神祭の「山ほめ祭」の一節の「君が代」は「王讃歌」であろう。

(2)「成長する石」——大岩信仰

「生長する石」信仰の問題は、「君が代」大和朝廷文化論への痛打であろう。溝口氏らが、「さざれ石が巌になるのは不都合」云々をいうのも、大和朝廷文化に「生長する石」信仰がないからである。

伊波氏があげる二例がある。その一つは死者を蘇らせる古俗である。これは古くから沖縄にあって、その所作の中心が〝巌から欠き取った小石〟を使う習わしであることが詳細に報告されている。これは「巌」の〝永遠の命〟から、命が分け与えられて蘇生するという信仰であろう。つまり「巌」の永遠性への信仰、いわば巨岩信仰であろうか。

伊波氏は沖縄方面の「南島」には、「石は成長する」という考え方が広くあって、伊波氏自身が「子供の時分、二人の老人が築山を前にして、まじめにあの石はこの頃かなり成長した、と話し合っているのを聞いたことがある。とくに湿気を多量に含んでいる柔らかい岩石、わけても地中から生え出したようになって、しかも樹木を戴いてるウフシ(大石)に生命があると思っていたのは無理もない。そうしたことから自然、昔の祖先たちが弄んでいた石名子(小石)の石の一つが生長して、村のウフシ(大石)になったという民間伝承などもできたに違いない。こういうのは到る処にあるが、国頭郡本部村の具志堅の部落の入り口にある巨石が、五百年前の古英雄木部平原がやすやすとさしあげていた力石の生長したものだといっているのは、其の代表である」。ここから「石から魂代を受けると長命するという考えも、オモロにあらわれる」と、言われて次のオモロをあげておられる。

こいしのがさしのぶとのばらよ　いしのの神人よ
しまでんくにでんみやおせ　（わが君を言祝ぎて）島をも国を献れかし
こいしのがむつきとのばらよ　こいしのの神人よ
しらげおゑてきよらげおゑてからは　（大君は）白髪を頂き清髪《きよらげ》を頂き
しまがいのちくにがいのちみやおせ　島の命国の命を献れかし
いしがいのちかねがいのち　石の命金の命
がはらいのちてもちいのちみやおせ　玉の命を献れかし

（傍線は引用者）。伊波氏によれば以上のような意味という。

こう見てくれば、亡くなられた藤田友治氏が「君が代」考で「細石信仰」説、とくに「北九州の細石への根深い信仰」（『「君が代」の起源』、六六頁）を強調されていたが、これは現に古田氏が「君が代」が博多湾の地方で誕生した歌詞的根拠とされた、「さざれ石」や「岩長」「苔むす」等を祭る神社の存在が、その信仰を示すものであって、まさに伊波普猷氏が指摘された、古琉球の「石～巌」信仰と結びついたものではなかろうか。

「さざれ石＝細石」、「岩長＝大石」また「苔むす」岩と、いずれも沖縄の細石・大岩信仰と直結、ないしは酷似している。つまり、「君が代」の「さざれ石の、巌となって、苔のむすまで」とは、極めて古い縄文時代の自然信仰・巨石ないしは「巌」信仰を示すものであって、「悠久の日本文明」から直接に生まれて現代に伝わる民族的に意義あるものとすべきと思われる。そもそも「君が代」とは、「倭国」王と一体の志賀海神社の「山ほめ」神楽歌の一節なのであろう。

この意味は絶大とおもわれる。つまり「大和朝廷」文化には、こうした縄文時代からの文化の継承・信仰がまったくないからこそ、溝口氏のように歌といえば『万葉集』とか、『古事記』『日本書紀』およびあれこれの天皇や貴族による「撰集」等を、日本古代文化の結晶と信じ、それを限りとして「君が代」を論じるのである。この結果は、「小石が巌に生長するなどはおかしい」という「近代的合理主義」が、津田左右吉氏の「神話造作」論と似て、何か権威ある考え方ででもあるかのように扱われることになるとおもわれる。しかし、「君が代」の「細石の巌となって」の意味は、いわゆる「万葉学者」の教養では、理解できないのである。

『万葉集』や『古今集』また『和漢朗詠集』といった〝教養〟を限りとして論じる仕方、これを溝口氏は「ある歴史的な事がらについて述べるには、その時代の文献で論じるのが歴史学の原則であるはずなのに、彼（古田氏）は、『君が代』に関する九州王朝の文献は、何一つ提示していない」（前掲書、七三頁、下段）と言われるのであるが、これは「大和朝廷」を頂点にいただく〝日本〟を、国の歴史・文化の源泉とする考え方、すなわち通説的歴史観を「日本史の事実」とする立場である。

この弱点は、縄文から「弥生」そうして国家を発生・発展させた、北九州～「九州王朝」が視野にはいらず、それの歴史的文化的な先行性と同時に、縄文文明との結びつきという根深い歴史性が見えない、視野狭窄症におちいる危険性である。溝口氏の「君が代」論は、「ある歴史的な事がらについて述べるには、その時代の文献で論じるのが歴史学の原則であるはずなのに……」と、一見、もっともなことを言われるかに見えるが、日本古代史解明で「同時代の文献」である古代中国史料で、通説を批判的に検討する観点・方法、その結論には同意されないのであってみれば、この「同時代文献論」には普遍的性格はないというほかはないのである。

本書の視点にたてば、『古事記』等や『万葉集』とともに重視されるべきものに、古代沖縄の言語、古代の習慣を濃厚に反映する『オモロ集』がある。なぜならば古琉球語には『古事記』等に記される言語に通じる言語が、多く残されていることは周知のことであるが、さらには古い時代には本土にもあったと推定される信仰や風俗等が、本土に比較してはるかに後代まで残存している事実も指摘されているからである。これは日本歴史の解明で大きな力となる。

例えば酒造は「醸す」といわれたことは知られているが、沖縄では未婚の十代の少女によって米を「噛む」方法で造られていたと伊波氏は指摘されている。さらには葬制は「ハフル」＝葬るであるが、琉球では「ホームユン」が古語で、問題はこれらの言葉で語られる葬制は風葬であったことである。この「ハフル」は、現在の「ホウムル」「ホウリナゲル」「ホウッテオク」に通じる「ホウル＝手からはなす」に通じるものであろう。こうした場所は沖縄諸島では、海に面した断崖等にあったと指摘されている。ここでは「ハフラ」れた死体が腐乱し、悪臭を放ち、やがて洗骨されるのであるが、その腐敗の過程を見ようと思えば見ることができたと、伊波氏は指摘されている。

これを知れば、『古事記』等のイザナギノ命がいった

「黄泉の国」の描写が、鮮やかに浮かぶのではなかろうか。同時に、その描写の現実的な意味も、津田氏流の「神話造作論」のながやりな神話論とは全くちがって、わが日本民族のかつてあった葬制の強烈な実在性と歴史性を、目の当たりにするのではなかろうか。

以上、若干を述べたが、こうした視点に立てば「巌」や巨石を信仰して、そこに永遠の命が宿ると考え、しかも、その「巌」は小石が年月をかけて生長したものと見なす考え方があっても、いささかも不思議ではなく、むしろ縄文文化とのつながりを念頭におけば、溝口氏のように「さざれ石の、巌となって、苔のむすまで」を、やれ仏教の教義ではとか、古代中国文化では、というよりは、はるかに縄文的体臭をもって、自然に理解できるのではなかろうか。

すなわち「君が代」を含む志賀海神社の「山ほめ祭」の神楽歌は、縄文時代の「倭人」たる安曇族の風俗・習慣や考え方をも反映した、「自立」的文化の産物であって、京都・奈良文化よりはるかに古いものと考えるものである。それを証拠づけるものが「記・紀神話」と結びつく「コケムスメノ神」、「サザレイシ神社」、さらには地名の「千代」の存在であろう。古田氏がこれらの神社等の存在の重要性を指摘された点を溝口氏は理解できず、古田氏の主張を「奈良に仏教寺院が多いから、仏教は奈良で発生したというのにも等しい」（『新・古代学』、第七集、五五頁）と、失礼ながら「深いところで浅い哲学」の、見本のようなことを言われるのである。

溝口氏が「論文を書ける」と自負される志賀海神社を祭る安曇族、すなわち「遠賀川式土器」をたずさえて東進した人々こそ、水田稲作とともに「筑紫の神話」や、「君が代」等を本土に広げた当の人々であろう。ここに原点があると考える者である。「通行」をいうのならば、これをいうべきであろう。日本の古代文化は『古事記』『日本書紀』や、『万葉集』『古今集』で始まるのではなく、縄文文化を継承しつつ水田稲作の開始という新たな画期を北九州でひらき、ここから飛躍していくのである。古琉球の『おもろそうし』や遺習には、真の「日本史」を解読する要素があるという意味で、『万葉集』同様に、日本民族の文化遺産として重視すべきものである、と考える。したがって、「君が代」（「日の丸」）を〝天皇中心〟主義の愛国心の具にすることは、日本民族の偉大な歴史をゆがめることに通じるものである。

Postscript

あとがき

一

「天皇国家唯一史と史観」は、まず八世紀の大和朝廷が『古事記』『日本書紀』の編纂に際して、「倭国」などの先行した国家や政治的勢力の存在を否認・隠蔽するという、日本史の真実の否定・改竄を行った結果生れたものである。こうした正史・史書は日本以外には例のないものであろう。大和朝廷がこうした歴史の偽造と歪曲を行った動機は、当時の中国・朝鮮諸国、特に中国にたいして、唐の太宰府占領と「倭国」の滅亡を背景にして誕生した「王家」の真実を隠蔽して、その歴史的正当化をはかるためであった。これは七世紀以前の「倭人・倭国・俀国伝」をふまえて、『旧唐書』の「倭国伝」と「日本国伝」という二国併記をあるがままに読めば、自ずから明らかと考える。

なお、『古事記』は八世紀の編纂以降一八世紀の本居宣長の出現まで、世人の目にも止まらない存在で、古典としてあつかわれていなかったことは重視される必要がある。その理由は、思うに津田左右吉氏の次の指摘とも関係があろう。「古事記は帝皇日継（天皇の系譜）と先代旧辞（上古の種々の物語）をつなぎ合わせたものであって、

――中略――旧辞の内容は天皇及び皇族の、特にその大半は私生活としての、物語であるし、首尾貫通した、また広く天下の形勢や政治上の事件を記録した、国史というべきものでない」（『日本古典の研究・上』、六八頁。傍線は引用者）、つまり王家として当然である政治史を中心とする「正史」、国史とは到底よべないものであり、その記事の大半がたんなる私生活をつづりあわせたものに過ぎない、という内容のためであろう。

この点、『古事記』を真の正史とみた宣長さえもが、当時の人々が『日本書紀』を『古事記』の上におく理由を分析して、「此記は、彼ノ史ども（『日本書紀』）の如き厳重《おも》き公事にあらで、ただ内々の小事と見え……」（『古事記伝一』）と、〝内々の小事と見〟るのは浅慮である式に、弁解じみたことを述べている点にもみられる。

津田氏は述べてきたとおりに「大和朝廷一元史観」にたつ人であるから、ご自分のこのかなり正確な『古事記』への評価の日本史的意味にかんしては気づいていない。「多元史観」からみれば例え多くの「記・紀」研究家がいうように、『古事記』の編集が『日本書紀』編纂の一準備作業としても、やはり単なる家庭内記録という性格は不可解である。『古事記』を一読すれば自ずから明らかであるが、この書は「帝皇」の系譜の他は、「皇后」、側室えらび、子供、歌、宴、地名説話、よもやま話の類であって、『古事記』の記事でもっとも輝く部分は、神話と「神武の東征」ぐらいである。問題は、なぜ、こんな一国の「歴史の記録」というに価しないものしかできなかったのか、という点にある。

さらに大きな問題は、『日本書紀』は結局この『古事記』が土台となったものという、津田氏の次の指摘である。

「古事記は資料の一つ（即ち帝紀と旧辞＝本辞）の或る一本づつをそのままにとってつなぎ合わせたものであり、書記はそれと同一の価値のある他の資料（即ち帝紀と旧辞との種々の異本）をも併せ取り、特殊の思想と意図を以てそれを選択取捨し、或いはそれに変改潤色を加え、更に帝紀と旧辞との外の資料から採ったものに、編者自身の制作したものを加え、そしてそれを按排構成したものであるから全体としてみると、此の二書は本来異なった目的の下に編纂せられた、性質のちがうものである。ただ書記の古事記と同じ時代の、また同じ事がらを記してある、部分についていうと、その資料となったものは、如何なる違いがその間にあるにしても、畢見一つの帝紀と旧辞とから出た種々の異本の説に過ぎないのだから、其の内容が同性質のものであり、従って此の点に於いて対照比較が可能であり必要であることは、勿論である」

（前掲書、七三頁、傍線は引用者）。

『日本書紀』とは結局、『古事記』という一家庭的記録を土台に、これに「他の資料」と「編者自身の制作したもの」を加え、それを「特殊の思想と意図をもって・・按排構成したもの」というのは正しいと考える。ただ氏は、氏が五～六世紀ごろには存在したと考えた『古事記』的資料を土台に、「大和朝廷の王家としての権威を飾るために」、『日本書紀』を造作的に編纂したというに過ぎないのである。

二

ここから次の疑問が生れる。

① そもそも「大和朝廷」には、なぜ一家庭内記録的な『古事記』的原資料（五～六世紀ごろ成文ともいう）しかないのか。

② なぜ八世紀の初頭に前記資料にもとづいて、家庭内史的『古事記』と、これを土台に『日本書紀』という、二つの「正史」が急に必要になったのか。

③ なぜそれ以前の文献は一冊も残っていないのか。

通説は「大和朝廷」の文字使用を五～六書世紀ごろというのであるが、「魏志」倭人伝にはハッキリト「倭国」・卑弥呼の文字使用が明記されている。そもそも「都市革命」論にたてば（旧大陸においては）、国家形成とは文字形成を不可分の前提とするのである。それは膨大な剰余価値の集積と交換や再分配、または貸し付けという資本機能は記録機能が前提であって、数字と文字は不可欠事なのである。旧大陸の文字文明の形成が「都市革命」期であることは偶然ではないのである。ましてや周時代から中国と交流する「倭国」が、三世紀には立派に読み書きができたという、『三国志』の記事は「都市革命」論に照らせば、当然の記録ということになるのである。

したがって「倭国」を「大和朝廷」という通説にたてば、前記の三点は不可解なことになるであろう。さらには『日本書紀』によれば、通説が「倭の五王」の一人に当てる履中紀に、「四年の秋八月の辛卯の朔戊戌に、始めて諸国に国史《ふみひと》（＝書記官）を置く。言事を記して、四方の志を達す」（岩波・日本古典文学大系、『日本書紀・上』、四二六頁）と、書記官の配置記事があるほどである。

また「記・紀」自身の記載によっても、「記・紀」の成立以前に多数の文献が存在している。現に、『古事記』の太安万呂の上表にある「天武の詔」に、「諸家の賷《もたら》す帝紀及び本辞」と明記され、「大和朝廷」以外の「諸家」に多くの記録があったことを伝え、また『日本書紀』には多くの「一書・ある本」等が、書籍の表題は一切述べられず多数引用されている。これらの事実は『古事記』『日本書紀』成立以前にも、多数の書籍があったことを語るものであろう。

この点にかんして本居宣長も、『古事記伝二』の冒頭で右の履中紀の書記官配置記事と、「紀」の多くの「一書」群をも指摘して、「朝廷には是レ（履中紀）よりさきに既《はや》く、史《フミヒト》ありて、記されけむことしられたり。そはその時々の事どもこそあらめ、前代の事などまでは、如何(に) 有リけむ知ラねども、既に当時の事記されたらむには、往昔《いにしえ》の事はた、語リ伝へたらむまにまに、かつがつも記しとどめらるべき物なれば、其此《そのころ》よりぞ有リそめけむ」と述べている。

したがって五世紀には、それ以前の事も「語り伝へたらむまにまに、かつがつも記しとどめら」れていた、すなわち「語り部」（通説はこういうが本当は疑問であるが）の伝承も記録されていたというのである。ここまでは通説も口にするのであるが、問題は、このように多くの書籍があったはずなのに、『古事記』『日本書紀』以外には一冊の書籍も残っていない現実には、一切沈黙するのである。この意味は非常に重要である。この点を最初に指摘されたのは古田武彦氏の『失われた九州王朝』である。

一方には多くの書籍があった。しかし、「大和朝廷」には『古事記』程度の一家庭的な貧弱な伝承以外にないのである。『日本書紀』はこの『古事記』を土台に「按排構成」したもの、ということになる。文字通り「こしらえて候」ところのものである。

そうして多数あったはずの「一書」群や「諸家の帝紀・本辞＝旧辞」は、いっさい残存していないのである。おそるべき光景ではないだろうか。この意味は、「大和朝廷」に先行した「倭国」やその他の政治勢力の記録を、適当に利用した後は一切、歴史の闇に葬った、ということである。しかも、この点にかんして通説が無視する、しかし驚くべき記載が『続日本紀』という、大和朝廷の本格的「正史」に三カ所にわたってあるのである。一つは文武天皇から元明天皇への皇位継承を祝した大赦記事（七〇七年）、二つは元明の和銅元年（七〇八）の改元を祝賀する大赦記事、三つは養老元年（七一七）の同じく改元大赦の記事である。

それは、「山沢に亡命して武器を挟蔵し百日首《もう》さずんば、罪を服すること初めの如くす」というのが、七〇七年と七一七年の記事である。重視すべきは「武器を挟蔵し」が七〇八年では、「山沢に亡命して禁書を挟蔵し百日首さんば、罪を服すること初めの如くす」（傍線は引用者）となっているところである。この大赦の意味は、「百日以内に自首すれば赦す」というものであるが、「武器」と「禁書」とは別とも解釈できるが同じものであって、「禁書」は天皇国家からみて最大の〝凶器〟と見なされた可能性も、また否定できないのである。

当時の法令は律令であるが「亡命」とは、八つの重大犯罪「八虐」の第三の重罪にあたる「謀叛」であり、刑は絞首刑である。これは、「三に曰はく、叛を謀かる。謂はく、圀《くに》を背きて偽《ぐゐ》に従へむと謀れるをいふ」（『律令』、日本思想体系新装版、一六頁、岩波書店、二〇〇一年、第二刷）という国家反逆罪である。

こうして「山沢に亡命」している勢力は、「倭国」等の残存勢力以外に考えられず、これが「禁書」という言葉で鮮明に示されているのである。残存勢力は当然「武器を挟蔵し」していたであろう。同時に、天皇国家が「武器」以上に恐れたものは、その「歴史書」であろう。つまり、太安万侶が『古事記』上表文に引用した、『古事記』編纂の動機となった「天武の詔」の次の一節が示すものであろう。「諸家の賫す帝紀及び本辞（旧辞）、既に正実に違ひ、多く虚偽を加ふ』といへり。今の時に当たりて、其の失《あやまり》を改めずは、未だ幾年をも経ずしてその旨滅びなむとす。これすなはち、邦家の経緯、王化の鴻基なり」である。

ここでいう「正実、虚偽」は一般的な真偽ではなく、「大和朝廷一元史観」が「正実」であり、真実の日本の多元国家史が「虚偽」なのである。すなわち「諸家の帝紀及び本辞」とは、「倭国」等の「非大和朝廷」勢力の史書群であり、大和朝廷がいう「禁書」であろう。

倒された「倭国」等の立場に立てば、淀君が家康を見下したなどは問題にもならない程の誇りをもっていたはずです。「倭国」などは紀元前約一千年も前から中国に通じ、文字通り日本文明の夜明けを準備し発展させた勢力である。その自負心は淀君どころでないであろう。しかも、これらは「倭国史」等、文字によって詳細に記録されているのである。これを犠牲をはらっても守るならば、何時の日か、天皇国家は真の国家の簒奪者に過ぎないと、歴史の事実に基づいて主張できる、と「倭国」らの遺臣が考えてもいささかの不審もないはずです。

天皇国家の立場にたてば、これぐらい恐ろしい「武器」は他にないであろう。どんな犠牲をはらってもこの「史書」を手に入れて、真実の日本史を抹殺しなければならない、と考えるのも「旧小国」の出自で、他国の力を借りて統一国家になった必然的結果である。したがって何がなんでも「神代の昔からの唯一の正当王家」と偽ることが、是非、必要と考えられたのであろう。こうであれば「倭国」等の「史書」は「禁書」であり、これを隠し持つことは天皇国家側からみれば、「正当の国家に背いて偽りを正義とする」もの、と理屈づける以外にないはずである。

同時に、この「大赦」の七〇七、七〇八、七一七年という年代が大きな意味を持つ。それは『古事記』が七一二年、『日本書紀』が七二〇年の成立、さらに『風土記』編纂命令が七一三年に出されているからである。つまり右の「大赦令」の日時が『古事記』『日本書紀』『風土記』という、天皇国家の正史ならびに官製地方誌の編纂期間に該当しているのである。すなわち『日本書紀』は、『古事記』というささやかな家庭史（これもどこまで真実かは疑問があるが）しかないにもかかわらず、「倭国」等の史書を盗作、修飾、偽造しつつ、日本史の改竄を行ったものであることを示すものであろう。

この問題の最後に中国の律令には、先行した王朝の親族等を遇するという「八議」がある。「八に曰く、賓を議《はか》る」、つまり「前王朝の一族として国賓として遇するかいなかを検討する」という制度が、一応はあるのである。中国式「革命」はこの国柄であるが、こうした国家でさえ一応は、「賓を議る」法的制度があるのである。ところが天皇国家はこれを削っているのである。残すならば「日本史の真実が後世に漏れる」かも知れないことを恐れた結果であろう。恐るべき歴史の改竄者という他はないである。これら『続日本紀』の記載を重視しない「記・紀」研究は、真に科学的学問的な研究とはいえないと考える。ここにいたれば、なぜ八世紀の初頭に急に二つの「大和朝廷の正史」が誕生したのかの秘密に、光が差し込むであろう。

なお、ここではふれる紙数がないが、『日本書紀』が中国歴代王朝の正史を真似て、全文漢文形式である意味も、通説では必ずしも適正に検討されていない。本来「一家庭内史」程度の存在が、古代中国皇帝の詔形式をしかも、古代中国の正史や古典から遠慮会釈もなく盗作・改竄して（通説もこれについては認めている）、「朝廷」を称し飾っている点である。本来は、この見地から『日本書紀』の記載の事実に照らして、詳細に古代中国正史類と対照すべき課題が残っていると考えるものである。

三

この二書を、神聖視するに当らない次の理由は以下の日本史の事実にある。武家が天下の権をとる時代には、『日本書紀』もその継承の中心は、中世に残留した公家や中世的神道家にすぎず、当時の一般の武家や勤労国民は、『日本書紀』はおろか天皇の存在さえ知らない状態であった。また神道家の「研究」の内容は、中世独特の神秘主義的要素が強く、特に論じるに値する内容はないとされる。こうして約七〇〇年間、日本の一般的な武家と勤労国民にとって、『日本書紀』はもちろん天皇も、あってなきがごときものであった。「皇国史観」はこの時代を「朝敵跋扈の時代」としたほどである。いうまでもなく国民が切実な利害関係をもったのは将軍・大名等であった。しかもこの間も、日本国民は立派に日本社会を発展させたことはいうまでもない。ここには日本史の事実として、「天皇制は日本の伝統」等の主張に根拠がないことが示されている。

『日本書紀』等への研究が一定の合理主義の精神を背景に展開されはじめたのは、江戸時代の新井白石（『古通史』、一七一六年）、吉見幸和（『対問筆記』一七五二年）等で、その特徴は「神代等の神怪談を人事の譬喩的修辞と見、合理的な解釈を下そうとした」（「岩波古典文学体系本・『日本書紀』」・解説、家永三郎氏著、五九頁）ものという。ただし津田左右吉氏を高く評価される家永氏は、ここで白石等の試みを「神代説話の本質を根本的に誤解した失敗」と酷評されて、同時にそれでも「合理主義の精神を以て記紀説話を解明しようとした試み」といわば、おめこぼし的評価に止まっている。津田氏は白石の試みを「神代を人代として解釈しようとしたシナ式合理主義」（『日本古典の研究・上』）と嘲笑している。しかし、その細部は別に白石等の基本的見地である「神話」は歴史の古代人的表現という把握は、「神話造作論」よりははるかに正当性があったのである。

なお家永氏の指摘によれば、江戸時代の山片蟠桃の『夢の代』（一八〇二年）や、上田秋成の『大胆小心録』（一八〇八年）等は、〝神話は後代の人間の造作〟という見地を示し、特に山片蟠桃は「神代説話ばかりではなく、神武天皇以降仲哀天皇の部分までをも客観的史実の記録と認めがたいとした点で、後年の津田左右吉の研究の結論とほぼ一致している」（「解説」、六〇頁）と感激の面持ちである。ということは津田左右吉氏の「記・紀批判」の骨格は、これらであるということになろう。

江戸時代は武家支配の時代であって、『古事記』『日本書紀』への批判的研究も比較的に自由であった。したがって「私年号」問題研究の一環としての「九州年号」研究も、きわめて旺盛であったと指摘されている。江戸幕府にとって古代天皇家への批判的研究は、政治の事ではなく干渉の対象でなかったからである。

四

これが一変するのが下級武士が中心となって遂行された明治維新からである。「尊皇」を自身の政権の正当性の根拠とする明治政府は、天皇絶対の憲法の制定とともに学校教育という方法を通じて、全国民に一挙に、鎌倉時代以降江戸幕府の崩壊まで、ほとんどの日本国民が知らず、関心さえなかった天皇家とその「天皇制」を、「絶対神聖不可侵の日本民族の伝統」として浸透させることに成功したのである。この成功の秘密は「学校教育」と、マスコミ（新聞・ラジオ）操作という方法である。

この尊皇思想を形成したものが、松下見林や特に本居宣長等の、「倭国・非天皇国家」を記す古代中国史料への否定の精神からの、『古事記』『日本書紀』絶対論であった。これが「皇国史観」であるがこの史観の眼目は、古代中国文献の「多元的国家」論につながる記録を否定する論拠として、「記・紀」神話を「万世一系の天皇制」合理化の具として歪曲的に利用したのである。

「皇国史観批判」において、「神話は歴史に非ず」という線に止まっている現状は、「皇国史観」の真の性格を見抜けなかった結果でる。

例えば松下見林は『異称日本伝』で、七～八世紀の日本を「二国併記」する『旧唐書』日本国伝中の、「日本は旧小国、倭国の地を併せたり」という遣唐使の言を驚くなかれ、「神武の東征」を持ちだして「日本」を神武の日向、「倭国」を近畿大和としているほどである。無理を承知の苦肉の策というところであろう。それでも検討はしていたのである。ところが宣長はもちろん戦後も、この「日本列島二国併記」等の記載は無視である。いったいここに「学問的公正」などカケラでもあるのだろうか。

したがって先述したとおりに最晩年の白石が、〝「倭国・非大和朝廷」を記載する古代中国文献を否定し、記・紀の史観が絶対的に正しいなどという姿を、「夢中に夢を説き候ようのことに候」〟と評した指摘は、大きな意味をもつものなのである。この「記・紀」中心主義を「一元史観」に止まる内藤湖南氏が、大正八年に「本国中心主義の……多数の低能な国学者……」（内藤湖南氏著、「日本上古の状態」、『日本文化史研究・上』収録、三三頁、講談社学術文庫、一九八九年、第一四刷）と呼ばれるのであるが、しかし、「邪馬一国・近畿大和説」では、氏の古代中国史料重視論も津田氏の「記・紀批判」と五十歩百歩でしかない。折角の批判も失礼ながらしり抜けであり、せいぜい戦後日本古代史学の先輩という程度となるのである。

五

下級武家が中心になって生み出した明治の政権は、日本の資本主義化をおしすすめたが、その政治体制は古代王朝制の復権という前近代的反民主主議的なものであった。この点、ドイツ等以外のイギリス、フランス等の資本主義化が町人～ブルジョアジーの指導的な役割のもとに、国民的な反封建民主主義革命によって達成されたのとは正反対であった。ここに日本の近代化の根深い後進性とその根があるのである。日本を「西側自由諸国陣営」というのは、単に「資本主義国」ということであって、きわめて悪質な欺瞞的言い換えに過ぎない。

この超前近代的反民主的な体制の合理化論の役割を担ったものが、『古事記』『日本書紀』に源流を発し、近世尊皇思想にたって『古事記』『日本書紀』中心主義をいう、極端に主観主義的非合理主義が加算された「皇国史観」である。これが戦後、象徴天皇制という憲法体制のもとで、あらたに「神話は歴史でない」とあたかも合理主義にたつかの、また「三角縁神獣鏡・卑弥呼受授」論や、「前方後円墳・大和朝廷造営」論などの実証主義的科学的近代的学問であるかの装いをこらし、これによって古代中国史料の「多元史的日本史」記載を否定、抹殺したのである。これが戦後日本古代史学である。

しかし、新たな展開の地平が切りひらかれつつある。それは一部の貴族等の間にしか知られていなかった『日本書紀』が、明治維新以降の教学制度を通じて一挙に国民的に広がったことである。まだ国民的に知られていない段階の江戸時代にさえ、早くも端緒的な『日本書紀』への批判的検討が開始されたが、それが明治維新を契機に一部の頭脳から一億という単位の頭脳に、『日本書紀』とその「日本史」が知られることになったのである。それは一見、通説が強化され日本の保守的意識にとっての好都合な条件の一層の整備に見える。たしかにそれは事の一面ではある。

しかし、明治以降の億単位の頭脳の経験、それは天皇絶対の名と不可分の朝鮮・中国への侵略戦争の強行、第二次世界大戦への放火等という大きな犠牲をともなう悲惨な体験であるが、これを生み出した根源の一つである「大和朝廷一元史観」は、戦後も本質的には批判の埒外にあり、今日、「日の丸」掲揚、「君が代」斉唱の強制という姿で再びその黒い姿をあらわにしつつある。

こうした趨勢のなかで数は保守的傾向にとってのみならず、真に革新的方向にとっても力である。その最初の現れが明治時代の広池千九郎氏編の『日本史学新説』の、今泉定介氏や飯田武郷氏らの「多元的日本国家発展史観」であり、さらに戦後の「九州王朝」論の古田武彦氏等の姿であろう。

日本民族は記・紀成立以来の紆余曲折を踏まえつつ、問題の所在の核心部分に気がつき、それを解明するであろう。こうして日本の民主主義は、「文明開化」以降の欧米文化への偏重から、真実の日本探求の重要性を認識し、偽造された「日本」と対決する段階にすすみ、あたかも鎌倉時代から戦国時代にけて我々の祖先が、古代天皇制を克服して日本の進歩を闘いとり、また世界の諸民族が自国の古いものと対決して前進したように、自前の前進を真に切り開く時代へと進むと考えるものである。歴史は進むものである。川を永遠にせき止めることは不可能なようにである。

著者紹介

草野善彦（くさの　よしひこ）

1933年12月16日、神戸に生まれる。

1957年　武蔵野美術学校（大学）西洋画科卒

著書

『天皇制国家唯一史観を疑う』（光陽出版社）

『天皇制批判と日本古代・中世史』（本の泉社）

『放射性炭素年代測定と日本古代史学のコペルニクス的転回』（本の泉社）

『放射性炭素14C測定と日本古代史』（国際教育研究第24号収録、東京学芸大国際教育センター、2004年）

『二世紀の卑弥呼「前方後円墳」真の構築者　――「日の丸」「君が代」と日本古代史学』（本の泉社）

天皇制《てんのうせい》は日本《にほん》の伝統《でんとう》ではない

——墓《はか》より都《みやこ》　君《きみ》が代《よ》——

2007年2月10日　第1刷発行

著　者　草野善彦《くさのよしひこ》
発行者　比留川　洋
発行所　株式会社　本の泉社
〒113-0033　東京都文京区本郷2-25-6
TEL.03-5800-8494　FAX.03-5800-5353
http://www.honnoizumi.co.jp/
印　刷　株式会社　太平印刷社
製　本　株式会社　難波製本

ISBN978-4-7807-0304-7　C0021